海峡两岸及港澳地区现代汉语差异与融合研究

刁晏斌 著

2015年·北京

国家社科基金项目资助(10BYY023)

北京师范大学 985 工程二期项目资助

前　　言

本书是本人所主持的国家社科基金项目"两岸四地若干现代汉语差异与融合现象研究"（项目编号10BYY023）的结项成果。

关于本课题中"现代汉语"的所指，有必要作一说明：我们指的是海峡两岸及港澳地区目前共同使用的"标准书面汉语"，具体而言大致是指各地教材、公务文书以及主流媒体等所用的规范认可度相对较高的"普通话／国语／华语"书面形式。

由于课题本身的规定，以及研究内容的特点决定，本书采取的是"跳跃式"的研究策略，即不追求体系的完整性，而是着眼于最有差异与融合内涵的若干词汇、语法现象，进行尽可能充分的观察与描写、分析和解释，因此就整个研究的性质来说，是举例性的而不是穷尽性的。

本项研究是在现代汉语史的框架下进行的，我们主要从"史"的角度来看待四地词汇语法现象的差异与融合，认为四地现代汉语的诸多差异是早期国语在不同地区、不同社会条件下分化与发展变化的结果，而它们一定程度上的融合则是在新的历史条件下进入新的发展阶段后的必然表现。史的研究与共时平面的静态研究有很大的区别，而绝不仅仅是侧重点的不同。比如，我们强调，进行史的研究，首先需要确立一个坚实的立足点，通常是某一或某些现象在共时平面的全面、完整表现，然后再以此为基点来左顾右盼，即进行全方位、多角度的比较，通过由此而显示出的种种差异，来揭示语言的发展变化,进而探寻原因、总结规律。

在研究中,我们并不满足于简单的"比较",而是以形成一个一个相对完整的知识点为出发点和归宿。具体的做法是,主要以普通话为立足点,即先尽可能充分、全面地描写某一现象在中国大陆地区的使用情况及表现,再以此为基础比较其与台港澳三地的不同与相同之处。但是,如果某一现象在普通话中发展并不充分,因而不能反映其全貌的话,则以使用及表现最为充分的一地或几地为详细描写对象,然后再与内地或其他地方进行同样的比较。

我们进行现代汉语史研究的一个重要学术旨趣是"史、论结合"。就"史"的部分来说,力争对语言及其发展变化事实进行高清晰度(或者叫"细颗粒度")的描述;就"论"的部分而言,则主要是注重研究性和理论性,并试图在这两个方面均有所发现、有所进步。所谓研究性,在书中经常表现于一些延伸性的内容上,比如在讨论"有+VP"句时,就有"对进一步开展相关研究的思考"这样一小节,而在本书其他部分也经常有类似的内容(比如最后一章),主要包括明确研究范围,指出进一步研究的方向,说明研究方法,提出一些可以深入研究的相关课题,等等。所谓理论性,首先表现在我们对本项研究的定位是在"全球华语"以及"全球华语学"框架下;其次,我们确立了一个"两翼"模式,即研究差异以及在差异基础上的融合;再次,在研究过程中也形成了一些比较有理论内涵和思辨色彩的观点,比如提出"社区特征词"和"言语社区特征语言现象"的概念,把简缩词语分为造词简缩与用语简缩,以及倡导进行微观对比研究等。

本项研究在语料库的基础上进行,我们为此建设了一个包括内地、台湾、香港各1000万字和澳门100万字的语料库。不过,我们经常使用的,是四地各100余万字、总计共425万字的报纸对比语料库，语料的时间分布是2011年1月—7月，所选的四地报纸如下：

内地地区是《人民日报》《中国青年报》《新京报》，总字数约108万；台湾的有《更生日报》《国语日报》《民众日报》《立报》《台湾时报》《台湾新闻报》《中华日报》《中时电子报》《中央日报》《自立晚报》《自由时报》《天眼日报》，总字数约106万；香港的是《成报》《大公报》《东方日报》《文汇报》《香港商报》《新报》《星岛日报》，共约109万字；澳门的有《澳门日报》《澳门观察报》《新华澳报》，约102万字。

为了节省篇幅，具体的行文中，在不至于混淆所属地区的前提下，引用的例子一般不标出处，在需要对比时，我们仅以"内地""台湾"等作为出处标记。

为了行文的简省与方便，有时也考虑到与时下一般研究用语的协调一致等，书中经常采用一些相对简单的指称形式。海峡两岸及港澳地区一般简称"四地"。"现代汉语"有时用"语言"替代。此外，对于中国大陆地区的称名，学界在与台湾对举时一般用"大陆"，在与港澳对称时一般用"内地"。我们在指称台港澳三地时，经常简称"三地"，而与之相对的大陆地区一般通称为"内地"。

目 录

第一章 关于四地的现代汉语及其对比研究 …………… 1
  第一节 台港澳语言与早期现代汉语 …………… 1
  第二节 台港澳三地语言的共性与个性 …………… 18
  第三节 全球华语视角下的台港澳语言 …………… 32
  第四节 四地语言对比研究的现状 …………… 41

第二章 缩略词语的差异与融合 …………… 48
  第一节 两种不同类型的缩略词语 …………… 48
  第二节 台港澳常见的两种缩略形式 …………… 62
  第三节 数字略语使用差异考察与分析 …………… 77

第三章 外来词语的差异与融合 …………… 94
  第一节 总体上的差异与融合 …………… 95
  第二节 具体的差异与融合 …………… 124
  第三节 上述具体差异的形成原因 …………… 143
  第四节 关于自造外来形式词语 …………… 155

第四章 虚义动词的差异与融合 …………… 165
  第一节 "进行"的差异与融合 …………… 165
  第二节 "做"与"作"的差异与融合 …………… 187

第三节 "搞"的差异与融合 ⋯⋯⋯⋯⋯⋯⋯⋯⋯⋯⋯⋯⋯ 215

第五章 有标记被动句的差异与融合 ⋯⋯⋯⋯⋯⋯⋯⋯⋯ 247
  第一节 "被"字句 ⋯⋯⋯⋯⋯⋯⋯⋯⋯⋯⋯⋯⋯⋯⋯⋯⋯ 247
  第二节 "遭"字句 ⋯⋯⋯⋯⋯⋯⋯⋯⋯⋯⋯⋯⋯⋯⋯⋯⋯ 269
  第三节 "获"字句 ⋯⋯⋯⋯⋯⋯⋯⋯⋯⋯⋯⋯⋯⋯⋯⋯⋯ 286

第六章 处置句的差异与融合 ⋯⋯⋯⋯⋯⋯⋯⋯⋯⋯⋯⋯⋯ 309
  第一节 "把"字句 ⋯⋯⋯⋯⋯⋯⋯⋯⋯⋯⋯⋯⋯⋯⋯⋯⋯ 309
  第二节 "将"字句 ⋯⋯⋯⋯⋯⋯⋯⋯⋯⋯⋯⋯⋯⋯⋯⋯⋯ 326

第七章 几种标记句的差异与融合 ⋯⋯⋯⋯⋯⋯⋯⋯⋯⋯⋯ 346
  第一节 "有+VP"句 ⋯⋯⋯⋯⋯⋯⋯⋯⋯⋯⋯⋯⋯⋯⋯⋯ 346
  第二节 "(在+)VP+中"句 ⋯⋯⋯⋯⋯⋯⋯⋯⋯⋯⋯⋯⋯ 373
  第三节 "VP+而已"句 ⋯⋯⋯⋯⋯⋯⋯⋯⋯⋯⋯⋯⋯⋯⋯ 395

第八章 小结及余论 ⋯⋯⋯⋯⋯⋯⋯⋯⋯⋯⋯⋯⋯⋯⋯⋯⋯ 413
  第一节 本书内容小结 ⋯⋯⋯⋯⋯⋯⋯⋯⋯⋯⋯⋯⋯⋯⋯ 413
  第二节 四地语言对比研究存在的问题及思考 ⋯⋯⋯⋯⋯⋯ 420
  第三节 怎样进行四地语言的对比研究 ⋯⋯⋯⋯⋯⋯⋯⋯⋯ 426

参考文献 ⋯⋯⋯⋯⋯⋯⋯⋯⋯⋯⋯⋯⋯⋯⋯⋯⋯⋯⋯⋯⋯ 443
后记 ⋯⋯⋯⋯⋯⋯⋯⋯⋯⋯⋯⋯⋯⋯⋯⋯⋯⋯⋯⋯⋯⋯⋯ 454

第一章　关于四地的现代汉语及其对比研究

第一节　台港澳语言与早期现代汉语

一、问题的提出

许多有关海峡两岸及港澳地区现代汉语对比研究的论著,都自觉不自觉地把内地与台港澳地区看作有较大差异的两方,来进行对比性的考察和分析,或者说在进行相关研究时,人们经常会把台港澳地区作为一个有更多共性的整体,所以像"港澳""港台""港澳台""台港澳"等都是比较常用的词语,并且经常是与"大陆""内地"等对举。

这一认识和做法当然是有理由的,而其中最基本、最重要的理由是:

第一,语言发展过程不同。内地与台港澳地区语言之所以会有整体上的差异,主要是因为它们经历过分化,而在分化后又经历了不同的发展过程。关于这个问题,应该进行专门的系统研究,从而形成完整的认识,遗憾的是,这个工作至今还没有人来做。[①]

[①] 我们曾经提出过一个课题"国语的分化与变迁",就是针对这个问题的,但是由于各种原因却一直未能着手系统地进行。2013年,我们投标的国家社科基金重大项目"百年汉语发展演变数据平台建设与研究"获批立项,已把这一课题列入其中,作为一个重要的子课题。

正是由于人们对国语分化的起始时间和过程缺乏必要的了解,所以现在一个比较普遍的认识是上述差异始于1949年。以下的表述就比较有代表性:"1949年以后台湾与大陆隔绝三十年,那三十年间彼此不相往来,语言各自发展,唯一往来的是上世纪五十年代厦门前线每天向金门喊话。"(邵朝阳,2008)

现在通过别人以及我们自己的研究,对这个问题已经有了一个初步的认识,刁晏斌(2007a)对此有以下一段表述:"最初的'国语'(我们指的是早期的现代汉语,时间大致从1919年'五四'前后到20世纪三四十年代)逐渐分化为后来两岸三地的不同社区变体,这种分化肇始于第一次国内革命战争(1924—1927)时期,到1949年以后日益明显和加剧,最终形成了两岸三地语言及语言运用多方面的差异。其他学者也有与我们持基本相同观点的,比如郭熙(2004a:109—118)。"

这里我们所说的"三地"没有包括澳门,如果加上澳门,就是本项研究所说的四地了。①

第二,社会环境不同。语言与社会的关系极为密切,社会形态、社会生活及其发展变化都会对语言产生直接或间接的影响,从而在一定程度上决定它的总体精神以及发展取向等。内地实行社会主义制度,而台港澳则是实行资本主义制度,曾经在较长的一段时期内,内地与外部世界较少接触和互动,因而语言也处于一个相对封闭的环境中;台港澳则高度依存外部世界,相互之间也是联系密切、互动频繁,所以语言也呈开放状态,并且同步或基本同步地发展。

---

① 以往的研究中,澳门在相当程度上被人们忽略了,不少人认为澳门语言与香港语言高度一致,所以不值得专门研究。笔者以为,如果对港澳语言有稍微深入的了解,恐怕就不会这样认为了。

以上两点在很大程度上又是紧密联系、甚至交织在一起的,正是在它们的共同规定和影响下,内地与台港澳地区在与早期现代汉语的关系上处于不相等的两个点上,而这正是造成二者诸多差异的一个重要原因。也就是说,当今四地现代汉语的诸多差异,在一定程度上是由其与早期现代汉语关系的远近所决定的,各种差异的背后,往往都有这方面的原因。

然而,对这个问题,不少研究者还没有认识到,或者还有不正确的认识,由此就直接影响到对许多其他相关问题的了解和认识。

一是导致某些认识模糊不清。比如,当前人们对"华语"问题比较关注,已经有一些研究成果问世,但是许多方面还有待进一步深入研究,例如关于华语的内涵及其定义问题,就远未能形成一致意见。关于这一点,我们仅从此词英译的差异就能看到:有人把华语译为 HUAYU 或 Huayu,这显然是着眼于一个新概念而造的新词;而更多的人却沿用了旧有的称名,如 Mandarin、global Mandarin、Chinese、Chinese language 等。

二是易于导致某些不正确的认识。有人曾经讨论过香港汉语书面语语法的三个特点,即关联词语的使用(包括标准汉语中成对出现的关联词语的单独出现和超常应用)、零形回指用法对标准汉语中存在的制约条件的突破、指称标记的使用(主要包括指称标记的缺省和用法扩大),并且认为,上述三个方面的特点来自英语的影响和其他方面的创新(石定栩、王冬梅,2006)。而在我们看来,香港书面汉语这些语法上的特点,源自对传统国语的继承,而不是对"标准汉语"(即标准普通话)的迁移;上述形式可能与英语等的影响有关,但未必是香港人的发明创造。(刁晏斌,2007a)

三是导致对某些现象知其然而不知其所以然。很多研究者都不同程度地提及台港澳地区语言更多地使用古词或文词,因而更具文言色彩,比如有人说:"在港澳写作人和阅读人心目中,几乎形成一个共识或风气:半文半白的作品或兼用文言词语的作品常被认为具有古雅的风格,表明此类文章的作者是念过书、有文化的人。"(黄翊,2007:176)但是,却鲜有人指出其原因,其实在我们看来,原因很简单:就因为在很大程度上保留和沿袭了早期现代汉语的表达习惯。

所以,我们认为,要对内地与台港澳语言进行对比研究,首先要解决的一个问题就是认清后者的"基础"(我们在后边的表述中有时也称之为"底本"),而这个基础就是最初的国语,我们一般称之为"早期现代汉语"。

以下我们主要以香港书面语言为例,来对此进行讨论。

二、关于早期现代汉语

"早期现代汉语"这一指称形式在一些学术论著中偶能见到,人们一般用它来指早期阶段的现代汉语,但是没有特别明确的时间界限。在我们提出的"现代汉语史"中,按现代汉语的形成以及发展变化过程,以1949年新中国成立和1978年改革开放为界,划分为三个阶段,其中由"五四"时期到1949年为第一阶段,我们称之为现代汉语的形成和初步发展时期(刁晏斌,2000a),有时我们也用"早/初期现代汉语"来指称这一阶段。

关于早期现代汉语的一般状况,现在已有一些初步的研究,主要散见于相关的论著中,比较成系统的研究,较早的一部著作是北京师范学院中文系汉语教研组编著的《五四以来汉语书面语言的变迁和发展》(商务印书馆1959年版),主要讨论了词汇和语法两个方面的问题,在这方面有筚路蓝缕之功;晚些时候的有刁晏斌

《初期现代汉语语法研究》(台湾洪叶文化事业有限公司1998年初版,辽海出版社2007年修订再版),如书名所示,本书只涉及语法一个方面。此外,刁晏斌《现代汉语史》(福建人民出版社2006年版)对本阶段诸多语音、词汇、语法以及修辞等现象也进行了一些考察和分析。

我们对早期现代汉语的认识,就是通过上述论著及研究而获得的,而这些也是下文我们与台港澳语言进行比较的基础。

此期语言及其使用总的特点可以概括为纷纭复杂、陌生化程度高,而这当然与它的"早期性"密切相关。上述特点在早期现代汉语的各个方面都体现得比较充分。就以语法来说,比如句子成分的位置就与后来有不少差异,像状语就经常与其所修饰的中心语隔离,显性关系与隐性关系不一致的情况比后来更加普遍;某些句子成分的构成也表现出很大的复杂性,比如能做述语的,就有及物动词以及部分不及物动词、述宾词组、形容词以至于名词等,并且它们还大都比较常见。述语的情况如此,其他各成分大抵也是这样。在句子形式方面,各种"欧化句"大量使用,"古句"与"准古句"以及"非今非古句"大量存在(刁晏斌,2006a:34—35)。这些都是构成此时期语法复杂性的具体表现。

三、港式中文与早期现代汉语的一致性

谈到香港的书面汉语,"港式中文"大概是绕不开的一个概念。这是近年来研究香港书面语言及其与内地差异时经常用到的一个称名,但是人们对它的内涵及所指对象等的认识却并不一致,甚至差异很大。比如有人说:"所谓港式中文是以粤方言为基本框架,加上若干惯用的书面语字句及英语单词混杂而成"(黄坤尧,2000),而有人则把它定位为"具有香港地区特色的汉语书面语",定义为

"以标准中文为主体,带有部分文言色彩,并且深受粤语和英语的影响,在词汇系统、词义理解、结构组合、句式特点以及语言运用等方面跟标准中文有所不同,主要在香港地区普遍使用的汉语书面语。"(石定栩、邵敬敏、朱志瑜,2006:6)

我们认为,后一定位和定义更为准确、客观,并且是迄今为止对港式中文最为全面、最为完整的表述。但是,这一定义仍有不足,这就是对"标准中文"尚未作准确的界定,由此可能会造成认识上的模糊以及具体操作中的某些问题。

港式中文"实际上形成于 20 世纪 70 到 80 年代,并且在 90 年代开始趋于成熟"(石定栩、邵敬敏、朱志瑜,2006:13),而作为它的"底本"的标准中文,如上所述,则是 20 世纪上半叶的国语,亦即我们所说的早期现代汉语。

我们对港式中文总体面貌和具体特点的了解,主要依据石定栩、邵敬敏、朱志瑜编著,香港教育图书出版公司 2006 年出版的《港式中文与标准中文的比较》(以下简称《港》)。本书主要从词语、句法和语用三个方面,比较全面、细致地罗列和讨论了港式中文与标准中文的诸多差异。除此之外,部分语言事实还来自本书作者自己的感知和积累。在以往的研究中,我们接触过香港地区的各类语料,也有多次赴港从事学术和教学等活动的经历,因此对香港的语言及其使用情况并不特别陌生。

对《港》中列出的诸多词汇、语法现象(也就是与内地普通话不同的现象),我们很多时候都有一种"似曾相识"的感觉,并且最终都能在各类早期现代汉语作品中找到相对应的用例。这就说明,二者之间确实具有相当程度的一致性。

关于这一点,汪惠迪(2007)有以下一段解释和说明:"在改革开放前的大约 30 年间,境外华人社区基本上是各自沿着中文固有的轨迹发展的,因而在字、词、句的使用上显得十分传统。表现之一是,在大陆,50年代初就退出人们语用生活的词语,港澳台地区至今还在使用;在大陆,已经退出规范汉语甚至已被认为是病句的某些格式,港澳台地区也还在使用。'港式中文'中一些语法现象,与内地相比,显得'独特',其原因或许就在乎此。"

本部分中,我们就词汇和语法两个方面来举例说明港式中文与早期现代汉语之间的上述一致性,港式中文的例子主要从《港》中选取。

先看词汇方面。

构成港式中文词汇方面特色的因素主要有以下几个:一是早期现代汉语中既已存在和使用而在内地普通话中却已消失或趋于消失的词语;二是粤语词语;三是后起词语(相对于早期现代汉语而言,包括外来词语以及其他新生词语等)。三者之中,可以直接证明港式中文与早期现代汉语一致性的,当然首先是第一类了,所以我们先就这类词语进行考察和说明。

早期现代汉语中既已存在和使用的词语中,有一些音译外来词,内地普通话逐渐改用意译,而港式中文依旧保留原有的音译形式。这样的词有一大批,如"盘尼西林(青霉素)、维他命(维生素)、摩登(时髦)、莱塞(激光)、开麦拉(摄影机)、菲林(胶卷)、卡通(动画)"等。

早期现代汉语中既已存在和使用的词语中,还有一些同素倒序词。语素顺序不固定是词汇"早期性"的重要表现之一,所以此期同素倒序词比较多见(刁晏斌,2006a:134—136)。后来的情况是,内地普通话完全或基本上选择了一个,而港式中文则选择了另一个,由此形成差异。比如表示"固有的品质或性质"义,早期有"素质"和"质素"两种形式,以下各举一例:

(1) 罗马在鼎盛时代,文艺的发达登峰造极,书牍的素质也因之提高。(朱光潜《艺文杂谈·欧洲书牍示例》)

(2) 一般最流行的文学中,实含有很多缺点。概括讲来,就是浅薄,没有真爱真美的质素。(李大钊《什么是新文学》)

后来内地普通话选择的是前一个,而港式中文则选择了后一个。

以下港式中文里的词都属于此类:

找寻、替代、妒忌、宵夜、齐整、爽直、紧要、菜蔬、私隐、经已、取录、怪责、劳烦、帖服、配搭、挤拥、秘奥、人客。

除上述两类词外,还有大量共用的常用词,也反映了港式中文与早期现代汉语词汇的一致性。

《港》的某些考察就涉及这方面的情况,比如该书75—76页谈到,港式中文"开幕"的开始义搭配对象远多于标准中文,店铺、场馆的开业在香港都可以称之为"开幕",而早在叶圣陶的长篇小说《倪焕之》(1928年)中,就有"生活开幕"的形式;香港20世纪20年代的《工商日报》中,也有"书院开幕""店铺开幕"的搭配。由此得出的结论是,"香港沿用了'开幕'过去的用法,内地则缩小了使用范围,所以产生了差异。"

以下再举几个类似的例子。

认真

"在港式中文里除了这一用法(按:指'严肃对待、不马虎'义)外,还是个副词,只能够做状语,不能做谓语和补语,表示'确实、的确'的意思,这是典型的粤语用法。"(《港》65页)

其实,此义并非粤语独有,早在元代,"认真"就有了这样的意义和用法。《汉语大词典》义项三为"确实、真的",所举书证从元杂

剧到早期现代汉语都有,后者的用例是:

(3) 左嘉是再三再四要求回后方的,等到认真要回后方的时候,对于敌后的游击生活,仿佛就要离开自己的亲人似的,他倒反而有些留恋,有些舍不得了。(沙汀《闯关》)

由此可见,今天港式中文里"认真"的这一意义和用法,是对早期现代汉语的沿用。

意图

"'意图'在港式中文里还可以做动词用,有'试图、打算'或者'企图'的意思。"(《港》67页)

此义的用例在早期现代汉语中也常见,例如:

(4) 意图生存,而太卑怯,结果就得死亡。(鲁迅《华盖集·北京通信》)

发达

"标准中文指'事业兴旺、发展',例如:'这个地区化学工业特别发达。'港式中文指'个人发财或走运',例如:'你的运气好,今年肯定会发达。'"(《港》78页)

此义在早期现代汉语中也很常用,例如:

(5) 只要你肯动一动你的腿,你不会不发达的。(曹禺《北京人》)

这种沿用早期现代汉语中意义和用法的港式中文词语有很多,再如"工友、主持人、裁判、大班、行礼、检讨、揭发、身家、戏院"等。

再看语法方面。

相对于词汇来说,港式中文在语法方面与早期现代汉语的一致性更高,这主要是因为语法的稳固性比词汇更强,变化相对较小,因而对语言发展的反映不像词汇那样迅速而又突出。比如,港式中文复句所使用的关联词语经常可以不配对出现,而这正是早期现代汉语的常态。以下是"即使……也"中"也"不出现的用例:

(6) 田北俊认为,即使暂停卖地一段时间,日后的楼价(也)不会大幅上升,因为其间仍有补地价的楼盘推出。(《明报》2002年9月27日,A17版)

(7) 在一次"围剿"没有基本地打破以前,即使得到了许多战斗的胜利,(也)还不能说战略上或整个战役上已经胜利了。(《毛泽东选集》第一卷)

《港》用了两编的篇幅讨论港式中文语法方面的特点,所涉及的大多数现象,都能在早期现代汉语中找到相同的用例,以下词法、句法各举二例。

指示代词"这"在港式中文里经常不借助数词或量词而直接与名词组合,如"这女士、这集团、这改变"等,而这样的形式正是早期现代汉语"这"的常态用法之一,例如:

(8) 这时代中国女子教育的一线曙光,已经是摇摇欲灭的了。(《冰心文集》第一卷)

港式中文里,连词"和"经常连接两个动词性词组,如"买楼和卖楼""只拍电影和拍广告"等,而这也是早期现代汉语"和"的常见用法,例如:

(9) 他自己底父亲就在他家作活和赶叫驴。(许地山《春桃》)

港式中文里,表"不幸"义的被动句较少使用"被"字,而是代之

以"遭",这也是沿用了早期现代汉语的常见形式,例如:

(10) 当生存时,还是将遭践踏,将遭删刈,直至于死亡而朽腐。(鲁迅《野草》题辞)

港式中文表示前项强于后项的差比句,经常采用"N1 形容词＋过 N2"的形式,如"港环保柴油贵过日本"。而早期现代汉语中,同样也有这样的形式:

(11) 国内豪绅买办阶级的反革命势力,在目前还是大过人民的革命势力。(《毛泽东选集》第一卷)

总之,在现代汉语的各个发展阶段中,只有第一阶段即早期现代汉语与港式中文相似程度最高,因而关系最为密切,究其原因,则是如前所述,前者是后者的"底本"。

四、港式中文与早期现代汉语的差异性

港式中文与早期现代汉语之间的一致性反映了前者与后者之间的继承关系。另一方面,二者之间也有较为明显的差异,由此则反映了前者在后者基础上的发展变化。语言总是要发展变化的,并且时时处于发展变化的过程中,而香港地区独特的社会、文化和语言环境,自然使得此地通行的汉语书面语呈现出一系列鲜明的特点与个性。

本小节的重点是讨论并明确港式中文与早期现代汉语之间的继承关系,对于前者在后者基础上的发展变化不作进一步的展开,这里只是简单地结合港式中文的特点(其实也就是一些形式或用法的主要来源及产生原因),来对二者之间的差异略作说明。

如前所述,港式中文形成于 20 世纪 70 到 80 年代,90 年代趋于成熟,在此期间及以后产生的形式和用法,自然是早期现代汉语所没有的。就是再往前推,一直推到早期现代汉语阶段,内地与香港地区的书面汉语也还是会有一定差异的,而这些差异主要就是由香港语言的特点决定的。

港式中文的特点之一是有浓厚的粤方言色彩,主要表现为较多地使用粤语的常用词语,同时也有一些掺杂或结合粤语语法成分的现象。

前者如郑定欧《香港粤语词典》(江苏教育出版社1997年版)中收了很多由粤语而进入港式中文的词语,比如"私家",义为"私人拥有的",由此构成的词语有"私家车、私家路、私家地方、私家侦探"等。《港》第51页谈到,"纸"在粤语中经常特指纸币,由此产生了"港纸(港币)、散纸(零钱)、阴司纸(纸钱)"等;此外,"纸"还用于指纸质的单据或证明,由此又有"落货纸(卸货单)、出水纸(提货单)、出生纸(出生证明)、医生纸(病假条)、宣誓纸(证明文件)、沙纸(证书)"等词语。以上是成"族"的词语,至于直接用于港式中文的单个粤语词语,那就更多了。

后者如《香港粤语词典》收"试过"一词,词性标注为副词,释义为"表示从前有过某种行为或情况(多用于否定式)",举例有"香港从来未试过有地震"等。《港》第29页也谈到"曾经"义的"试过",所举用例如"在正常情况下,阿富汗中部和北部的冬季会在十一月底降临,但也试过提早到来",书中说"这显然也是受到粤语的影响"。

另外,"他特别多话题""书展太多人"这样的"特别多""太多"等直接带宾语的现象,实际上也是一种常见的粤语用法。(《港》184页)

港式中文特点之二是中英混杂现象比较普遍,而这"实际上已经成为一种'时尚',成为语言生活的一种习惯"(《港》358页),有人称这样的形式为"鸡尾语言",称这样的文体为"鸡尾文体"。(陈

耀南,1994)

在汉字串中夹杂英文词语及其变化形式(比如截取一部分)早已屡见不鲜了,以下只举一组句法方面的例子:

(12) 相信银行调高按息,楼价泡沫将会爆破,现在是时候沽货了。

(13) 汲取日本核爆教训 是时候检讨核政策

《港》认为,这样的句子明显可以看出是仿照英语"it is time to do something"这一句型而造出来的汉语句子。(307 页)

港式中文特点之三是保留很多文言成分。途径有二:一是沿用早期现代汉语,二是使用粤方言中保留的文言词语。前者体现了它与早期现代汉语的一致性,后者则可以归因于上述第一个特点。这两个方面前边均已说过,这里就不再赘述。

五、明确二者关系的意义和价值

如前所述,本小节所说港式中文与早期现代汉语之间的关系,主要是指前者对后者的继承,所以本部分我们也主要立足于此来讨论明确这一关系的意义和价值。

1. 有助于纠正某些不正确的认识

当今语言观及语言研究的重要进步之一,就是共时与历时的真正结合,但是这一点在四地语言差异及其融合的研究中似乎体现得还不够充分,而有一些研究所得的结论不够准确、正确,有时也与此有一定的关系。前述的(2007a)刁晏斌所谈内容即为一例,以下再就"高买"一词举例说明。

李宇明主编《全球华语词典》(商务印书馆 2010 年版)收"高买",释义为"〔动〕指在商店偷窃商品",所举用例为"本商店将严拿～","他在超市～被发现",在"使用地区"项下标为"港澳"。《港》44页说:"有时候,如果不太了解香港社会的具体情况,对这些社区词就有可能发生误解。例如'高买',有人以为就是'三只手'的小偷,其实不然。这是专门指在商店里偷商品的小偷,因为如果抓住就要罚几倍于商品价格的钱款,所以美其名为'高(价购)买'。而一般的'小偷'则叫'小手',以示区别。"

想起了20年前读过至今印象依然深刻的一部中篇小说《高买》,作者是天津作家林希,刊于《中国作家》1991年第1期。小说多次获奖,曾被改编为评书,还与作者的另外两部小说《丑末寅初》《相士无非子》一起联合改编为电视连续剧《草根王》,曾经热播一时。

小说中有以下两段关于"高买"的文字:

> 进入二十世纪以来,偷东西的不上梁了,于是便有了更高雅的称谓:高买。

> 真是一个雅号,这"高买"二字简直就是中华古老文化的结晶,洋人无论如何也组合不出这个词来。洋文讲词根、词尾,高就是高,买就是买,是高高兴兴地买,还是高高雅雅地买,一定要含义确切。中国文字则不然,高买就是高买,既不是高兴地买,也不是高雅地买,是买东西不付款,不掏钱。买东西不给钱,高不高?高!真是高,这就叫高买。

作家当然不是语言学家(其实作家林希还做了不少整理天津方言的工作),而文学作品也不是语言学著作,所以或许我们还不能仅凭上述两段话就得出什么结论来。

然而,如果能够找到工具书以及实际使用情况的支持,那结果就不一样了。曲彦斌《俚语隐语行话词典》(上海辞书出版社1998

年版)收有此词,共列二义,其一为"清末以来京津等地江湖诸行指专门偷窃珠宝店、绸缎店的小偷",其二是"旧时北方偷窃团伙指伪装富豪进商店乘机盗窃"。另唐钰明(1994)曾引徐世荣《谈"高买"》(香港《词库建设通讯》1993年总第1期)说,"'高买'一词,在三十年代(我当时正在北京师大读书)北京的报端常见,但口头不太说"。唐氏最终的结论是:"隐语通用化并非个别现象,'高买'成为京、港方言词,也不过是这股语汇支流中的一片小浪花而已"。

结合历史以及现实情况的考察,我们可以简单地总结如下:

第一,港式中文里"高买"一词与很多由早期现代汉语乃至于古代、近代汉语继承而来的词语有着相同的发展路径,它不是一个"新词",而是一个"旧词"。此词的发展过程大致是:由京津地区隐语进而实现通用化,然后保留、沿用在港式中文里(在其他一些华语社区中也有使用)。

第二,结合上引词典释义以及现实的用例,此词并非只有动词一个词性,而应当是动、名兼类(前引用例中"严拿高买"已经证明了这一点)。汉语有"动名同形"的习惯,某些词既可指动作行为,又指有此动作行为的人,古代的如"医、屠",当代的如"导游、策划"。"高买"也是如此。

第三,此词在当代汉语中也并非完全绝迹,特别是随着电视连续剧《草根王》的热播,也不时有人用到或提到此词,甚至还出现了"高买行(háng)"这样的复合形式,只不过似乎是作为"历史词"使用的。

2. 可以由港式中文反观早期现代汉语

既然港式中文与早期现代汉语之间有明确的继承关系(如果用"语言化石"来比喻,其实在某种程度上也不妨把前者看作后者的"化石"),那么自然也就可以由前者反观后者,从而又找到了另一个了解和认识早期现代汉语面貌与样态的途径，这当然有利于现代汉语史的研究。

前边第二小节所列举的一致性用例，都可以支持这一论断，具体说来，大概主要包括以下几个要点：

第一，可以作为线索或向导，就某一现象入手，追寻它们在早期现代汉语中的使用情况及一般特点等，比如前边对"高买"的考察，就是一例；

第二，可以作为支持或证明早期某一或某些现象存在或具有某一特点的依据之一；

第三，可以在二者之间进行某些方面的比较，从而更好地发掘其在早期使用中的某些特点和规律。

我们经常强调，进行现代汉语史的研究有一个很大的优势，这就是有更多的"亲历性"语料可以利用。如果加上港式中文，这一语料范围将得到进一步拓展。在我们设计的现代汉语史研究方法中，有文献调查法、工具书查考法等。这些方法的目的是借由过往编纂出版的各类文献来了解较早时期现代汉语中某些有时代特色的形式和用法，在具体的研究实践中，都收到了很好的效果。现在看来，不妨再加上一个"港式中文反观法"，相信也会取得一定的效果。

3. 可以推而广之，用于四地语言差异与融合的研究

在以往的相关研究中，如前所述，人们经常把港澳或台港澳或港澳台看作一方，来与内地汉语进行整体对比，考察和分析它们之间的差异与融合。这样做当然是有原因的，而其中最重要的一点，就是上述两地或三地书面语言的高度一致性。对于造成这种一致性的原因，很多研究者都已论及，但多集中在社会制度和社会生活方面，比如汪惠迪(2007)说："自新中国成立到改革开放前，我国港

澳台地区自成一个语用圈。主要原因有二：一是我国大陆跟这些地区的社会制度不同,各自的价值观、语用观也不同;二是大陆同胞跟港澳台同胞在生活的各个领域基本上不来往。因此,虽然大家都说汉语,写汉字,但是语言文字碰撞的机会少之又少,交融与吸收也就微乎其微。"

至于语言自身方面的原因,讨论得显然还不够充分。如前所述,造成两地或三地语言一致性的重要原因之一,就是它们大致都与早期现代汉语有相同的继承关系。澳门与香港联系最为紧密,语言的相似度最高,在这方面的一致性也最强;至于台湾地区国语的这一特点,也是同样明显的。关于这一点,已经有不少人谈及,比如周志远(1992)说:"台湾所谓的国语,是在四十年代北方官话的基础上发展起来的,由于众所周知的原因,一九四九年以后,台湾与大陆便失去了联系,因而台湾国语便走上了独立发展的道路。"周质平(2004)说,"所有台湾语文上的特色,可以一言以蔽之曰'饶富古意',台湾呈现的是中国二十世纪中期以前的语文现象,甚至连标点符号都'一仍旧贯'。"曹铭宗(1993:4)说:"国语'唐山过台湾',四十多年来,在台湾落地生根,自行发展,已逐渐与海峡对岸的'大陆普通话'有些不同,形成了'台湾国语'——一些外国语言学家所称的 Taiwan Mandarin。"

这样的叙述是比较客观的,对这方面的情况,我们也作过一些论证。(刁晏斌,2000b)

所以,无论研究港式中文、葡式中文,还是台湾地区国语,我们都可以而且应该增加早期现代汉语这一视角,从而对一些问题进行更加全面的考察和分析,甚至于纠正某些不太准确或不正确的看法。就后者来说,比如有人的文章讨论了海峡两岸"因词义演变产生同形异义现象",其中的第一点是"因词义扩大产生同形异义现象",第一项是"大陆不变,台湾扩大",所举例词有几十个(苏金智,1995),其中有一些就是台湾沿用早期现代汉语而内地义有所转或缩小了范围。比如"开幕",前边对港式中文中的使用情况已作说明,而在台湾同样也是如此。其他的再如"商场、摆平、生理、黄牛"等,大致也都如此。

第二节 台港澳三地语言的共性与个性

一段时间以来,以内地为一方,以港台、港澳或台港澳地区为另一方的三地或四地现代汉语对比研究越来越多了,这表明语言学界已经达成一个共识,即认为上述两地或三地语言有更高程度的一致性,正因为如此,所以才把它们作为共同的一方,来与内地进行对比。

这种多地而不是两地之间的对比研究,至少有以下几点长处:

第一,研究视野更加广阔,有利于更好地发现和揭示整个中国区内几个言语社区的差异与融合情况;

第二,建立了更多的参照点,从而可以更加全面地了解内地普通话的特征以及使用上的特点,特别是更好地了解它在新时期以来的发展变化;

第三,有助于"全球华语"观念的建立,以及在研究实践中的进一步实现。

然而,相关的研究虽然取得不小的进展,但是也存在着较为明显的不足,主要表现在以下三个方面:

其一,相关的比较研究在深度和广度上都有待进一步提高。比如,如果说台港澳三地语言有更大程度的一致性,那么,这些一致性有哪些具体表现,造成原因是什么?至少到目前为止,我们还没有看到有人试图回答这些问题。再就一些具体的研究来说,也有以下一些不够均衡之处:以词汇(特别是新词语)方面为主,其他方面涉及较少;主要限于共时平面,而历时平面的观察和对比基本没有展开;总体上以差异的发现和描述为主,对三地与内地语言的融合(特别是双向的交流融合)关注不够。

其二,如前所述,台港澳三地中,对澳门的语言及其使用状况重视程度明显不够。2012年10月,我们主办了第一届"两岸四地现代汉语对比研究学术研讨会",参加会议的澳门大学教授程祥徽先生在大会发言中指出,看到"四地"的提法,感到很激动,也很高兴。其实这正说明以前对澳门语言的研究重视不够,甚至在一定程度上忽略了。

其三,人们在把港台或台港澳作为一个整体来与内地进行对比时,在相当程度上只着眼其同,即共性特征,而在一定程度上(甚至在相当程度上)忽略了它们的差异,或者说个性特征。这样,实际上就是用一个方面掩盖了另一个方面,显然不利于全面准确地了解和认识台港澳这几个独立言语社区的语言及其使用特点和规律,特别是对一些区别性特征的发现与把握。

本节针对以上三个问题中的第三个,部分针对第一个问题,主要讨论台港澳三地标准书面语的共性表现和个性特征,它们的造成原因,以及正确认识三地语言共性与个性的意义和价值。

一、三地语言的共性及其表现

关于台港澳三地语言的共性,我们在上一节已有简单的说明。我们对于三地所用汉语的认识有两个基本点:一是它们之间既有共性又有个性,二是共性大于个性。

正因为三地语言有较大的一致性,所以才可能在相当程度上作为一个整体,与内地普通话形成一系列的差异。实际上,这也就是许多研究者经常台港澳并称,并且多从整体上探讨它们与内地差异的主要原因。

我们认为,台港澳三地最大的共性主要表现在以下两个方面:

第一,与早期现代汉语高度一致,即在很大程度上保留了它的传统;

第二,在新词、新义、新用法方面保持高度的同步性或一致性,由此而使得三地之间词语(特别是新词语)的一致性高于内地。

关于第一个方面,上一节已经作过一些说明,以下再略作补充,本节着重讨论第二方面。

如前所述,早期现代汉语中既已存在和使用的词语中,有一些同素倒序词。后来的情况是,内地普通话完全或基本上选择了一个,而港式中文则选择了另一个,而在当今的台湾和澳门,这些与内地构成一对同素倒序词的形式也几乎都在使用,我们仍以上一节中提到的"质素"为例:

(1) city'super 成为您生活的一部份且提升生活质素。(台湾《自立晚报》2011.12.28)

(2) 除夕夜巴士服务未能有效疏导参加倒数活动人潮,居民乘搭巴士出现混乱,居住凼仔居民甚至经旧大桥步行回家,有居民批评公交服务质素阻碍公交优先政策的推行。(《澳门日报》2011.1.5)

此外,那些沿用早期现代汉语意义和用法的港式中文词语,如"工友、主持人、裁判、大班、行礼、检讨、揭发、身家、戏院"等,现在也基本都是台港澳三地所共有的。另外,那些依旧保留原有音译形式的词语,如"盘尼西林(青霉素)"等,也是如此。

译词中明显保留早期特点和习惯的,还有人名的翻译。旧时翻译外国人名,经常凸显"归化"动机,因而趋向于往中国人名上靠,当今台港澳地区基本沿袭这一做法(详第三章)。比如,贺文照(2002)讨论了大陆与台湾译名的差异,其中重要的一点,就是"中国化"倾向是否明显。台湾在翻译外国人名时,尽可能使之"像"中国人的名字(即中国化),而大陆的翻译,则尽量使之区别于中国人名。这样对比的例子如"贾拉汉—卡拉汉(英国前首相)、席拉克—希拉克(法国前总统)"。其实台湾的做法也是港澳地区的惯例,所以有不少译名三地共用一个,如美国前总统克林顿,现任总统奥巴马,三地均用"柯林顿、欧巴马"。有时三地译名虽然不同,但是总体上与内地的差异还是相当一致的,比如美国苹果公司创始人Steve Jobs,台湾译为"贾伯斯",港澳译为"钱伯斯",显然比内地译名"乔布斯"更具"中国化"色彩(详见本书第三章)。

语法比词汇更具稳定性,因此台港澳三地在语法上与早期现代汉语的一致性更强、一致程度更高。

比如,就关联词语来说,在早期现代汉语中并不像今天这样总是需要对应(成对儿)使用,往往只用一个,港式中文大量保留了这一做法。上一节中我们已经举过这样的例子,以下是台湾和澳门书面语中同样也比较常见的例子:

(3) 另一名党内人士认为,全代会即使要表决,预料(也)只会出现一面倒的情况,不会因为127人遭到停权而影响结果。(台湾《自立晚报》2013.5.24)

(4) 然而,不少乘客即使被拒载,(也)因怕麻烦而拒绝指证,令稽查行动的成功率大打折扣。(《澳门日报》2011.3.10)

有很多词语在三地同时流通,有时难辨来源,所以一般论者多

以"港台""港澳"以及"台港澳"等笼统称之,这一点,仅就一些工具书名就可以清楚地看到,例如:

《当代港台用语词典》,朱广祁编,上海辞书出版社,1994年版;

《港台词语词典》,黄丽丽、周澍民、钱莲琴编,黄山书社,1997年版;

《内地及台港澳常用词对比词典》,魏励、盛玉麒主编,北京工业大学出版社,2000年版。

至于以此为名的论文,那就更多了,以下略举数例:

《浅谈"港澳台词语"在内地的现状和走势》,孟守介,《苏州铁道师范学院学报》1994年第4期;

《港台词语在内地的使用情况》,李明,《汉语学习》1992年第3期;

《传意需要与港澳新词》,程祥徽,《中国语文》1996年第3期。

关于台港澳三地在新词新义新用法方面的紧密联系,不少论著都曾提到。比如,汪惠迪(2007)说:"中国的台湾、香港、澳门以及新加坡和马来西亚在地域上接近,都实行资本主义制度,价值取向相同,因此形成了一个华语语用圈。由于科技发达,信息传递便捷,民间交往频繁,因此语言长期处于活跃互动、互补状态,词语的交流广泛、快捷、频繁。五区之中任何一区所产生的新词新语,立刻通过媒体或影视作品等传播到其余四个地区,通常都能在当地落户,为当地语言用户所接受,成为五区共用的词语。"程祥徽(2005a)着眼于澳门的情况说道:"新词语的吸收可以说与香港同步,当'的'(dī)字以语素身份风靡神州大地的时候,澳门也参与其盛,创造了一个新词'夜的'(半夜到清晨行驶的的士)。'人间蒸发''人气急升'这些日本词语经香港一夜之间就传到了澳门。"

台港澳三地标准书面语上述共性的形成,当然是有原因的,这个原因既有语言本身的,也有语言以外的社会方面的。

就语言本身来说,上边我们提到的与早期现代汉语的高度一致性,是最主要也是最重要的原因。我们曾经从"两个距离"的差异入手,来讨论海峡两岸民族共同语差异的形成原因。这种差异指的是:与传统国语的距离,大陆远大于台湾;书面语与口语的距离,台湾远大于大陆。(刁晏斌,2013)以上两个距离差异,大致也可以用于解释内地与台港澳地区语言差异的原因。

上述"两个距离"的差异是内地与台港澳三地标准书面语不同发展道路和过程的必然产物。关于这一点,周清海(2008)说:"1949年之后,各地华语与现代汉语标准语分别发展。各华语区保留了'国语'的许多特点,受'国语'的影响是巨大的。各地的华语也没有经历过类似近期中国社会的激烈变革与变化,受现代汉语标准语的影响也很少。"

语言之外,台港澳三地之间共性的形成和保持,也有着深刻的社会背景和政治原因,其中最主要的表现,一是三地相互之间的"向心力",以及在过去一个相当长的时间内总体上与内地的"离心力"所致。

就后者来说,汪惠迪(2007)指出:"自新中国成立到改革开放前,我国港澳台地区自成一个语用圈。主要原因有二:一是我国内地跟这些地区的社会制度不同,各自的价值观、语用观也不同;二是内地同胞跟港澳台同胞在生活的各个领域基本上不来往。因此,虽然大家都说汉语,写汉字,但是语言文字碰撞的机会少之又少,交融与吸收也就微乎其微。"

就前者而言,比如程祥徽(2005b)说:"港澳本身由于前港英当局与澳葡当局实行疏离中国内地的殖民政策,在汉字形体乃至文字的运用和行文的风格上都是向台湾方面倾斜的。"至于台湾,由于曾经长期与内地处于敌对状态,所以与大陆的隔膜,就更为明显和突出了。

就语言本身来说,上述离心力一定程度上还因为三地语言与基础方言的隔绝并由此而失去某种制约。关于这一点,朱德熙(1987)就台湾的情况说道:"至于台湾国语,由于长期与基础方言北京话隔绝,必然要发生变异。与基础方言隔绝的另一后果是使它失去了赖以维持其稳定性的制约力量。所以台湾国语的不稳定的程度与普通话相比,恐怕是有过之而无不及。"我们认为,这种"制约力量"的减弱甚至缺失,应当是造成台港澳三地标准书面语与内地差异的一个重要原因。

如果说这种政治上及语言上的离心与向心更多地是20世纪80年代以前的表现,那么此后三地继续保持很大程度上的一致性的原因,一是惯性作用,二是三地互相之间往来的频繁与交流的便捷,关于后一点,黄翙(2007:185—186)说:"在今天交通、传媒事业异常发达的情况下,澳门人看的是香港电视和香港报章,关心的是香港的股票行情和八卦新闻;行驶在港澳之间海面上的轮船比陆地上的公共汽车还要稠密,因此香港的中英夹杂现象会原封不动地移植到澳门来。"

邹嘉彦、游汝杰(2007a:161—193)基于香港城市大学语言资讯科学研究中心于20世纪90年代建立的LIVAC共时语料库所做的华语各地区新词接近率比较显示,如果以香港为基准,各地与香港新词的接近率分别是:澳门58.60%,台湾44.29%,上海29.39%,北京33.09%,差异是比较明显的。再就一些具体的新词语来看,比如"因特网",在上海的使用率是40.17%,北京是45.42%,而在港澳台三地则分别是0.00%、14.24%、0.00%;"计算机"的上述5个数据分别是38.38%、38.14%、2.19%、19.89%、0.92%。

二、三地语言的个性特征

台港澳三地语言既有共性,也有不少个性特征。周清海(2008)说:"各地华语又受到不同外语的影响,各地的社会、经济、政治制度也不同,和内地的差距更大,因此造成了各地华语之间,各地华语和现代汉语标准语之间出现差异。"

就其内部而言,首先是台湾与港澳之间由于历史发展、社会条件、地域差异等诸多因素而形成的一些不同之处,比如关于历史发展情况的差异,程祥徽(2008)说:"三地是各自独立的三个不同汉语社区,社会情势、语文政策及语言状况等都有很大的不同。就台湾来说,从1945年光复后就开始大力推广国语,一度使得国语的地位、普及率和使用度都相当高,而后来由于各种原因,又一度推行'去国语化'的路线。"程先生认为这是一个巨大的倒退,由此必然会对台湾地区国语的使用及其面貌产生很大的影响,并且与港澳地区产生新的不同。至于一些具体的差异,比如田小琳(2008)说:"有人常将港台词语连在一起说,以为港台词语可划为一类,其实二者的背景来源并不完全相同。"正是基于这样的认识,田氏编写了《香港社区词词典》(商务印书馆2009年版),收释了许多独具香港特色的词语。

柴俊星(2002)比较了以下一些词语的差异,可以看出台港澳三地,港澳之间的一致性比它们与台湾之间要更高一些(以下按内地—台湾—香港—澳门的顺序列出):

方便面—速食面—公仔面—公仔面、后代—传人—下一代—下一代、走红—当红—当红—当红、联欢会—同乐会—派对(party)—派对、反面—负面—负面—负面、中药—汉药—中药—中药、出租车—计程车—的士—的士、邮递员—邮差—邮差—邮差、服务员—侍应生—侍应/侍应生—侍应/侍应生、笑星—谐星—笑星—笑星、奋斗—打拼—拼搏—拼搏、洋烟—外烟—洋烟—洋烟。

港澳之间的一致性固然更高，但是也有一定程度的差异。香港地区目前实行两文(中文、英文)三语(英语、粤语和普通话)政策，而澳门地区则存在三文(中文、葡文、英文)四语(普通话、粤语、葡语和英语)现象，由此必然也带来一些差异，如黄翊(2007:91)所说:"澳门粤方言与隔海相望的香港粤方言也有差异。……在词汇上，香港主要是向英语和日语借词，澳门除了全盘把香港的借词再借过来之外，还有一批向葡语的借词或根据葡语构词特点构成的词。例如:科假(休假)、思沙(物业转移税)、行人情(休假期间)、过班纸(成绩单)、沙纸(证明文件、毕业文凭)、综合体(复合的建筑物，如：体育综合体)等。"

就语言内部的影响和制约因素而言，三地几乎所有的个性表现都与以下两个方面有关：一是外语，二是方言。

就前一方面来说，台湾受日本殖民统治50年，而香港和澳门则分别由英国人和葡萄牙人统治了更长的时间，这种独特的历史经历，必然在各自的语言中打下深深的烙印。所以，台湾地区国语中，一方面保留了日据时期留下的大量日语借词，另一方面在光复后的不同阶段，也都一直有从日语中引进的词语。针对前一方面，孙倩(2009)说："台湾自身即是一个富有多种语言的地方，在闽南语、客家话以及各原住民的语言之中被强行灌输进了日语词汇，使得台湾语言中保存了为数众多的日语词汇以及结构形式,主要是直接取自日语或音译自日语的词语。从电视台的'星星物语'节目,到报纸上的'浮世绘',从手上的'便当'到家里的'多桑',类似的词语比比皆是。"据汤志祥(2001:343)统计,在台湾地区国语中的日语词要多于英语外来词,前者占了51.1%,而后者只有48.9%。至于后者,丁杨、王保田(2010)列举了从报纸、杂志、新闻、网络、新词语词典上收集到的179个日源外来词和6个词缀,它们都是首先引进台湾,然后才不同程度地进入其他地区的,这些词语如"芭拉芭拉舞、出演、达人、豆乳、低迷、店长、大赏、封杀、干物女、攻略、卡啦OK、症候群、整合、职场、宅配、宅急便"。

至于香港,当然主要是英语的天下,如内地学者陈建民(1989)所说:"香港话经常而大量地输入英语外来词,而且大部分是音译词,还出现一种不中不英的混合语,对外语远非一般的吸收关系。"台湾学者姚荣松(1992)也说:"香港的外来语由于地域色彩浓厚,多半不被台湾接受,例如,呔(领带)、士巴拿(spanner,扳手)、士的(拐杖)、的士(计程车)、波(ball)、甫士咭(明信片)、遮哩(果冻,jelly)、温拿(赢家,winner)、卜(puff,台湾作'芙')、泊车(park)、仄(支票,check)、咭(卡,card)等。"因此,在英语外来词语的数量、译法以及使用等方面,港台之间区别还是相当明显的,而这自然就构成了二者语言个性特征的一个方面。

澳门语言自然会受葡萄牙语一些影响,前引黄翊(2007)已经指出这一点,并且举了一些例子。此外,由于地近香港,加之三文四语,所以澳门语言必然也受英语的很大影响,但也与香港有所不同,即如黄翊(2007:185—186)所说:"澳门在接受英语(还有日语)影响方面几乎与香港同步,但不如香港那样丰富,也没有香港那样严重。"另外,在澳门有所谓的"葡式中文",大概是最具"澳门特色"

的语言形式,它"按葡语的语言结构写作中文,使得写出来的中文不像中文,而像是葡文的翻译作品。同时它还掺杂一些英语的借词。这样一种文体大量存在于公文中。"(黄翔,2007:194)

至于方言因素,就台湾而言,有人指出岛内目前语言总格局是"两大两小一分散":"两大"是指国语和闽南话,"两小"是指客家话和原住民语言;"一分散"是指国民党迁台时从大陆去的各省人所说的各种汉语方言(主要为浙江、湖南等省方言)。(戴红亮,2012:3)在台湾,对国语影响最大的是闽南话,魏岫明(1981:89)说:"台湾毕竟主要是属于闽南方言区,有大多数人以闽南方言为母语,所以在此地通行的国语还是受闽南方言的影响最深。"在语法方面,魏氏举例说,国语中的"有+动词""用+动词+的"的形式、"来""去"的及物用法,都是闽南语法的特色。顾百里(1985:160—164)讨论了台湾特别常用的"的样子"以及"而已",也指出它们都是受闽南方言影响的产物。

语法方面如此,词汇方面就更是如此了。苏金智(1995)说:"台湾国语不断地在吸收闽南方言词,由此也与内地普通话产生了一些同形异义词。如'土豆',普通话指'马铃薯',闽南话指'花生';'豆油',普通话指用黄豆榨出来的食用油,闽南话指'酱油';'麻雀',普通话指一种鸟,闽南话还可以指'麻将';'艰苦',闽南话可以作为'生病'的委婉语;'牵手',闽南话指'配偶'。闽南话的这些用法在许多场合已经在台湾的书面语中出现,它们很容易造成理解上的错误。"

其他的如客家话以及原住民的语言也都有一定的影响,而这些因素,基本不存在于港澳地区。

港澳地区同属粤语区,日常交流主要使用粤语,所以标准书面语深受粤语影响。黄翔(2007:164)说道:"在澳门(包括香港),运用书面语言的人如果没有特殊的目的,总是希望尽可能避开粤方言的纠缠,写出脱离方言影响的纯净的书面语,以此显示自己受过正式教育,具有较高的文明程度的文化身份。但是由于受粤方言的影响很深,不能完全把普通话当作习惯的思维语言来使用,因此普通话与粤方言并用的现象非常普遍。"受此影响,在香港有所谓的"港式中文",实际上正是处于"标准中文"和"粤语中文"之间的一种过渡型书面语。(石定栩、邵敬敏、朱志瑜,2006:7)这样的港式中文自然不可能产生或流行于台湾,并且在澳门书面语中也并不常见(详下)。

除以上两个因素外,因为台港澳三地分属三个不同的言语社区,所以即使不考虑外语和方言的影响,仍然会有很多其他方面的差异。比如田小琳《香港社区词词典》所收的香港社区词,虽然有一些为台港澳三地所共有,但是毕竟也有相当多数是独具香港地区特色的,如"港督、总督、立法局、行政局、布政司、财政司、律政司、民选议员、基本法、中英联络小组"等。柴俊星(2002)提到,由于台湾所处的特殊地位,欲在国际空间求得一席之地的心理,对"国"字词语有着浓厚的兴趣,所以所用的"国"族词语远多于其他地区,如"国语、国府、国军、国大、国文、国立、国民、国父、国币、国民权、国民大会、国民身分证"等。在李宇明主编《全球华语词典》所收的词语中,有很多在使用地区一项下都标注为"港澳",但是也有一些仅标注为澳门的,如"巴士专道、白鸽票、阿丢、阿囡薯、百家乐、碧架、踩线、司沙、断缆、发财车、狗场、狗房、狗师、亚冬鱼、科假、啦打、啦苏、邋遢、练狗师、马介休、买关、妹路檬、奶茶、欧拿、牌官、起步笼、起步箱、前地、潜水货、人情纸、沙子、些菲、收马、手放、梳把、文案、问打、细花、新狗赛、职程、综合体"等,也在一定程度上反映了澳门的语言个性。

语法方面,本书将要讨论的许多现象都能证明这一点,比如三地"将"字句的差异(详见第六章)。

三、正确认识三地语言共性与个性的意义和价值

我们认为,正确认识三地语言的共性表现及个性特征有很大的意义和价值:从应用的角度说,有助于四地人民更好地了解自己所使用的标准书面汉语以及相互间的异同,从而缩小距离,在增进了解的过程中加强沟通以及语言文化的认同;从研究的角度说,则大致可以从以下两个"着眼于"来认识和表述。

1. 着眼于三地语言的共性

着眼于三地语言的共性,从研究目的、研究对象和研究内容来说,大致有以下三个认识角度。

一是内地普通话的角度。如前所述,普通话与三地标准书面语总体上的差异,最能反映它的诸多特点以及独特的发展历程,而这也正是人们热衷于在二者之间进行比较研究的重要原因之一。但是,就目前来看,这样的研究正如本节开头所谈目前存在问题的第一方面所示,还有待进一步深入和拓展。

二是三地语言的角度。在共性基础上来进行与普通话之间的全面对比和参照,一方面有助于抓住三地语言的主要特点,从而形成宏观以及中观层面的把握和定位;另一方面还可以以此为线索,追溯它们的历时发展过程,总结其中的规律,从而更好地认识它们各自的现实面貌及表现。

三是全球华语的角度。要对全球华语形成相对完整的了解和认识,首先就要抓住它们的共性特征。三地都是重要的华语子社区,而其他华语子社区(如新马地区等)的语言也都与它们有相当的共性(因此在一些研究中人们把台、港、澳、新、马五区并举,如前

引汪惠迪的话就是)。所以,从某种程度上说,抓住了三地语言的共性表现,也就抓住了内地言语子社区以外其他华语子社区的基本特征和主要特点。同样,以三者的共性为基础而与普通话进行的对比研究,在很大程度上也就是内地子社区以外其他华语子社区之间的对比研究。

2. 着眼于三地语言的个性

如前所述,人们在重视两地或三地语言共性的同时,往往也在某种程度上忽略了它们的个性特征,因此,强调并大力进行三地语言个性特点的研究,无疑有非常重要的意义。具体来说,大致表现为以下两个"拓展"和一个"加深"。

所谓两个"拓展",一是研究视野和范围的拓展,二是研究内容的拓展。

就前一方面来说,台港澳是三个不同的言语社区,三地的语言自然也就是三种不同的社区语言,而每一种社区语言,自然都可以而且应当被当作一个独立的对象,来进行细致而又全面的研究。就目前的状况来看,这方面的研究主要是两种双向的比较,一是三地或两地在整体上与内地的比较,二是三地中某一地与内地的比较(如比较多见的海峡两岸对比),而三地之间相互的双向或多向比较却很少,甚至还没有引起人们的注意和关注。这样,缺少了一个比较的角度,当然就等于少了一个方面的研究内容,由此就造成了研究的不完整。因此,有了三地语言的"个性观",才会进一步地发掘它们更多的不同,而这就使得相关研究的视野和范围均得到很大的拓展。

研究内容的拓展,表现在共时和历时两个层面,前者主要指针对某一个具体言语社区所作的全面研究(这方面的工作已经做了一些),以及不同社区之间的对比研究(如前所述,这方面的工作几乎还没有展开),而后者则是到目前为止还没有涉及的领域。这些方面研究的展开,无疑会大大地拓展相关研究的内容,并使之更趋全面。

对三地中某一地或每一地语言及其使用状况的研究,无疑会带来许多更深入的认识,而这就是我们所说的一个"加深"。具体来说,一是对各社区语言及其使用状况认识的加深,二是对其历史发展变化及其与传统国语关系消长变化认识的加深,三是对四地语言关系认识的加深。就最后一点来说,香港与澳门作为一国两制下的两个特别行政区,台湾作为一个更加特别的行政区域,都有一个与祖国内地的关系问题,而这一点在语言方面当然会有明显的表现,这一点,仅从语言及语言研究来说,就既有实际意义,又有理论价值。

随着香港与澳门先后回归祖国,以及海峡两岸经贸关系及文化交流的持续进行,四地的语言也不断地由差异趋向融合。但是,由于现实和历史的原因,站在今天的角度,我们看到,台港澳三地与内地语言的关系,以及各自与内地融合的速度并不相同,而由此也构成了三地之间语言及其使用的差异,亦即它们个性特征的一个方面的原因。比如,我们曾经从词汇以及语法方面调查了四地的一些项目,最终结果基本都指向一点:澳门语言与内地关系最近,香港次之,台湾最远。

第三节 全球华语视角下的台港澳语言

一、从"华人社区"到"社区词"

"社区"本来是一个社会学术语,社会学家把它描述为由若干个社会群体在一定地域内所构成的相对独立的生活共同体(风笑天,2002:160),大多数社会学家认同的社区概念大致都包括社会互动、地理区域和共同关系这样三个特征。(罗建平,2009)在四地语言差异对比研究中,张维耿(1988)较早地使用了"社区"的概念,文章中说:"当今世界上有不少华人聚居的地区,最集中的除我国本土(包括大陆地区、台湾省地区、港澳地区),还有新加坡的华人区,印度尼西亚的华人区,马来西亚的华人区,泰国的华人区、美国的唐人街区等。这些地区的华人在内部交际时使用华语(尽管是带方言色彩的华语或者就是某种汉语方言),多数地区还有自己的华文报纸和华文书刊。上述华人聚居之地,有自己内部使用的口头语和书面语,我们把它统称为华人社区。"

这是作为总称的华人社区,而更多的人则是着眼于"分",即为了研究的便利而对华人社区作进一步的划分,比如有人认为"大陆、台湾、香港、澳门是四个主要的华人社区"。(施仲谋,1994)

在具体的研究中,有很多人都由此来考察和分析各地语言之间的差异与融合,如邵敬敏、吴立红《香港社区英文词语夹用现象剖析》(《语言文字应用》2005年第4期)等。

在此基础上,香港学者田小琳于1993年提出了"社区词"的概念(田小琳,2002),她的立论基础是,"使用汉语的人群,并非生活在一致的社会形态内。如果划分一下,中国内地是最大的社区,还有台湾省、香港特别行政区、澳门特别行政区,中国以外的,还有在世界各地的不同华人社区。由于社会背景不同,就会有一些社区词在不同的社区流通。"(田小琳,2004)关于社区词的内涵和外延,田小琳(1997b)说:"它的内涵是指由于社会背景不同,社会制度、政治、经济、文化的背景不同,以及由于背景不同带来的人们心理因素差异,而产生的适应本社会区域的词语。社区词语的外延主要指香港地区、澳门地区、台湾省以及海外华人社区所流行的词语。海外华人社区范围很广,比如东南亚华人社区,美国华人社区,欧洲华人社区等。"在田氏的观念中,社区词是与外来词、古语词、方言词等并列的词汇新类聚、新品种。

然而,田氏自己多次提到,她所说的社区词是"社会区域词"的减省形式,即她主要只是着眼并强调"社会区域"这一点,而没有从社会语言学的角度进行阐释和说明,因此这里以及上文提到的社区与下文将要讨论的作为社会语言学概念的言语社区还是有区别的。

在四地语言差异与融合研究中引进社会学的社区概念有很大的意义和价值,具体来说主要表现在以下几个方面:

第一,有利于进一步明确研究对象及其关系。四地语言差异与融合研究本质上是共性基础上的个性研究以及个性基础上的共性研究,用社区及社区语言的概念,可以给各地语言一个非常恰当的定位,而有了准确的定位之后,各个比较对象之间的关系自然就更为明确、更加显豁了。

第二,有利于进一步发现和解释造成各地语言差异的原因。在四地语言差异与融合研究中,对各地语言差异造成原因的解释和说明一直是一个重点,但是人们往往只是就某一个或几个具体问题来考虑和说明,这样在某一个或几个点上可能比较全面,甚至比较深入,但是在全局的把握上可能就有一定的不足,而建立了社区及社区语言的概念,自然有助于全面考察和把握造成各地语言差异的历史及现实原因。

第三,有利于进行理论的提炼和升华。虽然语言学家很早就把社会学中的社区概念借入语言研究领域,从布龙菲尔德到拉波夫都进行过探究和表述,但是对相关成果的系统引进以及用于汉语研究，却是近些年的事情。所以，无论从时间上还是学者们的表述上，我们都找不到这里的华人社区及社区词与社会语言学的言语社区理论之间有直接渊源关系的证明。然而，这种源自研究实践的区分和表述，确实与从理论语言学或社会语言学角度所作的划分和表述有非常密切的联系，甚至在某种程度上有异曲同工之妙。所以，社会语言学的言语社区理论引进我国，首先就用于四地及整个华人社区的语言对比研究，甚至是以后者为载体，由这一点来说，也不妨认为二者是殊途同归。

二、从"华人社区"到"全球华语社区"

国外语言学者最早把社会学的社区概念引入语言学领域，从20世纪30年代美国语言学家布龙菲尔德开始，相关的讨论就从未间断。布龙菲尔德(1980:45)把言语社区定义为"依靠言语相互交往的一群人"；霍凯特(1986:8)认为言语社区是"通过共同的语言能直接和间接地彼此进行交往的一整群人"；而甘柏兹(1985:36)则认为，言语社区是"凭借共同使用的言语符号进行经常的有规则的交流，并依据语言运用上有实义的分歧而区别于同类集团的人类集合体"。现在人们比较普遍的认识是，作为一个言语社区，通常应当具备人口、地域、交际、语言、认同这样几个要素。（杨晓黎，2006）

在我国语言学界，较早系统介绍国外言语社区理论的是社会语言学家徐大明，他最早给言语社区下的定义是"根据语言行为和语言态度而区分的自然交际聚合体"（徐大明等，1997:2），认为它"是一种符合社会学定义的社区，同时又是一种具有语言特性的社区，社会学的社区要素，在语言上都有相应的表现"。后来，他又进一步介绍说："近年来发展起来的言语社区理论指出，语言的基本存现单位是言语社区,活的语言都容纳在社区之中。可以有没有标志性语言的社区,不可以有无社区依托的语言。""一个言语社区是一个有确定人口和活动地点、进行频繁言语互动的社会群体。社区成员之间有一定的社会关系,这些社会关系在语言上的体现就是语言变异的社会化及其社会评价。"此外,徐氏还认为,言语社区理论"一旦全面、成熟地发展起来,必然成为社会语言学的核心理论,而且会在普通语言学理论中取得重要地位"。(徐大明,2004)

徐氏对言语社区理论的引介并未止步于此,而是进一步与当今世界各地汉语及其运用的实际结合了起来:"对于世界上将近十三亿的使用汉语的人口来说,不管自己使用的是什么样的汉语变体,他们都直接或间接地认同一种汉语的标准语,这就是在中国大陆叫作'普通话'、在台湾叫作'国语'或'华语'、在新加坡和马来西亚称作'华语'的汉语标准变体。……我们建议将汉语的标准变体统称为华语。这样,即使地区性的规范活动已经造成了不同的标准变体,我们仍然可以在'华语'的范畴内进一步区分'大同小异'的'华语变体',如'普通话'、'国语'、'新加坡华语'、'马来西亚华语'等等。"(徐大明、王晓梅,2009)

在另一篇文章中,徐氏对"华语"作了以下的表述:"作为一个去除其地域性特征的术语,用来指称'华人'的'民族共同语'这样一个国际性规范语言,是一个彻头彻尾的现代化的概念。"(徐大明,2006)

把言语社区理论与上述对"华语"的认识对接,徐氏提出了"全球华语社区"的新概念,表述为"一个依托全球华人社会的言语社区"(徐大明、王晓梅,2009),由此就把相关研究纳入到一个新的理论框架下,而在此后的研究中也经常出现"香港言语社区"之类的指称形式,如苏金智《香港言语社区两文三语的格局及其变化》(《云南师范大学学报》2010 年第 3 期)。

有人认为,上述华语概念"有着重要的超疆域的意义,对汉语成为国际语言也有推波助澜之效",因而"是一个簇新的现代化的概念,是一个汉语走向世界的恰如其分的新名称"(徐大明,2006);还有人认为,华语概念的提出,有助于科学认识各地华语的关系,有助于加深对各地华语现象的认识,有助于促进世界华人的沟通,也有助于强化世界华人的认同。(郭熙,2006b)

三、全球华语观念与四地现代汉语对比研究

从华人社区到全球华语社区,反映了研究观念的演进。仅从直接可感的部分来说,一是由"人"转换到"言语"或"语言",这样就有了一个视角甚至立足点的转换,显然更贴近语言及语言研究;二是进一步明确并强调了研究的范围,同时也是视野的进一步扩大。就进一步的意义和价值来说,把言语社区理论与四地语言差异及融合研究结合起来,或者说是在言语社区理论的框架下研究四地语言的差异及其融合,一个直接的好处是可以把相关研究纳入社会语言学的范畴之内,用社会语言学的观点、视角和方法,更多地结合社会因素来考察和分析各自的变异以及相互的交融,从而使这一研究更具可操作性,同时也更有学术意义和价值。具体说来,主要的益处有以下几点:

1. 可以获取一些新的认识角度

祝晓宏(2011)认为,华语除了作为一个概念和研究对象外,它还可以作为一个视角,即从全球视野来看待各地华语,特别是对核心区华语——汉语(普通话)的观照。由此,就把四地的局部性研究推而广之了,不仅可以整体把握研究对象,更可以给每一个具体

的研究对象及其与其他对象之间的关系定性、定位。

确立了言语社区的观念,把各地语言及其运用中的诸多差异除看作地域变体、社会变体外,也看作社区变体,由此就可以获得一些新的视角,可以更好地观察、理解、把握和表述各地语言的差异及其原因、性质等。比如,作为一个言语社区,语言的认同是一个重要因素,在以往的相关研究中,人们很少从这一角度来揭示造成四地语言及其运用差异的原因。我们可以进一步推而广之,从全球华语社区语言认同的角度来宏观地把握和微观地考察四地语言之间的融合。再比如,以前人们在分析各地语言差异的原因时,往往(甚至主要是)着眼于社会,对语言本身的原因则揭示不够,如前引朱德熙(1987)所说,由于与基础方言隔绝,由此而失去了赖以维持其稳定性的制约力量,而这种制约力量的减弱甚至缺失,应当是造成华语子社区与内地差异的一个重要原因。对这一点,人们的认识显然还很不够。

2. 可以进一步促进各华人言语子社区语言研究的深入展开

刘庆伟(2010)认为:"'言语社区'理论的研究思路就是以社区为单位进行语言使用情况的调查。这种研究可以收集到使用中的语言,研究者可以从实际语料中进行语音、词汇、句法方面的研究,语言研究的可信度和研究成果的实用性得到增强。"全球华语社区研究包括总体的言语社区和各地的子社区这样两个层次,后者是前者的基础,而它的研究质量在很大程度上决定了前者的质量,所以,应当花大力气进行这方面的研究。就后者的研究来说,大致包括两个方面:一是"本体"的研究,二是相互间关系的研究。就前一方面来说,以前的四地语言对比研究中,人们多是着眼于某一点或几点差异来展开讨论,这样的研究虽然可以形成一些局部性的认识,但却难有全局性的把握。正确的路径应当是先对各子社区的语言及其运用情况有全面深入的了解,在此基础上再全面比较各子社区之间的差异,进而形成完整的认识。就后一方面来看,以前多数研究者都有意无意地把"港澳"或"港澳台"语言看作一个整体来与内地进行对比,这样,在重视两地或三地语言共性的同时,往往也在某种程度上忽略了它们的个性特征(见前)。其实,港澳或港澳台既然分属于不同的言语子社区,它们的语言自然是不同的社区变体,因而肯定会有这样或那样的区别。在这样的认识下,我们自然应当而且可以对它们之间的差异及融合状况有更深一层的理解、观察和发掘。

3. 进一步拓展研究领域

到目前为止,人们对四地语言差异的研究基本都是在共时平面展开的,而历时平面的视角基本尚未建立,相关的研究也基本没有展开。姚德怀(2007)指出,研究各华语地区语言现象的异同,"归根结底便是内地、台湾、香港以及各华语地区的汉语/华语近百年来的演变过程是怎样的,最终又怎样达到各地区当代华语的现况"。这里实际上是指出有两种"史"的研究值得重视:一种是近百年来整个汉语/华语的历史,另一种是前一种史的架构下各华语地区汉语/华语的历史。关于这一点,周清海(2008)说:"1949年之后,各地华语与现代汉语标准语分别发展。各华语区保留了'国语'的许多特点,受'国语'的影响是巨大的。各地的华语也没有经历过类似近期中国社会的激烈变革与变化,受现代汉语标准语的影响也很少。各地华语又受到不同外语的影响,各地的社会、经济、政治制度也不同,和大陆的差距更大,因此造成了各地华语之间,各地华语和现代汉语标准语之间出现差异。"郭熙(2004b)更是指出:"汉语已经是世界性的语言,不再为中国所独有。汉语的发展也不再是中国内部的事情,全世界的华人都在为汉语的发展作出贡献。"我们自然也应当有这样的视野,进一步开展全球华语历时发展演变的研究。除此之外,我们还可以而且应该开展华语本身的研究,如它的内涵与外延、标准与层次、历史与发展、规划与规范,等等。由此,可以把更多华语社区的语言及其使用情况纳入研究范围,同时也可以为某一或某几个华语社区自身及相互对比的研究确立更多的参照对象。

4. 增加研究的理论内涵

全球华语观念与言语社区观念关系密切,相较而言,后者主要着眼于个体(某一言语社区或子社区),可以看作是由个体再到全体(整个华语社区);而前者则先着眼于整体,再由整体及于个体。二者合一,正可以互相发明、互相补充,构成一个用于四地语言差异与融合研究的完整理论体系和操作框架,并且还可以不断用研究中获取的新知补充、完善已有的认识,进而上升到更高的理论层次。

5. 关于"全球华语学"

时至今日,虽然全球华语的观念和概念日益普及,相关研究也取得了一定的进展,但是作为指称一个独立学科的"全球华语学"却是一个异常陌生的概念,除笔者之外,似乎还没有人专门提出。① 我们认为,为了引起更多人的关注和参与,为了相关研究更好地展开,以及提高其学术含量和学术价值,同时为了这一研究将来更好地发展,我们有必要提出这样一个全新的概念。

一般而言,一个新的分支学科的建立,大致要满足以下几个条件:一是有固定的研究范围及内容,二是有自己的理论支撑或体

---

① 笔者在《两岸四地语言对比研究现状及思考》(刊于《汉语学习》2012年第3期)中首次提出这一概念,但是限于篇幅和条件,没有展开进一步的讨论。

系,三是有独自的适用研究方法。现在看来,这几点已经基本具备了,换句话说,就是我们已经初步具备了建立"全球华语学"这样一个新的语言研究分支学科的条件。不过,这个问题比较重大,我们将另行论证和讨论。

第四节 四地语言对比研究的现状

四地语言的对比研究始于改革开放后,如果稍加区分,大陆与台湾语言对比研究基本始于1987年台湾当局开放民众赴大陆探亲、两岸开始增加往来和交流以后,而内地与港澳地区的对比研究虽然起始时间略早,但主要集中在两地回归祖国前后的一段时间。

经过近30年的时间,四地语言对比研究从无到有、从少到多,不但研究队伍扩大(主要是两个覆盖面的扩大,一是年龄的覆盖面,老中青都有;二是地域的覆盖面,由最初主要只是内地学者参与扩展到境/国内外),而且成果众多:我们不仅能够看到数以百计的论文、几十部工具书,甚至还可以看到一些有分量的专著。此外,一些定期与非定期的专题研讨会已经并且还将继续举行,不但持续推动了相关的研究,同时也成为某一个阶段研究成果的集中展示。

目前的主要进展集中表现在以下三个方面。

一、研究内容的丰富、拓展和加深

最初的相关研究有很强的"沟通、交流"功利目的,内容主要集中在差异明显的词汇方面,多是讨论此有彼无、此无彼有或形同义异、义同形异以及造成上述差异的社会原因等,其他方面涉及的就不多了,因而从总体上看既不全面,也难说深入,有时某些结论的

正确性和准确性也还有可议之处。(刁晏斌,1998a)随着时间的推移,"研究"的性质和内涵不断凸显,主要表现是:

第一,研究内容拓展。由词汇到文字、语音、语法,再到语篇、修辞、表达、标点符号以及语言规划和规范等;由最初的报刊、小说语言到各种应用文体(如广告、公文、影视、歌曲作品等)语言;由书面语兼及口语。研究内容的进一步丰富和拓展,还表现在一些成专题的研究方面,比如自从有人提出了港式中文的概念后,许多人就从不同角度和方面进行了较多的研究,而下边将要再次谈及的《港式中文与标准中文的比较》则是一部集大成性的著作。此外,台港澳之间或与其他华语社区(如新加坡)之间对比的研究,也有所涉及。特别值得一提的是,人们由最初只研究"差异",到进而兼及多地之间的"融合",这也是研究内容拓展的一个重要方面和重要表现。

第二,研究内容加深。主要表现为找到新的角度、内容更加细化。比如词汇方面的研究,由最初单一"词"的层面进入词素及构词的层面,由单纯的词义层面进入义项层面;由某些相对粗放的比较(如缩略词语的整体比较)到进入内部分类(如数字略语、简称、缩略语素等)的精细化比较;科技术语的对比研究也已开始分学科、相对比较全面系统地进行。语法方面大致也是如此,由最初比较简单的用法比较,到较为全面地研究各地之间词法、句法以至语篇层次上的各种差异,并且往往更多地结合某一理论,从而得出一些较有深度的见解。

第三,研究手段更新。起初的研究几乎都是"原始"的手工操作,也就是翻查数量有限的语料、搜集用例,不但费工费时、效率不高,而且范围有限,容易以偏概全,而最初某些研究质量和水平不高,往往也与此有直接关系。现在,在进行同样研究的时候,人们更多地利用语料库(甚至是较大规模的语料库)以及其他一些网络资源。语料库如香港理工大学的"两岸三地汉语语料库"、香港城市大学的"华语各地共时语料库"。以此为依托,目前都有重要的研究成果问世,如下文将要谈到的《当代汉语词语的共时状况及其嬗变》《港式中文与标准中文的比较》以及《21世纪华语新词语词典》等。内地目前似乎还没有类似的大规模专用语料库,但是也有一些相关的资源,比如北京大学的CCL语料库中就有不少港台作品,而北京语言大学的CCRL语料库更是辟有港台小说子库,并且都可以免费使用。目前可用的网络资源非常丰富,除了可以比较方便地下载各地的各类作品外,还可以直接登录一些境/国内外媒体的网站,阅读、下载一些即时性的语料,甚至还可以进行一些直接的检索,已有的研究成果有一些就是在这样的条件下完成的。

第四,理论性有所增强。最初的研究模式基本是罗列对应形式,然后再进行一些简单说明或分析,自然没有太多的理论色彩。随着研究内容的拓展与加深,以及整体水平的提高,这方面也有一定的改观。在整体上,除了使用中国传统的词汇学、语法学等的理论和方法外,还纳入社会语言学、对比语言学、语用学、计量语言学等的理论框架、视角下,或者是对其方法有较多的使用。在一些具体的研究中,也更多地用到词汇扩散理论、言语社区理论、语法化(包括词汇化)、主观化、格语法等一些在"本体"研究中经常用到的理论和方法。

上述方面在以下几部专著中有较多的体现。

一是汤志祥的《当代汉语词语的共时状况及其嬗变——90年代中国大陆、香港、台湾汉语词语现状研究》(复旦大学出版社,2001年版)。本书最大的特点有二:一是材料丰富、描写细致,二

是理论性强。关于这两点,本书"提要"有以下的介绍和说明:

> 本书……运用"跨社区研究"和"比较研究"的方法,去描述当代汉语词汇的共时现状和不同社区之间的语言变异。本书着力于对语言事实进行尽可能精细的描写,追求"高分辨率",因此它也是描写语言学、对比语言学、社会语言学、计量语言学与中国传统的汉语词汇学、汉语方言学等互相结合的产物。

就书的内容来看,作者基本上说到做到了。

二是石定栩、邵敬敏、朱志瑜编著的《港式中文与标准中文的比较》。关于本书的内容及其特色,书后的"内容简介"有以下的说明:"本书以客观理性的态度,从整体上界定港式中文与标准中文的涵义,梳理港式中文形成的历史,指出研究港式中文的意义、理论和方法,从词语、句法、语用以及文化等多个角度,将港式中文跟粤语、英语、文言文以及普通话进行立体比较,分析其异同及其成因。"应当说,这一表述基本准确。

此外,刁晏斌的《差异与融合——海峡两岸语言应用对比》(江西教育出版社,2000年版)从词汇、语法和表达方式这三个方面,对两岸语言及其运用中的诸多差异进行了较为全面的讨论,对其产生原因等也进行了一些理论性的探讨。另外,本书还较早地提出了两岸语言的"融合"问题,并且列举较多事实进行了比较系统的讨论和说明。

二、形成了重要的认识和观念

我们认为,主要来自相关研究实践,并且能够更好地把握与处理相关问题,因而有重大意义的重要观念和认识主要有以下两个。

一是言语社区观念,二是全球华语观念,关于这两个方面,上一节均已讨论,此处从略。

三、出版了有分量的新型工具书

进行四地语言对比研究,最重要的目的之一是方便沟通与交流,而当今最有效的沟通交流工具,主要就是词语工具书。所以,从一开始人们就非常重视两地或多地之间词语对比工具书的编纂,并且这实际上也已成为相关研究的重要成果形式之一。

二十余年来,相关的词语工具书已经出版了不少,而更多的新词语工具书等也都不乏这方面的内容,甚至像权威的《现代汉语词典》最新修订版对此也有所反映。但是,已有的工具书收词数量多少不一,释义质量良莠不齐,其中有些由此也招致了一些批评。

进入21世纪以来,上述情况有所改观,最主要的表现就是编纂出版了若干种有分量的新型工具书。

一部是由北京语言大学与台北中华语文研习所合编的《两岸现代汉语常用词典》(北京语言大学出版社,2003年版),共收录字、词、语45000余条,其中两岸共用的条目42700条,大陆通用条目1300条,台湾通用条目1000条,另外多义项条目中有大陆特有义项的条目550条,有台湾特有义项的条目370条。词典的简体字本和繁体字本分别在大陆和台湾出版。本词典的特点是注重描写性、通用性和实用性,同、异并收,规模较大,对于语言的规范运用以及语言教学和学习等价值较大,但是由于比较注重传统规范,所以对新词新义收录不够,因此对两岸语言及其运用的实际差异反映不足。

同样以"两岸"为名的,还有一部非常重要的工具书,这就是《两岸常用词典》,其大陆版由李行健主编,高等教育出版社2012

年出版。本词典由大陆与台湾两地的编写组共同合作完成,系一项庞大语文工程的第一步,下一步是编纂规模更大的《中华语文大词典》,以及《中华科学与技术大词典》和《两岸科学与技术常用词典》等。此外,作为这项工程的一部分,由双方协商共同建设的"中华语文知识库"网站(http://www.zhonghuayuwen.org)也于2012年上线,向全世界免费开放。

《两岸常用词典》共收字7000多个,收词近35000条,以收释现代汉民族共同语中的常用词语为主,同时适当收释一些双方各自特有而常用的词语,反映两岸语用异同,以方便两岸交流和一般民众使用,并为学习汉语的外国人提供帮助。与早出的《两岸现代汉语常用词典》相比,本词典不仅体例更加完备合理,而且对差异词语的收录数量和质量均有很大提高,堪称后出转精之作。

以"华语"为名的,一部是邹嘉彦、游汝杰编著的《21世纪华语新词语词典》(复旦大学出版社,2007年版),该书扉页有"十年磨一剑 亿字炼新典"的宣传语,此语下面是主要的亮点介绍:

> 基于巨型亿字"华语各地共时电脑语料库(LIVAC)"
> 所收条目精选自LIVAC语料库所见1万多条新词
> 以语料库的量化资料为基础,说明新词地区差异
> 例句取自语料库所见华语六地的当代报刊

此词典第一次以"华语"为对象,收词范围广泛,语料鲜活,释义使人时有别开生面之感,不足是收词太少,只有1500余条,原因是以收录2000年以后产生的新词为主,仅在个别地区流行的新词基本不选,另外收词偏重于社会生活类。(邹嘉彦、游汝杰,2007b)

在前一部词典基础上前进了一大步的是由李宇明主编的《全球华语词典》,该词典编写阵容强大,分为大陆、港澳、台湾、新马、

其他等五个编写组,每组都有审订、主持各一人,以及三至五位成员,其中多有名家宿学。在词典的封四,有以下的亮点介绍:

> 收录华人社区的特有词语
> 标明每个词语的使用地区
> 罗列名异实同的异名词语
> 介绍词语得名的背景知识

与前一本词典的六地(香港、澳门、台湾、新加坡、上海、北京)相比,该词典扩大到马来西亚、泰国、印尼,以及日本、澳大利亚、加拿大等,所收词条也扩大到10000条。

以上两部词典收词范围虽然是"华语",但无疑都是以四地为核心和主要内容的,因此首先属于这方面的研究成果。两部工具书都是上述两种新观念的产物,因而不仅有很强的实用意义,同时也有较高的理论价值。

以上是仅就"成绩"一方面说的,相关的研究当然也有一些不足,关于这一方面,我们将在本书第八章中进行讨论。

第二章 缩略词语的差异与融合

第一节 两种不同类型的缩略词语

四地词汇有多方面的差异,其中的一个重要表现就是在缩略词语上的种种不同。关于这个问题,讨论的人已经不少,但是仔细想来,实际上还有这样一个困惑:对台港澳三地十分多见的缩略形式如何定性和归类,对它们与内地缩略词语的最主要差异如何准确表述? 其实,这也就是说,到目前为止我们对四地缩略词语的差异还缺乏从相对宏观角度把握和系统化梳理的手段。由此想到,能不能建立一个新的分类系统,争取把现有的各种缩略形式都纳入其中,这样既有利于在一定程度上重新认识现代汉语缩略词语的范围及其规范等问题,又有助于对某些相关争议的解决,同时还可以用来更好地概括和说明四地缩略词语在产生机制和使用特点等方面的差异。

循着这一思路,本节打算先从"类型"入手,对现代汉语缩略词语进行另外角度的分类,在此基础上,再探讨四地缩略词语的差异。

一、现象及问题

缩略是现代汉语中一种十分常见的用语造词形式,人们一般认为它"是一种语言符号的再符号化,……是以某个词语(语言符号)为基础,从中抽取部分形式,构成一个等义的、在内部结构可以不加解释的简短形式,即一个新的语言形式,来代替原语言形式。"(俞理明,2005:159)

长期以来,学界虽然对缩略词语的很多方面未能完全达成共识,但是对于作为缩略基础的语言符号的认识却是相当一致的,即它应当具有相当的稳定性和常用性。王吉辉(2001:29)说:"能作为原式的音节形式既可以是具有典型固定性质的词汇单位,也可以是那些虽算不上固定性,但总能互相挨连地经常在一起出现、以一个整体为社会各方面所使用所理解的音节形式。换言之,音节形式之间挨连的经常性是原式应具备的一个前提条件。在这一点上,我们赞成张庆云先生的意见:'(原式)不是一次性超词组合体,而应具有某种程度的定型性,具有复呈性'。"至于为什么是这样的,书中接着说:"自由词组显然不能产生出缩略词语——对临时、自由组合的音节形式来说,因其不会经常反复地被人们用到而自然无须对它们进行缩略。"因此,某些已经出现的这样的形式,被他看作生造(王吉辉,2001:197),而王吉辉的老师刘叔新也说:"不固定的言语自由组合就根本不是需要缩略的语言单位本原形式,谈不上缩略的问题。"(刘叔新,1990:104)

不过,也有人不太同意上述观点,并在此基础上给出了缩略词语的定义:"对现代汉语中目前仍在使用的音节较长的词语采用减缩法而形成的词语。"(曹炜,2009:118)其实,这个定义中的"仍在使用的词语"本身已有"固定""稳定"这样的内涵,因此在我们看来与上引观点并无实质性的不同。

明确了这一点,也就明确了一般研究者所认同的原式与缩略词语之间的关系:原式在先,缩略在后,二者有派生和替代关系,并且这一点应该是可以证明的(比如后者显系前者的"简称",原式有较多以至于很多同时代的具体用例)。

根据以上认识和表述,我们可以总结、归纳出缩略词语得以成立的两个最基本条件(当然还有其他条件,因与本论题关系不大,此处不拟讨论):一是有一个先于缩略形式的原式,二是原式必须在某种程度上具有定型性和常用性。

然而,如果坚持上述两个条件或标准,那么有不少缩略词语的"身份"(或者说"资格")就值得怀疑了。比如,袁晖、阮显忠主编的《现代汉语缩略语词典》(语文出版社,2002年版)中有以下的词条及释义:

> 报业:报纸出版业。
> 便民:方便人民群众。
> 步道:步行道路。
> 首试:首先考试。

比如第一个词条,有谁能证明、又怎样去证明"报业"是"报纸出版业"的缩略,而后者不是前者的"扩展"?换句话说,二者到底哪个在先?另外,即使能够证明后者先于前者,那么它是否符合上述第二个条件,即有定型性和常用性?其他各条其实也都有同样的问题,而就我们所见,对人们曾经提到、一些缩略语词典已列为词条的很多词语,我们也都可以提出这样的问题。

我们2011年6月21日在中国新闻网(http://www.chinanews.com/)进行新闻搜索,试图来对上述问题作一个初步的回答。以下是我们检索到的包含上述词语及其释义形式的文章数:

> 报业 4824　　　报纸出版业 0
> 便民 4013　　　方便人民群众 61

第二章　缩略词语的差异与融合　51

　　步道 884　　　步行道路 4
　　首试 125　　　首先考试 0

　　两组统计数字的对比,使我们对上述问题趋向于给出否定性的答案。

　　以上几个释义形式中,只有"方便人民群众"似乎多见些,但是主要用于"方便人民群众出行/购物/投诉"等形式中,如果单独使用,往往也与"提高办事效率"等作为上下文一并出现。

　　那么,会不会有另外一种可能:缩略形式流行后,原式已经或趋于消失?应当说,这样的情况可能会有,但不会很多。以下是我们同时检索的可以作为对照组的典型缩略词及其原式的数据:

　　初中 21149　　初级中学 560
　　超市 25401　　超级市场 722
　　技校 1252　　　技工学校 763
　　甲亢 284　　　 甲状腺功能亢进(症)95

　　其实,上边列出的几个释义形式可能还有一个比较大的问题:基本都不具有可以证明的唯一性,而这也应当是它们的"身份"可能遭人怀疑的重要原因之一。比如,虽然《现代汉语词典》就以"报纸出版业"来解释"报业",但是我们却检索不到前者的用例,倒是可以看到与"报业"等值的"报纸行业",例如:

　　(1) 报纸、电视、广播等等各有职能,互不侵犯,即便有竞争,也是内部的竞争,比如报业竞争,就是报纸行业内的竞争。(《北京晨报》2011.3.8)

　　此外,还有与"报业/报纸行业"意思相同的"报纸业",例如:

　　(2) 2010 年对于报纸业似乎是很好的一年。与往年同期相比,今年的降幅比例从两位数下降至一位数;近年来遭受大幅裁员、严重受困的<u>报纸行业</u>其衰退趋势终于趋于缓和。(同上 2011.1.7)

再比如"首试"。"首先考试"的用例没有看到,但是却有可以与"首试"互换的"首次考试"。《福州晚报》2010 年 12 月 14 日有一则报道,标题为《国际注册汉语教师资格考点落户福州 明年 1 月首试》,而正文的第一段则是:

(3) 记者昨天获悉,IPA 国际注册汉语教师资格证考务中心最近已在福州成立,并开始接受考生报名,将于明年 1 月 22 日在我市举行首次考试。

另外,我们还检索到一些"首日考试"的用例,如"杭州考点的两个考场,共有 9000 余名考生参加了首日考试",它也未尝不可以"压缩"为"首试",或者换过来说,"首试"也未尝不可以"扩展"为"首日考试"。

还有"便民",如果说它的意思是"便利民众",就一定不对吗?实际上我们在中新网上也检索到一些这样的用例,说明它也有一定的稳定性和复现率。

当然,我们做这样的求证,并不是想说明《现代汉语缩略语词典》给出了错误的"原式",从而误释了词义,而是想指出一个带有根本性的问题:对于缩略词语,其实有两种不同的释义方式,以前边列举的词语为例,则为:

方式一:初级中学→初中

方式二:报业→报纸出版业

方式一是由原式向缩略形式"顺推",结果应当是唯一的,即可以建立起原式与其缩略形式之间真实可靠的可互换关系;方式二则基本是颠倒过来的"逆推",结果往往是或者不具有唯一性,或者有某种不确定性。

那么,为什么会有这样方向性的不同?我们认为其实是反映了缩略类型的差异(详后)。

在当今的台湾地区国语中,后一类缩略词语更为多见,如"精实(精致充实)、廉宜(低廉适宜)、稳顺(稳健顺利)"等,对此我们也做了类似的求证工作。我们于2011年6月24日在台湾联合报系知识库网站(http://udndata.com/ndapp/Index)进行了相关的检索。据介绍,该网站是一个提供包括该报系的《联合报》《经济日报》《联合晚报》《民生报》《星报》等1951年创刊至今完整新闻的数据查询平台,共有1108万笔资料。检索结果是:

精实 1530　　精致充实 2

廉宜 66　　　低廉适宜 0

稳顺 68　　　稳健顺利 3

二者的数量对比如此悬殊,甚至是有无之别,这就使人很难把后者看作前者的原式。既然如此,那么按上述已有的认识,前者也就很难算作缩略词语了。然而,在相关的研究中,许多人都把这类词语看作缩略形式。比如,杨必胜(1998)在讨论台湾简缩词时,就列举了许多类似词语,仅动词类就有"简并(精简合并)、宣示(宣布指示)、访视(访问探视)、查报(调查报告)、核备(审核备案)、研议(研究议论)、研发(研究开发)、研商(研究商量)、研拟(研究草拟)、裁示(裁决指示)、体认(体察承认)、检肃(检查肃清)"等,而李亚明(1998)所列大量的"港台复合缩略词语结构"也几乎都是此类。

上引"报业、精实"等大致有以下三个共同特点:

第一,形式与一般的缩略词语完全相同,并且也可以"放大"或"扩展"为某一个或几个相对复杂的同义形式;

第二,可能并没有一个能够确切证实的出现在前、与之完全对应的原式,即使有,往往也不具有定型性和常用性;

第三,其中相当部分有一定的类推性,即往往可以归入某一词族,如"报业"可以归入"工业、农业、渔业、林业"等中;"首试"也显然与"初试、复试、面试、口试、笔试"等出于同一个"词语模";而上引杨必胜所举例子中的几个"研—",也形成了一个词族。关于这一点,于根元(2003)说:"缩略语的创造,多数具有类推性,即创造了一个缩略语后,可以类推出一群成族的缩略语。"丁秀菊(2003)也就此举例说,比如由动词"导引"的主要语素"导"加上其他动词性语素就可以构成"导游、导播、导购、导读、导医、导视"等多个新缩略语。

现在的问题是,以上三点,使得上述词语与典型的缩略词语同中有异,那么,它们到底算不算缩略词语?如果算,是否可以与后者归入同一类型?

王吉辉(2001:65)认为,算与不算,以是否有先出现的原式为准,有就算,反之则不算。不过,是否有可靠的原式有时并不太好确定和把握,所以吕叔湘在这个问题上就有些犹豫不定,他说:"有些组合处于一种中间状态或模糊状态,可以说有相应的完全形式,也可以说只是一种'释义',它不是由此省略而成的。"(吕叔湘,1963)

然而,更多的人对此似乎不持异议,特别是以新词语为研究对象的人。上引于根元的观点即是如此,再比如有人说,既然"扫黄"是缩略语,那么由它"顺推"得来的"治黄、贩黄"等自然也是。(徐丽华,1994)有人还就这一点进一步说道:"由于构成缩略语的常见方式有限,所以容易出现仿造现象,仿造多了,有些缩略语会形成一种类似于'词族'的关系,……既然结构相同,表意方式一样,就无法简单地肯定了甲却否定掉乙,或与此相反。"(顾设,1989)

更多的人往往在举例时涉及这类词语,也都未持异议。比如李如龙(2002)在谈到可以归入"修辞转化"造词法的还有缩略词和半音半意的外来合璧词时,对前者就举了"酒驾、考研、考博、入世"等例;王立(2000)也说,"近年来各种传播媒体(书刊、广播、电视、网络)出现的由四字词语简缩而成的双音节词越来越多,如'关爱'(关心爱护)、'尊爱'(尊敬爱护)、'关涉'(关联牵涉)、'拥堵'(拥挤堵塞)、'情商'(情绪商数)、'航母'(航空母舰)、'科考'(科学考察)、'彻查'(彻底检查),等等,并且纷纷为广大群众效法使用。"很显然,这些例子中有一些就属于此类。此外,目前能够看到的各种缩略语词典也都收了不少类似的词语。

综合各方面的情况以及学术界的一般看法,我们的意见是:如果完全符合上述缩略二条件的可以称为典型缩略词语的话,那么不完全相符的不妨认为是一种非典型的缩略词语。这应该是缩略词语的两种不同类型,就创造机制和使用目的来说,前者我们称之为"用语的缩略",而后者则是"造词的缩略",二者的区别,从某种意义上来说略同于郑阳寿(2001)所说的语言缩略语与言语缩略语。

二、用语的缩略与造词的缩略

本部分中分别对上边提出的两个概念进行讨论。[①]

[①] 这样的分类会涉及很多问题,比如更深层次的分类基础和依据,各类的范围及相互之间的依存、对立和转化等关系,相关的规范问题,分类后对整个现代汉语缩略语知识体系的影响,等等。如前所述,我们进行这样的分类,在很大程度上只是为了称说四地缩略词语差异的方便,因此只做最基本的说明而不做进一步的展开,相关的分析与阐述以待来日或来者。

1. 用语的缩略

所谓"用语的缩略",就是着眼于对已有相对固定的语言形式(通常就是上述具有定型性和常用性的原式,它们以"超词"组合为主,可以简单地用"语"来概括)的便捷使用,经过对原式的缩合与截取等而最终形成的化长为短的形式。传统意义上的典型缩略词语即指此类,而上述人们对缩略词语的共识,以及由此而归纳的两个最基本条件,自然也是针对此类而言的。

这一类型的缩略词语,它的立类基础以及成立条件与特点等,此处均不拟讨论,这里我们只结合已有认识,为了下文称说四地缩略词语差异的方便,按形式上较为明显的差别,把它们分为以下三类:

一是简缩形式,主要通过对原式的缩合与截取而实现,前者如"北大",后者如"清华",是最为多见的缩略形式;

二是数字略语,由保留并列各项的共同词/语素,再加上表明项数的数字(有时带量词)组合而成,如"三讲""四个现代化"(二次缩略为"四化");

三是合称,由并列各项(通常是两项)合并共同成分而成,有人称之为"共项缩略"(丁俊苗,2009),如"中小学(中学、小学)"等。

以上三类中,只有第一类与下文将要讨论的造词缩略发生关联,因为它们中的多数在形式上完全相同。

上文提到"顺推",也可以理解为由某一确定的原式到它的缩略形式的正向发展,这种联系一经确定,即使再逆推,结果仍不会变。

2. 造词的缩略

我们把造词的缩略表述为,不与某一相对固定的原式严格对应的、利用缩略性构词材料构成的与多数用语缩略形式相同的组合形式。

丁俊苗(2009)指出,在缩略、字化以及在字化的基础上形成字族的整个过程中,存在性质不同的两个层次,一是缩略、一是构词。这虽然是就对缩略语素的使用来说的,但却对我们很有启发。实际上,很多研究者都是从"构词"或"造词"的角度来讨论、分析和说明此类缩略词语的。比如司徒允昌(2001)说,"用简缩法构成远义并列的合成词的确是越来越普遍了。如将'整顿和改革'简缩为'整改'、将'展览和销售'简缩为'展销'、将'推荐和介绍'简缩为'推介'。……这种从双音节词中提取词素构成新词的思路,还造成了联合式合成词的'换素'现象。比如,把原来的'创立'说成是'创设',即根据'设立'这个词,将'立'换成了'设'。……换素的目的无非是为了追求变化,追求新意,但与此同时也就创造出了一个新词。"贺卫国(2010)把此类形式称为"拼词",认为是一种"通过提取某个临时性短语中的部分汉字形成的全新组合",而侯昌硕(2004)则就台湾地区国语中的此类形式总结说:"台湾国语的两字缩略语,看上去更像一个词,也就是说缩略语词化的程度比较高。"

简单地总结一下,就是这种类型的缩略不以对某一具有定型性和常用性的较为复杂语言形式的简略化使用为目的,而是着眼于创造一个新的、具有"浓缩"性的新词形,来表达一个相对复杂、完整的意思。

关于这类词语的特点,前边已经开列三点。如果把造词的缩略形式看作"词"的话,则有两个下位分类:

一是固定词,指的是有一定复现率的、有可能、甚至已经或基本已经成词的缩略形式。其造成原因大致有二:一是表义趋于固化,即组成部分之间联系相对密切、组合关系相对稳定,如"关心爱护、研究开发"等;二是它们往往都可以纳入某一词族之中,换句话说,它们的固定性,与造词的类推性有密切关系:因类推而生,因类推而易于被人们理解和乐于使用,因类推而易于被整个词汇系统接受。

二是临时词,指的是那些完全或基本不具有上述特点和表现的、带有临时性和偶发性的形式。造成两类差别的根本原因,在于是否具有一定的复现率,而是否具有一定的复现率,则取决于所含的"并列远义"是否有经常性的表达需求。也就是说,如果经常需要用这样的形式来表达一个完整的意思(如前举的"关心爱护"就经常需要连带着一起使用),那么它就有了成为固定词的条件,反之则无。当然,二者并没有天然的界限,实际上多数固定词也是由临时词发展而来的,但是现实的情况是,有更多的类似组合形式并没有进一步发展,所以就形成了这两种不同的客观存在。

3. 二者的相同之处与不同之处

在一定程度和一定范围内,用语缩略与造词缩略的相同之处主要有以下几点:

第一,目的相同,即都是为了获取一个简单高效的表达形式。

第二,形式相同(数字略语与合称除外)。

第三,发展的结果可能相同,即最终都有可能完成词化。

二者的不同则表现在以下几个方面:

第一,着眼点不同,前者着眼于对一个相对复杂形式的便捷使用,后者则着眼于创造一个简约化的新词。

第二,对应物不同,前者整体上与一个相对复杂的原式(主要是词组)完全对应,而后者只在构成成分上与一个或两个相对简单的单位(通常是一个词)对应或基本对应。

第三,产生机制和过程不同,对于用语缩略的产生机制和过程,人们已经相当了解和熟悉了,而对于后者,上引司徒允昌的话也说得较为全面,可以概括为两点:一是"从双音节词中提取词素构成新词",二是在此基础上的"换素"。

第四,表义差异,前者有整体的对应原式,所以表义明确(很多人把缩略词语等同于"简称",可以很好地说明这一点);后者没有严格的、整体对应的原式,所以有时会有一定的模糊性和不确定性。

三、四地缩略词语的类型差异

如果上述分类可以成立的话,那么我们就可以用它来具体描述台港澳与内地缩略词语的类型差异了。

1. 用语缩略的差异

四地语言自然是共性大于个性,所以用语缩略的三种类型是四地皆备的,但是三类中都有差异,由台港澳一方来说,就是"一少二多"。

先说一"少"。当代台港澳书面语中自我产生(非继承、非引进的)并且正在使用的数字略语很少,这一点与内地普通话中这一形式众多并且相当能产形成鲜明对比,关于这一点,已有众多研究者提及。比如,就使用来说,在 2011 年 1 月 1 日至 31 日的《人民日报》中,仅不重复的含数字"三"的略语就有 78 个,多为近年来新产生的,有一些的使用频率还不低;而在同期近 50 万字的台湾报纸新闻语料中,却只用了 8 个,其中未见内地工具书作为缩略词语收录的只有 3 个。关于四地数字略语及其使用的差异,我们将在本章第三节进行讨论。

"二多"中的一"多",是指合称形式多于普通话。

我们在上述 50 余万字的台湾报纸语料中,一共找到以下一些对内地读者来说陌生化程度相对较高的形式:

汽机车,汽、机车,驾行照,行、驾照,赃证物,国台语,学弟妹,学长姐,县市长,院校长,航港政,防救灾,硕博士,孙子女,农渔养殖业,投注标,绿美化,国中小,低中年级,早午餐,职员工,影歌星,软硬体,起飞航,父母亲。

以上缩略词语往往都有"并存"形式。一是原式与缩略形式并存,比如以下的例子:

(1) ……最近宣布,将在经营与管理分离的精神下,预订将高雄、台中、基隆及花莲四大国际商港纳入新成立的"台湾港务公司",并将航港政业务,交由另行成立的航港局负责。……其中,除航政、港政监理与境管查验工作,属于直接公权力行使的范围,较无疑义外,其余各项业务,可属航港局规范,也可交由港务公司管理。

以下二例是两种简缩形式并存,二者之间有停顿与否之别:

(2) 石油公司9日中午宣布,汽、柴油从10日零时起调涨零点一元,引发各界挞伐骂声不断,汽机车驾驶人无奈表示"车子要动就只能任人宰割"。

(3) 因适逢下班时段,来往车辆众多,多辆汽、机车为了闪避该事故车辆,险象环生。

前一例的"汽、柴油"也有并存的形式:

(4) 10日零时起　中油汽柴油调涨零点一元

《新闻报》有一篇文章,标题为"改制后原驾行照可续用至有效日止",而正文则为"高雄市监理处表示,高雄县(市)改制为直辖市后,现有的行、驾照可继续使用至有效日期止,不必更换。"两种缩略形式不仅有停顿与否之别,顺序也两相颠倒。

上述事实说明，有较多的合称形式还处于一种不稳定状态。

"二多"中的另一"多"，则反映了四地缩略原式的差异。普通话中的缩略原式通常都是大于"词"的语言单位，即前文王吉辉引张庆云所说的"超词组合体"，而在台港澳地区，缩略原式却经常包括一些已有的三音节成词。关于这一点，我们早在十余年前就已谈及，所举例子如"环保局—环局、童养媳—养媳、承包商—包商"等。（刁晏斌，2000b：23）下边第二节我们将对此进行讨论。此类形式多的原因一是进一步求简，二是实现双音化，从而形成一个"标准音步"。

2. 造词缩略的差异

严奉强(1992)在谈到现代汉语中的"双意位词"（即由两个独立的词语经简缩后加合而成，如"科技"具有的就是双意位）问题时说："随着语言词汇的发展，缩略现象越来越多，现代汉语中的双意位词也有逐渐增多的趋势。台湾国语中，也出现了一些双意位词，这些词语目前在内地尚不通行，所以也可以看作是两岸缩略词语的又一差异。"所举例子如"乐利（快乐与利益）、劳农（劳工与农民）、作述（创作与传述）、光昌（光明昌盛）"等。

对于这类词语产生的原因，人们一般归结为对原式的"从宽"，比如侯昌硕(2004)说："从台湾国语缩略语我们可以看出，台湾对非固定短语的缩略是比较大胆的，这给汉语新词的产生开辟了更加广阔的空间。"

现在可以明确的是，一度曾被一般研究者认为四地缩略词语最大差异的"对非固定短语的缩略"，其实并不是二者之间的类型差异，因为在内地"治黄、贩黄"类的造词缩略形式也比较多见。在这方面，四地的真正差别有二：

一是台港澳三地动、形、名并列型的造词缩略多（上文涉及的

例子基本都为此类,有些表述也是在说明这一点),而内地这样的形式却很少;

二是台港澳造词缩略中的临时词比内地多,我们在下文将进一步指出,台港澳的简缩形式有不少属于语篇层次,即它们只是一些具体语境中的临时性组合。

第二节　台港澳常见的两种缩略形式

四地缩略词语的差异可以从一个方面充分反映海峡两岸不同社会形态、不同思维方式、不同生活氛围、不同语言习惯等等方面的明显差异(侯昌硕,2004),因此非常应该而且值得作进一步的探究。

总的来说,台港澳地区书面语与内地在缩略形式的创造和使用上有一个非常明显的差异:后者简缩形式和数字略语都很多,而前者数字略语却用得很少。可以说,内地是两种缩略形式并重,而台港澳则偏重一种。四地数字略语的使用情况及其差异我们将在下一节讨论,本节中我们只讨论前一种缩略形式。

我们以袁晖、阮显忠主编的《现代汉语缩略语词典》(下简称《缩略语词典》)所收词条为考察对象,因为这部词典"兼收了相当数量台湾、香港和澳门的缩略语"(见该词典凡例)。我们确定这些简缩形式台港澳身份的依据有以下四个(其中主要是前三个):

第一,《缩略语词典》书证的出处。该词典对书证的选择是非常明确的:产生于内地的,就选内地的书证;出自台港澳的,则取当地的用例。所以,由此就可以对各个简缩形式的来源进行初步的识别。

第二,基于我们对台港澳语言的了解。笔者对台港澳地区书面汉语(特别是台湾地区国语)的一般状况有一定程度的了解,曾经出版过《差异与融合——海峡两岸语言应用对比》,也发表过若干相关的论文,而在其他一些论著中有时也涉及一些这方面的问题,所以对此也可以有一个基本的判断。

第三,基于我们对普通话的认知。笔者近年来致力于现代汉语史的研究,在当代汉语词汇方面用力稍多,出版过一本《当代汉语词汇研究》(中国社会科学出版社,2013年版),对改革开放以来新词语及其使用等的方方面面相对熟悉一些,因此对某些词语的来源和身份可以做一个初步的判断和进一步的查考,并由此而得出结论。

第四,结合他人的相关论述。已有的研究成果中也零星地涉及一些较为常见的缩略词语的来源和出处问题,比如像"关爱、研发"等,就有不少人指出它们的港台身份,这些也给我们提供了一个方面的证据。

一、缩略形式考察

台港澳简缩形式与内地数量上的差别,主要表现为以下两种类型的多与少,而多出的部分,也就是具有前者特色的那些简缩形式。

1. 临时性组合的简缩

这类简缩形式基本属于上一节所说的"造词的缩略"。所谓临时性,是相对于稳定性或固定性而言的。长期以来,普通话中的缩略形式通常都要有一个固定的、有相当使用频率的原型(有人称之为原词语),这是缩略词语产生的一个最基本条件。关于这一点,研究者经常从必要性的角度来说明,比如有人说:"不是所有的缩略语的产生都是必要的,有必要进行简缩的是那些使用频率较高,结构较复杂而又相对稳定的语言单位。一般说来,一个语言单位

使用的频率越高,它产生缩略语的可能性也就越大。"(吴翠芹,2005)

所以,在一般对缩略语的表述中,人们往往都会紧扣"常用""稳定/固"这样的字眼,比如俞理明(2000)说:"词语的缩略是语流中一些常用的多音词、词组、短语或某些固定形式在意义不变的前提下,在历时的发展中,由其中的部分形式代表整体,成为话语的一个基本单位。"俞氏在其专著《汉语缩略研究》中,则直接使用了"高频率使用"这样的表述(俞理明,2005:51),而刘叔新(1990:104)更是直截了当地指出,"不固定的言语自由组合就根本不是须要缩略的语言单位本原形式,谈不上缩略的问题。"

但是,在台港澳书面汉语中,却经常不受这样的限制,所以我们看到,有许多临时性的组合也有相对应的简缩形式,而这在内地是较少见到的。关于这一点,侯昌硕(2004)说:"从台湾国语缩略语我们可以看出,台湾对非固定短语的缩略是比较大胆的,这给汉语新词的产生开辟了更加广阔的空间。"这里的"非固定短语"一定程度上说明了台港澳简缩原型的特点,而"大胆"则表明了其与内地在简缩取向和做法上的差异。

以下我们按词类性质分别列举《缩略语词典》所收的各种简缩形式。

动词性的

杨必胜(1998)说:"台湾新闻喜欢用简缩词,简缩词成为创造新词的重要手段。……这种简缩词多数是动词,少数是名词,其他词类的很少见。"《缩略语词典》所收台港澳简缩形式,确实以动词性的为最多,而其中尤以动词性联合词组的简缩形式最为常见。简缩后,其词性依然是动词性的,例如(原组合与简缩形式的对应关系,也就是简缩形式的释义均取自《缩略语词典》):

培养和储蓄—培蓄、关心重视—关重、煽动蛊惑—煽惑、鼓吹煽动—鼓煽、提取划拨—提拨、启发引导—启导、审查与推荐—审荐、歪曲和损害—歪损、展示公布—展布、依附伴随—附随、扩大推广—扩广、进攻侵犯—进侵、寻觅探视—觅探、物色建立—物建、蔓延燃烧—延烧、捕捞养殖—捕殖。

很显然,如"培养和储蓄"之类显然不属于一个固定的组合形式(《缩略语词典》在给出原型时加上了连词,也能说明这一点),因而它也不会是常用的,而我们所举的例子,基本都属于此类。

其次,动宾词组的简缩也为数不少,例如:

承担责任—承责、惩罚暴力—惩暴、抽取佣金—抽佣、勘查外景—勘景、贩售安非他命—贩安、防止色狼—防狼、恢复健康—复健、维持生活—维生、违反承诺—违诺、供应毒品—供毒、提供保卫—供卫、鼓足勇气—鼓勇、超过实际—过实、立下志愿—立愿、流入香港—流港、缺乏人员—缺员、实施袭击—施袭。

第三种结构方式是状中式,也较为多见,这一类原型的临时性似乎最为明显,例如:

安静休息—静息、首先登场—先登、小量买进—小买、紧急聚会—急会、虔诚聆听—虔聆、动情协商—情商、在外面吃饭—外食、完全封锁—完封、直接资助—直助、协助寻找—协寻、继续贬值—续贬、轮流上涨—轮涨、酌量卖出—酌出。

名词性的

名词性的简缩形式也为数众多,这一点与上引杨必胜所说不完全一致。我们所见主要是名词性偏正词组的简缩,简缩后结构

不变。例如:

钓鱼场地的情况—钓况、现实形势—现势、石油出口国—油国、袋装的尸体—袋尸、犯法行为—犯行、员工方面—员方、咳嗽药水—咳水、痛苦状况—苦况、临时房屋—临屋、大量卖出的压力—卖压、民生困难—民困、露宿街头的流浪儿童—街童、上天的启示—天启、商界业务代表团—商团、上述情况—上情、合适的称呼—适称、乒乓球队—乒队。

名词性联合词组的简缩形式相对少一些,例如:

枪械与弹药—械弹、薪水津贴—薪津、官司是非—官非、技术与联系—技联、文娱康乐—文康、体育娱乐—育乐、姿态色彩—姿彩、规定与限制—规限、劳工和雇主—劳雇、界限分野—界野、黄金与现钞—金钞。

形容词性的

此类基本都是形容词性联合词组的缩略,也较为多见,与上引杨必胜所说的"少见"有较大出入。例如:

和谐融洽—谐洽、雄壮盛大—雄盛、精致充实—精实、低廉适宜—廉宜、温和善良—温善、稳健顺利—稳顺、拥挤紧迫—挤迫、安乐祥和—安和、诚实正派—诚正、痴迷疯狂—痴狂、艰难困苦—艰困、诧异惊讶—诧惊、妥善和谨慎—妥慎。

以下对这类简缩词语的使用情况及其与大陆的差异略作考察与分析。

我们在上述的台湾"联合知识库"中对上引动词性第一组进行检索,结果如下:

培蓄 4、关重 2244、燔惑 219、鼓煽 0、提拔 11714、启导

18、审荐 244、歪损 3、展布 50、附随 132、扩广 10、进侵 14、觅探 0、物建 376、延烧 11057、捕殖 1。

需要说明的是,与一般的网上检索相同,这里所得的数字要打一个不小、甚至很大的折扣,一是有些信息可能会重复出现,二是电脑会误收、多收一些(比如我们检索"雄盛"一词,就发现把"在高雄盛大举行"也收了进来)。网站提供的检索结果是含该关键词的标题及文章开头的 100 个字,而我们无权打开文档查看,所以也就没有办法去一一甄别。所以,据此只能得出一个倾向性的结论(下文的检索结果同样也是如此),而实际的情况是各例词的使用数会少于以上数字,因而不会影响到结论的可靠性。

以上 16 个缩略词语中,使用数为 0 的 2 个,占 12.5%;使用数在 10 次及以下的 6 个,占总数的 37%。而如果考虑到上边所说的情况,这一比例可能还会高一些。

为了验证大陆普通话与台湾地区国语的上述不同,我们曾就与之宽泛对应和较为严格对应的两组词的使用情况在中新网上进行检索,以下对此进行说明。

第一组是在前引贺卫国(2010)讨论"拼词"的论文中随机选取的,以下就是这些"临时性词语"(见贺文)及其实际用例数:

武替(武打替身)29、网商(从事互联网经营的商家)1248、离男(离婚男子)86、影风(影片风格)564、月抛(使用一个月就抛弃)57、北漂(在北京漂泊的外地人)874、潮服(追求潮流的服装)103、董秘(股份公司董事会秘书)2315、酒驾(酒后驾驶)3774、裸聊(裸体聊天)192、职粉(职业粉丝)13、糖友(糖尿病之友)92。

如果说这样的对比还不能完全说明问题的话(可比性不高),

那么我们再就与上组台湾缩略形式同样取自《现代汉语缩略语词典》的 16 个动词性并列式来进行同样的工作。为了更具可比性，我们比较严格地遵守以下几个选择原则：

第一，从前往后顺次选择，这样可以尽量避免某些人为因素的干扰；

第二，同"族"词中只选一个（如"办复、办结"取在前的"办复"），这是为了增加选词的覆盖面；

第三，标明"已词化"的不选，这是为了突出前述的"临时性"。

除此之外，还有其他几个考虑因素，比如"历史词"不选（如"抄抓"主要反映"文革"时期的史实）、主要用于其他组合中的不选（如"差旅"主要用于"差旅费"）等。以下是我们所选的 16 个造词缩略形式及其由中新网显示的使用情况：

办复 356、帮教 714、报捕 98、爆膨 0、毙伤 64、编播 105、捕办 43、裁退 87、采供 304、查补 222、撤并 633、冲放 13、储汇 45、创演 115、打防 637、贷放 553。

数据显示，使用数为 0 的仅"爆膨"1 个（爆制膨化，仅用于玉米花，这一表义范围当然会大大限制它的使用范围），占 6.25%，其他的使用数均在 10 次以上，与上一组台湾词语的数据还是有相当明显差异的。

2. 固定组合形式的缩略

如果说上一类是"造词的缩略"，那么此类大致就是"用词的缩略"，即对"词"的简缩，它的目的不在造词，但是当某些简缩形式有了一定的复现率之后，也有可能词化。这是台港澳缩略词语中非常有特色的一类，主要是由三音节固有成词到二音节的简缩。

王艾录(2009:104)指出,现代汉语中由三音节到二音节的缩略式用例很少,如以前我们所见,只有"落花生—花生、机关枪—机枪、铁路局—路局"等为数不多的一些。这样的词为什么少?其实原因非常简单:所谓简缩或缩略语,无非就是把较长的比较固定的语言单位缩略成较短的语言单位,或者说是用较短的语言单位来代替较长的语言单位。因为如果"原词语的能指很长,使用不方便"(陈文,2001)。在一般情况下,三音节词通常不在"长"的范围内,所以才少有简缩形式。

而在台港澳地区,却有相对较多的三音节成词存在相对应的简缩形式,例如:

童子军—童军、乒乓球—乒球、橄榄球—榄球、幼稚园—幼园、建筑商—建商、利息率—息率、总督府—督府、纺织品—纺品、核武器—核武、教育界—教界、客流量—客量、催泪弹—泪弹、旅行团—旅团、柠檬茶—柠茶、演说词—演词。

可以归入三音节成词范围的,还包括一些机构名称,如:

教育厅—教厅、教育署—教署、警察署—警署、律政署—律署、建筑署—建署、财政司—财司、联合国—联国。

《缩略语词典》所收的这类简缩不太多,我们曾经列举过见于其他词典的台湾地区国语中以下一些这样的形式,附列于此,以广用例(刁晏斌,2000b:57—58):

台北市—北市、台中市—中市,高雄市—高市、行政院—政院、经济部—经部、交通部—交部、教育部—教部、环保局—环局、指挥部—指部、警察局—警局、童养媳—养媳、承包商—包商、嫌疑犯—嫌犯、生命体—生体、仪仗队—仪队、制片厂—

片厂、有效期—效期、演艺界—艺界、艺术品—艺品、运动会—运会、农产品—农产、建筑物—建物、波斯湾—波湾、足球赛—足赛。

此外,在其他相对固定的词语中,也有一些由三音节到二音节的简缩形式,例如:

咖啡色—啡色、学生数—生数、加价风—加风、篮球赛—篮赛、联盟体—盟体、顾客层—客层、新条例—新例、车钥匙—车匙。

二、上述缩略形式的特点

总的看来,上述缩略形式有以下几个较为明显的特点。

1. 面广量大

所谓面广,指的是简缩涉及的范围更广,包括可简缩的形式更多,而简缩的样式也更多,由此,简缩形式总体上的量就相当大了。除前边列出的外,还有其他一些内地极少见到的形式,比如"姓氏+类名(表示性别、身份等的单音节词或语素)"形式,我们所见就有"谢生(谢姓学生)、杨女(杨姓女子)、陈妇(陈姓妇女)、刘嫌(刘姓嫌疑人)"等。另外,一般认为,除了个别特别常用的(如"伏特—伏,瓦特—瓦"等)外,双音节词无需简缩,台港澳地区虽然基本也是如此,但是却也有个别不见于内地汉语的"双—单"简缩,由此也进一步体现了其面广的特点。比如,我们在台湾报纸的征婚广告中,看到了大量"毕业—毕"的用例,例如"医学院毕、国中毕、大专毕、高毕"等。(刁晏斌,2000b:55)

2. 复现率比较低

如前所述,所谓缩略或简缩,是先有一个高频或较高频使用的原型,而后才在此基础上进行简省,从而创造出一个新的替代形式,所以后者的使用频率一般也不低,有些甚至还要高于前者。台港澳简缩的对象经常只是一个临时、低频的组合形式,所以无论原型还是缩略形式往往均无太高的复现率。

比如,我们利用自建的约120万字的台湾书面汉语语料库,就前边列举过的"关重、启导、复健、直助、现势、民困、谐洽、温善"及其原型进行检索,结果全部为零,这当然不能说明上述简缩形式并不存在,但是基本可以证明它们并不多见。为了验证这一结果,我们还利用台湾"中研院"的现代汉语平衡语料库(约有500万词)进行了同样的检索,结果只发现"复健"有较多的用例(但是原型"恢复健康"未见),其他均无用例。

所以,我们认为,台港澳的简缩形式有不少属于语篇层次,而不是词汇层次,即它们只是一些具体语境中的临时性组合。正因为如此,我们不同意有人直接称之为"词"或"简缩词"(杨必胜,1998),而是用"简缩形式"来指称它们。因为不固定,所以有些原型有不同的简缩形式,比如"黑市劳工",《缩略语词典》就分别收了"黑工"与"黑劳"两个缩略形式,所举用例分别是:

(1) 元朗地盘吸引黑劳 (香港《东方早报》1993.2.2)

(2) 入境处昨出动八十多名人员到黑劳(黑市劳工)麇集的枫树街球场展开大规模扫荡行动。(《香港商报》1993.5.13)

按,后一例对"黑劳"加括号注明原型和原义,也从一个侧面表明这种语篇层面简缩形式的非常用性。

另外再如"和谐融洽"也分别简缩为"谐洽"与"和洽"。

3. "可懂度"比较高

董欣胜、林天送(2005)提出了"可懂度"的概念,他们从台湾语料中提取了一些新词语(其中包括不少缩略形式),分析它们对于内地民众来说能够理解的程度,发现其可懂度高达 69.9%～87.9%。

这里的可懂度是就台港澳三地书面汉语对内地民众而言的,可以设想,对三地的使用者来说,上述简缩形式的可懂度一定要高得多,否则的话,它们也就不可能大量存在并且不断产生了。

我们认为,支持三地这些简缩形式保持较高可懂度的重要条件有以下两个。

一是以单音节汉字为基础。吕叔湘(1983:78)说:"汉语演变的主要趋势是语词多音化,而汉字不表音,便于一个字来代表一个复音词,比如嘴里说'眉毛和头发',笔底下写'眉发',既省事,又'古雅',一举两得。"上述简缩形式中,最为多见的是由四音节到二音节,音节结构由 2+2 到 1+1。构成四音节组合的两个双音节词有很多都是由原有的单音节词扩展而来的,而上述简缩则是还原其单音节形式。比如,"寻觅探视—觅探",其前半段是"觅—寻觅—觅";同样,后半段也是"探—探视—探"。虽然有许多原有的单音节词与其后扩展了的双音节词之间不是一对一的关系,但是借助具体语境,还是基本可以确定二者之间对应关系的。其他再如"审荐、承责、戒惧、温善"等,都是如此。

二是充分利用类推机制。类推既是上述简缩形式产生的重要心理基础和原因,同时也是理解其意义的重要途径和保障。就某一个简缩形式来说,它可能是新的,但是却往往都可以找到与之同类的形式,可以纳入某一词族之中,而后者又往往会成为较为准确地理解和把握前者意义的一个重要基础,即对它可以起到"显化"和"固化"作用。比如"温和善良—温善",就首字来说,"温善"可以纳入"温顺、温和、温厚、温良、温柔、温馨"等的系列;就尾字来说,则可以归入"友善、亲善、和善"等中。再比如球类,已有"篮球、排球、足球"等,而有了这些"球",后出的"乒球、羽球、榄球、高(尔夫)球"等,就比较容易理解了。

有一些简缩形式本身就形成了一个类推的系列,如上举的"—球"。类似的再如"研究审核—研审、研究判断—研判、研究分析—研析、研究修订—研修、研究商议—研议"等。

当然,可懂度的高低也是相对而言的,就某些具体的简缩形式来说,由于它们与原型的非常用性以及其他原因,实际上也可能增加表达的不明确性,因而会更多地依赖语境,如"赋予活力—赋活、肯定认可—肯认";此外还有个别简缩形式改变了原短语的意义,如"纯真洁白—纯白、刁难民众—刁民"(侯昌硕,2004),但这都是个别而不是一般的现象。

三、由上述形式看四地简缩观的差异

前引侯昌硕(2004)所说,两岸三地缩略语的不同,能够反映不同的社会形态、思维方式、生活氛围以及语言习惯等方面的差异,的确如此,以下我们仅就简缩观的差异作初步的探讨。

1. 原型标准观的差异

四地对简缩对象标准的认识有差异,因而所取的范围有所不同。关于这一点,前边我们已经提到,内地汉语简缩原型的标准基本有两条:一是较为复杂,二是使用频率较高。应当说,在具体的言语实践中,这两条标准执行得都比较严格。台港澳的简缩原型标准基本也是上述这两条,但是相对来说却宽松了不少。比如第一条就较多地延及并不是特别复杂的三音节词语。特别是第二条更是有较大的突破,把简缩对象扩大了许多,由此就造成了许多不见于内地的独特简缩形式。

那么,这种宽松标准的背后,又有什么样的观念和认识?这就与下边的两点差异密切相关了。

2. 语言效率观的差异

我们认为,台港澳上述缩略形式的大量出现,最根本的动因是追求用语的经济,或者说是表达的效率,也就是上引吕叔湘(1983)所说的"省事"。

笔者曾经撰文讨论过当代汉语的效率诉求及其表现,其中就涉及由效率诉求而带来的语言简约化问题(刁晏斌,2008),我们认为,这样的效率诉求及其诸多表现,是当代汉语发展变化的重要特征之一,而这些表现往往都与台港澳语言有直接或间接的联系,并且其中有许多都是由后者直接移植或引进的。就我们所知,台港澳对语言效率的讲求比内地更充分、更彻底,由此而带来的各种表现也比后者更充分,本文所讨论的简缩现象正是其一个方面的表现。

比如以下一些《缩略语词典》的书证,其中的简缩形式表达效率都是比较高的:

(3) 东亚运集训,到训情况差。——报到并接受集训—到训

(4) 永兴仓机的失事,凸显了我们的飞安管制、气象资料、塔台设施等条件的不足。——飞行安全—飞安

(5) 包括前总统罗斯福所鼓倡推行的重要主张。——鼓励提倡—鼓倡

(6) 检察官员讯一小时后命令收押禁见。——禁止会见—禁见

(7) 叶楚航下季转任副练。——副练马师—副练

标题是最讲求效率的,所以我们看到有许多简缩形式出自标题。一种最普遍的情形是,标题用简缩形式,而正文则用原式,比如以下几个香港报纸的例子:

教局(标题)——教育局(正文)
劳处(标题)——劳工处(正文)
人币(标题)——人民币(正文)

甚至我们还可以看到更为简缩的标题形式:

(8) 巨轮杀两青 死者遗孕妻 (《都市日报》2011.5.17)

这里的"青"指"青年"。

效率观的差异,在以下两方面表现得最为充分:

其一,是三音节到双音节简缩形式的有无;

其二,是大规模的简缩,甚至是"无理"简缩的多少。

关于第一点,其效率诉求是显而易见的(当然也涉及其他因素,见下),而第二点则需要略作解释和说明。

所谓大规模,是指相对于简缩形式来说,原型更长、更复杂。比如"超级任天堂电子游戏机—超任、露宿街头的流浪儿童—街童、钓鱼场地的情况—钓况、大量卖出的压力—卖压"等,大致就属于此类。在这一由相对复杂到"最简"的过程中,如果略掉了一些重要的原有信息,以至于在一般的使用条件下和语境中难以实现意思的"还原",这基本就是"无理"的所指了。像上引这几个例子大致就是如此,比如看到"钓况",一般人首先想到的可能还原形式应当是"钓鱼/垂钓情况",通常不会想到"场地",这就是一个在简缩过程中去除的、而在理解时难以还原的部分,可以说是一种人为的、硬性的损耗。

当然,这样的大规模无理简缩形式在内地也不是没有,比如我们讨论过的"在香港有亲戚的内地人—港戚、简易立体公路交叉桥—简交"等(刁晏斌,1995:26),只是相对来说,这样的形式要少于台港澳地区。

此外,像上举的"陈妇、刘嫌、医学院毕、大上"等,所体现出的"效率第一"观念都是相当明显而又强烈的。

3. 表达效用观的差异

如果说上述语言效率观的差异只表现在四地简缩形式数量多少的差异,那么,表达效用观的差异则涉及语体风格和语体色彩问题,我们认为这才是更有内涵以及最具台港澳特色的差异。

上引吕湘湘的话说由"眉毛和头发"到"眉发"(我们认为这正可以作为台港澳大量存在而内地较少出现的一种简缩方式的代表),"既省事,又'古雅'",所谓"省事"其实就是讲求效率,而"古雅",则体现了台港澳表达效用观的一种追求,同时也是这种追求的具体表现。

笔者曾经有一篇文章讨论过台湾语言与大陆的差异,认为二者差异的一个重要方面是前者"古旧"色彩浓厚(刁晏斌,1998b),其实我们完全可以推而广之,把这一点看作四地语言之间一个非常重要的差异。

简单地说,四地简缩形式表达效用观的差异,主要就表现在古旧色彩的强弱与是否明显。前边提到,内地数字略语多于台港澳而简缩形式少于台港澳,这一多一少,正是上述差异的直接反映。我们认为,数字略语的概括性强,明确性好,但是"文雅"色彩不足,基本属于一种比较直白的表述,在古代及近代汉语中较少使用;"眉发"类简缩在某种程度上可以说是"返古",即把两个由古代单音词拉长的现代双音词重新压缩成古代的单音词,实现了由"2+2"(现)到"1+1"(古)的转换,当然它的"古旧"或"文雅"色彩就比较浓厚了。①

我们看以下书证,这一点是非常明显的:

(9) 正当东主跟顾客洽谈选购电器用品时,四名持有三支枪及一把军刀的匪徒冲进公司。——店东主人—东主

(10) 许多孝子贤孙打着雨伞排队轮候巴士,准备前往扫墓。——轮流(依次)等候—轮候

(11) 行政部门不应宽容怠忽这些仲裁之执行。——懈怠玩忽职守—怠忽

(12) 因屡建奇功,而获颁勋章。——获得颁奖—获颁

另外,由三音节到双音节的简缩,除了效率方面的需求外,也有表达效用方面的考虑和追求:汉语最标准的节奏单位是双音节,最均衡、最文雅的语音组合形式是四字格,能够充分体现汉语的诗性与神韵,所以台港澳地区才在三字格的基础上"再造"出很多双音节的简缩形式。

最后,需要指出的是,进入新时期以来,四地既有差异,又有融合,而这一点在简缩形式中同样也有非常明显的表现:已经有不少上述简缩形式进入内地,如"残障、研发、关爱、封杀、高铁、公投、共识、豪宅、价量、架构、拒载、考量、空港、战机、楼市、民调"等,这一现象也是非常值得关注的。

第三节 数字略语使用差异考察与分析

汉语缩略词语中有一种数字略语,即先截取原式中的关键语素或词,然后再在它的前边添加数词或数量词组而形成的缩略词

---

① 这是一个比较有趣的话题,笔者将另文讨论。

语。(曹炜,2009:123)四地数字略语有一个非常明显的区别,这就是数量以及频率上的不平衡:内地数量多、频率高,而台港澳则正好相反,数量少且频率低。

关于海峡两岸数字略语及其使用的上述差异,已经有人注意到了,比如李振杰(1990)早在二十多年前就指出,用数字组成的新词语台湾很少,而大陆却很多,其他一些学者在比较两岸新词语或缩略词语差异的时候也有人提到这一点。然而,对这个问题,人们只是"提到"而已,迄今未见有人进行过专门的讨论和阐述,另外也未及于整个台港澳地区。这不能不说是一个缺憾,因为它本身以及在它的背后,都有比较丰富的内涵,是非常值得专门进行全面探讨和深入分析的。这样的探讨和分析不仅可以认识现代汉语数字略语的一般情况及其发展变化,了解四地用语在这方面存在的差异,还可以把它作为一个很好的窗口,来进一步观察、了解和认识它们之间的差异及其造成原因。

台港澳三地在数字略语的使用方面有相当的一致性,因而与内地形成明显的差异,本节中我们主要以台湾为考察重点,来说明这种差异。

一、数量及来源比较

建国以后,数字略语的数量日渐增多,在整个新词语中占了相当的比重,关于这一点,有不少学者都谈到过[1],笔者对此也有所讨论(刁晏斌,2006a:214)。本小节中,我们仅以两岸工具书对数字略语的收录情况为考察对象。为了节约篇幅,我们只考察最为

---

[1] 例如黎运汉、程达明《大跃进中汉语词汇的新发展》(《中国语文》1958年11月),武占坤等《十年来汉语词汇的发展和演变》(《中国语文》1959年7月)。

多见的以"三"起首的形式。

1. 大陆的数字略语

袁晖、阮显忠主编《现代汉语缩略语词典》共收了164个这样的数字略语,它们是:

A组:三罢、三版、三包、三胞、三边、三表、三餐、三查、三肠、三代、三贷、三德、三等、三电、三定、三定向、三多、三反、三贩、三防、三废、三粉、三敢、三高、三工、三公、三贩、三好、三化、三荒、三基、三机、三坚持、三兼顾、三鼓、三讲、三胶、三椒、三教、三结合、三经、三禁、三军、三考、三课、三孔、三老、三乱、三纶、三落实、三麦、三霉、三农、三陪、三普及、三棋、三侨、三秋、三区、三权、三热爱、三生、三失控、三师、三史、三丝、三私、三酸、三蒜、三算、三所、三台、三潭、三铁、三通、三同、三突出、三围、三为主、三乌、三无、三西、三峡、三夏、三先、三心、三性、三严、三遥、三爷、三业、三引、三优、三优先、三浴、三育、三育人、三园、三杂、三藏、三早、三账、三制、三整、三证、三政、三中心、三自。

B组:三个基本、三个基地、三个面向、三个平面、三个有利于、三块铁、三项制度、三种人、三大差别、三大改造、三大合成材料、三大民主、三大名石、三大平衡、三大球、三大运动、三大战役、三大作风。

C组:三白西瓜、三班倒、三班制、三笔字、三防训练、三江平原、三光政策、三民主义、三网养鱼、三峡办、三信危机、三跑田、三远透视法、三直机关、"三资"企业。

D组:三包一奖、三保三压、三定一聘、三反两利、三高一轻、三菇六耳、三馆二院、三黄一圣、三会一节、三会一课、三机一箱、三跤一柔、三来一补、三老四严、三名三高、三清一打、三双一彩、三颂二雅、三言两拍、三要三不要、三支两军、三自一包、三字一话。

以上数字略语大致可以分为两类,我们分别称之为简单式(A组)和复杂式(后三组)。

所谓简单式,即由数词与关键性(也就是各项共有)的词/语素加合而成,是最为常见的数字略语。从音节形式来说,武占坤、王勤(2009:319)所说的"双音节占优势,三音节次之",即指此类而言。

B组基本是由数量结构加共有词或语素构成的,我们之所以说"基本",主要是因为此类形式除了多用"个"等典型量词外,还经常用到"大"字。有人认为这个"大"是活用为量词,它既有"个"等专职量词的意思,同时又有"大的、重要的、规模大的、气势盛的"等的形容词意思,因此是"量词意义作基本意义和形容词意思作附加意义的结合"(刘巧云、李向农,2004)。我们基本同意这一看法,把这个"大"看作"准量词"。

C组的复杂性主要表现在采取的是"数字＋共有词/语素＋中心词/语素",其中的中心词/语素可以是原式中有的,也可以是另外添加的。前者最多,如"三白西瓜",指白皮、白瓤、白籽的西瓜;后者如"三峡办",它的全称形式是"三峡工程审查委员会办公室",系由两次缩略叠加而成,即先有"三峡",然后再加上一个缩略语素"办"。

D组是A组形式的并列,它对应的自然是更为复杂的原式,通常是两组的并列,个别也有三组并列的,如"五讲四美三热爱"。

当代汉语中,数字略语依然是一种十分能产的形式,比如仅收于王均熙编著《汉语新词词典(2005—2010)》(学林出版社,2011年版)的就有以下47个与上引词语形式不同或形式相同但意思不同的含"三"数字略语：

三不、三超、三车、三低、三电、三独、三断、三高、三公、三孤、三过、三机、三基、三假、三剑、三快、三零、三率、三民、三暖、三平、三屏、三全、三属、三贴近、三无、三险、三小、三证、三主、三转、三总、三最；

三敢干部、三民博览会、三特服务；

三费一金、三杆一栓、三精一水、三靠三不、三落一稳、三破一苦、三棋一牌、三社二团、三网一港、三优二免、三支一扶。

值得注意的是，在这些新生数字略语中，没有 B 组的，这或许是因为它还不算"最简"的形式。

2. 台湾的数字略语

因为我们关于台湾方面的资料有限，所以这里只考察《国语辞典》(1997 年光盘版)的收词情况。该辞典共收含"三"数字略语 128 个(有的含多个义项)，其中 110 个是来自古代的，如"三德、三多、三纲五常"等，约占 86%；另外 18 个大致可以分为以下三类：

第一类是现代汉语"旧有"的，计有"三餐、三一律、三峡、三态、三权分立、三民主义、三大洋"等 7 个。

第二类是标明"大陆地区用语"或"大陆地区指"的，计有"三自、三资、三西、三通一平、三通四流、三侨、三大球、三大件、三北"等 9 个。例如：

三大球：大陆地区指篮球、排球、足球。

第三类是不属于前两类的，只有"三机、三读"两个：

三机：(1)电视机、收音机、录音机。(2)电视机、收录音机、洗衣机。

> 三读:立法机构议决法案的程序。即一读会、二读会和三读会。法案经三读表决通过后即完成立法程序。

按,由上述释义看,"三读"可以看作数字略语,但是在实际的使用中,它经常是指"三读会"的,这时显然就不是数字略语而只是一种"简称"形式,这样的用例如:

(1) 将"选罢法"修正草案排入廿六日院会进行二、三读。(《自立晚报》2004.3.24)

(2) ……今日下午三读通过公职人员"选举罢免法"重要修正。(同上 2005.1.20)

按,例(1)二、三并列,"三读"显然是指三读会;例(2)的"三读"是在一个下午完成的,所以显然也不可能是合指义。

真正取合指义的,大概是以下这样的用例,但是数量很少:

(3) 行政部门和各党派折冲协调,以二十四天完成三读,打破"立法院"记录。(同上 2004.10.27)

此外,还有两个词是"古义"与"大陆义"兼备的,即"三通"与"三农",比如前者的释义是:

> 三通:1.通典、通志、文献通考的合称。又与续三通、清三通合称为"九通"。2.大陆地区用语:(1)指台湾海峡两岸的通商、通邮、通航。(2)指通水、通电、通路。

上述几部工具书收词情况的简单对比清楚地显示,普通话中,数字略语是一种十分活跃、有旺盛生命力的能产形式,而在台湾地区国语中,它更主要的只是一种传统的遗存,既不活跃,也没有太大的能产性。

第二章 缩略词语的差异与融合

二、使用情况考察

接下来,我们再看两岸数字略语的具体使用情况。

1. 大陆的使用情况

普通话中数字略语的上述特点并不仅仅反映在工具书中,同样也反映在实际的语言运用中。为了证明这一点,我们考察了2011年1月1日至31日的《人民日报》,在这一个月的报纸中,总共出现了以下一些含"三"的数字略语:

三个代表、三科三控、三农、三提五统、三个不动摇、三权分立、三峡、三国、三大工程、三贴近、"三高"人员、三加快、三个注重、三个重点、三个确保、三支一扶、三费、三项治理、三进三同、两评三会一公开、"三学"模式、"三高"问题、三包规定、三个转型、三打造三提高、三下乡、三高、三个结合、三无公司、三会村治、"三房"改造惠民工程、一减三增、"三门"干部、三网合一、三告别、三假、三通、三大改进、三项承诺、三大市场、"三重一大决策"制度、"三个不直接分管"制度、三个率先、两打三防、三公开、三躁风、三有两评、三带、三包、三大改造、小三通、三大球、三大目标、三突出、三无一杜绝、三深化、三推进、三纳入、三术、三性、"三避"技术、三靠、"三制"模式、"三实"主义、一主三辅五配套、三促进、三不误、三评三比、三低、三模三电、三过、三个率、三圈一带、三进、三性统一、三落实、一区三园、三会一课。

这些词语中,有一些的使用频率比较高,如"三个代表、三下乡、三网合一、三通、三公开"等,均有相当的复现率。上引词语有少数是旧有的,如"三峡、三权分立"等,但是绝大多数都是近年来新产生的,其中有相当一部分的陌生化程度还非常高,如果只看数字略语,往往不知所云,所以经常会在具体的使用中采取以下两种"补救"措施。

一种是连带着把"原型"一并列出,通常是采取括号加注的形式。例如:

(4)全面实行"三重一大决策"制度(即重大事项决策、重要干部任免、重要项目安排、大额资金的使用,必须经集体讨论做出决定)和"一把手""三个不直接分管"制度(即不直接分管人事、财政和工程),加强了对党政"一把手"的权力制约。

另一种更为多见,采取先"分述"(原型),后"总括"(数字略语)的形式,数字略语本身通常不单用,而是构成一个前偏后正的更大语言单位。例如:

(5)……公开向社会作出"不收红包、不拿回扣、不吃请、不耍态度"的"四不承诺"。

(6)陈延年还为自己规定了"不闲游、不看戏、不照相、不下馆子、不讲衣着、不作私交"的"六不"原则。

这样,本来为求简而生的数字略语反而更为繁琐了,给人的感觉是为了用数字略语而用数字略语,换句话说,许多作者并不是为了表达的简约,而是把数字略语当作一种惯常的、有时甚至是必不可少的表达方式了。

2. 台湾的使用情况

首先,有一种情况是需要排除的:某一数字略语虽然也在台湾出现,但却只是"引用"。随着两岸交往的日益密切,台湾媒体对大陆报道的增多,这一情况经常出现。比如,邹嘉彦、游汝杰编著《21世纪华语新词语词典》收"三贴近"(贴近中心工作、贴近群众和贴近工作实际),此条的书证中就有引自台湾报纸的"刘云山提出做好外宣工作要坚持'三贴近'",显系对大陆报道的转述,而该词典在"地区差异"项下,也指出此形式"多用于中国大陆"。

我们考察了共计 50 余万字的台湾报纸语料,看到的含"三"数字略语只有"三餐、三权、三通、三农、三个代表、三读、三赢、三管五卡"等 8 个,其中前两个属于旧有的,中间的三个显然都有大陆背景,其中未见大陆工具书收录的大约只有最后三个。"三读"的情况已如上所说,最后两词各只有一例,即:

(7) 民主进步党籍"立委"王幸男说,政府宣称"三管五卡"没问题,但这次显然还是有问题。

(8) 翻车鱼渔业要破除迷失,创造三赢:海洋赢(生态系健全),鱼才会赢(永续生存),鱼赢才会人赢(有钱赚)机遇。

以上用例分别都采取了"有标记"的形式,一个加了凸显其独特性或非常用性的引号,另一个则给出了进一步的解释和说明。

在台湾媒体有限的使用中,后者是最常见的情形,再举一个不含"三"的用例:

(9) 针对开放招收陆生来台就学与大陆高校学历采认办法,8 月份……临时会通过,正式将"一限二不"入法。

所谓"一限二不",也就是限制采认大陆医事学历、陆生不得报考国安机密相关系所、不得参加公务员及专门职业与技术人员考试。

3. 对比和说明

通过以上简单的对比,可以明显地看到四地数字略语使用中非常突出的两个差异:

一是数量上的差异,这一点是所有差异中最为明显和突出的;二是使用频率上的差异,这一点同样也是相当明显和突出的。

就第二点来说,上述《人民日报》的反映显然是不充分的,比如"三个不直接分管",虽然该报仅用一次,但是我们 2011 年 6 月 5 日"百度一下",却一共得到 4 720 000 个结果,虽然实际的使用情况要打一个非常大的折扣,但是依然可以证明它有不低的使用频率。比如,仅就第一页的 10 条来说,主体不重复的就有怀化市直机关、双滦区交通局、通道侗族自治县、宣城市、肥西县、靖州县等 6 个,可见其并非一时一地的使用。

这一情况有一定的普遍性。再比如,给人感觉同样是陌生化程度非常高的"一主三辅五配套",我们也能在百度上找到为数不少的用例,并且同样也涉及不同的主体。安徽新闻网 2009 年 11 月 25 日有一则新闻,标题是《安徽省"一主三辅五配套"推进全省基层医药卫生体制综合改革试点》,正文中这一形式也出现一次,未作任何解释,说明在一定范围内,这已经不是一个陌生化程度特别高的形式了。

台湾的情况我们现在查考不便,但是也可以作一些初步的调查,比如我们登录台湾的联合新闻网,分别就上引用例中的"三管五卡、三赢、一限二不"进行检索,所得数据分别是 89、0、16,考虑到"误收""多收"等情况,使用频率都不能说有多高。

此外,我们还在自建的 1000 万字的台湾地区的国语语料库中进行相关检索,结果基本也证明了这一点。

值得注意的是,随着四地交往日益密切,有个别新生的数字略语成了四地共用的,如"三通",以及由此而来的"小三通、大三通"等。另外,随着香港澳门先后回归祖国,也有少数内地数字略语经常被港澳地区媒体"引用",比如我们在澳门报纸上就多次看到"三

个代表""三农"等,以下再举一个实际的用例:

(10) 中国最基本的任务是推进"三化一调整"。"三化"指的是"工业化""城镇化""农业现代化","一调整"则是收入分配改革。

三、相关的原因分析

从信息传递的角度来说,数字略语虽然有简明、信息量大的长处,但是也有明显的不足,这就是它的不明确性。关于这一方面,已经有不少人论及,主要涉及以下两个问题:

一是难以"见形明义"。葛本仪(2004:105)认为,用数字概括的方法而形成的简缩词如"三好""四声"等,如果只从表面形式看,很难了解它们的意思。的确,这一点如果与"调研、关爱"等简缩形式相比,应当是相当明显的。(刁晏斌,2011a)

二是容易造成一形多义。武占坤、王勤(2009:319)指出:"由于数词略语除数词外仅有一个与联语意义有关的词,这就可能存在不同的联语而其数词略语相同的现象。人们仅根据数词略语,一般难于准确地断定它所代表的联语。"曹炜(2009:124—126)也谈到缩略词语"意义的多源性"问题,所举例子如"双抢",最初指抢种抢收,后又指抢夺、抢劫,曹氏称之为"同形缩略词语"。我们将在下文列出的一形多义的"三讲",可以充分地证明这一点。

既然如此,为什么普通话中还要大量使用这一形式? 如果用"求简"的心理与追求,也只能解释一部分原因:虽然像"五讲四美三热爱"这样的例子有些极端,但是"三通、三好"之类却是比较普通的。但是,像上述的即使加上各种"补救"措施也要使用,并由此而造成更为复杂和繁琐的形式,显然就不是求简的问题了,需要我们从其他方面另外寻求解释。

分析不同言语社区之间的差异现象,通常都要从社会与语言自身这样两个角度和方面着手,这对于分析造成四地数字略语及其使用情况差异的原因,同样也是适用的。

1. 社会方面的原因

几乎所有研究四地语言差异的论著在分析造成诸多差异的原因时,都会指出社会方面的差异,并且往往把它列为最重要的原因。这一点,同样也适用于我们对四地数字略语差异产生原因的分析。

就海峡两岸而言,社会生活的差异,特别是社会政治生活的差异,是一个非常重要的决定因素。两岸语言差异的最早源头,是由第一次国内革命战争(1924—1927)而出现的国共对立的政权,即"国统/白区"与"苏/红区"的对立,有人说,1927年国共合作的破裂"为汉语后来逐步分化播下了一颗无形的种子"(郭熙,2004a:110),而有人更是明确指出,"海峡两岸语言方面的差异并非是从全国解放、两岸处于隔绝状态之后才开始出现的,而是在国共两党的对立,苏区、边区和解放区跟国统区并存之时就开始形成,只是在后来这种差异被进一步强化了。"(於贤德、顾向欣,2000)

语言分化的社会原因,就是社会生活特别是社会政治生活的差异。就内地一方来说,很长时间内,整个社会生活都紧紧围绕着"运动"和"斗争",因而有非常强烈的"政治"色彩。就先后进行的一连串政治运动来说,往往都有成系列的对象、目标、要求和环节等,它们在一段时间内高频使用,因而特别需要用简短有力的形式加以标示或指称,并且也特别适合用数字形式加以概括,由此就形成了一系列的"政治运动类"数字略语,如"两忆三查、四清、五反"等。我们看到,几乎每一次政治运动都有一个甚至多个数字略语的指称形式。

除此之外,内地大量的数字略语在指称内容上还多集中在以下两个方面:

一类是与"政治"相关的,这类数字略语最多,例如以下一些:

> 二为、双百、双规、两参一改、两打、两个凡是、两个文明、两公开、两劳、两论、两史一情、两手抓、两条道路、两种制度、三大改造、三大运动、三大作风、三个面向、三坚持、三讲、三突出、三要三不要、三支两军、三整、四大、四个坚持、四化、四旧、四类分子、四有三讲两不怕、五爱、五个一工程、五讲四美三热爱。

另一类是与"制度""规定"与"工作"等相关的,上引许多含"三"的词语都属于此类,其他的再如收于《现代汉语缩略语词典》中含"两"的词语:

> 两办、两对一改、两参一改三结合、两操一活动、两带一区、两弹、两反、两弹一星、两放三统一包、两个效益、两个转换、两公开、两公开一监督、两户、两户一体、两会一队、两禁、两课两操两活动、两劳、两劳一管、两免三减、两膜、两权、两山、两史一情、两所一庭、两院、两院一部、两制、两证、两转。

以上几类词语所反映的社会生活事项,基本都不存在于台湾社会,所以在台湾地区国语中自然也就不会有这些数字略语了。

台湾为数不多的数字略语中,有相当一部分是用于日常生活的,比如以下两个含共同语素"不"的例子:

> (11) 切记应征工作,薪资汇款只需提供账户复印件即可,提款卡及密码切勿提供,……并谨记"不缴款及不购买产

品、不将证件交予他人(身分证、存款簿、印章、提款卡密码等)、不随便签署文件、不喝不明饮料、不从事非法工作"的"五不"口诀,以免落入求职陷阱。

(12) 除了自己所爱的男人之外,对于其它异性一向都保持着三不的原则,也就是不牵手、不接吻、不上床。

有日本学者在描述汉语普通话词汇给人的感觉时说:"革命化、军事化、工业化、农业化、数字化的词汇较多,显示政治的强劲和经济的飞速成长与发展。"而台湾地区国语则"大致是生活化,现代化,有着都市化和开放性社会的风格"(市川勘、小松岚,2008:232—233),其实这就是不同的社会生活在语言中留下的印迹。

2. 语言方面的原因

汤志祥在谈到内地普通话多用"数字统括法"时,认为这从修辞的角度至少说明以下四点:一是内地普通话比较喜欢用"排比"的方法去思维和说明问题,以求阐述的严密性和铺排性并加强语势;二是喜欢用常用通俗的数字来表明事物的外延,显示"简约",以求表达的统括性和简明性,从而简单化概念;三是以数字搭配带来的新奇感,激起求知欲,引起注意力并起到强化的作用;四是朗朗上口,语体风格上更加口语化和通俗化。[①]

结合汤氏的论述,加上我们自己的考察和分析,本书作者认为以下几个方面的原因与普通话中数字略语众多这一现象密切相关。

一是"配套成龙"式的思维和表达习惯。上引汤文已经提到了这一点。前已言之,有大量的数字略语与社会政治以及制度和

[①] 汤志祥《海峡两岸缩略词语特点比较》,http://www.huayuqiao.org/articles/tangzhixiang/tang01.htm。

规定、工作任务等有关,而在这些方面,往往是最讲究"配套成龙"的,即通常要围绕一个宗旨或出发点,从不同的方面或角度提出要求,或者是加以陈述、阐发、申明和概括,力争做到完整和全面。

比如,我们以"三讲"为关键词在网上进行检索,得到了以下一些所指不同的内容,它们分别都构成了一个完整的数字略语或是其中的一部分:

讲学习、讲政治、讲正气;
讲责任、讲奉献、讲纪律;
讲原则、讲感情、讲艺术;
讲诚信、讲礼貌、讲卫生;
讲文明、讲卫生、讲科学;
讲科学、讲创新、讲道德;
讲工作任务、讲安全注意事项、讲危险点;
党支部讲创建、党小组讲争先、党员讲奉献;
司法所长讲案例、法律专家讲业务、纪检干部讲行风。

很显然,作为原则、方针以及工作任务等而在一定的范围内推广和实行,如果只有其中的一个或两个"讲",在一些人看来,显然是不够全面的。

配套成龙的思维模式反映在语言表达上,往往就是喜欢使用排比形式。我们曾经考察过"文革"时期排比的使用情况,发现它是本阶段仅次于引用的使用频率第二高的辞格形式(刁晏斌,2011b:265—270),此期的很多排比形式都有一定的、甚至是很高的复现率,并最终由此而进一步简缩为数字略语,如"三忠于四无限、三个正确对待、四个念念不忘、四个伟大"等,而由此也促成了此期新词语中"数字构词"多这样一个明显而又突出的特点(刁晏斌,2011b:114)。"文革"时期如此,其他各时期和阶段基本也是这样。

二是通俗化的取向与追求。杨必胜(1998)比较了两岸新闻用语的异同,认为台湾新闻在风格上的突出特点是文言色彩较浓,而这主要是因为解放以后,基本上沿袭了解放前的报纸文风的缘故。游汝杰(1992)也认为,两岸书面语有较为明显的风格差异,台湾书面语与口语的距离较大,其重要原因之一是有较多的文言成分。这样的语言风格,我们曾经概括、表述为"古旧"色彩浓厚。(刁晏斌,1998b)

相对于台湾地区国语的这一特点,大陆的普通话则更多地表现为一种通俗化的取向和追求,而数字略语产生数量和使用频率的对比,正是二者上述差异的一个集中反映。上引汤文提到的"口语化和通俗化",也是此意。

数字略语之所以比较"通俗",大致可以从以下几个方面得到解释:

其一,作为基本词汇的成员,数目字一直都是古往今来日常生活中使用频率很高的最普通词语,基本没有什么"典雅"的内涵或附加色彩;

其二,数字以外,剩下的词/语素往往都是现代的常用词语,基本不含"古雅"的色彩义,甚至有不少还有比较强的口语色彩;

其三,即使在古代汉语中,作为一种便于称说的简略形式,数字略语似乎也不是特别"庄重"或"典雅"的,比较《周礼》《仪礼》《礼记》"与"三礼","苏氏父子"与"三苏",语体色彩的差异还是比较明显的。①

所以,武占坤、王勤(2009:320)提到,从运用的范围来看,简称和数词略语多用于口头和报纸杂志,较庄重的文件(政府法令、公告)不用或少用,而正式文件为表示郑重,不能用数词略语。

三是词语模与类推机制的推动。现代汉语有为数众多的具有批量产生新词语能力的词语模(李宇明,1999),它的产生和广泛使用与语言使用者的类推心理有非常密切的关系。词语模由不变的"模标"和空位的"模槽"两部分构成。借助词语模批量造词是新词语产生的一个重要途径,由此就造成了数量不等的一个个"词群"或"词族"。像"二/两____""三____"等都是充满活力的词语模,甚至像"数A数B(如'一打三反')"、"数A数B数C(如'五讲四美三热爱')"等一定程度上也都是。而在台湾地区国语中,它们有的可能还不属于词语模,有的即使属于,也是活力不足。

多年来,我们已经习惯于在类推机制的作用下,把某些思想、要求或具体的事项方便地纳入这样一些"套子"之中,由此就使得这些形式常用不衰,不断生成新的数字略语。

为了把一些内容纳入这样的词语模中,特别是凑足"三"这个数目,有时人们甚至不太注意各事项之间的逻辑关系,如上引"三讲"中的"讲文明、讲卫生、讲科学",前者与后两者显然就不处于同一个逻辑层次。

---

① 这是一个比较有意思的问题,值得进一步研究。

第三章 外来词语的差异与融合

外来词语与一般的汉字词语性质不同,在很多方面都有较大差异,它的引进与否、引进数量的多少以及引进的种类等,与社会制度、社会生活及其发展变化过程(特别是开放程度及其变化)等往往有更为直接、密切的因果关系。四地的社会变迁和发展道路有比较大的不同,由此就使得四地的外来词语较其他词语乃至于其他很多语言现象有更大、更多的差异,这一点非常值得好好总结。

但是,就总体的情况来说,四地的外来词语依然是共性大于个性,或者说仍然是大同而小异,只是和其他很多现象相比,个性或差异的方面相对更加突出、显豁一些而已。具体来说,共性主要表现:一是来源,主要是英语,其次是日语;二是引进方式,不外乎音译、意译、音兼义译、半音译半意译以及借形等;三是基本使用情况,主要用于造句,少数也可以用于构词,甚至趋向于或者已经实现了语素化。

四地外来词语及其使用的个性差异主要有以下两个最重要的表现:一是总体上的差异,主要表现在"类"上,即各地(特别是内地与台港澳地区)在外来词语的来源、引进方式和翻译习惯等方面有一些较为明显的不同;二是具体的差异,主要表现在"例"上,即各种类型的词语所占比例不同,许多时候也不排除有无之别;另外,在使用中的发展变化情况也有比较明显的不同,其中最主要的表现是内地在引进后有更多、更复杂的延伸性和扩大性使用。

此外,各地都还有一些"自造"的外来词语,即由中国人自己创造而非借入的、形式上与外来词语完全相同的各类词语,它们在数量及使用等方面也有比较明显的不同。

本章中,主要就上述三个方面的差异进行讨论。我们主要以典型的外来词语即音译词为主,有时也会兼及"非典型"的意译词语。

第一节 总体上的差异与融合

本节中,我们主要讨论上述三点差异的第一点。我们就各地的主要情况及倾向性等与内地进行比较,另外也进行台港澳三地之间的比较。需要说明的是,这里所谈主要侧重于"融合"之前的差异,至于一定程度的融合以后,四地的一致性明显增强,这样差异性相对而言就有了一定程度的降低和减少。

一、台湾与大陆

四地的外来词语中,以台湾与大陆的差异最大,如竺家宁(1995)所说:"两岸半个世纪来,对音译外来语词,各自发展出不同的型式。在人名、地名、国名、科学术语、电脑用语、专门科目译语等方面,多呈现歧异。"这一状况的造成原因,既有对传统翻译方法的继承或改变,也有政治因素在一定程度上的制约或干预。

1. 来源差异

台湾与大陆外来词语来源的差异,主要表现在日源外来词语的有无与多少,基本的事实是台湾多而大陆少,很多日源外来词语只在台湾使用而大陆并未引进。关于这一点,孙倩(2009)说:"台湾自身即是一个富有多种语言的地方,在闽南语、客家话以及各原住民的语言之中被强行灌输进了日语词汇,使得台湾语言中保存了为数众多的日语词汇以及结构形式,主要是直接取自日语或音译自日语的词语。从电视台的'星星物语'节目,到报纸上的'浮世绘',从手上的'便当'到家里的'多桑',类似的词语比比皆是。这时输入的日语词汇大多属于食物、文化、礼仪风俗等类型。"对于上述事实的来龙去脉,姚荣松(1992)曾作过简单的介绍:"日本曾经统治台湾达五十年之久,他们希望把台湾变成其一部分,在语言的同化策略上,他们一方面采用温和的奖励方式,推行所谓'国语家庭',一方面又利用全岛各地原有的'班房'教授日语,逐年增加日文的比重,最后废止汉文。这种推行日语的策略,对日治时代的台湾新生代,产生深远的影响。现代六十几岁的老人,日语讲得流利的大有人在。因此,直到现在,台湾的闽南语、客家语以及山地语言中都含有相当多的日语借词,使用者习焉不察,视同本地词汇。"

其实不仅台湾的方言,就是书面通用语中,也保留了很多日语的借词。据汤志祥(2001:343)统计,在台湾地区国语中的日语词要多于英语外来词,前者占了51.1%,而后者只有48.9%。

史有为(1999)把这类日语外来词语主要归为两类:一类是日语来源的汉字词,如"看护妇(护士)、次长(副部长)、出张(出差)、映画(电影)、看板(广告牌、招牌、展示牌)";另一类是用汉字重新音译或谐音写定的,如"欧/阿巴桑(祖母,老太太)、欧/阿吉桑(祖父,老太爷)、撒/沙西米(生鱼片)"等。

姚荣松(1992)也列举了一些用日语汉字的构词赋予闽南语读音的日语借形词,如"便所、便当、月俸、助手、小使(工友)、案内(引导、陪同游览)、会社、组合(合作社)、自动车(汽车)、邮便局、事务所"等。

近百年来,台湾来自日语的借词几乎从未间断过。如果说上引用例都是"旧有"的,那么还有不少是近几十年来新引进的,其中有许多已经进入大陆。丁杨、王保田(2010)列举了从报纸、杂志、新闻、网络、新词语词典上收集到的179个日源外来词和6个词缀,其中大多数都是循着日本→台湾地区→港澳地区→内地这样的路径引进的,如:

芭拉芭拉舞、出演、达人、豆乳、低迷、店长、大赏、封杀、干物女、攻略、卡拉OK、量贩式、理念、秒杀、配送、亲子、日系、人间蒸发、忍者、人气、瘦身、视点、特卖、完胜、物流、惜败、新人类、新干线、前卫、运营、一级棒、业态、研修、宅男、宅女、滞纳、症候群、整合、职场、宅配、宅急便。

词缀如"一面、一屋、一族"等,都有一定的构词能力,比如"面",仅笔者看到的就有以下一些,其中有的基本不见于大陆:

资通面、现实面、真实面、实际面、法规面、经济面、观光面、国际面、组织面、运作面、积极面、制度面。

当然,构词能力最强的当属"族",姚荣松(1992)列举了以下一些:

庞克族、顶克族、上班族、开车族、飙车族、银发族、无壳蜗牛族、火腿族、香肠族、抽烟族、夜猫族、嗑药族。

我们在台湾的语料中还看到以下一些,其中多数不见或极少见于大陆:

薪资族、网络族、年轻族、单车族、卡债族、穷忙族、菜篮族、朋克族、洋葱族、背屋族、靓人族、草莓族、办公族、都市新贫族、粉领族、工作一族。

"一族"本指具有某一方面特征的一群人，但是在台湾的高频使用中，也经常转指个体，可以看作使用范围的扩大化。例如：

（1）一名经商失败陈姓卡债族，趁大卖场特价，一次购买三个月份的日常用品。

（2）几名打扮得西装毕挺的上班族从她身旁走过，却没有注意到她。

有时"族"也可以由"族群"替代，由此反映了这个外来词缀"汉化"程度的进一步提高。比如，以下两例就出自同一篇报道：

（3）现今年轻族购买房子后，普遍透过简单的装潢、设计后，加上艺品摆饰或花草增添房子的气势与活力，让房子更具特色。

（4）近年来，年轻族群购买房子喜爱走乡村风格与极简风格。

"一族"引进大陆后，虽然构成了远多于台湾的新词语（详后），但是从用法来看，却没有台湾丰富，总体上还是比较单一的。

另一方面，大陆20世纪五六十年代引进了一些来自俄语和国内少数民族的外来词，其中有不少也是台湾基本没有或基本不用的，前者如"喀秋莎（火箭炮）、布拉吉（连衣裙）"，后者如"门巴（医生）、冬不拉（哈萨克弹拨乐器）、敖包（界石）"等。（刁晏斌，2006a：264—265）

2. 风格取向差异

两岸翻译风格取向的差异，就台湾方面而言，主要表现在两个方面,一是凸显"中国化",二是追求"大众化",以下我们分别讨论。

A. 凸显"中国化"

这方面的表现主要有二:一是用字,二是音节形式,而最能体现这两方面特色的是外来人名,其次在地名翻译等方面也有一定程度的体现。

在人名翻译方面,台湾比较喜欢取包含中国元素的译名:在用字方面,首字尽可能取相同或相近的谐音,译为中国的姓氏,其他音节用字一定程度上秉承传统"信、达、雅"翻译理念中的"雅",即注重译名的文雅、典雅,具体表现是多使用一些传统的、相对来说比较有人文内涵的人名用字;在音节方面,整个译名尽可能控制在两个或三个音节以内。以上两个方面结合,就使得很多翻译人名听起来或看起来更像是一个中国人的名字。

其实,这都是继承和沿袭了旧有的传统译法,比如托尔斯泰旧曾译为"陶师道",果戈里很久以前也有人译作"郭哥儿"。著名翻译家傅东华当年翻译"Gone with the Wind"(《飘》)时,也把书中人名都译成中国人名,如"郝思嘉、白瑞德、韩媚兰"等。再比如,在大陆有一个几乎家喻户晓的加拿大人白求恩(Bethune),也是译于抗战时期。

很多外国人取中国名时(通常是把自己的外国名音译成中国名)通常也是循着这一思路和做法的,比如以下一些著名外国汉学家的中文译名:金尼阁、汤若望、马礼逊、高本汉、马伯乐、费正清。

1949年以后,大陆强调人名、地名"名从主人",这样在翻译时就要尽量忠实于原名的语音形式和音节形式,而且,人们还似乎有意识地要让外国人的译名同中国人名有较大反差,因此就更加坚定彻底地这样去做。于是,大陆的译音和姓名次序就越来越靠拢原词音,词形也经常超过三个音节(史有为,1999)。如果说,传统以及台湾做法(其实港澳地区基本也是如此)是有意混同中外,那么内地则是刻意区分彼此,所以这是两种完全相反的倾向。

以下人名的对比,就能很好地说明这一点(前为台湾译名,后为大陆译名):[1]

> 艾德诺—阿登纳(西德首任总理)、白辽士—柏辽兹(法国作曲家)、包吉巴—布尔吉巴(突尼斯前总统)、贾拉汉—卡拉汉(英国前首相)、席拉克—希拉克(法国前总统)、戴扬—达扬(以色列前国防部长)、艾迪生—爱迪生(美国发明家)、安利尔—恩里莱(菲律宾前国防部长)、傅利曼—弗里德曼(美国经济学家)、贾加林—加加林(苏联宇航员)、戈慕卡—哥穆尔卡(波兰前领导人)、奚斯—希斯(英国前首相)、甘乃迪—肯尼迪(美国前总统)、柯尔—科尔(德国前总理)、龙诺—郎诺(柬埔寨前首相)、闵托夫—明托夫(马耳他前总理)、裴瑞斯—佩雷斯(以色列前总理)、孟岱尔—蒙代尔(美国前副总统)

比如最后一例就颇具代表性:相对于大陆的"蒙代尔"而言,台湾的"孟岱尔"有两点不同:一是使用了比较常见的中国姓氏("蒙"也是姓氏,但极为少见),二是用了相对来说更具中国文化色彩、更有人文内涵的"岱"字(泰山别名,岱宗、岱岳,古今常用作人名),因此无疑更具有中国元素和中国特色。

再比如前不久去世的美国苹果公司创始人 Steve Jobs,大陆译为史蒂夫·乔布斯,这里的"乔"虽然也是汉人姓氏,但是因为常用于翻译外国人名(如乔姆斯基、乔丹),所以它的"中国色彩"已经不那么凸显了,而台湾译为贾伯斯,中国元素依然凸显(香港译为

---

[1] 见邱质朴主编《大陆和台湾词语差别词典》(南京大学出版社,1990年版)后附的"部分世界名人译名差别"表。

"钱伯斯",大致也是如此)。笔者曾看到天涯论坛有两岸民众发帖子就"贾伯斯—乔布斯"的译名"斗嘴",台湾人说,"大陆把'贾伯斯'翻译成'乔布斯',好土耶!"而大陆人回应说,"台湾把'乔布斯'翻译成'假博士',好土哦,真没文化。"虽然这些说辞的内容不足为训,但是起码能够看到两岸人名翻译不同的习惯以及各自民众对这一习惯的认同程度。

在这方面,港澳与台湾比较一致,除了有不少译名与台湾采用同一形式外,另有一些不一样的译名大致也是循着与台湾同样的思路,比如上边提到的"钱伯斯"就是一例,另外再如英国前首相撒切尔夫人,台湾译为佘/柴契尔夫人,香港译为戴卓尔夫人。历任香港总督大都有一个中国名(如卫奕信、彭定康),这种入乡随俗之举,也正是反映了香港的人名翻译习惯。

为了达到或迁就译名的中国化,有时就不得不牺牲其记音的准确性:一是让原名的首音节迁就中国的姓氏,比如英国前首相Callaghan,首音节大陆译为"卡",应该与原读音比较接近,而台湾译为"贾",自然记音效果就要差一些;二是为了减少音节数而有意删音,其中大概以为了实现三音化而裁掉一部分的"截取式"损失最大,这样的例子如艾森豪—艾森豪威尔(美国前总统)、贝克汉—贝克汉姆(著名英国球星)。再如英国小说家Galsworthy,本译为高尔斯华绥(也有译作高尔斯渥西、盖尔斯威斯等),台湾有人改译为高华绥,对这一做法,即使台湾学者也有人主张应极力排斥。[1]

大陆有时也比较注重译名用字的选择,这就是尽量区分性别,即对女性,经常会用一些女性化的字,由此而形成了一些比较固定

---

[1] 张达聪《翻译之原理与技巧》,台北:国家书店,转引自姚荣松《台湾现行外来语的问题》,《师大学报》1992年第37期。

的女性译名专用字,如"娃、莎、娅、丝、蕾、丽、莉、琳、妮"等。有两个稍微极端一点的例子,是原有汉字因为专用于对译外国女子名而增加了读音。一个是"娜",本读"nuó",见于"婀娜、袅娜"等词中,借作外国女子名字的音译时读为"nà";另一个例子是"茜",本读"qiàn",指一种草本植物,借用于外国女子名字时读为"xī"。(沈孟璎,1999:217—218)

以下男女通用的名字 Evelyn、Marion、Robin、Vicky 等,人们一般分别译为伊夫林/伊芙琳、马里安/玛丽安、罗平/罗萍、威奇/维姬(林木森,2006)。再比如,以下几个新华社译名室发布的最新常用外国译名(见新华网)中的女士译名:

  Lindiwe Sisulu 琳迪韦·西苏鲁(南非国防部长)
  Henna Virkkunen 汉娜·维尔库宁(芬兰教育部长)
  Rose Francine Rogombe 罗丝·芙朗辛·罗贡贝(加蓬参议院议长)
  Baleka Mbete 芭莱卡·姆贝特(南非副总统)

最后一例,与之同日发布的瓦努阿图外交部长 Bakoa Kaltongga 的中文译名为"巴科阿·卡尔通加",即同样是对译 Ba 这个音节,根据性别不同而分别用了"芭"和"巴"。

充分利用汉字同音字众多的优势,在尽可能准确摹声的基础上再附加性别信息,不失为一种很聪明的做法,所以在大陆较多地采用。

不过,如果与台港澳相比,大陆对女性译名用字的讲究就显得稍逊一筹了。比如,美国前任女国务卿,大陆译为希拉里,而台湾译为希拉莉,香港则译为希拉蕊,显然后两者更具女性化色彩。与此相似的再如,希拉里的女儿(当然也是美国前总统克林顿的女儿),大陆译为切尔西,而台湾译为雀儿喜;美国现任总统奥巴马的妻子、第一妇人,大陆译为米歇尔,台湾译为蜜雪儿。①

说完人名,以下我们再简单说一下地名的翻译。

两岸有差异的外国地名非常多,刘连安、高钰(2011)考察了海峡两岸权威机构各自发布的、罗马字母拼写相同的34848条地名,发现其中译写一致的外语地名有7157条,所占比例仅为20.5%,而不同的有27691条,比例达到79.5%,即约五分之四的地名译名都有差异。

以下我们主要以邱质朴主编《大陆和台湾词语差别词典》后附的《国名译名差异》和《首都译名差异》两个表中所收的地名为例,来比较两岸地名译名差异的主要类型。

地名通常包括专名和通名两部分,就专名部分来看,两岸差异主要表现在以下几个方面:

一是用字差异。即分别选用了不同的同音字或近音字,前者如"加蓬共和国——加彭共和国"(前为大陆译名,后为台湾译名,下同),后者如"科伦坡—可伦坡"。

二是音节差异。一般的情况是台湾经常删音,因此译名的音节往往少于大陆。在大陆与台湾的两万多条不同译名中,仅4%的译名属于台湾译写的汉字字数较多,其余96%的译名中,约40%属于大陆译法的字数较多,56%的译名字数相同(刘连安、高钰,2011)。大陆短而台湾长的译名如"伊斯兰堡—伊斯兰玛巴德",颠倒的例子如"恩贾梅纳—恩将纳"。

三是音译与意译的不同。有时大陆部分或全部采用意译,而

---

① 四地女性译名差异是一个非常有意思、值得好好研究的课题,我们准备另文讨论。

台湾则全用音译，如"新西兰—纽西兰"，但是更多的时候是大陆采用音译而台湾采用意译，如"塞拉利昂共和国—狮子山共和国、弗里敦—自由城"。

通名部分的差异主要有以下几点：

一是选用不同的词语，比如"列支敦士登公国—列支敦士登侯国、阿拉伯联合酋长国—阿拉伯联合大公国，阿曼苏丹国—阿曼王国"。

二是语序不同，如"阿拉伯埃及共和国—埃及阿拉伯共和国、也门共和国—叶门共和国"。

三是通名的缺省与否，一般情况是大陆不省而台湾缺省，例如"文莱达鲁萨兰国—文莱"；也有颠倒过来的情况，比如"爱尔兰—爱尔兰共和国"。

台湾地名翻译一定程度上也有中国化的倾向，不用说像上举的"弗里敦"意译为"自由城"，就是纯音译形式的选字，有时也会凸显这一方面的考量。比如，大陆翻译的"圣基茨和尼维斯联邦"，台湾译为"圣克里斯多福"，"托弗"与"多福"正好形成鲜明的对比。类似的再如"特立尼达和多巴哥共和国—千里达及托巴哥共和国、基加利—吉佳利"等。

台湾人名和地名音译的音节数通常少于大陆，那是因为"似乎台湾有个不成文的规定，即译名最长不超过四个字"（史有为，1999），所以才经常截取或删音；大陆译名音节相对较多，那是因为更多地使用了增音或者叫插音的方法（于辉，2008）。为了更好地了解这一点，我们作过简单的统计，以上述《大陆和台湾词语差别词典》后附的国名和首都译名差异比较表以及《部分世界名人译名差异》为考察对象，所得结果是地名方面，去掉通名后，大陆与台湾平均音节数是 3.52∶3.23，人名是 3.29∶3。

对于人名翻译等的上述不同,王建军(2010)总结为"失真"与"传真"两种偏好,并作了如下的说明:

> 对外来词作"失真"还是"传真"处理,港澳台地区和大陆的做法多少有点不同。相比之下,港澳台人似乎更偏爱、更擅长作"失真"处理,而大陆人则好像更容易、更注重作"传真"处理。……这两种看似寻常的处理方法,实际上折射出大陆人和港澳台人两种不同的社会理念和文化心态。港澳台地区由于长期置于中外文化的交汇点,饱受外来文化的浸润,逐步使本地人养成了对外来文化的宽容和认同态度,并由此产生出较强的文化糅合力。这种糅合力的表现之一就是易将外来词本土化或汉化。而大陆此前由于传统观念的影响,对舶来品往往不愿轻易认同。因此,大陆人对外来词往往保持其异域性,以划清与本族词的界限。

人名地名之外,其他方面的翻译经常也是如此,比如有一所中文暑期学校,英文名为 Middlebury College,汉译为"明德"(史有为,1999),也是既谐其音,又饶富古意。

但是,也有与此不同的情况,比如美国宝洁公司生产的一款洗发精产品 Head & Shoulders,1986 年进入台湾,译为"海伦仙度丝"(港澳也用此名),而 1988 年进入大陆时则译为"海飞丝",似乎是前者更"传真",而后者相对"失真",另外在谐意方面也有差异。

B. 追求"大众化"

所谓追求大众化,主要表现在日常生活用品名称翻译方面,即充分迎合一般民众的趋利避害、爱美求福等心理需求和取向,尽量选用"好字眼",在记录语音的同时还赋予某些特定的含义。其实这依然是"中国化"的表现,只不过与人名地名翻译的取向不同罢了。在操作层面,主要采用"音义兼译"法,对此,程祥徽(2005c)有以下一段表述:"音译外来词在书写形式上极力与意义扯上关系,尽量化音译为意译;或者按汉语构词规则在音译的词面上填配汉语语素,使词义更加明显,使词面更像汉语。"

台湾音义兼译方法在日常生活用品名称或商标等的翻译方面,几乎达到了不遗余力的地步。其实,这一做法也是符合"传统"的,比如被传为佳译的"可口可乐",即为旧有译名。姚荣松(1992)的表述反映了台湾学者对这一译法的认识:"音义兼译的词,是译名中的上品或极品,可遇而不可求。通常须要靠灵感,而且须得被读者接受,因此十分难求。"除了"可口可乐、百事可乐"等之外,姚氏还举了以下一些台湾译名:

克宁(Klim,奶粉)、安佳(Anchor,奶粉)、速体健(Sustagen,儿童营养补品)、诗忆(My Sweet,口香糖)、飘雅(Pure,洗发精)、美吾发(VO5,洗发精)、固龄玉(Kolynos,牙膏)、娇生(Johnson & Johnson,婴儿护肤油、爽身粉)、丽仕(Lux,香皂)、雪芙兰(Calling,洗面乳)、彼肤妥(Betaderm cream,皮肤药膏)、拍立得(Pplaroid,照相机)、拍得丽(Premir,照相机)。

至于这类译名众多的原因,姚氏说:"至于进口货品,进口厂商中文命名的好坏,可能影响产品的广告效果及销路,因而'音译中兼义'就成了代理商命名的不二法门,中国是一个自古讲究名分的国家,万事先求正名,广告商无异是现代的测字先生。"

姚氏另外还提到一些汽车的译名,如"保时达(Porsche)、必安达(BMW)、富豪(Volvo)、飞雅特(Fiat)"等。

魏岫明(1981:64)也举了一些例子,如"天美时(TIMEX,手表)、铁达时(TITUS,手表)、美好挺(Manhanton,衬衫)、露华浓(Revelon,化妆品)、佳丽宝(Kanebo,化妆品)、增你智(Zenith,电器)、力多精(Lactogen,奶粉)"等,并且有以下一段议论:

> 音意兼译法的困难是标准不一,音译和意译成分要各自达到如何地步才"贴切",可以说完全诉诸译者的主观。也因为如此,普遍接受性较弱,能广为流传的并不多。倒是一般的商标广告大量采用音意兼顾的情形,希望能造成大众深刻印象,但他们所顾及的意义部分,也并非真正意译,因为商标本身多为无意义的专有名称,只是就商品本身的性质取其谐音而成。

相比之下,Lux香皂大陆译为"力士",虽然也可以看作与"丽仕"同一类型,但音、义之间的联系就差了许多;至于瑞典名车Volvo,虽然偶尔也用台湾的译名"大富豪",但是通用纯音译的"沃尔沃"。就车的译名而言,有人注意到,大陆近年把一些已有音兼意译的名称又改回了纯音译,比如丰田车系,PRADO由"霸道"改名为"普拉多",LEXUS由"凌志"改译为"雷克萨斯"。(王焱、杨鸿冕,2011)

如果台湾以上译名取向可以概括为"讨口彩"的话,那么追求大众化的取向还有另外一种表现,这就是"求诙谐"(杨一飞,2011),关于后者,我们将在下边第四小节讨论。

二、香港与内地的差异

香港外来词语及其使用的特点来源于并且受制于它中西交汇的发展历程、社会文化形态以及"两文(中文、英文)三语(英语、粤语、普通话)"的特殊语言环境,使得"香港话经常而大量地输入英

语外来词,而且大部分是音译词,还出现一种不中不英的混合语,对外语远非一般的吸收关系。"(陈建民,1989)

香港外来词语及其使用的最大特点就是杂糅性,关于这一点,张志公(1997)说:"由于历史的原因,由于在香港的侵略者和被侵略者的状况,香港语文出现了一种很不正常的现象,就是多种因素杂糅。有汉语言文化的古今杂糅,有汉语的粤方言和普通话(国语)的杂糅,有英文和中文的杂糅。而这三种杂糅,不是分头各糅各的,而是混杂地糅在一起,结果糅成了一种——抱歉,在这里我实在想不出雅一点的词来说——'四不像'语文。"多种因素的杂糅,在香港的外来词语及其使用上就有充分的体现,由此也就与内地形成了很大的差异。

1. 粤式音译

石定栩、朱志瑜(2005)说,"由于英语在香港的强势地位,香港书面汉语中源于英语的音译外来词远多于标准汉语。除了大量的音译地名、人名之外,从相关词典中可以找到的常见英语音译词有400余个,实际数量应该更多一些。"就历史来看,中国早期外来词语主要有两个引进的"入口",一是吴语区的上海,一是粤语区的香港和广州。两地各按自己的语音系统翻译外来词,特别是后者,在翻译中还经常使用方言字,由此就形成了这里所说的粤式音译。

姚荣松(1992)曾就台湾与香港的对比举例说:"香港的外来语由于地域色彩浓厚,多半不被台湾接受,例如,呔(领带)、士巴拿(spanner,扳手)、士的(拐杖)、的士(计程车)、波(ball)、甫士咭(明信片)、遮哩(果冻,jelly)、温拿(赢家,winner)、卜(puff,台湾作'芙')、泊车(park)、仄(支票,check)、咭(卡,card)等等。"其实这些不被台湾接受,同时多数也不被内地接受的外来词,就多是一些粤式音译词。

邵敬敏(2000)也举了一些选用方言字的音译形式,如"威也(wire 铁丝)、徙士(size 尺寸、尺码)、者厘(jelly 果子冻)、呔(tie 领带)、咕臣(cushion 靠垫)、急帽(cap 鸭舌帽)"等。甚至还有专门为一些音译词造字的情况,如"軩"(英语 lift 的音译字,指上下升降的电梯)。(石定栩、邵敬敏、朱志瑜,2006:139)

以下是收于郑定欧编纂《香港粤语词典》中的部分粤式译词及释义:

打攞臣:进行拳击活动。"攞臣"为英语 boxing 的音译。

沙纸:毕业证明书。"沙"是英语 certificate 第一个音节的音译,"纸"义为证明文件。

沙律:沙拉。英语 salad 的音译。

沙展:警官。英语 sergeant 的音译。

卡士:专业等级。英语 class 的音译。

啤令:滚珠轴承。英语 bearing 的音译。

茄喱啡:电视电影中饰演不为人注意的角色的临时演员。英语 carefree 的音译。

芝士:奶酪。英语 cheese 的音译。

士啤:后备物品。英语 spare 的音译。

士多啤梨:草莓。英语 strawberry 的音译。

士担:邮票。英语 stamp 的音译。

梳化:沙发。英语 sofa 的音译。

梳乎厘:蛋奶酥。法语 soufflé 的音译。

呔:轮胎。英语 tyre 的音译。

批:一种西式点心。英语 pie 的音译。

威水:加冰块的威士忌酒。"威"为英语 whisky 第一个音节的音译。

飞：泛指分离、抛弃、解雇。是英语 fee 的音译。

忌廉：指掺在某些食品中的奶油。英语 cream 的音译。

暴咪：俗指歌艺超群。"咪"指麦克风，是英语 microphone 的音译。

刁时：球赛中比分相等。英语 deuce 的音译。

咸粥：有关性的笑话。"咸"指色情；"粥"为英语 joke 的音译，指笑话。

泵把：车辆前后安置的防撞杠。英语 bumper 的音译。

安歌：歌唱家演唱完毕时听众要求再次演唱的欢呼声。法语 encore 的音译。

恤衫：衬衫。"恤"是英语 shirt 的音译。

恤发：把头发弄成波浪形。"恤"为英语 set（卷发）的音译。

托骚：即脱口骚，电视访谈节目。英语 talk show 的音译。

唛：商标，试卷打分。英语 mark 的音译。又铁制的罐、盒，英语 mug 的音译。

卜位：（餐厅、飞机等）订座。"卜"是英语 book 的音译。

另外，田小琳的《香港社区词词典》也收有"布菲（buffet 的音译，自助餐）、柯打（order 的音译，订货单、命令、指示）、窝轮（warrant 的音译，认股证的俗称）"等。

不少粤式音译词还有一定或相当的构词能力（特别是单音节的译词），例如"波"（ball，球），仅收于《香港粤语词典》的就有以下一些：

波霸（大乳女子）、波鞋（球鞋）、波楼（台球室）、波板（乒乓球拍)、波经(报纸体育版有关球赛的报道)、屎波(臭球)、坐波监(被罚停赛)、饿波(渴望打球或看球)、贺岁波(在春节期间举行的足球赛事)、乒乓波(乒乓球)、恤波(投篮)、打波(打球)、打假波(打假球)、打波子(一种弹射小玻璃球的游戏)、打埋身波(双方队员积极参加、全力拼搏的球赛)、打因住波(与打埋身波相对)、打台波(打台球)、打茅波(指球赛中的粗野行为)。

再比如"咭"(card,卡)也很常用,如以下一例:

(1) 白金咭是一种债券形式会员咭,每张咭销售价六十五万、以三年为期限,到期原价赎回,而前两年则以固定年息率十三厘半付予购买咭。

《香港社区词词典》收了以下一些"咭"族词语:

打咭、碌咭、签咭、刷咭、储值咭、慈善咭、金咭、点心咭、附属咭、黑咭、机构咭、假咭、咭数、提款咭、VIP咭、主咭、八达通咭。

而我们在香港的语料中还看到以下一些:

会员咭、名誉会员咭、信用咭、邀请咭、咭片、情咭、圣诞咭、谢咭、恭贺咭、出席咭、八折咭、优待咭、礼物咭、特惠咭、生日咭、纪念咭、贺咭、白咭。

石定栩、朱志瑜(2005)也列举了"喉"(英语hose的音译,即管子的意思)和"基"(英语gay的音译词,即同性恋者或"同志"的意思),由前者衍生而成的词语有"水喉、来水喉、去水喉、水喉匠、水喉通(较细的自来水管)、喉钳(水管钳子)、胶喉(塑料管)、铁喉、消防喉、煤气喉、排气喉、死气喉(排气管)"等;后者除了可以单用外,也衍生出一些复合词,如"基民、基佬、搞基、搅基、港基、基缘"。

此外,香港译词经常并不避用一些有意义的组合形式,甚至有时还乐于如此,这样有时就会造成一些同形或部分同形的词语,从而有可能造成误解。比如英语的 disc jockey,香港采取半意译半音译形式,译为"唱片骑师",而"骑师"本指赛马的骑手,香港赛马盛行,此词比较常见,另外还构成了"见习骑师、实习骑师"等,所以此骑师非彼骑师。邵敬敏(2000)也曾就这一现象举例说明:"'珍宝客机(jumbo)'并不是指由珍宝组成的飞机,而是指特大型、巨型客机;'踢死兔(tuxedo)'也不是一个动作行为,而是指一种晚间无尾礼服;'夜冷(yelling)'不是夜里很冷的意思,而是指卖二手货即旧货;'骨(quarter)'不是说的骨头,而是指'一刻钟、四分之一';'咸粥(joke)'也不是真的咸味的大米粥,而是指'性笑话';'飞(fare)'不是指'在空中飞行'的动作,而是指的名词'票'"。

一般而言,粤式音译词流传不广,主要在港澳地区使用,这当然是有原因的。据郑锦全(1998)的统计和计算,粤语的可懂度在各大方言中可能是最低的,大概只有18%。所以,粤式音译词如果按粤语以外的音(比如普通话语音)来读,往往离原词的读音相去甚远,这一点严重影响了粤式音译词的传播,使得它最终主要局限在一个比较狭小的范围内。卢丹怀(2010)举了这样一个例子:20世纪80年代,电子游戏在香港兴起,当时不少游戏都需要靠升级进行,于是便产生了"升呢"一词,当中的"呢"是英文"level"第一个音节的粤语谐音。这是一个带有浓厚香港色彩的俚语,目前已达一定的普及程度,许多香港市民已用"升呢"取代"升级",包括香港政府官员。

按,此词的确在香港比较常用,据说根据 2009 年香港城市大学语言资讯科学研究中心的统计,"升呢"一词在香港报章出现的新词语里排名第三(见百度百科)。以下就是一个实际的用例:

(2)《福布斯》富豪榜年年出,但今年适逢中国升呢全球第二大经济体,自然会有新的看点。

而在我们自建的各 1000 万字的内地与台湾语料库中,却没有一个这样的用例,另外我们在人民网的整个数据库中进行检索,也没有找到"升呢"的用例。

这一事实其实由来已久。比如相对来说,早期在上海与粤港同时翻译的外来词,普通话吸收的多是上海话译词,如"沙拉(不取'沙律')、沙发(不取'梳化')、巧克力(不取'朱古力')",原因就在于以普通话语音为衡量标准,上海话音译比粤语音译更接近于原词读音。当然,也有相反的情况,比如英语的 bus,上海话译为"白司",香港译为"巴士",最终普通话选择的是后者,同样也是因为两相比较,后者"记音"比前者更加准确。此外,像记音相对准确的"披头士(Beatles)、优皮士(yumpies)、迷你(mini)"等,也都为内地所选取。

为了能够准确记音或者摹声(葛本仪认为音译属于摹声造词法[①]),内地经常会选择按普通话音自译外来词而不是从港澳(有时也包括台湾)引进,比如 Hollywood,台港澳均使用"荷里活"的音译形式,而内地另译为"好莱坞";再比如 disco,香港译为"的士高",台湾译为"狄斯可",而内地也都弃之不取,另译为"迪斯科"。甚至有时人们宁可使用原词,也不趋向于取香港的音译形式,比如

---

① 见葛本仪《现代汉语词汇学》(修订本)94 页,山东人民出版社,2001 年版。

一般不用"甫士、派对",而是直接用 pose 和 party。

粤式音译在人名翻译方面也有充分的表现。一般的情况是,反映、代表或属于"上层文化"的人名(如各类高官、专家学者等)多用"通语"翻译,比如"欧巴马、钱伯斯"之类,因此与台湾及内地没有差别或相差不多,回归后则多借用内地的新华社译名,自然就更是相同了;属于市井文化或与之联系比较密切的人名(如体育、演艺明星等)多用粤式音译,比如巴西著名球星 Ronaldo,香港译为朗拿度,台湾译为罗纳多,而内地则译为罗纳尔多,正好反映了三地不同的习惯:香港用粤音对译,台湾与内地都用普通话语音对译,但前者控制在三音节内,而内地则力争准确对音,不避多用一字。再比如英国球星 Beckham,内地译为"贝克汉姆",而香港则译为"碧咸";法国球星 Zidane,内地译为"齐达内",香港译为"施丹"。还有一位著名的巴西球星 Ronaldinho,内地译为"罗纳尔迪尼奥",又称"小罗纳尔多"(简称"小罗"),而香港则译为"朗拿甸奴"。

以下是百度百科中显系香港人所写介绍 2011 赛季网球赛事的一段文字:

> 2011 年开季,祖高域状态大勇。佢先喺 3 月超过咗瑞士嘅费达拿,再次升上男单排名第 2,仅次于西班牙嘅拿度。

这里提到当今世界网坛三位巨星,按内地的译法,他们分别是德约科维奇、费德勒、纳达尔。

正因为语音的差异,致使粤式音译词没能进入更大的流通范围,从而始终成为香港外来词区别于其他地区的重要特色之一。

2. 中英混杂

所谓中英混杂,指的是中文(汉字词语)与英文(字母以及词、语、句或其变体)混合使用的状况,这在香港非常普遍,前引张志公(1997)所说的英文和中文的杂糅即为此类。对造成这一状况的社会心理原因,邵敬敏(2000)有以下的分析:"人们以能够讲英语为荣,这是一种上流社会的象征,所以,即使一般的市民也会时不时说上半句一句英语,这就对香港方言的词汇产生了极为深刻的影响。"

香港的书面语言似乎一直以混杂为重要特色之一,比如早期有所谓的"三及第",即文言、方言和普通话三者夹杂的一种文体,现在则有所谓的"港式中文"。石定栩(2006a:6)说:"所谓港式中文就是一种中英夹杂,半文半白,不粤不标,远离汉语规范的一种混杂语文。但它充分体现了香港的地方特色,是香港语文现实的真实反映。"

就港式中文的中英混杂来说,其实也是反映了香港口语的实际,因此可以说,无论是口语还是书面语,这都是香港外来词语使用的重要特点。

香港的中英混杂,主要以各类字母词语的形式出现,这一点和其他华语地区的情况是一致的,但是除此之外,也还有它自己的一些独特习惯,而这才是真正反映香港外来词语及其使用特点的部分。

最具香港特点的中英混杂就是取一个英文单词或其缩略形式与另外一个汉语词组合成一个相对固定的词组。比如,《香港粤语词典》收有"开 O.T.",释义为"雇员经雇主许可在本职工作以外超时工作,并得到相应的报酬。O.T. 是英语 overtime 的缩写,指超时、加班"。这个"开 O.T."与一般的字母词语显然不同,我们把它表述为介于词汇和语法这两个层面之间的一种特殊中英混合形式。

邓秀芬(2012)列出了两类三种这样的形式：

第一类是"英文＋中文"，主要由英文的动词与中文的名词组成动宾结构，如"jam 纸（卡纸、夹纸）、book 台（订桌吃饭）、charge 你（控告你）、mark 人（篮、足球中的盯人防守）"。

第二类是"中文＋英文"，一种是动宾结构，由中文的动词与英文的名词组成，如"做 facial（美容）、做 part-time（兼职）、搭 lift（乘电梯）、落 order（下订单、下菜单）、落 canteen（到小吃店吃东西）、踩 roller（滚轴溜冰）、开 party（开舞会）、听 walkman（听随身听）、行 catwalk（学模特走猫步）、开 concert（开演唱会）、开 check（开支票）、出 show（表演、演出）、识 do（知道怎样行事）、食 buffet（吃自助餐）、玩 tennis（打网球）、打个 round（兜个圈）、搞 gay（搞同性恋）、有 taste（有品位）、无 feeling（没有感觉）"等。

另一种是由中文的副词来修饰英文的形容词，主要用汉语的"好"，如"好 cool（冷面、英俊）、好 nice（很好）、好 cute（很可爱）、好 smart（很聪明）、好 sweet（指人很甜美）、好 casual（随便）、好 cheap（低级）、好 formal（正式）、好 happy（快乐、开心）、好 high（飘飘然、痛快）、好 upset（忧伤）、够 hype（夸张、虚幻）"，此外还有"好 friend（很要好）"和"好 man（有男人气概）"等。

除此之外，还有另外几种其他形式，比如把多音节的英语词缩短为双音节或单音节，然后混合进汉语语句，比如 medicine（医学），在口语中截取"medi"，说成"他是读 medi 的"（卢丹怀，2010）。再如 capture（掠夺），截取一段与表示"钱财"的"水"组合成"cap 水"，义为"欺诈钱财"；"食 port"义为"遭到纪律检控"，port 是 report 的省写（邵敬敏，2000）。只是，这样的用例还不是很多。

还有一种，邵敬敏(2000)把它们归入"香港洋泾浜英语"，即把英语词拆开来进入香港方言的格式，并举了以下的例子：

"fever"表示"疯玩儿",香港话可以说"齐齐去 fe 吓 ver!"(一起去疯玩儿一下!)

"happy"表示"开心",香港话可以说"hap 唔 happy 呀?"(开不开心哪?)

陈启霞(2011)也列出了一些另外的形式,包括重叠后加"地",如"cool-cool 地(有点冷傲)、high-high 地(有点飘飘然)",此外还有"A 唔 A"式,如"cheap 唔 cheap(土气不土气)、work 唔 work(行不行)、hurt 唔 hurt(受没受伤害)"。此外,如邵敬敏所举"hap 唔 happy"这样的"A 唔 AB"形式,还有"for 唔 formal(正式不正式)、li 唔 like(高兴不高兴)"等。

如果把意译词也归入外来词,那么在这方面,香港同样也深受英语语言系统及表达习惯的影响,并由此而形成了某些与内地的差异。比如,游达裕(2003)指出,受到英文翻译的影响,一些词语的意思渐渐变成无所不包、无所不能,从而成为"万用百搭词",这样的意译词用滥了,意思就会变得含混不清。他提到的有"接受、价值、挑战、分享"等。比如"分享(share)",延伸意思有"透露、表示、揭露、交流、分担、承担、负责任、共鸣、分配、均分"等。石定栩、朱志瑜(2005)也就此说道:"凡是英语里用 share 的地方,香港书面汉语几乎都会用'分享',从政府文件的中英对照版本,到公司行号的中英对照通告,很少会有例外。既然如此,平时说话行文,对不快的事物也'分享'一下,就是意料之中的事了。"

李家树(2010)就举了一个这样的例子:香港无线电视台有位著名女主持,在 2008 年奥运会刘翔因伤退出比赛时,她说:"我们摄影组同事刚录像了刘翔痛苦的表情,一会播出来与大家分享"。文章最后的点评是"不知'痛苦'是不可'分享'的"。

三、澳门与内地的差异

在相关的对比研究中,人们大都把澳门排除在外,或者是非常笼统地以"港澳"称之,而实际上也主要是说香港的情况,总之一句话,语言资源非常丰富的澳门,在一定程度上成了早些年一部电影名字说的那样:"被爱情遗忘的角落"。

一般而言,这一状况的存在也是有原因的:港澳两地同属粤语区,社会制度相同,联系高度密切,因此语言的发展与脉动有很高的一致性,就外来词语及其使用情况而言,如黄翊(2007:185—186)所说,"在今天交通、传媒事业异常发达的情况下,澳门人看的是香港电视和香港报章,关心的是香港的股票行情和八卦新闻;行驶在港澳之间海面上的轮船比陆地上的公共汽车还要稠密,因此香港的中英夹杂现象会原封不动地移植到澳门来。"程祥徽(2005a)也说:"(澳门)新词语的吸收可以说与香港同步,当'的'(di)字以语素身份风靡神州大地的时候,澳门也参与其盛,创造了一个新词'夜的'(半夜到清晨行驶的的士)。'人间蒸发'、'人气急升'这些日本词语经香港一夜之间就传到了澳门。"

正因为如此,才会有这样的状况:"这些年来,澳门的中文与香港一样,已被英语、日语侵蚀得'体无完肤',甚至连大学生的口语和文章已经很难找到纯正的中文,更遑论准确、严密、优美的中文!"(程祥徽,2005c)

所以,上述香港外来词语及其使用与内地的差异,在相当程度上也是澳门与内地的差异。

但是,即使如此,澳门在外来词语的引进和使用方面,还是与香港有一定的差异,所以上述香港与内地的差异也就不能完全用于澳门与内地之间。关于这一点,我们在第一章讨论三地语言个性的时候已经举过一些例子。

与港、澳之间外来词语及其使用差异最密切相关的因素有两个,一是二地曾经长期分别由英国和葡萄牙管治,二是澳门总体的语言环境比香港更为复杂:香港是两文三语,而澳门则是三文四语,三文即葡文、中文和英文,而四语则是葡语、粤语、普通话与英语。由此决定,从总体上来说,二地的差异主要表现在两个方面,一是澳门有一些葡语外来词,二是受英语的影响比香港小。关于这两点,黄翊(2007:91)说:"澳门粤方言与隔海相望的香港粤方言也有差异。……在词汇上,香港主要是向英语和日语借词,澳门除了全盘把香港的借词再借过来之外,还有一批向葡语的借词或根据葡语构词特点构成的词。"

"澳门在接受英语(还有日语)影响方面几乎与香港同步,但不如香港那样丰富,也没有香港那样严重。"(黄翊,2007:185—186)

前一方面,在澳门的地名方面也有表现,比如澳门多以"前地"和"圆形地"为通名,这也是独具地方特色的。前者是由葡语 Adro、Largo、Praceta、Praca 翻译而来,指的是某一建筑物或某一标志性实物前面的一块空地,而后者则是由葡语 Rotunda 翻译而来,指的是街道中心圆形的或起圆形作用的多条马路交叉的回环处。澳门回归前,一共有 15 个以"圆形地"为通名的地名,回归后的 5 年间,就又增加了 10 个,可见具有相当的能产性。(黄翊,2011)

澳门以博彩业闻名中外,它的"博彩语"也很有地方特色。博彩语的一个重要来源是从外语借入,包括纯音借入、借音附义、汉外相谐以及化外为汉(意译)等。[①]

---

① 见《中国语言生活状况报告:2006》292—305 页,北京:商务印书馆,2007 年。

后一方面,比如前边谈到香港"升呢"一词比较常用,而我们在100余万字的澳门报纸语料库中却没有看到这样的用例。

四、台港澳之间的同与异

这一部分要讨论的,其实就是以香港为代表的港澳地区与台湾的差异。

1. 台港澳之间的同

台港澳外来词语及其使用"同"的一面,主要是"因仍旧贯",也就是我们前边讨论台湾与内地差异中风格取向部分的两项表现。

人名方面,除了那些"世俗"的粤式译名外,香港同样是"饶富古意"的,比如我们前边提到香港的历任港督大都入乡随俗,取一个中国名字(其实是姓氏的中文翻译)。《香港社区词词典》列出了全部28位历任港督的中文译名,转录如下:

砵甸乍、戴维斯、文咸、宝宁、罗便臣、麦当奴、坚尼地、轩尼斯、宝云、德辅、罗便臣(与第五任港督姓同名不同)、卜力、弥敦、卢嘉、梅含理、司徒拔、金文泰、贝璐、郝德杰、罗富国、杨慕琦、葛量洪、柏立基、戴麟趾、麦理浩、尤德、卫奕信、彭定康。

可以看出,时间越往后,与中式姓名的一致程度越高,而最后15位港督的中文名,无一例外都是由同一模式译出(时间跨度从1907年到1997年)。

在日常生活用品名称或商标等的翻译方面,香港也是走着与台湾完全相同的路线,即多取连音带字的"好字眼",比如香港领带、服装系列品牌 Goldlion,采取半意译半音译形式,译为"金利来",而不是完全意译为"金狮",或者完全音译为"高利来"之类,实在是为了讨个好"口彩"。与此相同的再如另一个来自香港的词儿:英语 TOEFL 的音译"托福"。

如果音译词含有丑恶、不雅、非法等或与之相关的意义,那么此时往往会选择"词义丑化"的谐译方式,即有意选用一些含"负面"信息的字词来对译。陈燕(2011)举了一些这样的例子:"婴匪毒"(infidel,不信宗教的人)中的"匪""毒"二字让人想到"非法""毒辣";"发拉屎"(fallacy,谬误,谬见,谬论)中的"拉屎"绝不是可以在大雅之堂随意谈论的话题;"拖尸"(toss,原义"抛弃",特指将新入学的同学抛入湖中的恶作剧)的情形多少有些叫人毛骨悚然,不由得不令人对这种行为产生反感与抵触;"大懒毒辣"(tarantula,一种大而有毛的毒蜘蛛)突出"懒惰""毒辣"的丑恶面目;"印发热凶"(inflation,通货膨胀)与"发热""凶"等恶事相联系,的确够可怕;"砍杀尔"(cancer,癌症)无疑也是令人恐怖的。类似的再如以下的"校园词语":"泼赖妈"(primer)指初级课本;"肥佬"(fail)义为"不及格"。

除此之外,谐音音译还有另一种类型,它有明显的插科打诨或油滑逗趣取向,我们称之为"游戏性谐音译词",与前者一样,这也是一种比较"传统"的谐译方式。早期的例子如"黑漆板凳(husband,丈夫)、尖头鳗(gentleman,绅士)、迷死他(mister,先生)"等(刁晏斌,2006a:250—251);现代的例子如,由外国传入的惊险刺激游戏 Bongee-jumping,内地译为"蹦极跳",简称"蹦极",这大致属于前一类的谐音翻译,而台湾译为"笨猪跳",就是游戏性的谐音翻译了。再比如 massage(按摩)在台湾被游戏性谐译为"马杀鸡",而内地只用意译形式。与此相似,美国著名社交网站 facebook 内地仿译为"脸谱",台湾仿译为"脸书",新加坡仿译为"面簿",马来西亚仿译为"面子薄",而香港则更多地使用英文原型,另外还有谐译为"非死不可"的,也是典型的后一类译词。

上述两种谐音译词(按:不包括"词义丑化"类),有人概括为"讨口彩"与"求诙谐",并且认为"这两种追求在台港澳达到极致,堪称标志性的翻译方法"。(杨一飞,2011)

有时即使不求讨口彩或求诙谐,台港澳也趋向于选用"好字眼",由此也与内地形成明显对比。比如 Guinness,香港译为"健力士",台湾译为"金氏",内地译为"吉尼斯";日本的 Sony 品牌,台港澳都译为或使用"新力",而内地则译为"索尼"。

2. 台港澳之间的异

三地之间差异在总体上的表现,如前述台湾的许多日语借词,在香港也不太常用,或者是根本就没有引进,而反观台湾,也有类似的情形,即如前所述,那些特色明显的粤式译词绝大多数也同样没能进入台湾,上引姚荣松(1992)就充分地说明了这一点。

除总体上的差异外,更多的是一些局部的差异,这里主要是指在具体词语的翻译及使用等方面的差异,其实也还是总体差异的延续和进一步的表现。关于使用中的一些差异,前边已经简单提及,下边再就具体译词的差异举例说明。

比如英语的 show,义为"表演",台湾根据"国音"译为"秀",比较常用,史有为(1999)对此有一段说明:"其中'一秀'也同'一族'类似,已近乎准语缀,正不断构成新的语词,风行全岛。如:政治秀、名人秀、透明秀、牛肉场秀、工地秀、餐厅秀、处女秀、冬季服饰空前秀等等。也可以做动词,如:秀了一段螳螂舞。"姚荣松(1992)在这几个词之外,另举了"脱口秀、穿帮秀、名人秀、脱轨秀"等。我们在近期台湾报纸中另外还看到以下一些:

爆走秀、走秀、时尚秀、秀场、表演秀、火舞秀、秀赛、爆笑短剧秀、闭幕秀。

其中的"秀赛"后边用括号注出了它的英文对应形式 Showcase。

"秀"做动词带宾语的例子也时有所见,例如:

(1) 他还摘下帽子,秀出新造型小平头给大家看。

(2) 他还秀了新学的中文"啤酒""干杯"。

香港根据粤语读音,把 show 译为"骚",我们检索到的由"骚"构成的词语有"做/作骚、工地骚、真人骚、口水骚、亲民骚、火柴骚、政治骚、时装骚",另外它似乎还有独立成词的趋势,我们所见有"行骚、开骚、骚后、大骚、这场骚"等。以下再举一个单独使用的例子:

(3) 他当时大概没想过有一天可能竞选总统,这样的抉择是一场"骚",成为将来从政的本钱。

对内地而言,这两个译词有记音是否准确与用字是否典雅之别,所以理所当然地选"秀"而弃"骚"。

在台湾一千万字的语料库中,我们没有看到以"骚"代"秀"的例子,倒是在香港语料中,也有不少用"秀"替"骚"的词语,如:

禁书秀、时装秀、真人秀、慈善秀、做/作秀、模仿秀、脱衣秀、歌舞秀、灯光秀、华丽秀、处女秀。

有时独立使用也作"秀",甚至功能还有所扩大,例如:

(4) 别的华裔名人在接受华人媒体访问时,都不免俗地要"秀"几句自己的普通话。

按,在香港语料中,我们没有看到作及物动词用的"骚"。

至于用为名词的"秀",也比较多见,例如:

(5) 他们撒谎不脸红，作恶不愧心，明里高调唱得山响，暗里贪腐肆无忌惮，那"秀"作得十分到位。

《全球华语词典》中收录了一些专用于澳门的音译词，它们都是葡萄牙语的音译，代表了澳门外来词语的特色部分，这样的词有"碧架（浓咖啡）、啦打（脸皮厚）、啦苏（领结）、马介休（鳕鱼）、妹路檬（非常好）、欧拿（任课）、梳把（浓汤）、司沙（物业税）、问打（命令）、些菲（上司）"等。

第二节 具体的差异与融合

就内地而言，四地外来词语的融合，主要表现为内地从台港澳批量引进各类译词，关于这一点，姚荣松（1992）说："八十年代以降，中国的外来词制造地，已不是上海和广州，而是香港与台湾，而台、港两地由于观念开放，创词的方式就比较大胆。"其次，也有部分内地译词进入台港澳地区，从而使它们从一地或几地使用变成四地通用，甚至成为整个华语社区的通用词。特别是近些年来，随着港澳地区的先后回归，以及海峡两岸联系的日益密切，后一方面的表现越来越明显和突出。

就差异方面来说，除了上一节所讨论的内容外，还有以下四点重要表现，我们都归为"具体"的差异：一是有许多从台港澳地区进入内地的外来词语获得了高频甚至超高频的使用率，而在这一过程中，自然就会发生各种各样的变化（词汇的高频使用与它发展变化的可能性和现实性往往是互相促进、互为因果的），而同样的变化在台港澳地区却没有发生，或者是发展变化没有内地那么多、那样充分；二是以从台港澳地区引进的外来词语为基础，进一步类推仿造出大量的新词语；三是随着内地开放程度的加深和社会发展水平以及全民外语(主要是英语)水平的不断提高,直接引进了越来越多的外来词语;四是在商业服务等行业"创造"了为数众多形似而实不是的"外来形式词语"。

本节中,我们主要以这四点差异中的前两点为讨论对象。

一、扩大表义范围

这种情况最为多见。内地人口众多、媒体众多,新闻资源极为丰富,多种因素互相推动促进,致使不少外来词语都有很高的使用频率,远非台港澳地区所能比,由此就带来了词义扩大的极大可能性。

我们先来讨论一个已经非常普通而且常用的外来词"拜拜"。《现代汉语词典》(第 5 版)已收此词,释义为:

〈口〉 动 ①客套话,用于分手时,相当于"再见"。②指结束某种关系(含委婉或诙谐意):自从得了气管炎,他就跟香烟~了。[英 bye-bye]

按,bye-bye 在英语中只有"再见"一义,港台地区译为"拜拜",基本属于改革开放初期最早引进内地的那些外来词之一。然而,我们初步查考台港澳地区各类语料,发现此词在书面语中一是用得很少,二是基本只在原义范围内使用。反观内地,情况就大不相同了:一是使用范围不断扩大(不限于口语,也常用于书面语),二是表义范围也不断扩大,二者互相作用,所以使用频率也比较高。

"拜拜"一词在内地范围内实际上实现了葛本仪(2004:235—236)所说的"词的一个意义"和"一个词的意义"这两个方面的发展。后者是指增加了义项,这一点权威性的《现代汉语词典》已经有所反映;前者则是指在一个义项上的发展,这里就是"结束某种关系"义的不断扩大和拓展。唯一不同的是,括号中的"含委婉或诙谐意"基本可以去掉了(其实这也是发展变化的一个方面,即由修辞义到普通义,由修辞性使用到一般性使用)。

就后一点来说,有人作了进一步的归纳,比如亢世勇、刘海润主编《新词语大词典》(上海辞书出版社,2003年版)就列出了此词以下几个义项:一是再见,二是引申指与人断绝关系、中断交往,三是不再参与某事,四是不再使用原有的东西。其实在我们看来,后三个义项都在《现代汉语词典》第二个义项的范围内,即它们只是具体的语境义而不是固定的词典义,也就是说,它们属于词的一个意义的变化,而不属于一个词的意义的变化。

最初的使用中,"拜拜"一般与"说"构成一个述宾词组,合表上述各义,例如:

(1) 位于建国门桥东南角的凯莱大酒店外围正在逐层搭建脚手架,很快它就会被密实的铁架和绿色围挡所遮盖,而随后它将彻底和公众说拜拜——整体拆除。

如果说此例中因为"说拜拜"的对象是人,因而还与"本义"相去不远的话,那么下一例就不是这样了:

(2) 有了心脑血管病,并不代表您就得和美食说拜拜了。相反,您可以吃得既健康又美味。

有了这样的基础后,"说拜拜"中的"说"就可以脱落了,这样"拜拜"就可以独立做句子成分,这是语义扩大后带来的用法变化。例如:

(3) 周迅与李大齐分手,孙楠刚与买红妹拜拜后就与潘蔚闪电结婚。

（4）活动主办单位北京市环卫科研所负责人吴文伟表示,机械扫雪就意味着与融雪剂拜拜了。

（5）前不久全家欢欢喜喜向住了几代人的蓬牖茅椽般的破屋拜拜,搬进了新建的红砖水泥房。

（6）H组鲁能4连败提前拜拜

如果"拜拜"的主体由人变成了物,则此词的发展又进了一步,这样的用例如:

（7）一边艰苦奋斗开拓市场,一边承受各方歧视的无情打压,谁也没法指望"八亿件衬衫换一架飞机"的时代会和我们拜拜。

（8）李军接受了马季勇主任的忠告,除了按时按量服药外,在家里尽可能地少油少盐,大块肥肉从此拜拜。

（9）目前,高端的3DLED液晶电视刷新率最高达到了400Hz,足球飞行再快,也不用担心拖尾问题,头晕等不适现象从此拜拜了。

与此类似的例子有许多。宗守云(2007:217—219)讨论了"贴士(tips)"一词由香港引进内地以后的变化:tips在英语中是"小费"和"秘密消息"的意思,香港引进后,后一义项常用于博彩业(特别是赛马),并进一步引申出"预测结果"的意思。内地一般既不用付小费,也没有成规模的博彩业,所以此词引进后,意义发生了明显的变化,主要是由"秘密消息"义引申、扩大为"窍门方法、注意事项、意见建议"等意义,而每一个意义下,都举了若干具体的用例。

除去以上几个常用义项外,"(小)贴士"还常用于表示某一方面的知识、信息等,例如:

(10) 小贴士：河豚又名气泡鱼，鱼体内含有的神经毒素毒性很强，1克河豚毒素可致300人死亡。

(11) 历史小贴士：第十二次全国代表大会上新进中央委员共211人，最年轻的是时任甘肃省建委副主任胡锦涛。

(12) 澳门5所高校录取与其他高校录取互不影响（小贴士）

再比如，沈怀兴（2000）曾经对"酷"的使用情况进行过考察，一共归纳出它的46个不同义项，沈先生感叹道，在短短的数年间，一个"酷"字竟然产生了这么多不同的含义，也真够一般人眼花缭乱的了。

二、扩大使用范围

以下我们以"粉丝"一词为例，对这方面的现象和表现进行考察分析。

据说"粉丝"一词来自英语fan的复数形式fans，而fan是fanatic的缩写，是"热衷于……的人"的意思。台湾媒体最早把fans音译为"粉丝"（按：香港则音译为"番士"或"番屎"，后者有时还简缩为"X屎"。这与把show译成"骚"一样，都是音译不避"不雅"字眼的典型例子），台湾林资敏有《抓住怪怪粉丝（fans）——视觉行销策略》一书，2003年8月在内地出版。从2004年起，此词开始常用，特别是随着2005年湖南卫视"超级女声"热播后，风靡全国。（郭得霞，2007）

"粉丝"的使用范围扩得很大，我们2012年5月18日在人民网上检索，一共得到含此词的文章4521篇，仅《人民日报》就有526篇，其中2006年以后用的几乎都是新义。既可以单独使用，也可以用于构成新词语。单独使用的例子如：

(1) 以微博为例,一个人拥有 1 万粉丝,每个粉丝再有 100 个关注者,仅仅两次传播,影响就能达到百万量级。

我们看到的由"粉丝"构成的组合形式有以下一些:

粉丝电影、粉丝团、粉丝圈、粉丝区、粉丝群、粉丝族群、粉丝代表、粉丝网、粉丝基地、粉丝家园、粉丝时代、粉丝论坛、粉丝结构、粉丝文化、粉丝俱乐部、粉丝大本营。

铁杆粉丝、空气粉丝、僵尸粉丝、初级粉丝、老粉丝、熊猫粉丝、政治粉丝、苹果粉丝、电驴粉丝、超级粉丝、城市粉丝、微博粉丝、红学粉丝、死忠粉丝。

以下是一个实际的用例:

(2) 培养更多的"空气粉丝",让大家关注身边的空气质量,以自身的实际行动推动减排,可以说是这些自测空气者的初衷。

钱芳(2012)提到,"粉丝"一词扩大使用范围,还包括从内地延及香港,与当地原有的音译形式"番士"并存并用。

除此之外,"粉丝"一词还有以下两种"变体"形式:

一是拆分使用,把"粉丝"简缩为"粉"或"丝",作为构词成分,与另外一个单音节形式构成一个新的指称形式。至于选择"粉"还是"丝",大致取决于两个条件:一是与某一现有词语的谐音形式(包括同形),二是所要表达的意思。比如"铁丝",是"铁杆粉丝"的简缩,为了与已有的"铁丝"同形,所以只能取"丝"而不会取"粉",这样的例子如:

(3) 前些天,打开电视随意搜索频道时,无意中碰到了多家卫视播放的《北风那个吹》。随便瞄了几眼,未曾想就此与

《北》剧结了缘。以后几乎每晚都很耐心地坐在电视机前,"铁丝"一般追到剧终。

同一个"铁丝"有时还可以表示另外的意思,例如:

(4) 从此,我们无须掠过天空,只要在地上奔跑,仅用四五个小时便能在京沪间穿梭。这美妙的感受迅速催生了一批"铁丝"——高铁"粉丝"。

有"铁丝",相应地还有"钢丝",大致也有两个意思,一是"加强版"的"铁丝",即比"铁杆"还"铁"的粉丝,例如:

(5) 其实我根本没有注意到已经新年啦。愿望就是希望我的兄弟们事业都顺利,希望粉丝都上进变钢丝。

另一个意思是专指相声演员郭德纲的粉丝,例如:

(6) 即使受到媒体的冒犯,也有解决问题的途径,选择打骂并不以为忤,无怪乎"钢丝"们失望,因为传统艺术的文化"气场"不对了。

这是为了从音到形都与旧有词"钢丝"相谐而采用的形式,也有只谐其音不顾其形的"纲丝",似乎更为多见。例如:

(7) 郭德纲训子的一番话也让很多纲丝们更加推崇他。"'观众花钱了,买票了,必须对得起人家。'这就是我喜欢郭德纲的原因。"一位纲丝说。

属于"丝"系列的,再如演员徐静蕾的粉丝简称"蕾丝"。

用"粉"而不用"丝"的,如超女张靓颖的粉丝"凉粉",超女李宇春的歌迷"玉米粉"(又称"玉米",是"宇迷"的谐音),以及刘翔的崇拜者"翔粉"。此外还有"粉笔",指超女周笔畅的粉丝,为了照顾已有成词"粉笔"的词形,对"粉"的顺序作了调整,从而与其他同类词语形式不同。

二是使用近音替换,衍生出新的形式,其实是为了与已有成词取得一致,而改变字形,主要是把"粉"改成"饭",比较典型的例子是"盒饭"(超女何洁的 fans),非典型的如温家宝总理的粉丝叫"八宝饭"、胡锦涛的叫"什锦饭",二人的粉丝合称"什锦八宝饭"。

以上不少形式近乎文字游戏,但也不乏机智幽默。老舍先生说,人民群众是最伟大的语言学家,仅就"粉丝"及其衍生词语而言,就足以证明此言是千真万确的。

其实有类似发展变化的外来词语还有不少,再比如很多人都关注过的"的士",香港报纸早在 1948 年就已使用此词,改革开放以后被内地吸收(石定栩、邵敬敏、朱志瑜,2006:127)。引进内地后,此词与"打"构成固定组合"打的"(同样的意思香港一般用"搭的士"),几乎与同义的"打车"(搭出租车)一样常用,另外还有"打个的"这样的衍生形式。以下各举一例:

(8) 乡镇一般干部虽然没有专车,但照样可以包车,或打的回去。

(9) 谈者一脸自豪,记者不禁心动,打个的就跑了去。

"的士"扩大使用范围的主要表现是实现了语素化,构成了大量新词语。语素"的"在表义上大致有两种类型:一是保留本义,指与出租汽车相关的人或事,如"的哥、的票";二是意义泛化,即不限于汽车,如"摩的、板的、火的、飞的"等。

其实,在更多情况下,扩大表义范围与扩大使用范围在同一个外来词语身上都有表现,二者互为因果,相互促进和推动,上述"的"就是这样,此外再如我们曾经讨论过"OK、卡拉 OK、DIY"等

的使用情况,无一不是如此。(刁晏斌,2006a:278—280)

以上两个范围的扩大通常有三种表现形式:一是一般只在造句层面实现,如"拜拜";二是基本只在语素层面扩大范围,如"的";三是同时在造句和构词两个方面扩大,如"粉丝"。

三、类推仿造新词语

类推仿造大致包括两个层面,一是"类"的层面,即按照某种类型的翻译思路和习惯,而"如法炮制"出更多的同类形式;二是"例"的层面,即对某一具体词形的复制,从而造出同一格式的更多词语。

以上两个层面的类推仿造主要集中在下面两类词语里。

1. 音译词语

"类"层面的类推仿造以谐译词最为多见。我们可以先举一个比较典型的例子:若干年前,一汽大众曾经为一款即将上市的新车Bora在全国范围内征求汉语译名,最后选定的是"宝来",一个讨口彩的好字眼译名,这无疑是循着"必安达(BMW)、富豪(Volvo)"这一翻译模式而来的。

就车来说,再比如德国名车Benz,内地曾经音译为"本茨",后谐译为"奔驰",相比于台湾的"平治",香港的"宾士"等,可谓胜出一筹。

再举一个药物的例子。有一种由美国辉瑞公司研制开发的口服治疗男性勃起功能障碍及早泄的药Viagra,台湾和香港的注册名是"威而钢",显属谐译,而内地的注册名则为"万艾可",则是典型的单纯音译形式。但是,在内地"万艾可"的译名并不常用,人们常用的是与港台译名同属谐译的"伟哥"。相对于前者而言,因其使用了指人的语素"哥",可能更具亲切、别致的语用效果,以至于有一个阶段媒体中经常出现"伟哥(万艾可)"这样的"并用"形式。

网络语言中,谐译词语比较集中,大多属于游戏性的翻译。有人曾提到,在当今的时尚杂志和互联网上,出现了一些"已有众所周知的规范翻译的外来词被重新音译"的"怪现象",所举例子有"麻豆(model 模特)、轰趴(home party 家中聚会)、血拼(shopping 购物)"等(黄瑞,2011)。在我们看来,这一现象并不奇怪,它无非仍是求新求异的表现,即用谐译的方式来对旧有的外来词语进行重新翻译,以求得合乎时尚追求的表达效果。比如"麻豆",似与流行小说和同名电影《哈利·波特》中的"麻瓜"(指不会魔法的普通人)有关,属于类推仿造。这样的"翻新"虽然并无太大的实际意义和价值,但是却有相当的代表性:很多同类的谐译词语就是这样产生的,也就是说,反映了一种外来词语"造译"和使用的时尚。

我们在"有意思吧"(WWW.U148.Net)上看到一则短文,标题为《惊人的 Google 产品中文译名》,所列举的译名如下:

  Google 谷哥

  Gmail 谷妹儿

  Google Adsense 谷哥矮她三尺

  Google Adwords 谷哥爱的我儿子

  Google Trends 谷哥产子

  Google Scolar 谷哥思考了

  Gtalk 鸡逃课

  Google Talk 谷哥逃课

  Froogle 腹股沟

  Google Lacal 谷哥老抠

  Google Reader 谷哥累的

Google Youtube　谷哥要吐
Google Earth　谷哥儿死
Google Mars　谷哥马死
Google News　谷哥牛死
Google Catalogs　谷哥看他老哥死
Goole Images　谷哥姨妹急死
Google Groups　谷哥姑婆死
Google Moon　谷哥闷
Google Apps　谷哥爱屁屁死
Google SMS　谷哥死没死
Google Labs　谷哥赖不死
Google Financee　谷哥烦乃死
Google Alerts　谷哥安乐死

以上几乎都属于游戏性的谐译,虽然难登大雅之堂,但是众多网友却乐此不疲。类似的例子再如:酸的馒头(sentimental,多愁善感、感伤)、由你玩四年(university,大学),鸡阿姨(GRE,美国研究生入学考试),鸡的屁(GDP,国内生产总值),那死大个、那斯搭客(NASDAQ,纳斯达克,美国高科技创业板交易市场),累得死(ladies,女士),铁车儿(teacher,老师)等。

"例"层面的类推仿造,在一般音译词语和谐译词中都有突出表现,以下各举一例。

姚荣松(1992)曾谈到台湾音译词"吧"具有很强的构词能力,所举例词如"吧椅、吧柜、吧女"等,但是就具体的数量来说,似乎并不太多,除了最为常见的"酒吧"和"吧台"外,我们在1000万字的台湾语料中,仅看到以下一些:

咖啡吧、迪吧、T吧、G吧、早餐吧、钢琴吧、夜吧、书吧、吧桌、吧间、吧女、泡吧、小吧馆。

在香港的1000万字语料中,也只有"酒吧、自助吧、清吧、网吧、雪茄吧、水吧、香槟吧、吧柜、吧台、吧凳、吧女"。

而在内地,"酒吧(间)"虽然早就有了,但是作为构词语素的"吧",却应当是改革开放后从港台引进的。引进之后,"吧"成了非常能产的构词语素,由它构成的"吧"族词为数众多,而这无疑是仿造的结果。李玄玉(2004)对此进行了总结,她认为目前富有内地特色的"吧"有以下几类:一是艺能类,如"陶吧";二是手工类,如"布吧";三是科技类,如"话吧";四是艺术类,如"电影戏剧吧";五是特色类,如"摩托吧";六是休闲类,如"酒吧";七是求知类,如"书吧";八是童趣类,如"玩具吧";九是健身类,如"跳舞吧";十是餐饮类,如"茶吧";十一是美食类,如"汤吧";十二是回归自然类,如"氧吧";十三是时尚类,如"指甲吧"。我们姑且不论这样的分类是否妥当,仅就它所列举的那些"吧"类词而言,确实称得上林林总总、洋洋大观,并且多数似乎也不见于台港澳地区。

以上是以"吧"为中心语素的情况,此外,我们还看到了一些以"吧"为修饰语素的新词语,如"吧台、吧凳、吧椅、吧女、吧友、吧娘、吧蝇、吧兄、吧弟、吧客、吧街"等(刁晏斌,2006a:102),其中有的也是对港台已有形式的类推仿造。

此外,在台湾的用例中,我们看到有"吧"单独使用的情况,例如:

(1) 我也没有丝毫意欲去吧喝酒,黄昏演讲完又赌了一晚上赛马。

(2) 不都是吃完饭去吧喝杯酒然后去旅馆的么,何苦例外。

以上两例的"吧"大致是"酒吧"的省称,而以下一例则似乎是"吧台"的简缩形式:

(3) 左边酒店景深里男人倚在吧前,海报右半边是女人和她的香水 Trouble,麻烦。

秦曰龙(2006)也指出内地"吧"可以单独使用,所举用例是:

(4) 白天,他们在自己的位置上勤奋干活,恪守一切现实规则;晚上,就到"吧"里来放松自己的神经和心情。

如果说以上的各种"吧"都指一个具体的处所,那么当下网络中不计其数的各种"吧",如"爆料吧、下载吧、考试吧、言情小说吧"等,则只指一个虚拟的处所,而这无疑又进一步拓展了"吧"的使用范围和空间。

谐译的例子如"迷你",香港把英语的 mini skirt 翻译为"迷你裙",后引进内地,逐渐也成了一个比较能产的词语模,现在我们能看到的同一格式词语如"迷你装、迷你机、迷你电视机、迷你电脑、迷你车、迷你型、迷你影院、迷你词典、迷你数码相机、迷你中国流、迷你书、迷你黄瓜、迷你瓜、迷你西红柿、迷你玫瑰、迷你足球赛、迷你空气净化器、迷你名著、迷你主机、迷你月饼小礼盒、迷你理发店、迷你高尔夫、迷你桥牌、迷你网站、迷你纸龙、迷你马拉松、迷你摄像头、迷你化、迷你激光唱盘机、迷你滴灌系统、迷你影院系统、迷你怪兽、迷你城市、迷你家庭健身器、迷你蛇苑、迷你阅读机"等。

2. 借形词语

外来词语中的借形词语按其来源及书写形式分,有两种类型,一种是字母借形,即以纯西文字母或由西文字母与汉字组合而成的形式；另一种是汉字借形，指从日语借入的以汉字形式表现的词或构词成分。以下我们对这两种类型的借形词语分别考察。

四地的字母借形词语有融合的一面，也有差异的一面，就前者来说，最主要的表现就是数量众多。由于字母词语主要来自英语，而香港受英语影响最大，所以香港口语及书面语中此类词语数量最多，而与香港保持高度一致的澳门，大致也是如此。在台湾，这类词语也相当多且常用，谢米纳斯（1996）说，"考察台湾报章，跟大陆的报章作比较可以得出结论：台湾媒体比大陆的媒体常常（比较广泛）运用英文词汇。旅馆、饭店、公司、展览馆、物品的名称直接编入以汉字写成的英文词跟汉字本文混在一起。"所举例子如：

（5）Red-sun 要你放纵每一粒细胞；Red-sun 位于西门町；Red-sun Disco Theater 已于日前（廿五日）开幕。

（6）第十次荣获美国 Jen Bert Cars 世界十大名车

姚荣松（1992）更是说，"在最近的年代，这种现象（按：指字母词语）会在媒体大量增加，台湾可能会超过香港而成为华文世界中（运用/吸入借词）的大本营"。

如果说，改革开放初期的一段时间内，内地的字母词语数量还不算多的话，那么近些年来就不是这样了。外来字母词语已经渗透到现实生活的各个方面，比如很多家用电器上，ON 和 OFF 代替了"开"与"关"；原来用"按"或"推"的地方（如门、垃圾箱等），现在经常用 push；衣服的大、中、小号多被 L、M、S 代替，诸如此类，不一而足。

21 世纪初，先后有两部字母词语词典出版，一部是刘涌泉的《字母词词典》（上海辞书出版社，2001 年版），收词 2000 多条；另一部是沈孟璎的《实用字母词词典》（汉语大词典出版社，2002 年版),收词1300多条。如果再加上近十年新引进的,数量相当可观。内地当今不仅字母词语的数量多,使用也非常普遍,比如廖礼平(2006)对2000年至2003年四年间重要报纸全文数据库进行了初步的查询和统计,发现字母词仅仅出现在新闻标题中就达到了11769次,在新闻报道的正文中出现就涉及了258 429篇文章。

这当然不会是没有原因的。就字母词语本身来说,刘涌泉(2002)认为它有四个优点,即快(可以毫不费力地拿来使用)、简(写起来简便)、明(十分醒目)、广(用处广)。此外,字母词语的大面积流行,还有社会心理层面的原因,郝晓瑞(2011)就此说道:"在中国时下的环境中,字母词代表着高科技,如3G、GPS、PSP;字母词代表着身份地位,如SOHO、CBD;字母词还代表着时尚品位,如PK、卡拉OK、MV等。总而言之,字母词的使用已经无形中成了受过良好教育和享有较高社会地位的一种符号。"

胡守钧(2002)就此自拟了一段"中西拼盘":

APEC的记者招待会后,我约了CCTV的几名记者和一群MBA、MPA的研究生,讨论中国加入WTO后钾业的发展前景,以及IT业对GDP的影响。读MBA的张小姐原来想到IT业发展,今后目标是当CEO,现在感到加入WTO后,中国IT业风险很大,转而去了Nike公司。相反,读MPA的李先生感觉良好,加入WTO后,政府职能大幅度改革,MPA的毕业生大有用武之地。随后,我们去了KTV包房,大唱卡拉OK,大家相继关掉BP机,也不上Intel网,兴高采烈,通宵达旦。

这一现象也招致众多人士的非议,比如有人说:"汉语言文字杂用外文与字母词,已成为当前我国社会语言生活中一个突出的现象。这种现象,并非对外来语言的吸收,而是汉语文字的异化;不是进步,而是退化;不是大众化,而是时髦化;不是福祉,而是灾难。"(连登岗,2009)

正因为如此,2010年4月,国家广播电影电视总局向中央电视台等各广播影视机构下发通知,要求在口播新闻、采访和影视字幕等方面,不要使用外语及外语缩略词,如 NBA、GDP、WTO 等,如遇特殊情况必须使用,要在外语及外语缩略词后加中文解释。而在全国人代会和政协会议召开期间,有代表提议,对现行《国家通用语言文字法》中的部分条款进行修改,禁止使用"洋泾浜"语言,禁止使用外文字母词,一切外来语言文字必须经过翻译使其汉语化。① 同年11月23日,国家新闻出版总署也颁发了《关于进一步规范出版物文字使用的通知》,明确规定在汉语出版物中,禁止出现随意夹带使用英文单词或字母缩写等外国语言文字。

然而,这些通知发出后,都引起了很多争议,比如有人拟写了以下一段文字,来对比说明字母词语的方便高效,也就是字母词语的使用理由:

> 我很喜欢看中国中央电视台体育频道(CCTV-5)的全美职业篮球联赛(NBA)、一级方程式赛车(F1)和中国男子篮球联赛(CBA)等节目。看完这些节目,我一般会登录网络,超文本传输协议冒号斜杠斜杠万维网点新浪点公司,在相关的电子公告板(BBS)里面和有共同喜好的朋友讨论比赛中的精彩片段,有时候我还会和一些资深的圈内朋友用微软网络信使(MSN)或者腾讯即时通讯软件(QQ)交换一些意见和看法。有些朋友还买了过去一些赛季的精彩集合数字多功能光

---

① 《中国语言生活状况报告:2011》171—172页,商务印书馆,2012年。

盘(DVD)或者视频压缩光盘(VCD)重温那些精彩的片段,前段时间有一个年轻的朋友给我发了一封电子邮件(E-MAIL)说对我的很多思想很赞同,说我对体育运动的见解很独到。(汤玫英,2011)

除去各地的字母词语数量都很多这一点外,四地的字母词语及其使用在以下四个方面也有相当高的一致性:

第一,构成形式相同,即一是纯字母形式,包括缩写和完整的词或语,二是字母、汉字混合形式;

第二,有许多字母词语是四地共用的,如"WTO、CEO、CPI、IC、IP、hold 住、in、out"等;

第三,使用形式相同,一是独立使用,二是括号加注,包括字母词语加汉语注释和汉语形式加字母词语注释两种;

第四,分布情况基本相同,即主流媒体使用数量相对较少,并且除特别常见的形式外,多取括号加注的形式(或首次出现时采用这一形式),而一般媒体用得相对较多,特别是文体娱乐以及商业领域,都是比较集中使用的区域。据王梦纯(2006)的调查,字母词出现最多的,主要是地方性的媒体(如《南方周末》《北京青年报》《北京晚报》),主导性媒体(如《人民日报》《光明日报》)出现的字母词并不多,而以准确及时地评论重大国际事件、生动活泼地反映多彩世界为办报宗旨的《环球时报》,使用的字母词最少。

郑泽芝(2010:17)的统计数字也证明了这一点:《人民日报》日均字母词语使用次数为 32 次/天,全年文本平均出现字母词语数为 0.40/篇,而《中国青年报》则为 313 次/天、1.98 次/篇。

四地字母借形词语的差异,如果以内地与台港澳为两方的话,则主要表现在以下几个方面:

第一,四地并未实现百分之百的"互通有无",也就是说,内地与台港澳各有一些独自使用的字母词语。就内地一方来说,一是有一些新生的形式,二是有一些形式并未从台港澳地区引进。前者比如"三 S(三位与中国革命有很深渊源的美国记者,即史沫莱特、斯诺和斯特朗)",如果说这个词有"自造"之嫌,那么再举一个"O 了"的例子:百度百科对"O 了"的释义是:即 OVER,就是行了,OK 了,搞定了的意思,还有知道、明白的意思,或者是完了的意思。

而以下的 O 又是另外的意思。《北京青年报》2000 年 4 月 24 日刊登一篇文章,标题为《你 O 了没有?》,第一段写道:

> 最近,继"你吃了没有?"、"你离了没有?"之后的又一个相同句式的俗语:你 O 了没有?——变得很流行。尤其在媒体圈,熟络的同行猛然间都跳槽到网络界,有这 O,那 O 的头衔。常用的几个 O 的术语有,CEO(首席执行官,chief executive officer)……

像这样"简缩"的形式,我们在台港澳地区的语料中没有看到。后者如前边列举的香港中英混杂的很多用例,以及卢丹怀(2010)所列的截取英语原词一部分的形式,如"com se←company secretary(公司秘书)"之类;再比如台湾有来自日语的"OPS(欧巴桑)",也都不见于内地。

第二,就具体的使用情况来看,台港澳地区主流媒体中,字母词语加注的情况似乎比内地更为普遍,比如一个最常用的字母词 GDP,我们考察了四地各 100 余万字的报纸语料,台港澳三地分别出现 11、48、35 次,其中不加注与加注之比分别是 9∶2、41∶7、34∶1,以下加注形式各举一例:

> (7)美国联邦公开市场委员会(FOMC)亦乐观预测,今

年美国实质国内经济成长率(GDP)可望达3.4—3.9%。(台湾)

(8) 去年国内生产总值(GDP)达到397 983亿元人民币,比上年增长了10.3%,增长速度明显高于世界其他主要国家或地区。(香港)

(9) 今周关注美国周五公布的去年第四季国内生产总值(GDP),相信消费市场表现理想,GDP增长有望升至3%或以上。(澳门)

仅就以上用例来看,"以我为主"的意思是非常明显的,类似的台湾用例再如:

(10) 华盛顿公约组织(CITES)常设委员会议,21日晚间举行一场相当于"公听会"的非政府组织(NCO)会议,英国环境调查协会(EIA)在会中播放一段……影片。(转引自谢米纳斯,1996)

而内地报纸GDP共出现24次,全部是不加注的形式。

其实,《中华人民共和国国家通用语言文字法》第十一条已经明确规定,"汉语文出版物中需要使用外国语言文字的,应当用国家通用语言文字作必要的解释。"看来,我们在这方面的工作还是任重而道远。

内地的日语借形词语或构词成分主要从台港澳地区(主要是台湾,或者经由香港)引进,所以多数词语都是四地共同使用的。内地与其他各地的不同,主要表现在几个典型的构词成分如"族、屋、男、女"等,构成了更多的新词语。

吴侃、刘志昱(2010)讨论了由日语"御宅族"而来的"宅男一族、宅男、宅一族、宅女、半宅、脱宅、宅男宅女、被宅族"等,以及

"男""女"两个字受日语影响变成词素后构成的很多词(仅"女"词族就有"超女、熟女、索女、嫩女、作女、腐女、鲜女、剩女、没女、潮女、宅女、晒女、打女、金女、单女、拜金女、败犬女、普相女、恐辐女、拜金女、轻熟女、杠杆女、香菇女、三不女、肉食女、孔雀女"等),而其中更具典型性的,无疑是"族"了。

曹大为(2007)曾就《人民日报》1995 至 2005 年近 11 年的"族"类词的使用情况做了一个整体调查,1995 年出现的数量是 19 个,到 2005 年是 44 个,呈递增的方式逐年上涨。

刘甜(2012)列举了以下一些比较新的"族"类词语,其中多数是内地"自产"的:

> 电脑族、游戏族、漫游族、英语族、篮球族、小说族、冬泳族、龟族、爬爬族(爬虫类)、内衣族、晚睡族、美腿族、丝袜族、图图族、博族、汽车族、地铁族、公交族、拼车族、搭车族、卡族、拇指族、地摊族、租屋族、上班族、打工族、办公族、出差族、背包族、妈妈族、美女族、玉米族、宝宝族、银发族、薄皮族、啃老族、爱乐族、爱表族、哈韩族、月光族、北漂族、快闪族、闪族、跑族、哈宝族、哇喔族、负翁族、驴族、不婚族、e 拍族、时尚 Q 族、嗨の族、SOHO 族、NONO 族、BOBO 族、FREE 族、赛族、御宅族、跪族、醋溜族。

第三节 上述具体差异的形成原因

进入新时期以来,学界对新词语的研究投入极大的热情,而相关的研究中有相当一部分是关于外来新词语的,人们对其种类、来源、引进后的发展变化等各个方面都进行了比较全面的考察和讨论。在人们考察和讨论的诸多现象中,有很大一部分在四地有相当的一致性,这反映了四地外来词语相同以及融合的一面;但是也有不少比较明显的差异,这就体现了四地在相同中的不同,以及发展变化的不同步。

差异的产生当然有着非常深刻的社会背景和原因,其中最主要的就是社会生活日益开放,人们的思想空前活跃,社会越来越走向多元和包容,人们有了越来越多的话语权,而借助于网络等新媒体,人们的话语权也有了空前的释放空间。除此之外,还有造词用语主体、资源以及方式等方面的原因,本节我们主要就后一方面略作讨论。

一、网民数量庞大,造词意识和热情空前高涨

现在互联网是造词的主阵地和主要传播地,网民是造词的主体。许多新词语往往都是在网络中产生、流行,然后才进入现实交际中,有的甚至在短期内迅速成为全民词语。

根据中国互联网络信息中心 2012 年 1 月发布的《中国互联网络发展统计报告》,截至 2011 年 12 月底,中国网民数量突破 5 亿,达到 5.13 亿,而大专及以上学历人群中互联网使用率在 2011 年已达 96.1%,目前基本饱和;过去五年内高中学历人群的渗透率增长最为明显,2011 年占网民比重也已经超过九成,达到 90.9%。因此,高中及以上学历的人群是网民的绝对主体,这样文化素质的网民群体基本能够比较熟练地使用汉语言文字,同时也基本具有创造性地使用已有语言形式或利用已有造词材料创制新词语的能力。数量如此庞大的群体所释放出的造词用语能量,远非台港澳地区所能比,而这也正是许多外来词语从台港澳地区引进后能够"再生"发展,产生大量衍生新词语的重要原因之一。

在当今的社会条件下,全民的造词意识空前高涨,许多人的"语言天赋"得到充分的展示和淋漓尽致的发挥,他们的造词能量也得到完全、彻底的释放,这既包括"从无到有"即创造出全新的词形,也包括"从少到多",即以某一或某些已有词形为基础,或加以发展变化,或进行类推模仿,从而创造出更多新词形。就外来词语的发展变化以及由此而形成的与台港澳地区差异而言,主要情况是后者。

就当今的整个社会语言运用和表达时尚或习惯而言,人们已经习惯于这样的模式:对于新生的某一社会事件或引人关注的人物,往往趋向于推陈出新,用一个不同于以往的指称或表述形式,无论是创造者还是使用者,大家都乐此不疲。所以,由此就造成了两个直接相关的现象:一是新词语、新的表达方式如雨后春笋层出不穷,二是它们一旦出现,有可能会在一夜之间传遍大江南北,呈现出人们所说的"井喷式"爆发。

就以外来词语的衍生而言,大致也是如此。前边我们简单提及日语借形语素"族"的使用情况,下边我们再引用一段相关的描述:

> 2009 年新词语中,以"族"为后缀的词语有 47 条。其中使用频率最高的是"蚁族"。……各种各样的"族"也描绘了职场众生相:安于现状的"咸鱼族",假公济私的"庐舍族、偷菜族、时彩族",聪明能干的"司马他一族",承受高压寻机发泄的"捏捏族"和"鬼旋族"。备受争议的年轻一代中,有满怀爱心并付诸行动的"飙爱族";有能够利用有限资源,精打细算,创造完美生活空间的"虾米族";有踏实可爱的"麦兜族";有充满阳光的"向日葵族";有不断学习进取的"午动族、刷刷族、泡泡族";当然也有经历磨难的"飘摇族、毕漂族"。"悄婚族、裸婚

族、草食族、婚活族"反映了他们中部分人的婚恋观。"朝活族、秒杀族、搞手族、智旅族、准老族、车车族、虚客族、闪玩族"则描绘了一幅曼妙多姿的社会生活画卷。[①]

我们很难想象,如果没有"全民造词"这样的基础和条件,如此鲜活而又生动、形象、传神的"族"类词语怎会如此集中地大批涌现。

字母词语大致也是如此,廖礼平(2005)针对2000年至2003年我国重要报纸全文数据库进行粗略统计,在短短的四年中,就有十几万篇新闻报道中出现了"E"字母词。这些"E"字母词有着多重含义和极强的构词能力,并能独立充当句子成分,除了一些传统的形式(如表示顺序,音乐的调式等)之外,主要表示"电子"或"电子化"、"网络"或"网络化"、"信息"或"信息化"之类的意思。

在这样的造词活动中,人们的语言机智也充分调动起来了,特别是在网络世界。宋翩翩(2010)讨论了网络流行语"out 曼"的产生原由以及所表达的意思:此词源于"奥特曼"的谐音音译。"out"选取了在英汉词典中的解释"出外;在外;向外",如今这个词被赋予"落伍了,外行了,不能与现实接轨了"的新意,所以"out 曼"＝out man＝落伍的人。

当今利用外来词语或语素再造新词语,大致有以下几个比较明显的价值取向,而这种多样化的造词取向也是外来词语不断衍生出新词语的一个重要原因。以下就以"族"类词语为例进行说明。

一是形象化。主要通过形象生动的喻体来实现。比如以下是关于"虾米族"的一段说明:

[①] 见《中国语言生活状况报告2009》下编331页,商务印书馆,2010年。

2009年9月,肯德基推出第一款虾类主食产品——"至珍七虾堡"。在一个汉堡的空间里,并排放进了七只货真价实的大虾,引发了年轻消费者关于"小空间大生活"的讨论。"虾米族"是在当今经济危机背景下诞生的全新时尚族群:虽然面对房价攀高、工资不涨、预算有限等不利条件,但仍能动脑筋,拼创意,利用好每一寸空间,花好每一分钱,在有限的资源下,不仅保持生活品质不下降,更要活出大精彩,生活有滋有味。[1]

二是陌生化。主要通过一些简缩形式或无理组合形式来实现。前者如"午动族"中的"午动",义为"午间活动",而"活动"的内容并不单一,诸如阅读、参加培训、补习外语等,都可以包括在其中,所以,这实在是一个高度凝缩的形式;后者如"男就族",指依靠男友就业的年轻女性,"男就"无疑是一个无理组合形式。

三是游戏化。前边讨论过的由OK、OVER或CEO简缩而成的"O(了)"即为典型的一例。再比如,"有碗族"是对公务员的戏称,因为他们是有"铁饭碗"的群体,而此词之所以产生,并在一定范围内替代了完全同义的"公务员",很大程度上就是因为"好玩儿",而这正是当今一种比较常见的造词心态。

四是儿语化。主要表现是模仿儿童语言,使用一般成年人通常不会使用的一些重叠形式。类似的例子如"车车族(业余时间开车摆摊卖东西的人)、扣扣族(日常生活中善于精打细算、注重节俭的人,'扣'同'抠')、捏捏族(在超市捏碎各种食品来发泄情绪、缓解压力的人)、泡泡族(喜欢长时间泡在书店看书的人,又指喜欢泡温泉的人)、刷刷族(为了追求高分,重复参加考试以求'刷新'成绩

---

[1] 侯敏、周荐主编《2009汉语新词语》,商务印书馆,2010年。

的人)"。

以上几个方面经常是结合在一起的,即往往由一个词就能体现出多方面的追求和旨趣。比如,现代汉语一般不大单独使用"男""女",现在这两个字由于受日语的影响而实现了语素化(吴侃、刘志昱,2010),形成了两个仍在不断扩展的庞大词族。例如"奶嘴男",指没有责任心、喜欢依赖他人,永远长不大的男性。这既是一个比喻,因而具有很强的形象化色彩;同时也是一个无理组合形式,陌生化程度相当高,因而"新"意很浓;另外,它无疑也表现出相当明显的嘲讽、戏谑意味,所以也不乏游戏色彩。再如"牛奋男"(暂时没有良好的经济基础,却拥有可靠的人格魅力和信得过的品质,不乏上进心,能够为家庭努力奋斗,对爱情忠诚度高,像牛一样执着的男子)。它的"好玩儿"之处无疑是利用了与"牛粪"的谐音以及二者之间的反差,同时也具有鲜明的形象色彩和十足的陌生化效果。

再看一个"—女"的例子:

(1) 看童话、吃素食、不化妆、拒绝高跟鞋,这是继败犬女、草食男之后,最近出现的又一城市新族群——森林女。她们打扮自然清新,生活方式绿色低碳,非常贴近森林那种轻松惬意的感觉。

按,这里的"森林女"虽不及"奶嘴男"那么形象生动,以及具有那么浓厚的游戏色彩,但同样也是一个高陌生化的组合方式,符合当今比较典型的造词模式。

二、造词资源丰富,远非其他地区所能比

内地地大物博、人口众多,加之处于社会转型时期,所以有层

出不穷的各类事件与人物,提供了几乎取之不尽、用之不竭的造词资源,这一点也远非台港澳地区所能比。所以,我们看到,由外来词语衍生的新词语中,很多都反映了内地独有的人和事物,由此而形成了新词语中比较独特的部分。

比如"克隆",义为"生物体通过体细胞进行无性繁殖,复制出遗传性状完全相同的生命物质或生命体",它的另一个义项是"比喻复制"(见《现代汉语词典》)。

此词在台港澳地区用得并不多,并且在台湾语料中,我们只看到它的"本用",例如:

(2) 为期两天的研讨会,邀请来自海峡两岸数十位学者参加,安排28场专题演讲,将发表包括海水鱼类的脂肪酸营养研究……鳜鱼肌球蛋白重链基因的cDNA克隆及其组织和发育分化表达差异分析……克隆多样性与养殖品种选育等研究成果。

在香港似乎也是如此,我们只在与内地语言一致性更高的澳门语料中,见到以下一个比喻义的用例:

(3) 韩国能够通过一部连续剧《大长今》,把韩国传统饮食文化介绍给世界,类似的方式我们完全可以克隆。

而在内地,因为一段时间以来,各种造假事件和"山寨"现象层出不穷,社会对此也极为关注,媒体的报道和网友的议论都非常多,所以此词就不断扩大比喻义的陈述范围,同时使用频率也不断升高。我们2012年5月13日在人民网进行全文搜索,共得到包含"克隆"一词的文章3985篇,同日我们在"百度"进行搜索,更是得到67 700 000个相关结果。在大量的用例中,既有很多本用的,但有更多是比喻性的使用,表示"复制、模仿、仿造、假冒、抄袭"等

意思,例如:

(4) 目前深沪市场中的上市公司,似乎在简单"克隆"国外公司在网络业中所有过的经历。

(5) 在"松本"品牌迅速发展的时候,克隆"松本"竟然登堂入市,针对这一情况,松本公司持续打假不放松。

(6) 而目前报纸版面上存在着相互仿造、雷同现象,广播电视节目的内容与形式也存在着"克隆"现象,这都不是创新。

(7) 但在最需要创造性的网际空间里,不少网站却在大肆抄袭任意克隆。

(8) 但凡某品牌车的款式俏销,诸多仿制产品便接踵而至,"克隆"得几乎乱真却有其表无其质。

再比如"—门",黄彬瑶(2011)说:"汉语中的'XX门'事件也同样举不胜举,如狂妄地叫嚣'我爸是李刚'的'李刚门',黄健翔的'解说门',文静的'哈欠门',肯德基的'秒杀门'、'豆浆门',家乐福的'价签门',一度沸沸扬扬的'艳照门'。在百度搜索一下,可得到上千个相关的词条。"正因为如此,刘云(2008)也说,"—gate"这个外来词缀在进入汉语之后,其生命力就更加旺盛了,形形色色的"门"事件层出不穷,而其语义也得到了扩大,出现泛化现象,几乎渗透到了各行各业。它所表达的不仅仅是一件丑闻,或是一件具有新闻效应的事件或风波,甚或是引人关注或有争议的事情。"门"几乎成了丑闻、风波、闹剧、绯闻、纠纷、事件等的同义语。

甚至,有时同一类事件反复出现,由此就使得"××门"逐渐开始不单指某一新闻事件,而可用作一系列类似事件的总称。例如,2006年德国世界杯1/8决赛中,中央电视台足球解说员黄健翔的"激情解说"造成巨大负面影响,被称为"解说门"。央视主持人海霞因在关于淮河洪涝灾害的专题节目中,形容受灾群众"带着过年的心情",在网上引起轩然大波,此事件也被冠以"解说门"。此后每当电视解说员在节目中因严重口误造成不良影响,都会被说成"身陷/遭遇'解说门'"。(黄彬瑶,2011)

造词资源的丰富,还因为其来源的多元化,即除了来自现实生活外,也可以出自影视作品、相声小品、动漫游戏以及流行歌曲等。比如,随着电视连续剧《新结婚时代》和《双面胶》在全国的热播,"凤凰男"和"孔雀女"一下子成为热词,前者取意于"鸡窝里飞出金凤凰",指的是那些出身贫寒、几经辛苦考上大学,毕业后留在城市工作生活的男子;后者则与前者相对,指在父母溺爱之下成长、从没经受过挫折、衣食无忧、无需讨好恭维别人就能享受舒适安逸生活的城市女孩,二者结合所带来的矛盾和冲突,成了都市人热议和关注的话题,而这也正是两词"发热"的原因。

三、某些用语造词方式和手段发挥到极致

就已有外来词语意义和用法的变化来说,主要原因是对它们的创造性使用;对以外来形式为要素创制衍生新词语来说,则主要是对已有词语模的类推使用。在当今的言语实践中,这两个方面几乎都发挥到极致,而这也成为造成四地外来词语诸多具体差异的一个重要原因。

1. 创造性地使用外来词语

外来词语使用的创造性,主要表现在以下几个方面:

一是修辞性的使用。当今是修辞活动极为活跃的时期,这一点在外来词语的使用上也有充分的表现。比如前边讨论过的"拜拜、克隆",前者主要为借代用法,后者则是比喻用法,都在高频使用中获得了固定的修辞义。

再如"卡拉 OK",本指一种电视伴唱的娱乐形式,也借代为指进行这种娱乐活动的设备和场所,或者是唱卡拉 OK 这一动作本身。以下是《人民日报》的用例:

(9) 阿元的招聘广告很特别,突出放上厂里员工打篮球、乒乓球、羽毛球、唱卡拉 OK 的照片。

(10) 王延才家的书屋兼有文艺活动室的功能,经过多年的苦心经营,室内灯光、音响、电视、卡拉 OK 一应俱全。

(11) 如出租房屋,有的甚至用于商业投资,变成了卡拉 OK、游戏厅等商业场所。

(12) 人们也许只是在家中打牌、下棋、看光盘,也许会走出家门看戏、游园、卡拉 OK。

此外,卡拉 OK 也用于构成新词语,其中有的也不乏修辞义,例如:

(13) 网络文学在很大程度上被认为是"文学卡拉 OK""文化快餐"。

更多新词语是在"本用"下构成的,它们虽然不含修辞义,但是无疑也扩大了此词的使用范围,这样的新词语如"卡拉 OK 机、卡拉 OK 设备、卡拉 OK 音响、卡拉 OK 唱盘、卡拉 OK 光盘、卡拉 OK 小影碟、卡拉 OK 混响电路、卡拉 OK 音乐、卡拉 OK 角、卡拉 OK 厅、卡拉 OK 室、卡拉 OK 歌厅、卡拉 OK 舞厅、卡拉 OK 歌舞厅、卡拉 OK 店、卡拉 OK 包厢、卡拉 OK 包间、卡拉 OK 酒廊、卡拉 OK 广场、卡拉 OK 赛、卡拉 OK 演唱会、数字卡拉 OK、数码卡拉 OK、自助卡拉 OK"。

二是突破性的使用。即在某一甚至是某些方面,突破原有外来词语在词形、意义或用法上的限制,从而扩大其使用范围,实现

新的表达功能。比如上举的卡拉OK,除修辞性的使用以及用于构成新词语外,还有形式上的突破,包括节缩以及添加等,例如:

(14) 乐吧:有别于一些OK厅的"暗箱操作"和"特殊服务",乐吧是一些真正音乐爱好者、欣赏者的去处。

(15) 据说"吧间"里面有很多好玩的东西:有卡拉可以OK,有啤酒可以品味。

(16) 自然娱乐方式是很多样的,可以看戏,可以卡拉永远OK,可以健身,可以泡吧喝咖啡,不过这都有一个前提——在钱包允许的条件下。

再如OK,最初在美国口语中主要是"好、行"的意思,表示同意或认可,而在当今的使用中,除这样的意思外,还经常用于表示赞美,这大致可以看作意义上的突破。例如:

(17) 而这也成为Cosco Geoby迅速打开美国市场,被美国消费者称道"OK"的最主要原因。

(18) 不久前国际红十字会亚太部官员马赛尔·弗梯尔先生在云南省考察灾害救助情况时,参观了红十字老年公寓的各种健康设施后竖起大拇指,连声"OK"!

英语的OK通常独立成句,而在汉语中则视同一般不及物动词以至于形容词,基本能出现在它们所能出现的各种分布中,这在一定程度上可以看作用法或功能的突破。例如:

(19) 随后镜头还真拍下了她的"尝试",只见她嘟嘟囔囔不知所云一番,然后一拍案,算是表演完了,拍摄也便OK。

(20) 当纳斯达克牛气冲天,一切都OK,大家都相信网络经济的未来,买的是网络公司的预期。

(21) 在头几天中还算 OK,虽然稍稍有些麻烦,但我们以为情况会变得好起来。

(22) 花上几个美元购买彩票,那是绝对 OK 的事情。

(23) 我在钱和物质方面很 OK,不必为了钱去拍戏。

三是俚俗性的使用,前举的"O(了)"显属此类,上边的"有卡拉可以 OK"其实也不乏这样的因素,而一度曾经比较流行的"I 服了 YOU"也可以看作此类。

张谊生(2009)讨论了一个比较独特的音译词"败",认为它是在与英语"buy(买)"谐音的基础上,受到同形的"败家(子)"的"败"挥霍浪费的语义感染而形成的。例如:

(24) 购物好像永远是旅途中必不可缺的一项,不论你是纯血拼自由行还是跟团抽空儿买买,不论你是在亚洲逛店还是去欧美败物,商家们已经进入了打折前的倒计时,而我们要做的就是攒够 Money 和假期,踏上旅途,冲向购物天堂,"败"它个酣畅淋漓。

在此基础上,有时更是直接使用"败家",意思相同,例如:

(25) 婚后我们仍然过着"月光夫妇"的逍遥日子,两个人败家,总比一个人败家来得痛快惬意。

2. 充分利用外来词语模,造词批量化

苏新春(2003)讨论了外来语素问题,认为"的、奥、秀、吧"等是比较典型的语素化了的汉字,此外已经或正在语素化的还有"巴、咖、啤"以及"波、迪、摩"等,他确定语素化的一个重要标准就是复现率。换一个角度看,这些外来成分之所以能够实现语素化,根本原因就在于它们成为词语模中的模标。

在这方面,一个基本事实是:"基础"词语模是由台港澳地区引进的,但是由此构成的许多新词语却是后者所没有的,这就体现了差异的一面。上举的"一族、一吧、一男、一女"等,无不如此。

比如,除了前边谈到的"一族"外,用"一族"作为模标构成的新词语也相当多,我们仅在 1995—2004 年的《人民日报》中就检索到以下一些(刁晏斌,2006a:105):

> 拇指一族、有车一族、爱车一族、淘汰一族、工薪一族、买房一族、哈韩一族、养犬一族、移动一族、背篓一族、青春一族、刷卡一族、ST 一族、PT 一族、飙车一族、健身一族、上班一族、品位一族、海洋一族、抄书一族、打工一族、白发一族、玩网一族、穿孔一族、爱书一族、购车一族、贫困一族、QQ 一族、街舞一族、高收入一族、补习一族、吆喝一族、打折一族、候鸟一族、26 岁一族、精品一族、潇洒一族、粉领一族、摩托车一族、户外活动一族、攒机一族、单纯消耗一族、追星一族、电脑一族、手机一族、发烧一族、持卡一族、考级一族、酒吧一族、龙卡一族、动物一族、种花养草一族、保鲜一族、写字楼一族、网络一族、活力一族、红太阳一族、工艺制作一族、游牧一族、雅皮一族、副食品一族、精品一族、共生矿一族、咔嚓一族、爬格子一族、爬格一族、年轻一族、年轻时尚一族、小个儿一族、漂一族。

第四节 关于自造外来形式词语

本来,我们的讨论可以到此为止了,但是,除上边涉及的类型外,还有为数众多的与外来词语在形式上难以区分的词语,在现实的言语交际中(特别是在商业、服务领域)也有独特的作用,并且在一定程度上也与外来词语一道,共同使得当代汉语的词汇面貌发生了某种程度的改观,而它们的产生也大都直接以及或多或少地与外来词语有关。另外,就四地的比较而言,这一类词语也是有明显差异的部分,因此,如果对这一部分完全放弃,似乎也是一个损失或者缺憾。

我们把这类特殊的词语称为"自造外来形式词语",把它定义为由中国人自己创造而非借入的、形式上与外来词语完全相同的各类词语。正因为是"自造"的,所以有人称之为"汉语中的本族外来词"。(高燕,2001)

自造外来形式词语一部分是为了输出,一部分主要是自用,因为基本都是反映内地概念的,所以虽然类型与台港澳地区相同,但是就词语本身来说,却往往是独特的。

本节中,我们主要讨论以下两种类型:一是自造字母词语,二是自造"音译"词语。

一、自造字母词语

如果按字母来源的不同,自造字母词语可以分为以下两类。

1. 外文字母词语

这类词语在自造字母词语中占多数,按产生和构成方式大致可以分为以下几种:

一是创译式,即用汉语拼音的形式创造新的音译形式。由于国际标准化组织(ISO)早在 1982 年就采用《汉语拼音方案》作为汉语罗马字母拼写法的国际标准,所以这一做法实际上是用国际标准进行汉语概念的翻译。王秀丽、刘书梅(2011)通过对 2010 年出版的 52 期《北京周报》中 160 多篇文化生活报道(以文化生活版为主)中音译词(人名、地名除外)进行统计,共发现 51 个音译词,如"dayitong(大一统)、ren(仁)、erhu(二胡)、yangge(秧歌)、lamian(拉面)"等,这些音译词语中有一半出现在外国作者所写的文章中(但是作者没有具体指出是哪些),那么,另一半就可能是中国人自造的音译词了。这样的音译词最有可能直接进入英语,成为英语的外来词。

与此相似的,有一些商标名称,采取了汉语拼音的变异形式,如鄂尔多斯(羊绒衫)的英译形式是 Erdos,科龙(电器)是 Kelon,康佳(电视机)是 Konka。(苏改联,2009)

二是仿译式,即以某个已有的外来字母词语为模仿的对象,采取保留一替换的方法,造出的新词形。比如美国全国篮球协会、美国男篮职业联赛的英文缩写形式是 NBA,而中国篮球协会以及由该协会主办的男篮联赛仿 NBA 而译为 CBA。同样,美国的女子职业篮球联赛为 WNBA,而中国的则为 WCBA。

三是意译式。一种是译为一个完整的形式,比如国产的红牛饮料直接意译为英语的 Red Bull,猴王(地板)译为 Monkey King,太阳雨(太阳能热水器)译为 Sun Rain;另一种是对意译形式进行简缩,形成缩写形式,比如商务部分别与香港特区政府和澳门特区政府签署的《内地与香港关于建立更紧密经贸关系的安排》《内地与澳门关于建立更紧密经贸关系的安排》,译为英文是 Closer Economic Partnership Arrangement,在此基础上简称为 CEPA。此外,像人们熟悉的"CCTV(中国中央电视台)、CRH(和谐号动车,英文 China Railways High-speed 的缩写,中国高速铁路),自然也属于此类。

四是谐译式,大致是把汉语名称译为英文的"好字眼"。一个比较典型的例子是国产胶卷品牌"乐凯",英译为 Lucky(幸运的、好运的、吉祥的),其他的再如"东盛"(药品)谐译为 Top sun,"金威"(啤酒)译为 Kingway。

五是混译式,即用不同来源或产生方式的两个部分拼合成一个新词形。通常是音译与意译相结合,如 Sunleada 日利达(热水器)——Sun(日)+leada(li da 利达)、Tonlion 唐狮(服装)——Ton(tang 唐)+lion(狮)。以下一例与前几例又不相同,是混译中最为复杂的:联想集团 2003 年将以前的字母商标"Legend"更换为"Lenovo"以适应国际化的需要。"Lenovo"是一个新造词,其中"Le"来自"Legend"的前两个字母,代表着秉承其一贯传统,"novo"取自拉丁词"新",表示联想集团的经营理念是创新。(苏改联,2009)

这类词语主要是为了输出,即给外国人提供一个与汉语名称等值的指称形式,主要用于机构名称以及商标品牌等。

2. 汉语拼音字母词语

自造汉语拼音字母词语久已有之,比如"GB(国标)"之类,但是以前主要是专业用语,而现在除了有更多的专门用语,如 HSK(汉语水平考试)、PSC(普通话水平测试)、HZC(汉字应用水平测试)、RMB(人民币)之外,有些还见于日常的使用,以及大量用于网络交际中。

台湾除外文字母词语外,也有几种"自产"的字母词语,据原新梅(2005),除了国语的拼音形式外,还有闽方言(如,SYY:爽歪歪)和少数民族语(如,邦查 WaWa:阿美小孩)以及使用注音符号(如ㄅ丨ㄤ,穿得很流行但却没有气质)等。

内地则没有那么复杂,形式与外文字母词语完全相同:一是缩写形式,这是最为多见的,如"GG(哥哥)、BT(变态)";二是完整形式,比较少见,如"神奇 de 胃药、梦中的 TA";三是拼音字母加汉字的混合形式,如"D版(盗版)、Q你(求你)"。

与前一类不同,这一类词语主要是为了自用,而不是输出,即创造了一种与原有词语相比或简约或有不同语体色彩的替代形式,但是因为明确性和可接受性普遍较差,所以绝大多数只能在网络世界使用。

二、自造"音译"词语

即与汉语音译词语同样形式的词语。周荐(1996)对此有以下一段议论:"近几年,在商品经济的大潮中愈益普遍地流行开来一种类乎外来词的造词现象,这种类乎外来词的词,是国人参照某种外语的词的发音故意使本具表义功能的汉字作为纯记音符号而拟造出来的,目的是使该符号所指对象(通常是商品的品牌或商店的字号)产生出洋味的效果。这种词不是真正的外来词,我们姑名之为拟外来词。这种拟外来词,在琳琅满目的商品品牌和林立于大街小巷的商店字号上随处可见。下面就是我们见到的几个例子:某大学办了一家名为'戈德'的防伪技术公司。戈德,英语词good(安全,可靠)的译音。某镇开了一家名叫'伊吻宁'的夜总会。伊吻宁,英语词evening(晚间)的译音。某厂生产的一种衬衣,牌名'绅特'。绅特即英语shirt(衬衫)一词的译音。某公司生产的一种饮料,名为'万德福'牌。万德福,即英语wonderful(精彩,棒)一词的译音。"周氏认为这一现象是"文化交流中的怪胎"。

以上是有对应英文原词的拟外来词,即以某一个英语词或词组为基础,"音译"为汉字形式,类似的再如"波导(Bird,手机)、雅戈尔(Younger,服装)、斯波兹曼(Sportsman,自行车)、纳爱斯(Nice,洗涤用品)、格力(Green,空调)"等。

另一种没有对应的英文词,崔丽娟(2012)调查了137个国产化妆品品牌的命名和英译,发现有很多特意将名称取成外来词的形式或选用一些常出现在外来词中的字,如用"欧、卡、斯、拉、妮、曼、贝、莱"等字来命名自己的产品,以吸引消费者的眼球,使他们在一个耀眼的神秘外衣笼罩下难辨"土""洋",如"奥丽尔特、艾丽碧丝、碧斯、宝璐丝、欧诗漫"等。很显然,这就是典型的自造音译词语了。

这类"词语"也是国人自用的,如上述用例显示的,主要见于商业、服务领域。

上述命名方式并非内地独创,而是来自台港澳地区。比如,我们在"百度"上检索台湾女装品牌,所介绍的十个分别是"巧帛(Chaber)、Top Girl、Brappers、曼黛玛琏(Mode Marie)、MXN(麦根)、范怡文(Bianco)、依瑶(Eliina)、蜜雪儿(Mysheros)、贝尔尼尼(Bernini)、钡宣(Passion)",均为外文形式的音(谐)译及原形。以下是"钡宣"网站上的产品介绍:

> "钡宣"服装主要传达中性独立、简洁又不失女性柔媚风味的服装,希望藉由服装线条、剪接线的变化和款式的多样化及流行色彩、具体呈现个人特色,因此在品牌名称的订立上就以"Passion"为名。它具有知性、感性且表达出女性的成熟、内敛。在字体形态上也以自主中带软性的笔触表现出仿如女性柔美曲线的雅致感。

由此可见,这与上边的"戈德"大致有同样的命名理据和过程,而直接使用外文词形在内地也不乏其例,比如崔丽娟(2012)的考察中就提到,有的国产品牌竟没有中文名字,例如"Muli Guli(MuGu)、Mtm、IDA"等,正与"Top Girl、Brappers"如出一辙。

至于曾经长期在英国管治下的香港,在这方面与台湾相较,则

更是有过之而无不及。比如,以下是香港 Toppy 集团及其品牌的介绍:

> Toppy 集团由方氏家族于 1973 年在香港创立,最初名为 Toppy(香港)有限公司,经营成衣制造,并于 1976 年在香港推出该公司品牌——Jessica(杰西卡),并以 Jessica 为名开设首间时装店,由首席行政总裁方方掌管店务。……目前,Toppy 集团旗下共有五大名牌:Episode(艾碧素),Episode Studio, Episode On Excursion,Jessica 及 Colour18。1998 年,Toppy 集团又成功推出了 Weekend Workshop 休闲装品牌,共包含了男装、女装、童装三大系列。

按,Episode Studio 和 Episode On Excursion 无对应的中文译名,Colour18 有对应的意译形式"色彩十八",而 Weekend Workshop 有对应的音译形式"威莎"。

三、对自造外来词语的认识和评价

1. 关于外文字母词语

因为这类词语主要是"对外"的,即作为本族概念的外语对应形式,其目的是给外国人提供一个适用于他们语言系统的指称或陈述形式,所以是必要的,并且一旦被对方接受,就有可能进入目标语言,成为它的外来词语。例如,已经进入英语的"fengshui(风水)、kungfu(功夫)、tofu(豆腐)、yinyang(阴阳)"等,就都属于此类。

这类词语存在的一个突出问题是:本为对外而造,但是却也成为对内使用的形式,甚至在一定程度上取代了原有的汉字词语,由此就形成了一个明显的错位。据新华网 2009 年 2 月 3 日报道,外来词在汉语中的蓬勃兴起引起了国家教育部语言文字应用管理司的关注,2009年2月该司就曾在相关媒体上表明当前中国的上星电视频道中,40%的台标书写方式不符《中华人民共和国国家通用语言文字法》规定,需要进行修改,如中国中央电视台CCTV1—CCTV12及山东教育电视台(SDETV)等频道完全使用英文;中央电视台3个频道(CCTV新闻、幼儿、音乐)及北京电视台(BTV北京)等频道混合使用英文和中文(含汉语拼音缩写形式)都是不规范的。该司指出这些台标书写方式有待修改,以符合国家通用语言文字法的规定。[①] 然而,时至今日,这些电视台依然故我,至于台标以外的其他方面,大致也是如此。

2. 关于汉语拼音字母词语

作为"国产"的简约指称形式,汉语拼音字母词语也有其存在的理由和价值,大致有以下几点:

其一,往往相对于一个较为复杂的形式,是合法的、已经成为规范形式的字母简称,如"GB、RMB"等;

其二,有时不会像一些"不雅"词语那么刺眼,相对婉曲,因此也还有一定的语用价值,比如"牛B、WBD(王八蛋)、TMD/NMD/NNND(他妈的/你妈的/你奶奶的)";

其三,一定程度上也可以作为一种陌生化的替代形式,因而也有一定时尚、新奇的语用价值,如"MM(妹妹、美眉)、BG(报告)"等。

但是相对于它的功能和价值而言,汉语拼音字母词语的过量产生和使用,带来的问题却更多。

---

① 《教育部称CCTV台标不合规范需要进行修改》,http://news.xinhuanet.com [DB/OL]。

一是从词形或书写形式的角度看,汉语拼音字母词语的大量存在,使得书面交际中语码混杂的程度进一步加深,正因为如此,大量的汉语拼音字母词语目前还只限于在网络交际中使用,但是随着不断有词语突破这一限制,这方面的问题也会变得越来越突出。

二是从交际的角度来说,最大的问题是缺乏明确性,而其中最主要的原因,是与已有的外来字母词语构成同形词语,另外就是重复使用同一形式来表达不同的意思。

就前者来说,因为汉语拼音与英文都使用拉丁字母,由此就使得这两种不同来源的字母词语有可能采用同样的形式,但是表达的意思却往往风马牛不相及。例如"TMD",作为外来字母词语指美国弹道导弹防御系统,而作为汉语拼音字母词语则有二义,一为"他妈的",二是"甜蜜的"。[①]

就后者来说,问题似乎更严重:汉语同音词众多,以同一字母开头的词或语素就更多了,而汉语拼音字母词语又以语素首字母缩略为主要创制方式,这样,就使得同形词语形成的可能性大增。

周荐在《2009汉语新词语》(商务印书馆,2010年版)的后记中谈到,"YY"虽然多数网民认为是"意淫"的意思,但也有不少网民认为是其他意思,简单搜罗一下即有:亚裔、言语、演员、谚语、洋溢、仰泳、泱泱、养眼、谣言、摇曳、遥远、耀眼、爷爷、业余、一样、一月、医药、疑义、异样、议员、议院、抑扬、抑郁、意义、意译、阴影、音乐、引诱、英勇、英语、婴幼、营养、营业、应用、拥有、永远、踊跃、用语、优越、由于、游泳、友谊、有用、有余、雨衣、语言、寓意、鸳鸯、园艺、原因、原油、远洋、怨言、愿意、运用……各种各样的意思。

---

① 见周建民、熊一民《网络交际用语辞典》,中国社会科学出版社,2008年版。

很难想象,这种漫无边际的语音替代现象,会对正常交际产生什么样的影响。

当然,这个例子比较极端,但是同一形式而有两三个或三四个意思的,却是比较多见,如"JS(奸商、就是)、LZ(楼主、老子)、BB(宝宝、宝贝、拜拜、baby)"等。

3. 关于自造"音译"词语

在自造的各种外来音译词语中,没有对应原词的形式最没有存在的理由和价值,这主要是因为:

第一,所含信息量极低,甚至趋近于零,比如前边列举的"奥丽尔特"等,既不能对产品的种类、功能以及特性等有所提示,同时也不是什么"好字眼",总之是徒有外来词之形而无其实;

第二,反映了汉语世界一种崇洋媚外的不良风气,以及哗众取宠的商业恶俗,是"外国的月亮比中国圆"这一荒谬观念的当代标本,从这一角度而言,说它是"怪胎"也不为过。

就有对应原词的自造音译形式而言,虽然它的命名依据可以由所对应的外文原词得到解释,但是同样也没有存在的必要,因为它们通常都是"对内"的,所以上述两点理由基本也适用于这一类形式。

此外,由于有些"好词儿"经常会被不同的人分别用作外文对应词,所以就造成了一些同形"音译",从而产生雷同。比如,以对应英语 best 而来的"百斯特"命名的,就有深圳市百斯特电子有限公司、乐清市百斯特电器科技有限公司、苏州百斯特自动化仪表有限公司、深圳市百斯特环保工程有限公司、山东百斯特机械制造有限公司、重庆百斯特刀具有限公司、沧州百斯特电气有限公司等,此外还有北京百思特电信科技发展公司(音同形不同)等。

第四章　虚义动词的
差异与融合

"虚义动词"不少人称为"形式动词",刁晏斌(2004:16—19)曾阐述这类动词的命名依据,并作了以下的表述:

第一,虚义动词是意思非常宽泛的一类动词;
第二,虚义动词是一种"类义"动词;
第三,虚义动词包含两个下位的"义类";
第四,虚义动词是就某一义项而言的。

在现代汉语中,虚义动词是非常有史的内涵的一类动词,发展变化非常明显,并且在四地呈非常明显的不对称、不平衡状态,因此非常值得一探究竟。本章中我们着重考察内涵最为丰富的"进行、做/作"和"搞"。

第一节　"进行"的差异与融合

"进行"是现代汉语的一个常用词,关于它的特征和用法等,人们已经进行了很多研究,一般多集中在宾语上,如朱德熙(1985)认为它"要求的宾语是表示动作的名词性成分。符合这个要求的语法成分只有两类:一类是表示动作的纯名词,另一类是兼有名词和动词性质的名动词"。有人更是比较详细地列出了"进行"宾语的

语义特征:[—单音节],[＋可控(即自主)],[＋动态],[＋正式日常行为],[＋持续性]。(吉小霞,2010)

在以往的研究中,我们把"进行"的用法大别为二:一是带宾语,包括动词性宾语、名词性宾语和中间性宾语[①],其中以第一种和第三种为最多;二是不带宾语,用例相对较少。以上两种用法,前者中的前两类反映了此词"虚"的一面,此时它基本只有语法功能而无实际的词汇意义,是一个典型的"形式"动词;而带名词性宾语和不带宾语的,则在一定程度上兼有语法功能和实际的词汇意义,所以反映了此词相对较"实"的另一个方面。(刁晏斌,2004:147—167)

以前我们以及他人对"进行"的研究只限于普通话的范围,基本没有涉及台港澳地区的使用情况及其与内地的异同,而通过简单的对比分析,我们看到,此词使用情况在四地均有一定的差异,而借由这些差异,正可以从一个侧面了解和掌握四地在用词乃至整个语法以及表达习惯上的某些差异。另外,经过近十年(这是现代汉语发展比较迅速、变化比较大的时期)的发展变化,即使在普通话书面语中,此词的使用情况与以前相比也有一定的差异,所以也有在此前研究的基础上再进一步延伸考察的必要。

以下我们将从上述"虚"与"实"两个方面入手,来对"进行"及其使用情况进行考察。

一、内地使用情况考察

四地中,内地"进行"用得最多(具体数量及与其他三地的对比

---

① 中间性宾语指的是以动词为中心语前加修饰限定成分的结构形式,它大致介于动词性宾语和名词性宾语之间:中心语是动词性的,而功能却是指称性的,所以我们才这样命名。

详后),以下就带宾语和不带宾语的情况分别进行说明。

不带宾语的情况非常简单,主要有两种用法,一是做定语,二是做谓语,但通常都不独立,而是与其他修饰语共现。以下各举一例:

(1) 原定于 1 月 16 日进行的第二轮投票也被推迟。

(2) "缺钱不缺德重庆棒棒哥"引发的对于社会道德的反思也悄然进行着。

相对而言,做谓语的用例更为常见一些。

带宾语的用例中,以名词性宾语数量最少,构成情况也最为简单。全部 26 个用例中,"手术"9 例,"工作"8 例,"活动"4 例,都是传统的组合形式。除"手术"有一例直接做宾语外,其他都是充当宾语中心语。

另外,还有以"工程"为中心语的用例 3 个,这在以前似乎不多见,而在台港澳地区却比较常见。例如:

(3) 2009 年 4 月,宣武医院进行改扩建一期工程。

此外,就只有以下这两个带名词宾语的用例了,它们与传统的形式有所不同,可以看作发展变化的形式:

(4) 汉语语音教室内正在进行中级班听说课,胡锦涛的到来,令学员们欣喜万分。

(5) 义诊现场,高留华认真地为患者们进行自己的"高氏疗法"。

带动词性宾语的用例最多,主要是单个的双音节动词,大约占 70%,其次是状中结构。有人认为做"进行"宾语的动词不受副词修饰,如不能说"进行马上调查"(傅满义,2006)。按,"进行马上调查"固然一般不用,但是"进行重新调查"却时能见到,所以,状中结构直接做"进行"宾语的情况确实是存在的。例如：

(6) 平顶山市中级人民法院召开了审判委员会，对该案进行了认真研究讨论，依照《中华人民共和国刑事诉讼法》第二百零五条规定，决定对该案依法另行组成合议庭进行再审。

(7) 灾后重建启动后，村里44户村民住房由镇上负责进行集中重建。

我们判断宾语是状中结构的依据有二：一是该修饰语能够提到"进行"的前边而句意不变(有时可能会有不顺畅感，这有助于确定该成分是状语而不是定语或其他成分)，二是该结构抽取出来后可以直接带宾语(这说明该宾语是动词性而非中间性的)。

除此之外，动词性宾语还有不少取多项联合形式，而联合的各成分之间还有不同的语义关系，例如：

(8) 云南省委、省政府已累计拨款1074万元对见义勇为人员进行奖励和慰问。

(9) 根据国务院要求，住建部将会同监察部等部门对这些地方的负责人进行巡查、约谈，甚至问责。

(10) 一则未经核实的事实性消息，可对其进行"有罪推定"而非"无罪推定"。

以上三例分别是并列、递进和选择关系。

除此之外，比较独特的是有以下两类"例外"。

一类是三音节及以上的音节形式。按一般的知识，"进行"的宾语通常都是双音节词或以之为中心语的结构，即如朱德熙(2003:35)所说："'进行'对其宾语有严格的要求和限制：从音节数上说限于双音节词"，而我们所见，也有个别三音节或以上音节的非词用例，如：

(11) 2010年5月,"安源廉租房"项目进行招投标。

(12) 此时,泰安市公安局已经调集了大批警力,在歹徒逃跑的路线上进行围追堵截。

另一类是动宾词组宾语。人们的一般认识是"形式动词所带动词宾语的扩展形式是有限的,只有前扩展,而没有后扩展,即只可以前加定语,不可以后带宾语、补语,这与普通动词不同。"(陈永莉,2006)但是,语言运用中几乎没有什么规律是绝对的,包括"进行"的宾语,也不是绝对没有取动宾词组形式的,例如:

(13) 龙潭街道联系消防中队、绿化队派出水车,对树木、绿化带等进行洒水。

(14) 市疾控中心相关负责人说,当蟑螂的侵害率低于20%的时候,将不再进行统一灭蟑。

(15) 同时,对现有幼儿园进行扩班、挖潜。

(16) 供电员工可以通过计算机远程采集系统监控用户用电信息,改变传统电费抄表方式,还杜绝对电能表进行窃电等行为。

上引各例中的"洒水、灭蟑、扩班、挖潜、窃电"无疑都是动宾词组,而我们所见多为此类。其实,这样的双音节动宾词组与一般的动宾式动词并无实质性区别,特别是像"洒水、挖潜"等已经有了相当的凝固性,或者说已经初步词化了,因此它们做"进行"的宾语似乎并不是不可理解。然而,如果做宾语的是多音节的临时组合,那情况就不一样了,而我们也确实看到了这样的形式,例如:

(17) 该组织还进行高利转贷1500万元,获利180万元。

(18) 这几年更是进行了大力度的扩能技改、淘汰落后产能。

按,前一例的"1500万元"应该是做"高利转贷"的宾语,而后一例"淘汰落后产能"与前边是用顿号连接的,这样它应该也在"进行"的辖域之内。

如果说以上两例还不够典型的话,那么以下一例则是没有任何疑问的:

(19) 2002年,北京继广州市之后,成为第二个由铁路部门采取措施对驶入城市市区的火车进行限制鸣笛的城市。

只是这样的用例还很少,只有以上3例,所以我们才定位为"例外"。

中间性宾语除了常见的以动词为中心语的偏正结构(其中很多如果去掉修饰语,就是与"进行"直接组合的动词性宾语了,如"进行桥梁吊装施工、进行病原学检测")外,另有相当一部分是"对象+动作"式的组合,例如:

(20) 朝阳区九校……将在教育科研、学生社团活动、优生培养等方面进行资源共享。

(21) 面试人选需撰写业绩报告,由遴选机关进行业绩评价。

按,"资源共享、业绩评价"实际的语义关系自然是"共享资源、评价业绩",其实这一类显性关系与隐性关系背离的形式正是前边所说"进行"宾语一般不能进行后扩展的补救措施,换句话说,正是由于这一形式的大量存在,所以动宾词组做"进行"宾语的用例才少而又少。

此外,还有一些中间性宾语也采取多项并列形式,例如:

(22) 由于接到任务时工期较紧,没有时间进行实地勘测、论证和可行性分析,于是就采取边施工、边设计、边招标的方法推进工程。

二、台湾使用情况考察

台湾地区国语中"进行"的使用频率比大陆低不少,但是用法却并不单一,在与大陆"大同"的基础上也有一定的"小异"。

就各种用法所占比例来说,台湾与大陆的动词性、中间性、名词性宾语以及无宾语形式在一定程度上正好是颠倒的,而这正是两地"进行"及其使用的重要差异之一。

不带宾语的用例基本同于大陆,也比较简单,比如以下一例中两种形式并存:

(1) 这部电影的叙事,在现在和过去当中平行交错进行:一方面进行的是他们越来越冷漠倦怠的婚姻;另一方面也从头描绘起他们刚刚认识交往时候,对于爱情的热烈和单纯。

稍显独特的是以下这样带补语的用例:

(2) 目前正在测试阶段,若进行顺利将向中央提报计划全面实施。

(3) 七河局主导的美浓溪整治工程,目前已经进行到美浓旧桥到东门楼间的市区都市计划段。

按,前一例"进行顺利"共出现两次,中心语与补语之间不用连接成分;后一例则用"到"引出一个比较长的补语。

台湾"进行"的名词性宾语不但数量多、使用比例高,而且形式及种类均比大陆复杂(而这其实也正是它数量多的原因)。除去那些常用的,如"工程(12例)、手术(9例)、工作(7例)"外,还有不少

不见或基本不见于大陆的用例,如:

(4)(刘姓男子)还事先要求女信众缴交"订金",费用高达新台币数万元不等,再要求进行"白莲法"。

(5)在议长杨文值办公室主任陈辉亮及国庆里长蔡贵宗的陪祭下,依序进行盥洗礼、降神、香席礼、三献礼、读祝文与加爵禄等古礼仪式,大批民众随同参拜,场面隆重。

(6)农业处与环保局马上就会进行取缔法令依据及检举检金等相关配套措施。

(7)至于未来政府若进行下一波开放清单,他建议可朝"负面表列"规划,更符合两岸产业分工的期待。

(8)去年九月,高雄长庚医院以"国际行动医疗团队"形式前往危地马拉进行医疗任务。

(9)目前已完成"修正草案"会商有关部会,俾厘清相关"法律"竞合问题后,将可进行专用渔业权申请案之实质审查阶段。

(10)高雄市议会议长许昆源服务处最近接获民众反应,表示有人假冒许昆源服务团队名义进行不实要求与不法行为。

按,此例如果只有"不实要求",则可以归入中间性宾语(但大陆通常不会这样用),而"不法行为"却是名词性宾语,二者并列,只能是后者"同化"前者,使得前者也具有了名词性。

有的中心语虽与大陆相同,但是修饰语却比较复杂,如以下一例的"工作":

(11)花莲县政府及各乡镇市公所,全面进行花莲溪、寿丰溪、木瓜溪、秀姑峦溪、拱仔沟大排、道化路大排等卅多条溪流大排的疏浚、清淤、堤防整治等治理工作。

除上引用例外,我们所见不重复的名词性宾语还有"商务及体育行程、内规审议议程、热身赛、练习赛、骤死赛、强化扫街拜票行程、装瓶藏窖的动作、初酿的流程、颁奖典礼、两场单打、司法互助的相关协议、第三天的赛事、医疗任务、疏浚工程、清淤疏浚工程、第二阶段环境影响评估程序、持续超过一个月走上街头争取'赋税人权'的请愿活动、合法的性行为、高架桥工程、21公里的自行车赛、最终赛程、后续动作、冠状动脉气球扩张术、推手团体赛、鱼屋筑巢生态捕鱼法"等,它们基本都包含指称某一动作行为的语义特征。

这些用例显示,台湾此词"实"的一面强于大陆。能证明这一点的再如以下一例:

(12) 新华社报导,郭金龙在北京市13届人民代表大会4次会议进行政府工作报告。

按,此例系引用大陆新华社的报道,但是台湾的所谓引用,经常会按照当地的语言习惯作一些修改或调整,此例大致就是如此。我们2012年3月28日在中国报纸资源全文数据库中进行检索,未发现一例"进行政府工作报告",而"作政府工作报告"则有775例。

台湾"进行"所带的动词性宾语远少于大陆,但都是双音节动词最多,其他也有一些状中词组,以及联合词组、动宾词组等,其中前两类比较普通,而动宾词组依然属于比较独特的用例,如:

(13) Lamigo Monkeys职业棒球队昨天首次于主球场桃园国际棒球场进行练球。

(14) 昨天下午即约有二公顷的菜园,先行进行废耕,以利其他农作物的种植。

(15) 它们虽以非营利为名,但藉由传播力量直接或间接对信众进行募款,跟金钱也脱不了关系。

(16) 昨天有部分养殖业者采收陆续告一段落后,即会腾出一段期间进行翻土、曝晒及消毒、整池,以便为下一季放养作万全的准备。

按,我们所见基本都是双音节形式,最后一例"翻土"和"整池"与已经成词的"曝晒、消毒"并用,说明作者也是把前者当词使用的。除这几个例子外,还有"进行修法、进行分级"。双音节以上动宾词组做"进行"宾语的只有以下一例:

(17) 该联谊会另聘请会计师进行监管账户、定期查看被处分人等是否按时汇款等,作为排除市场价格竞争之配套措施。

按,即使顿号后的"定期查看被处分人等是否按时汇款等"还不能确定是否"进行"的并列宾语,但是前边的"监管账户"则是确定无疑的。

台湾与大陆不同的,是以下两类动词性宾语。

一类是主谓词组宾语。这样的宾语在整个四地都是比较独特的,例如:

(18) 要进行人造雨的最基本条件就是要有云。

按,比照已经成词的"人造革、人造土"(《现代汉语词典》收,均标注为名词),"人造雨"也应该是一个名词或名词性词组,但是如前所述,虽然台湾"进行"所能带的名词性宾语范围比较广,但通常都是指称某一动作行为的,而"人造雨"却不具有这样的语义特征。

所以,"进行人造雨"如果分析成"动+名宾",恐怕与一般人的语感相去太远,而如果不能这样分析,那么"人造雨"就只能看作一个"主—述—宾"结构了,因此也就是主谓词组做了"进行"的宾语。

我们之所以作这样的分析,是因为还有以下类似用例的支持:

(19) 邀请到 2004 年亚洲杯花艺大赛冠军李嘉伟老师现场花艺表演及协会理监事花艺作品静态展,同时进行新任理事长蔡锡游及旧任理事长陈淑娜交接。

(20) 业界都很乐意配合学校进行建教合作、实习及训用合一,重要的是,学生的观念及素质才是关键因素。

(21) 大企业的亮丽财报不必然带来民众的就业;相反地,这些肥猫很懂得利用经济危机进行企业瘦身。

按,以上三例中,前两例的"新任理事长蔡锡游及旧任理事长陈淑娜交接""建教合作"及"实习及训用合一"是比较典型的主谓结构,而正是有这样的用例存在,所以我们才趋向于把下一例的"企业瘦身"也分析为主谓结构而不是偏正结构。

当然,这样的用例并不多,所以我们基本也把它们定位为"例外"。

另一类是连谓结构,其中多项并列的比较常见,除前边列举过的,再如:

(22) 警方立即展开调查,并透过全市建置相当完善的监录系统进行调阅、分析比对,终于锁定设籍三民区的吸毒列管人口吴启峰涉嫌重大。

真正独特的是以下这样的句子,但仅此 1 例:

(23) 这项赛事的赛程总计十八公里,先进行绕湖两圈路跑六公里,再骑乘自行车十二公里。

中间性宾语与大陆略为不同的是,台湾有较多相对复杂的用例,例如:

(24)此次改建以"安全""卫生""整洁明亮"为改善重点,将进行店铺、屋顶、地坪、路面、水沟、厕所等多方面整修改善。

(25)搭配专业护理师、照顾服务员到失能者家中进行全身式沐浴清洁、泡澡及伤口护理服务。

(26)为保农业永续经营,农田水利工作将持续进行"环境绿美化"与"自然生态工法"来改善排水设施。

按,最后一例与中间性宾语"环境绿美化"并列的,是名词性宾语"自然生态工法",而这正是此例的独特之处。

三、香港使用情况考察

香港"进行"的出现频率与台湾大致持平,而具体的使用情况也基本相同。

不带宾语的"进行"除了做定语外,主要是和其他成分共同做谓语,例如:

(1)〇三(二〇〇三)年七一游行人数达五十万而秩序井然,整个过程和平进行。

(2)法医通常会抽取死者衣服样本,作毒理学及组织学化验,但菲法医亦没进行。

"进行"带名词性宾语的用例少于台湾,但多于内地,除去内地也比较多的"工作(13例)、手术(11例)、工程(7例)"等之外,还有一些台湾比较常用而内地很少使用的"程序、措施、动作"等,表明

二者之间有更高的一致性。当然,也有一些未见于内地、台湾的用例,则在一定程度上具有香港自己的特点。例如:

(3) 这些暴力分子还可能以各种名义进行暴力事件。

(4) 理大正与屯门医院合作进行一项先导计划,研究改善急症室环境的沟通。

(5) 为什么不早进行这种施救方法,要等多日后辐射泄漏不断加剧,才作出安排。

(6) 耶鲁大学一群护理学硕士生,最近就到香港理工大学进行为期一周的"传统中医"课程。

(7) 有需要进行退票等事宜的市民,可以联络公司的特别电邮。

动词性宾语中,有一些内地不太常见的并列动词用例,如:

(8) 允许投资者自由选择币种进行交易和交割。

(9) 世界气象组织与国际原子能机构已启动了环境应变及应急行动方案,对核事故进行分析及评估。

此外,也有少量动宾词组做宾语的用例,如:

(10) 1.6万名司法人员负责监督投票过程,3.6万名士兵和警察分布在各投票站进行保安。

(11) 自卫队周五接近估计泄漏大量辐射的福岛第一核电站3号反应堆,以多支高压水炮进行射水。

如果说这两例中的"保安"和"射水"已经或接近于成词的话,那么以下两例就不是这样了:

(12) 现代货箱码头公司(MTL)今年投资港币1.7亿进行大规模改装胶轮式龙门起重机,以电力代替柴油驱动龙门起重机,计划改装94台龙门起重机。

(13) 俞宗怡解释,由于正进行或刚完成检讨部分部门的职位和范畴,所以需要以非公务员合约方式聘请。

另外,香港状中词组做"进行"宾语的用例似乎多于内地,例如:

(14) 对违规店铺及经营者进行依法惩罚。

(15) 利用网络即时通、聊天室,与对政治有兴趣的年轻学子进行直接沟通。

按,同样的意思,内地更常见的形式是"依法进行处罚"和"直接进行沟通/进行直接的沟通"。

中间性宾语与动词性宾语也有很大的一致性,即去掉修饰语就变成了动词性宾语,或者是动词性宾语加上修饰语就变成了中间性宾语,这种情况相当普遍。例如:

(16) 安理会周三将继续就是否在利比亚设立禁飞区问题进行闭门磋商。

(17) 对于有部分在野党提出应该延期所有地区的地方选举,目前暂无定论,各党将在稍后再次进行磋商。

但是,也有少数用例一般只能取中间性宾语形式,例如:

(18) 116名被传召证人中,起初只有枪手门多萨胞弟进行视像作供,上周五的9人视像作供,也是在特首透过外交部转达,才能成功进行,但关键证人如当日的谈判专家、国家调查局人员及法证专家,均没有作供。

按,此例的两个"视像作供"分别做宾语和主语中心语,而一个"作供"直接做谓语,这是颇值得玩味的。我们检索到的所有"作供"用例显示，它不能与"进行"直接组合，在做"进行"宾语的时候，只取"视像作供"一种形式。我们认为，造成这一情形的原因大致有二：一是"作供"本身就是一个"形式动词＋动词"形式，这一点基本就排斥了它再用于与同为形式动词的"进行"的组合，从而形成"形式动词＋（形式动词＋动词）"形式；二是"视像作供"本身基本已经失去了作为动词的独立性（所以我们才称之为中间性宾语），即难以再直接做谓语，所以只好借助"进行"来构成一个合格的谓语。

另外，有些宾语取中间形式还与表义有关，比如以下一例：

（19）大批机动部队和探员在元朗区内多条街道进行查牌行动。

按，"行动"（与之类似的还有"活动、作业"等）的内容比较宽泛甚至于"空洞"，因此在具体的使用中往往都要加以补充或者"专化"，其中的一个重要手段就是前加修饰语，然后与"进行"等动词组合，所以我们没有见到"进行活动"这样的用例。

当然，也有相反的情况，即动词一般只能单独做"进行"的宾语，例如：

（20）从法律角度来看，援交少女可能被控"为不道德目的而唆使他人"罪，而操纵援交少女的淫媒或介绍朋友进行援交而收取回佣都可被控"控制他人卖淫"罪。

按，"援交"义指少女为了得到金钱而自愿与男性交往，是色情交易的一种（见《全球华语词典》）。我们在较大范围内搜索，未见此词带修饰语与"进行"组合的用例。至于为什么会如此，可能的原因就是词义的限定："援交"本身已经包含相当丰富的语义信息（如主体与对象、目的与性质等），这一点恰好与"活动"等形成对比,所以似乎不太好以之为中心语,再添加某一或某些方面的限定,因此就只以单个动词的形式直接与"进行"组合。看来,"进行"的宾语是取单个动词还是中间性形式,可能还有一些更复杂的原因和机制,因此这个问题还有进一步探索的空间。

香港较为复杂的中间性宾语用例多于内地,主要是中心语取并列动词形式,例如:

(21) 他又感谢警方及多名本港专家,在惨剧后进行一连串调查及搜证。

(22) 建筑质量人命关天,一定要尽快进行全面的、扎实的检查及补修。

也有用例取另外的形式,即采取多个"进行"句并列的形式,未免多少有些显得笨拙和不够简约,而这样的用例我们也只在香港语料中看到:

(23) 微软数码犯罪单位律师说明,微软是先控告Rustock僵尸网络的执行者滥用微软商标,并申请法院命令协同美国法警服务实地进行搜证,取得受影响的服务器并进行分析和进行取缔行动。

四、澳门使用情况考察

澳门"进行"的使用数量仅次于内地,用法与港台接近,但是在某些方面也有自己的特点。

不带宾语的"进行"用法与其他三地一致,稍有不同的是取"(正在)……进行中"的用例相对较多,共有 8 例,而港台则分别为 3 例和 4 例,内地也只有 3 例。

"进行"带名词性宾语的用例多于内地,少于港台,其中也有一

些对内地而言陌生化程度比较高的用例,如:

(1) 澳门作为第三方,协议上海关为监管货物的角色,并以澳门现行的转运制度进行清关程序。

(2) 比赛完毕即场进行颁奖礼。

(3) 双方的合作已经进行了最后完善的攻坚阶段。

(4) 鲍思高青年服务网络——凤顺堂青年中心获教青局资助主办的"正面睇生活营",已于7月28及29日进行为期两天的生活营。

(5) 邱毅不需要再进行这种毫无证据的乌贼、抹黑战术。

(6) 或仿效新加坡进行"家居隔离"制度,禁止入场或限制时间入场形式,助赌徒戒赌。

按,最后两例内地通常用动词"实行",反映了两地的不同。

澳门带动词性宾语的用例在四地中比例最低,其中一个重要原因是直接做宾语的双音节动词相对较少,但是却有二"多"比较值得注意。

一是动词并列做宾语的情况比港台更为多见,即如以下这样的用例:

(7) 澳门海关继续对入境旅客携带肉类活动进行监视及打击。

(8) 谁知九年多之后,却忽然掉过头来骂自身,会否是其人要对自身进行总结和评定,如此行径,为本澳又添笑料。

(9) 对有需要的树木进行加固/控高/移除、拆除危险招牌以及协调清洁专营公司清理街道上垃圾,以减少风暴对本澳产生的影响。

二是动宾词组的数量较多,并且自由度似乎更大一些,我们指的是除了与各地相似的"颁奖、揭牌、募款、加息、控高、修章"之类的双音节组合形式充当宾语外,还有相对多一些的多音节临时组合用例,如:

(10) 接着青年义工开始与长者分组进行写挥春,长者积极参与并即席挥毫,用心写下了彼此对来年的祝福与期望。

按,"挥春"有动、名二义,前者指农历新年前挥笔在红纸上书写字句,后者为春节时张贴的写有吉祥字句的红纸(见《全球华语词典》)。此例"挥春"前有动词"写",所以应为名词义,"写挥春"自然是一个临时组合的动宾词组。

以下各例中也都含有这样临时组合的动宾词组:

(11) 该制作工场李老板根据广州一陈姓老板要求,自二〇〇九年五月开始在其家中雇用几名中年妇女进行加工包装吉列牌剃须刀,每月加工包装成品约三万套。

(12) 海关随后进行长期不定时监察该区有关涉嫌非法售卖激光视盘摊档是否死灰复燃,结果本月八日在该地点再次有人以身试法。

(13) 学生分成四组,以竞技形式进行抢答问题,气氛十分紧张热烈。

另外,我们还发现一例非自主动词带状语做"进行"宾语中心语的用例(这与前引[＋可控(即自主)]的语义规定性是相抵触的):

(14) 当进入流感高峰期,细菌有机会透过悬浮粒子这个途径进行互相传染。

澳门"进行"带中间性宾语的用例比例最高,但类型却并不复

杂,与其他三地没有什么明显的不同,比如以下二例中的"对话":

(15) 就其本身而言,圣统制不反对同政权就教会团体生活中涉及民事的问题进行对话。

(16) 教宗让中国主教决定如何进行与政府的对话。

相对来说,这种可以自由添加与移除的用例更多,这其实也是前述此地双音节动词直接做宾语少而中间性宾语多的一个重要原因,即有更多的双音节动词前加修饰语后做"进行"的宾语中心语。

五、余论

以下对四地"进行"使用情况的差异以及相关问题进行讨论。

1. 四地"进行"使用情况小结

我们把四地"进行"的使用情况列表如下:

表一

类型	内地 用例数	内地 比例	澳门 用例数	澳门 比例	香港 用例数	香港 比例	台湾 用例数	台湾 比例
动词性宾语	427	54.81	187	30.91	177	35.33	162	33.68
中间性宾语	275	35.30	263	43.47	191	38.12	186	38.67
名词性宾语	26	3.34	48	7.93	57	11.38	73	15.18
不带宾语	51	6.55	107	17.69	76	15.17	60	12.47
合计	779	7.21*	605	5.93	501	4.60	481	4.54

* 本栏的比例是指使用频率,即每万字的用例数,与上边各栏的百分比不同。

总体上看,内地与其他三地之间的差异最大,具体表现则有以下几点:

一是总的使用数量最多,使用频率分别比澳港台高出 1.28、

2.61、2.67；

二是带动词性宾语的用例远多于其他三地，平均约高出 20 个百分点；

三是带名词性宾语的用例少，与台湾的使用比例为 1：4.54，与香港是 1：3.41，与澳门是 1：2.37；

四是不带宾语的用例少，与澳、港、台的使用比例分别是 1：2.70、1：2.32、1：1.90。

后三点差异说明，与台港澳三地相比，内地的"进行"更具有形式动词的典型特征，而在其他地区则更具多样性。

仅就使用数量和频率来说，澳门与内地比较接近，这一点大致能够反映香港与澳门相继回归后四地目前在很多语言现象上的差异状况及其程度：与台湾差异最大，香港次之，澳门最小。就我们所见，澳门报纸引用来自内地的消息和对内地的报道最多，从而造成不少内地常用形式的直接引进，而这也正是两地语言一致性最高的重要原因之一。比如以下一例：

(1) 会谈开始前，奥巴马在白宫举行隆重仪式，欢迎胡锦涛对美国进行国事访问。

按，澳门语料中，与"进行"配合使用的"国事访问"共出现 9 次，均为报道党和国家领导人出访的，而在香港仅出现 2 次，台湾 1 次。

相同的意思台湾用"国是访问"，在台湾语料中，"进行国是访问"共出现 4 次，例如：

(2) 胡锦涛下周将前往华府进行国是访问，美国总统欧巴马政府已把加强美、中军事接触，列为希望从胡锦涛此行获得的实质收获之一。

而在澳门和香港均无这样的用例。

澳门"进行"用得多,不仅仅是因为"引进"内地的用例多,其实还有在此基础上的模仿或类推,或者叫延伸性使用。比如,"工作"在内地是一个高频词,在我们考察的语料范围内,各地的使用情况如下(括号内为使用频率,即每万字的用例数):内地1830(16.973)、台湾541(5.248)、香港629(5.954),澳门1190(11.736)。

内地与"进行"配合使用的"工作"共有23例,台湾7例,香港17例,而澳门则有21例。以下例句大致就属于延伸性使用:

(3) 柯老的贡献,有其特殊的性质,具有浓厚的"个人特性",更遑论后来他在担任中方机构负责人所进行的工作方面,与香港中方机构负责人的"共性"贡献。

(4) 由于悬挂八号风球期间未能进行垃圾收集工作,民署临时增设垃圾收集设施,供市民弃置垃圾。

仅就这样的用例,也可以证明我们前边所说,香港澳门先后回归,必然与内地发生更密切的语言联系,由此而拉近了双方的距离。澳门与内地的联系尤其密切,所以二者之间的距离就更近一些。

2. "进行"使用范围在内地的拓展

我们指的是"进行"与"到底"组合后大量用于"将/把"字句的发展变化。"将……进行到底"的远源是毛泽东1948年12月30日为新华社撰写的新年献词《将革命进行到底》,而它的近源则是1998年开播的中国第一部青春偶像剧《将爱情进行到底》。随着《爱》剧以及《爱2》《爱3》的先后热播,这一结构开始大面积流行,人们不断用各类词语来替换"爱情",诸如"降价、关闭、移动、炒股、美容、卖肉、笑、买彩票、无理由退货、小资、短信、绿色、悬念、汗水、音乐、好习惯、私人飞机商用直升机、'穿新衣'和'当奶奶'的开心事、小贝追逐战、美丽、健康、时尚、野蛮、恶心、奢侈、荒唐和愚蠢"等,由此而使得"将/把"的宾语在语义特征、词性以及音节方面都有突破。(翟颖华,2009)

这一形式的流行对"进行"使用的影响以及由此带来的变化主要表现在以下几个方面:

其一,扩展了"进行"与"将/把"宾语的搭配范围,亦即扩大了此词的使用范围,由传统的动词或以动词为中心语的偏正结构(即中间性宾语)等扩展到更多的纯名词以及形容词;

其二,突破了"进行"与"将/把"宾语(亦即"进行"的意念宾语)之间语义关系的旧有格局,从而不再仅限于上述的几种类型;

其三,扩展了"进行"的语义空间,不仅使之更加"虚""实"兼备,而且两方面的内涵都达到了前所未有的丰富。

其四,促使甚至一定程度上实现了整个"将/把……进行到底"构式的"泛化"或者"虚化"。不过,这个问题比较复杂,并且主要也不是"进行"一个词的问题,所以暂且打住。

3. 四地的融合趋向

在四地语言不断由差异趋向一定程度融合的大背景下,"进行"的使用也表现出这方面的趋向。前边讨论澳门"进行"的使用频率与内地比较接近时,已经涉及这个问题了,即澳门此词用例的增加,从某种意义上说正是两地语言融合的表现,而这样的表现在其他地区也一定程度地存在。

由内地一方看,比如第一小节例(5)举了"进行自己的'高氏疗法'",此例正可以与第二小节台湾用法的例(4)"进行'白莲法'"相比较,二者如出一辙;再比如,第一小节中我们还举了"汉语语音教室内正在进行中级班听说课"这样的例子,这种"进行"

带"课"为宾语的形式以前从未见到,而在香港,我们却见到了同样的用例:

> (5) 理大护理学院讲师谢庆绵昨为8名耶鲁学生进行针灸和拔罐的实践课,几位准护士首尝针灸,均直呼感觉相当新鲜。

前边还提到,内地的名词性宾语中出现了3例"工程",这在以前也相当少见,而在台港澳地区,却一直比较多地存在这样的组合形式。

由台港澳一方来看,前边谈到固定组合形式"进行到底"在内地的大量繁殖和大规模使用,而这一影响也及于台港澳地区,比如香港就有以下的用例:

> (6) 正式会后,张春贤指示工作人员,将围挡放开,主动走向记者聚集的一侧,应答至所有人满意才离场,将开放风格进行到底。

> (7) 势要把这种"蚝"体验进行到底。

前边还提到,台湾通用"国是访问","进行国是访问"的用例出现4次,但是也出现了一例"进行国事访问",很显然,这也是对内地相同形式的直接移用。

我们相信,随着四地语言交往和联系的进一步密切,这样的融合趋向还会不断有新的表现,从而使之达到更高的相似度。

第二节 "做"与"作"的差异与融合

"做"与"作"是现代汉语比较常用的动词,它们都是多义词。本节分别取"做"的"从事某种工作或活动"义和"作"的"从事某种活动"义(均见《现代汉语词典》),其他如"做"的"制造、写作、举行庆祝或纪念活动、充当/担任、当作、结成、假装出"义和"作"的"起、写作、装、当成/作为、发作"义均不取;另外,那些作为词语构成成分的"做/作"(如"做秀/骚、敢作敢为、做爱、做工、作保、作别、作奸犯科")也排除在考察范围之外。

与"进行"一样,我们也把这类动词所带的宾语分为三类(刁晏斌,2004:218,248):

第一类是动词性宾语,即单个动词或状中结构直接做宾语,此时如果去掉"做"或"作"意思不变,句子基本还能成立(有时需要做一些微调);

第二类是名词性宾语,即名词或名词性词组以及相当于名词的代词直接做宾语,此时如果去掉"做"或"作",意思改变,句子也根本不能成立;

第三类是动词带修饰语构成的中间性宾语,它的中心语是动词性的,而整个结构却是名词性或者是难以定性的,此时如果去掉"做"或"作",意思基本保留,或者是仍有明显关联,但是句子一般难以成立。

以下就"做"各举一例:

(1) 以前毕业时学生要到企业和运营单位实习,而现在很多学工科的学生,只在计算机上做实习,根本没到企业去,因此不了解企业的情况,也很难有创新的思维。

(2) 市公园管理中心表示,开春后将联合文物部门对历史名园围墙做进一步勘察。

(3) 要这么看,不是党的领导,哪能为人民做这么多事?

(4) 让人民群众知道政府在想什么、做什么。

(5) 从今年开始,在全国农村实行住院分娩补助政策,定期为孕产妇做产前检查和产后访视,为3岁以下婴幼儿做生长发育检查。

如果反过来说,由这三类不同的宾语,也可以从意义上把"做"与"作"分为两类:带动词性和中间性宾语的,基本属于虚义的动词(失去动作义,主要部分与一般所说的"形式动词"相当);带名词性宾语的则属于实义的动词(即仍然保有宽泛的动作义)。前者可以记为[＋虚义],后者记为[＋实义]。

此外,"做"有很多不带宾语的用例,而"作"类似的情况也偶有所见,此时它们也呈[＋实义]的语义特征。例如以下一句话中的两个"做":

(6) 无法描述她短暂生命走过后的感受,我们能做的都做了,能想的都想了。

在下边的考察和讨论中,我们将用到这样的分类。

关于"做"与"作"及其使用,有一个很重要的问题,这就是二者的区别。关注这个问题的人不少,研究成果也有一些,但是客观地说,多数结论往往不具有彻底的普遍性,因此还不足以使人们对此有全面的了解和掌握,至于用于指导具体的语用实践,更是还有不少困难。上述情况只是就内地一地说的,如果再把四地的使用情况都考虑进去,那就更加复杂了。本文不纠缠于此,只就我们语料范围内各类用例所显示的二者使用情况及其异同来进行讨论和说明。

在四地各100余万字的报纸语料中,"作/做"的使用是不平衡的,具体情况见下表:

表二

项　目	做		作		合　计	
	用例数	频率*	用例数	频率	用例数	频率
内地	358	3.31	71	0.66	429	3.97
台湾	313	2.95	65	0.61	378	3.57
香港	280	2.57	241	2.21	521	4.78
澳门	255	2.50	178	1.75	433	4.25

* 频率指每万字的用例数

以下将由上述数量对比入手,考察和描写"做"与"作"在四地的使用情况,分析说明它们的异同,并试图对其中的某些原因进行解释。

一、内地使用情况考察

如前所述,关于"做"与"作"的使用情况及二者的差异,已有一些研究,有人主要从使用规范的角度归纳为以下三点:一是有文/白之异,即书面色彩强的说法和场合用"作",口语色彩强的用"做";二是从宾语的意义出发,有抽象/具体之别,即抽象的动作用"作",具体的动作用"做";三是看句法分布,即"作"主要是做构词语素,用于词或较固定的格式中,而"做"则主要作为单音节动词使用。(胡斌,2003)还有人考察了收于《现代汉语词典》中所有含"作"与"做"的合成词,结果发现"作"与非名词的结合几乎占一半,而"做"基本与名词搭配。(柯移顺、毛树嵘,2007)

在以上简单知识的背景下,我们来看"做"与"作"在当代报纸上的自然分布及使用状况。

内地"做"与"作"的具体使用情况见下表:

表三

类型		做		作	
		用例数	百分比	用例数	百分比
实义	带名词性宾语	128	35.75	0	0
	不带宾语	138	38.55	5	7.04
	合计	266	74.30	5	7.04
虚义	带动词性宾语	36	10.06	31	43.66
	带中间性宾语	56	15.64	35	49.30
	合计	92	25.70	66	92.96

上表显示,内地"做"与"作"的虚实情况是颠倒过来的:前者的实、虚之比是74.30∶25.70,而后者则是7.04∶92.96,这实际上就是说,二者已经形成了基本互补的分布。

以下我们分别对这两个词进行具体的考察。

1. 做

作为[＋实义]的"做",不带宾语的用法主要有三种类型,分别是直接做谓语、做定语和构成"的"字结构。以下各举一例:

(1) 这些事,没有人要求邵忠利去做。

(2) 中国政府代表团所做的大量工作是有目共睹的。

(3) 刘冰要做的就是依据考分从这张表上选择。

另外,一些有相当凝固性的组合形式用得相对较多,如"做大(8例)、做强(7例)、做活(3例)"等。

名词性宾语中,有一些词语比较集中地使用,其中出现次数最多的依次是"事/事情(25例)、工作(19例)、手术(18例)、生意(11例)、什么(5例)",它们在128个用例中占了60.93%。

就"做"与名词宾语之间的语义关系来说,有一些用例超出了

传统用法的范围,即宾语不表示或主要不表示"做"的对象,例如:

(4) 中国民营经济无法再做低端的行业,而必须走向高端。

(5) 地处海西内陆的江西、湖南等省,依托福建,纷纷开始大做"无水港""飞地港"战略。

(6) 其实,如果公民信息库真能治腐,没病的老百姓跟着有病的贪官们一起吃药也没什么,反正不做亏心事,不做违法钱,公开信息就公开信息了。

(7) 用整个心做教育。

按,例(6)的"不做亏心事"是传统用法,而"不做违法钱"显然与之不同。这里的宾语大致表示"做"的范围或领域等。

[+虚义]的"做"所带的动词性宾语中,除了少数有相当凝固性的传统组合形式(如"做实验、做准备、做抵押、做检查")外,其他的通常要依靠别的成分才能与"做"组合,主要有两种情况。

一种是前加副词或后附动态助词、趋向动词以及"个"等构成一个四字格,这种情况最多,如"不做变动、做了规定、做了调整、做了剖析、做了投资、做了改进、做了规划、做着装饰、做上标注、做个预测"等。

另一种是依赖上下文,例如:

(8) 临时工顶包公职人员当义工,同样反映出一些地方做决策、定政策时的不科学。

(9) 服役3年,他始终坚持定期为部队附近的五保老人陈婆婆挑水、洗衣服、做扫除。

我们认为,两例中的"做决策"和"做扫除"主要是为了与"定政策"和"洗衣服"取得结构上的一致而采取的形式。

不依赖其他条件而直接组合的只有少数几个,前已举过"做实习"的例子,其他的用例再如:

(10) 现有的教师将分成三类管理,第一类是做科研的,第二类是做教学的,第三类就是两者兼具的。

(11) 村里人请来了规划设计院等多家单位的专家给家园做规划。

(12) 在搬运救灾物资时,战友知道他腰疼,想让他帮助政府工作人员做清算。

能做动词性宾语的那些动词大致都可以作为中间性宾语的中心语,比如以下一例:

(13) 昨天中午,吴女士带着脚部受伤的女儿去医院做检查,本应做 X 光检查,却误入 CT 室,而大夫也未核实申请单,就给女孩做了头部 CT。

此外,有些中间性宾语在这一基础上还有所拓展,即有些动词只有加上修饰限定语后才能与"做"组合,比如"酒精呼吸测试、相应的调整、进一步沟通、浅层次的改编、统一要求"等,都不见有中心语单独与"做"组合的用例。

2. 作

内地"作"的数量不多,使用情况也比"做"简单。

[+实义]用法中,没有带名词性宾语的用例,而所有不带宾语的 5 个用例都是做定语的,并且只有"所作的"一种形式,所修饰的都是表示指称的动词或中间性词组,例如:

(14) 阮梅所作的调查表明,青少年谈及压力、紧张的来源,首先提到的是家庭父母,其次是学校教育。

[+虚义]用法中,主要是一些比较固定的搭配,比如宾语或宾语中心语为"报告"的共21例,"规定"11例,"发言"7例,"讲话"4例,四者合占总数的60%强;而就"作"本身来看,则有26例取"作了"的形式,占36%强。除了上述动词性和中间性宾语外,其他不止一次出现的还有"汇报、说明、概括、总结、分析、贡献、研究"等,都是比较"传统"的形式。

从形式上看,"作"通常不与动词直接组合,所以多采取中间性宾语形式,或者是带其他成分构成四字格,后者的用例有"作了汇报、作了发言、作了规定、作了说明、作了回答、作了分析、作了保障、作出规定、未作宣判、未作回应、未作批复、稍作休息、稍作休整、多作贡献"。可以单独与"作"组合的只有"作报告、作贡献、作宣讲、作斗争"等4个。

二、香港使用情况考察

香港地区"做"与"作"的词义虚实和功能分布与内地相当一致,但是使用情况有一定的差异,先看下表:

表四

类型		做		作	
		用例数	百分比	用例数	百分比
实义	带名词性宾语	73	26.07	7	2.90
	不带宾语	143	51.07	8	3.32
	合计	216	77.14	15	6.22
虚义	带动词性宾语	29	10.36	109	45.23
	带中间性宾语	35	12.50	117	48.55
	合计	64	22.86	226	93.78

1. 做

在香港书面语中,有"以粤方言为基本框架,加上若干惯用的书面语字句及英语单词混杂而成"的所谓"港式中文"(黄坤尧,2000),其实除此之外,还有单以粤方言为基本框架的"粤式中文",有为数不少的"做"字句就是以这一面目出现的,而"作"字句中却没有这样的用例,因此这是香港"做"字句的一大特色。例如:

(1) 谈到港人抢购食盐,对此表现慨叹的她就认为连日本都未有咁做:"都系国民教育问题啦,习惯性咗系咁做!"

(2) 他心痛说:"我咁想内地小朋友有书读,如果系佢哋喺网上做啲咁嘅事,我会几伤心!"

[+虚义]的用例中,动词性宾语比例与内地基本持平,但是动词直接做宾语的限制要少一些,另外有些组合似乎与"作"有分工,比如以下二例:

(3) 冯小刚年初曾到日本做宣传,与神户市长矢田立郎会面。

(4) 他爱做运动,亦爱好养狗,经常抱宠物狗出入。

按,"做宣传"共出现 6 次,"做运动"4 次,但我们没有见到"作宣传、作运动"的用例。

中间性宾语的比例略高于内地,通常的情况也是有一些不能直接做宾语的动词,采取加修饰语的"变通"形式实现了这一功能,例如:

(5) 国家需要发展,香港需要发展,亦会做一些平衡,做一些妥善的处理。

按,我们没有看到单独使用的"做平衡、做处理"用例。

[+实义]用法中的名词性宾语比例低于内地,主要是因为一些固定组合形式相对少一些,比如内地"工作"直接或带修饰语后做宾语的有 19 例,"手术"18 例,而香港则分别只有 6 例和 1 例。香港"做"的名词性宾语也以"事"类词语为最多,共 20 例,数量也略少于内地。其他如"生意、买卖、工夫"等虽也多次出现,但数量都不及内地。

比较有特点且多于内地的是兼有对象、范围等义的名词性宾语,如"本地市场、个人人民币业务、散工、公务、电影、这出剧、杂志、表演教职、贪污行贿行为、快餐店和茶餐厅、首期",显示其选择范围比其他地区更广一些。另有"功课"一词,出现 4 次,用的都是抽象义,例如:

(6)他直言"担心都无用",只恨政府官员"唔识做",到立法会闯关前无做足功课,没有确定有足够立法会议员投票支持议案。

香港不带宾语的"做"比内地多,主要原因有二:一是"做"直接做谓语的用例更多,例如:

(7)只要经济好、生活得到改善,人人有工做,社会就乱不到哪里。

(8)青年节由 3 月 7 日至 11 日举行,鼓励学生敢想、敢做、敢于挑战未来。

按,"做工"及"有工做"在内地均很少用,而内地与"敢想敢做"相当的形式是"敢想敢干"。另外,"粤式中文"中"做"用作谓语或其中心词的占多数,如例(6)的"唔识做"(义同"不识趣",反义形式为"识做")就是常用形式。

二是"做"带各类补语的用例比较多,例如:

(9) 港铁列车运作近年屡次出现失误,经常延误乘客行程,更不时造成大混乱,向市民提供的服务根本做不足。

(10) 厉行向地方一把手问责,并重罚阳奉阴违官员,才有望地方不但说得漂亮,还会做得达标。

仅"做得……"就有 21 例,"做不……"11 例,其中主要是"做不到"(8 例)。

2. 作

"作"字在香港的使用频率最高,用法也相对复杂,在组合形式以及表义上都有自己的特点。

与内地一样,香港"作"也主要是[+虚义]用法,所带动词性宾语和中间性宾语数量接近,这些宾语大致呈"四多"特点:

一是带四字格多。主要是以动词为中心的偏正结构,约占用例总数的 30%。我们所见不重复的用例就有以下一些:

> 内部参考、深入测试、任何评论、长远考虑、通盘考虑、深入讨论、言教身教、抛砖引玉、正面响应、专题汇报、上述表示、工作简报、适度调整、任何修改、长远投资、任何开支、清楚交代、冷藏处理、防腐处理、后续处理、不实报道、具体分工、高空监视、一些建议、广泛咨询、最坏打算、视像作供、双重保障、七场表演、毒理化验、适当惩处、非法勾当、相关资助、定期检查、外观检查、户外活动、最佳显示、商讨配对、审慎思考、自我批评、全面修订、即场面试、圆周运动、初步研究、详细分析、辐射检查、风险评估、联合巡查、重大转变、西域之行、中性打扮、结案陈词、松弛练习、后续处置、中期检讨、适当调校、入息审查、详细规定、信息热身、较大调整、长持持有、清楚交代、适当决定。

二是直接带双音节动词的多。这类用例约占总数的 20%,计有以下一些:

检查、跟进、测试、投资、研究、决策、部署、推介、判决、查询、招徕、分析、调整、防腐、总结、纪念、解脱、纪录、考虑、检讨、销售、比较、帮助、维修、捐款、监管、解释、抵押、急救、鞭策、代表、重建、介绍、演讲、储备、参考、掩护、斗争、演习、安排、交流、反应、消费。

三是在第二类的基础上前加单音节修饰语,整个构成一个四字格的形式比较多。这一形式占总用例数的近 10%,有以下一些:

再作等候、再作讨论、再作提案、再作处理、稍作调整、稍作修改、稍作休息、稍作暂缓、不作响应、不作决定、不作评论、已作响应、已作适应、多作贡献、另作安排、初作尝试、会作判断、早作防御、始作知会。

四是带联合宾语较多,包括并列关系和选择关系。这类用例约占总数的 5%,主要是:

施政或议政,公开拍卖或招标,跟进或调查,其他投资或消费,公布及跟进,财政预算及预留储备,检讨及修订,进一步讨论和分享,3 项修订、3 项承诺。

以下用例对内地读者而言陌生化程度都比较高,而在香港却比较普通:

(1) 日本急需能源作重建

(2) 公开捐款数字以作抛砖引玉,希望吸引更多台湾民众捐款的艺人。

(3) 负责治疗的家庭医学医生会定期与精神科医生讨论复杂的个案,以制订最佳的治疗方案,有需要时会转介至精神科作跟进。

(4) 18个团体共百多人昨举行集会,提出民间预算案,要求政府作3项修订、3项承诺,包括复建居屋和遏止地产霸权等。

除以上"四多"外,还有以下两类宾语,用例虽然都不多,但是却比较有特色。

一是单音节宾语,例如:

(5)《议事规则》第32(2)条订明:凡立法会已对某一议题作出决定,而该议题是以不通过的方式作决,则在同一会期内,不得就该议题再行动议议案。

按,同一意思,前边用四音节完整形式"作出决定",后边则用二音节简单形式"作决",前者在四地都很常见,而后者就比较具有香港特色了。类似的用例再如:

(6) 同一马主的名下马,依照国际惯例都是披起同一款色的彩衣,不管在何地作赛,都穿同一彩衣。

按,以下一例大致可以与"作赛"相比较:

(7) 另一方面,外国亦有唔少嘅运动员作慈善赛或直接捐出善款。

"作赛"在我们考察的语料范围内共出现5次,均见于关于赛马的分析和报道。

(8) 约有近四成的菜档更加拒绝作答,或未能提供合理解释,令人质疑其可信性。

"作答"早已凝固成词(已收于《现代汉语词典》),但实际上它与"作别"等一样,在早期现代汉语中比较多见,当下的普通话中却很少用到。

类似已经成词的形式还有"作秀/骚",而田小琳《香港社区词词典》还收有"作供"一词,二者都比较常见,因为已经成词,所以我们没有计入"作"的用例数中。

二是带非自主性动词宾语。"作"表示主动的行为,所以它的动词性宾语通常都是自主动词,以上所引各类例词基本都是如此。但是,我们也看到了为数不多的一些非自主性动词用例,也是比较具有香港特色的形式。例如:

(9) 世界不平静,大家千万不要误信传言,作无谓的恐慌。

按,"恐慌"是典型的非自主动词,它的使用,使得"作"不再具有一点"作为"义,而成了一个只起语法作用的纯粹形式动词。以下两例中的三个动词基本也是如此:

(10) 过去几天,日股已作了几次数百点反弹,升势稍作暂缓亦属合理。

(11) 现时只要欧猪问题不恶化,市场都已作适应,对后市破坏力不如过去般大。

香港[+实义]的"作"与内地最大的不同是,有带名词性宾语的用例,此时它完全成了"做"的替代形式,或者说是"侵入"了后者的使用空间。例如:

(12) 裁判官判刑时指,男被告窥准二手电话商人不欲拆掉 iPhone 的包装胶套以能卖得好价钱,遂以泥胶 iPhone 作非法勾当获利。

（13）相反,大家都会作自己的故事,人人都可以讲,而且讲到似模似样。

（14）调查又显示,去年约84％百万富翁曾捐款作善事。

香港不带宾语的"作"也与内地只以"所作的"形式做定语有所不同,8个用例中,有5个做定语,另有3例带补语,此时也与"做"完全相同,例如:

（15）这些腐败分子的共同特点是作秀作得"真",高调唱得响,坏事作得绝。

三、澳门使用情况考察

总体的使用情况先见下表:

表五

类型		做		作	
		用例数	百分比	用例数	百分比
实义	带名词性宾语	84	32.94	3	1.69
	不带宾语	127	49.80	11	6.18
	合计	211	82.74	14	7.87
虚义	带动词性宾语	17	6.67	67	37.64
	带中间性宾语	27	10.59	97	54.49
	合计	44	17.26	164	92.13

1. 做

上表显示,澳门"做"的虚实分布比例介于内地与香港之间,而略为偏向香港一侧,这既体现了港澳之间语言关系的密切,同时也显示出回归以后,澳门比香港受到内地语言更多影响这样的事实。

[+实义]用例中,澳门能与"做"组配的名词性宾语比较多,这一点与香港基本相同,而与内地有一定差异。例如:

(1) 为应对博企的挖角潮,去年底新濠天地已提前做预防措施,加薪留人。

(2) 已做了廿八年爆竹烟花档的许先生反映,今年生意绝对胜去年。

(3) 做食品行业十来年,第一次深刻感受到这是个脆弱的行业,一条疑似的消息就可能将一个企业打垮。

(4) 你话用咁多亿去派好,定用返呢啲钱来做民生安老伤残社福好?

另外,在澳门也能见到一些与上述"粤式中文"相类似的用例,如例(4),这也体现了港澳之间的一致性,只是数量相对少一些。

澳门"做"的名词性宾语中,有些常用的固定组合形式也比较多见,比如最具内地特色的"工作",内地有 19 例,香港 6 例,而澳门则有 15 例。这应该是澳门"做"带名词性宾语比例高于香港的原因之一,另一方面,这也是回归以后澳门书面语言比香港受到更多内地影响的一个小小证明。

不带宾语的用例港澳基本持平,这说明二者之间的相似度很高,比如香港有"做了任何贪污行贿行为",而澳门也有"做"与"行为"相关联的用例:

(5) 一位同学更当场饮泣,反省了过往做的一些行为令妈妈伤心,他承诺会改过,日后要更加孝爱母亲。

但是,另一方面,通过某些不带宾语的"做"也能看出澳门所受内地的影响。比如,内地名词性宾语中与"工作"相关联的(以主语或中心语的形式出现)有 14 例,澳门有 10 例,而香港仅有 4 例;另外,内地常用的"做大做强"在香港没有用例,而在澳门则出现 2 次。

[+虚义]的用例少于内地和香港,主要是因为能直接或间接做宾语的动词数量相对较少。上述两类宾语的"品种"基本同于香港,所以不再赘述。

2. 作

澳门与香港同属粤语区,两地之间的交往最多,所以语言的相似度也最高,这一点在"作"的使用上表现得最为明显:不仅用例数与香港比较接近,就是以上分析香港"作"的诸多特点,其实在很大程度上也是澳门的特点。

比如,在[+虚义]的用例中,四字格宾语也很常见(约占用例总数的 25%),计有以下一些:

> 深度分享、事先安排、全面评估、并机交接、外围呼应、环评报告、重大更改、专题发言、上述表示、以上表示、重大贡献、较大修改、较大调整、反复推敲、非法摆卖、最后评估、联谊活动、分析建议、特殊安排、清晰指引、悉心装饰、严正交涉、正确回复、实况笔录、任何评论、会前准备、专场演出、研究规范、产权登记、定点监察、牧灵访问、会前祈祷、讨论交流、仔细考虑、深化改革、事前探访、开幕演讲、实报实销、自我反省、深入交流、探访活动、未雨绸缪。

双音节宾语则有以下一些:

> 试点、澄清、改进、支持、分辨、阐述、解释、开始、结束、表彰、思考。

前加状语形成的四字格有:

可作思考、会作考虑、早作考虑、多作考虑、再作定夺、预作铺排、乱作批示、早作筹谋、稍作喘息、再作咨询、多作贡献、以作纪念、以作鼓励、以作支持、多作沟通、一作比较。

以下联合、非自主宾语各举一例：

（6）圣罗撒英文中学日前组织理科学生到南京作科学交流及爱国教育,行程收获丰富。

（7）各地主教被迫赴会,甚至国内教会观察家见在短速时段,作如斯的大逆转和大倒退的情况,也感到"莫名其妙"。

单音节宾语只见"作育"一例,即:

（8）他相信以他的博大爱心,老师们的合作精神,即使未必能化腐朽为神奇,但总可以为社会作育英才。

"作育"也属旧有的固定组合,早期现代汉语中即已使用,如"为国家作育人才,这也正是人人能行的新英雄的事业吧"。（郭沫若《天才与教育》）

[＋实义]中不带宾语的用例有 11 个,全部做定语,而带名词性宾语的则有 3 例,也与"做"完全相同。相比于内地的 0 例和香港的 5 例,显然与后者的一致性更大:

（9）不过,副市长侯友宜表示,欢迎企业作公益,并乐观其成。

（10）高天予神父本着"做天主所喜欢的事"这个宗旨,六十年来在学校、堂区、修院等地方作福传及培育工作。

（11）原来现时福建乡间习惯上是把先人集中在类似祠堂的集体所有场地祭祠,来到城市就试图在大厦住宅单位找地方作同样的事。

按,例(9)的"公益"义指公益活动,所以可以看作名词性的。澳门"做公益"共有5例,"作公益"仅此一例。

四、台湾使用情况考察

台湾"做"与"作"的虚实分布与其他三地的差异最大,具体情况见下表:

表六

类型		做		作	
		用例数	百分比	用例数	百分比
实义	带名词性宾语	89	28.43	10	15.38
	不带宾语	132	42.17	7	10.77
	合计	221	70.60	17	26.15
虚义	带动词性宾语	29	9.27	25	38.46
	带中间性宾语	63	20.13	23	35.38
	合计	92	29.40	48	73.84

1. 做

[+实义]的用例中,名词性宾语与各地有相当的一致性,也是相对集中在一些词语,如含"事"的有32例,"什么"14例,"公益"8例,"生意"7例,"工作"6例,占所有89个用例的75%强。此外,也有少数不见于内地或港澳地区的形式,如:

(1)县府早已美仑山公园内竖立广告牌,提醒民众宠物入园需做防范措施(系狗练、攻击性宠物需戴嘴套)。

(2)欢迎民众随时利用能源局的出版品或向亲朋好友宣传,让我们一起省钱做环保。

(3)增生性凸疤可选用类固醇注射或硅胶片来做抚平效果。

不带宾语的"做"具体用法也与其他各地相同,一是做定语,二是构成"的"字结构,三是做谓语,后者往往需要与其他成分组合,比如"做得"带补语的有 14 例(另有 1 例用"做的"),"做不到"6 例,"做起"12 例。以下都是常见的形式:

(4) 如果抱持这样的心态,什么事都不用做,所以觉得该做的,还是应该积极来推动。

(5) 刘姓员工是触控面板生产在线的一员,去年九月到职,是采四班二轮制(做二天休二天)的上班方式。

(6) 他提醒资方不要刻意告诉他们可以"慢慢做、随意做"。

[+虚义]用例在四地中比例最高,主要是因为中间性宾语数量多,其中有不少使用了一般不与"做"直接组合的动词性中心语,并且数量更多,如"温泉开发、数位典藏、一次性的呈现、定额式的分配、妥适处理、最好服务、公益纾解、上述表示、深度旅游、多元的讨论、临时性疏导、制度性的改革、策略性运用、变相的伤损、政府置入性营销"等。例如:

(7) 带领学生从趣味性中做扎实的学习,这种求好心切的坚持,是得奖师生值得赞赏之处。

(8) 何不眼光放远,稍做举一反三的聪明思考,则万事终必臻于完美圆满。

动词性宾语虽然有一些也要借助其他条件支持才能实现组合,如"早做因应、稍做休息、做了修正、先做评断",但是不借助其他形式的直接组合也有不少,且多不见于其他各地。例如:

(9) 美仑山已有广告牌做提醒。

(10) 浦利叶专程漂洋过海赶到台东演出,克服时差后立即做演出。

(11) 依照气象局定义,2010年共有5波寒流,以12月份冷空气开始南下做区分,之前都属于干冷型态。

(12) 在选购乌鱼子时,可先以形状、色泽做区别,外形匀称,色泽橘红带透亮且无黑斑、血渍,触感软硬适中者为佳。

(13) 而金钱则是与安全做连结:有了钱,不仅能享受,老来不能工作时也才有保障。

2. 作

台湾"作"的使用频率在四地中最低,但是却很有特点,这在虚实两个方面都有表现。

在[+实义]方面,带名词性宾语的用例最多、比例最高,由此显示出"作"与"做"使用上某种程度的随意性。例如:

(14) 真是令人心痛,民生物资不是太贵就是太便宜,政府在作什么?

(15) 为善不一定要花钱,骑脚踏车沿路捡拾铁钉,不但可锻炼身体,也可作公德。

(16) 很多地下道、陆桥也都根据需求作整并与消除工作。

(17) 一个个"生鲜"的音乐名字,就看歌迷平常有没有认真作功课了。

不带宾语的"作"一定程度上也是如此,而这也是台湾[+实义]的"作"比例远高于其他各地的另外一个原因。比如前已言之,台湾"做起"的用例有12个,而以下一例用的却是"作起":

(18) 生活习惯改变才是最佳的治疗方式,建议民众可以从改善生活习惯作起。

在[＋虚义]方面,主要是不乏一些在其他地区陌生化程度还比较高的用例,如:

(19)营养师指导正确的饮食观念,轻松、自然、无负担的减少热量摄取,以及健身老师提供有氧运动或舞蹈,针对容易堆积脂肪的部位作加强。

(20)陈政一建议以囊括各类债券的组合债基金作布局,不但能掌握风险性债券部位之较高收益,亦能藉由公债部位降低波动风险。

(21)我们非常期待看到他能否继续就"宪法"角度作发挥。

(22)几乎每年都会去找,有观光餐旅这方面,能够相互学习的地方作研习。

以上是"作＋双音节动词"的用例,以下一例则是"作＋单音节动词":

(23)(台股)终场大涨118.47点,以8738.37点作收。

按,"作收"在台湾常用,已有凝固成词的趋势。

中间性宾语高陌生化的用例相对少一些,例如:

(24)农业处欢迎乡亲放下身边工作,让自己轻松乐活一下,到森林公园作生态体验"赏蝶趣",看蝴蝶园区的蝴蝶飞舞弄姿。

(25)除非消费者有急迫性的除斑需求,否则通常詹医师仍会建议消费者确实使用淡斑的保养品,彻底作好美白保养。

(26)桃猿队让球员作健检,并举办"猿来是你"领奖典礼,由4名球员代表领奖。

按,例(25)其他地区一般用"做",而例(26)则用的是简缩形式,与之相对的"完整"形式如下例:

(27)有一位56岁在金融界服务的男性主管,平时即有定期在作全身健康检查。

五、相关问题的说明和解释

1. 四地"做/作"使用情况小结

表二显示,"做"与"作"相加后的数量及使用频率比单独统计时有较大变化,即由原来的差异较大到比较接近,这实际上是说,四地"做"与"作"在总体上的用量比较平衡,功能也相当一致。

当然,作为四个不同的言语社区,各地的语言自然会有这样或那样的异同参互,而这在"做/作"的使用中同样也有所表现。

第一,港澳之间的一致性最高。这一方面首先表现在数量和比例上,而更为重要的表现则是在具体的用法上,其中的原因很简单:一是有共同的方言背景,二是两地之间长期以来一直保持密切联系,三是两地口语及书面语言有很高的相似度。

第二,台湾与港澳的实际差异,比二者之间"做/作"的数量差异要小得多。一是如上所说,"做"与"作"相加,总数与港澳地区相去不远;二是通过[+虚义]用法的此消彼长("作"比港澳少,"做"比港澳多),在相当程度上增加了二者之间的一致性;三是有不少具体的用例三地之间有一致性,但与内地有明显的差别。

第三,大陆与台湾之间的差异最大。虽然两岸"做"与"作"虚实分布的一致性最高,但是实际上的差异却不小。比如,与大陆形成鲜明对比的是,台湾"作"的宾语没有"报告、规定、发言、讲话",而它们在大陆却比较多见。另外,也有颠倒过来的情况:台湾"作"

的宾语是"表示"或包含"表示"的有 16 例,而大陆仅 1 例;台湾单音节动词"收"做宾语的"作收"5 例,而大陆则没有。由此可见,虽然两地"作"的数量相差无几,但是使用范围以及搭配习惯等却有很大的不同。

2. 关于不平衡的解释

四地"做/作"使用情况是不平衡的,具体表现有二:一是内地与台湾"做"与"作"之间严重地不平衡,二是四地之间"作"使用的不平衡。以下我们分别从内地与台湾的角度来对此试作解释。

内地"做"与"作"使用情况的不平衡大致与以下几个因素有关:

一是第一小节所引二者三点差异的第一点,即语体色彩的差异。有香港学者曾经指出,内地语言"自解放后多从俗不从雅"(姚德怀,2011),这虽然不能一概而论,但是我们认为大致可以解释"做"的使用数量远多于"作"的一部分原因。

二是上引三点差异的第三点,即"做"在更多情况下作为单音节动词独立使用,关于这一点,仅由二者不带宾语比例的对比就显示得非常清楚。

三是发展变化的结果。从早期现代汉语到当代汉语,"做"与"作"之间有此消彼长的变化,关于这一点,我们将在下边再讨论。

台湾"做"与"作"的使用也是极不平衡的,二者比例几乎达到了 5:1,这一点与港澳地区大不相同,而与内地倒是非常接近。

在很多方面,台湾书面语言与港澳地区之间的一致性远高于内地,为什么在"做"与"作"的使用上却正好相反?这可能是一个很复杂的问题,笔者以为,它至少与以下几个因素有关:

一是方言因素。如前所述,香港有大量的粤式中文"做"字句,澳门也不乏其例,而这样的形式在地处闽语区的台湾是不存在的,这可以在一定程度上解释为什么台湾"做"的使用频率低于港澳地区。

二是语言使用及表达习惯。台湾地区的国语似乎较少使用虚义动词,除"做/作"外,以下是我们在同样语料范围内对同为虚义动词的"进行"和"搞"使用数量的统计结果:

    台湾 香港 澳门 内地
  进行 486 507 616 797
  搞 31 87 48 110

这似乎也可以在一定程度上解释台湾"做/作"均少于港澳的部分原因。

三是"做/作"本身的异同参互。总的说来,台湾"做/作"的混同程度最高。一方面,"作"用同"做"的例子最多(所以[＋实义]的"作"比例远高于港澳),另一方面,"做"用同"作"的比例也是最高的。也就是说,台湾"做"的功能和用法与港台地区的"作"有更高的一致性,这就使得它对"作"的需求量可以有所下降。比如以下的例子:

(1) 吴敦义上午……接受媒体访问,做上述表示。——港澳"作"带"表示"的用例更多。

(2) 1日挑战完成135公里路程,中午行经西螺福兴宫稍做休息。——港澳只用"作"。

(3) 第二波陆资来台开放项目,包括晶圆代工、DRAM、封装测试等制造业,均可做策略性投资。——港澳均为"作……投资"。

所以,台湾[＋虚义]的"做"比例也比港澳高出一截。这样实际上就等于扩大了"做"的使用范围,而这不失为对"作"频率相对较低的一个补偿措施。

3. 关于"做"在内地的消长变化

"做"与"作"有交集或纠缠的主要是[＋虚义]用法,而已有的相关研究也基本都是针对这一部分的。带动词性和中间性宾语的具体用例,"做"与"作"有些是一致的,比如"汇报、规定、准备、研究、调查、准备、规定"等,就分别出现在两类语料中。当然,二者也有不同,比如内地与"作"组合用例最多的"报告"就没有与"做"组合的,而香港"做运动、做宣传"也不见有与"作"的组合。

如果着眼于历时,"做"的[＋虚义]用法在内地有明显变化,这就是呈不断的持续性增加,我们曾把现代汉语的发展变化分为四个阶段[①](刁晏斌,2000a),我们在自建的现代汉语史语料库中就"做"带动词性宾语进行检索,所得数据见下表(刁晏斌,2004:244):

表七

阶　　段	第一阶段	第二阶段	第三阶段	第四阶段
用例数	20	34	119	116
百分比	3.2%	5.2%	16.1%	28.8%

这一变化其实还在持续。当代汉语中,"做"与动词以及中间性宾语的组合范围越来越大,由此而挤占了"作"的部分空间,而这正是内地"做"与"作"使用频率悬殊的重要原因之一。比如以下两例,有人是作为"语病"列出的(秦其良,2006):

(4) 你回国定居的决定是怎么做出的?

(5) 让其为沁北建设有限公司融资做担保。

---

① 截至 2000 年,四个阶段分别是:1919—1949,1949—1966,1966—1976,1978—2000。

对"做"使用面进一步扩大的原因,有人提出了两点解释:一是具有语音上的优势,本来的读音与普通话就基本无别;二是意义上的优势,即"做"的意义相对单纯,而"作"本来就义项太多。(常志伟,2008)

如果把这两点与前边所提二者三点差异的一、三两点结合起来,可能会更加全面一些。此外,还有一个重要原因,这就是语言内部平衡机制的作用,具体地说,主要是"做"与"搞"的消长变化。

关于"搞"使用频率的变化,我们也在自建的现代汉语史语料库内做过调查,各阶段的用例数分别是 0、471、1119、226(刁晏斌,2004:306)。我们的意思是,为了弥补"粗鄙不雅"的虚义动词"搞"持续减少造成的空缺(详下一节),"做"的使用频率在持续增加,从而在总量上使虚义动词保持在一个大体平衡的水平。

此外,"做"与"作"之间也有一个此长彼消的发展变化过程,与前者的持续上升不同,"作"则经过了一个由少到多、再由多到少的过程,我们的调查结果显示,四个阶段的用例数分别是 174、387、252、134(刁晏斌,2004:266)。而这无疑也有助于使得"做/作"在总量上保持大致的平衡。

除上述各点之外,是否还有其他原因及其影响的大小,则还有待进一步查考。我们初步的想法是,当今"做"[+虚义]用法的扩大化,可能还与以下三个因素有关:一是[+虚义]用法的"做"与"作"有相当部分的重合且边界不清;二是语言规范观较为普遍的缺失以及某种程度的"放松",使得"做"与"作"混用不别的可能性不减反增;三是拼音输入法通行背景下较为普遍存在的"同音替代"现象,同样也增加了这种可能性。

4. "做/作"在四地的融合趋向

上述"搞"与"做"此消彼长的变化,反映了四地语言发展的大势:由差异到融合。具体地说,就是早期现代汉语中"搞"极少使用,而"做/作"却相对常用,这一情况一直保留在基本以此期书面语言为"底本"的台港澳地区书面语中(见本书第一章),而在内地却一度呈相反的态势:"搞"多而"做"少。进入新时期以后,在四地语言交流、融合的大背景下,内地"搞"的使用开始大幅度减少,而"做"的出现频率则有了明显的提高,并由此而初步实现了四地之间较大程度的一致性。

前边内地使用情况的考察中,我们列出了一些"非传统"的用例,而在台港澳地区则往往能够看到与之相同的形式,这也是融合的一个具体表现。比如,我们在第一节曾经举过内地"做科研、做教学、做规划"的用例,对这三个组合形式,我们分别在《人民日报》全文数据库中进行检索,"做科研"第一例最早出现在1997年6月11日,"做教学"第一例出现在2007年8月30日,"做规划"第一例虽然出现在1956年5月9日,但是所有105个用例中,1978年(我们以此为现代汉语史第四阶段的开始)前只有15例,而1978年以后则有90例,很显然,它们从无到有或从少到多的发展趋向是非常明显的。

另一方面,在台港澳地区也出现了一些内地的常用形式,特别是在已经先后回归的港澳地区,这一点,我们的考察和分析中也一定程度地有所反映。

基于以上事实,我们可以作一个预测:随着四地交往和交流的进一步密切,"做/作"有可能还会进一步融合,相似度也可能会越来越高。

第三节 "搞"的差异与融合

在所有虚义动词中,"搞"是非常独特的一个,仅就使用情况来说,它大致是在现代汉语的时间范围内完成了从无到有、从少到多,再由多到少、由少趋多这样一个复杂的起伏变化过程。"搞"的使用时间虽然不长,但是由于种种原因,在一段时间内却有着相当高的频率,甚至某种程度上一度成为在某些人看来(比如台港澳的一些学者和民众)带有明显"内地色彩"的标志性动词,甚至是一个文化的符号。在某种意义上甚至可以说,"搞"的发展史就是整个现代汉语发展史的一个缩影。

以往对于"搞"的研究大多止于静态的考察、描写和分析,而对于它的上述动态发展变化,到目前为止却注意得很不够,至少是不够全面,由此就造成了对此词及其使用情况了解和认知的某些偏差。

在四地现代汉语差异与融合这一大的背景和框架下,我们对"搞"发展变化的考察分析大致有两个视角:一是着眼于内地普通话,着重发掘和理清它的发展变化过程,以及造成这些发展变化的内在机制和外部动因;二是着眼于台港澳地区,总结和归纳既有因为延续早期现代汉语"搞"的使用状况而造成的与内地的诸多不同,也有保留、延续方言形式或者是在此基础上的新生用法而与内地形成的某些差异,同时还有与内地交往日益密切后相互的交融以及由此引发的各自变化。

以下,我们就在这两个视角下进行一些尝试性的考察和分析。

一、已有研究的简单回顾及思考

到目前为止,我们所见到的以"搞"为唯一或主要讨论对象的论文大约有 20 篇,此外在一些专著中也偶有涉及,其中描写比较详细全面的可能当属刁晏斌(2004)。我们在"虚义动词"的框架下,用了整整一章约 3 万字的篇幅,对此词的用法、功能以及与其他虚义动词(如"进行、做、干"等)的异同进行了讨论。

以下,我们就"搞"最有发展变化内涵的两个方面的研究情况进行简要述评。

1. 数量及频率

研究"搞"的论著往往都要论及它的使用数量和频率,此时"使用频率非常高""大量使用"等都是最为常见的表述。关于这一点,徐流(1996)有以下一段描述:"上至中央文件,党报社论,领袖著作,下至街头书报,影剧曲艺,不管是书面还是口头,无所不用,普遍至极。以至于五十年代中期,语言学界曾一度发出了'限制搞的使用'的惊呼!但是,五十年代以后,'搞'的使用频率和使用范围不但没有缩小,受到限制,反而以雷霆万钧之势迅猛发展。"

有人利用已有统计资料对此进行具体说明,比如 1986 年出版的中国文字改革委员会和国家标准局合编的《最常用的汉字是哪些》,从 1977 年至 1982 年间社会科学和自然科学的一亿三千八百万字的材料中抽样一千一百零八万余字,利用计算机统计出 3000 个使用频度最高的汉字,"搞"名列第 761 位,出现次数为 2804,使用频度为 0.0236。(世晓,1990)也有人通过不同时期作家作品的对比考察,说明此词在一定时间范围内数量和频率的变化,比如杨丽君(2002)统计了大量文学作品,列出两个表,显示"搞"的用量不断增加,并且还举例说老舍20世纪40年代的百万字巨著《四世同堂》中"搞"仅出现16次,而80年代作家路遥同样是百万字的小说《平凡的世界》则用了261次。杨氏的考察止于20世纪80—90年代。

此外,还有人通过某一人或几人个别的使用情况为例来说明此词的使用数量之多、频率之高,比如黄声义(1984)说,《毛泽东选集》前四卷总字数是659 928个,共用单字2981个,"搞"只出现了4次,而总字数大约是250 000个的《毛泽东选集》第五卷,差不多每篇都有"搞"。《邓小平文选》第一篇,一千零几十个字,就有6个"搞",第二篇连标题在内,也用了5个"搞",第三篇不到两千字,"搞"多达9个。

上引表述和统计无疑都是正确的,但是站在今天的立场,着眼于发展变化,我们有两个问题要问:

第一,"搞"的"使用频率非常高"以及"大量使用",是其在现代汉语某一个或几个时期的表现,还是直到今天一直如此?如果换一个问法,那就是人们关于"搞"使用数量和频率的动态变化考察,大致止于20世纪80—90年代,那么此后有无新的发展变化?

第二,前一个问题在某些人看来似乎是不存在的,因为我们看到的关于此词"大量使用"的最新表述是一项发表于2011年的成果(姚双云,2011)。那么,我们又有第二个问题:一直在大量使用的"搞"字(假设如此的话),其内部是完全均质的,还是不完全如此?换句话说,"搞"的大量使用仅仅是在原有范围内通过旧有用法的叠加和累积而实现,还是有使用范围的改变、新用法的加入,以及由此而引发的新旧之间的消长变化?

以上两个问题是下一节我们要重点讨论的内容,这里先作一个简单的交代,如果立足于今天,着眼于整个现代汉语史,"搞"的使用呈"有涨有落、此起彼伏"的格局:"落"和"伏"的,是"正式"交际(书面语和口语)中的使用,也就是沿用了几十年的"传统"用法(即一般研究者所讨论的那些形式和用法),它从新中国成立以后开始兴盛,到20世纪60—80年代,特别是"文革"前后达到了最高峰,此后就开始衰落,具体表现主要是使用范围缩小、频率降低,但是目前已经由谷底开始小幅度反弹;"涨"和"起"的,则主要是"非正式"交际中的使用,其最具代表性的用法和形式与传统相比有明显的异质性,也体现了不同的语用风格和色彩。

2. 表义及语义倾向

这是人们对"搞"字介绍和讨论的又一个重点,通常都是结合着宾语来说明的,大致有两个角度。角度之一是就总体的组合情况进行考察,比如蒋昌平(1993)列出了"搞"的30种不同含义,并且说这还是"不完全统计";徐时仪(2003)则在"搞"的"弄、做、作、干、办"义外,更列举了56个例子,指出了它在具体搭配中的56个不同意义。角度之二是就一个或几个具体组合形式的多种不同含义来加以说明,比如姚双云(2011)说,仅一个"搞钱"就分别具有"筹钱、抢劫、捞钱、创收、筹款、借钱、挣钱、融资"的意思;杨丽君(2002)也举了"搞鱼"的例子,说它在不同语境下可以分别表示"养鱼、卖鱼、杀鱼、做鱼"等多种意思(笔者按,其实还可以是"钓鱼、捞鱼、打鱼"等)。

上述统计和分析意在证明"搞"作为"万能动词"所表现出的灵活性和复杂性,虽非穷尽性的考察,但无疑都是正确的。如果着眼于此,我们比较认同宋玉珂(1982)对同类动词"进行"(因而也就是对"搞")的命名:"无色动词"。就"搞"的主要部分来说,它就像一个无色透明的器皿:装进了什么样的液体(主要是宾语,有时也可以是补语等,或者是几个成分的总和),就呈现出什么样的颜色。但是,这个比喻只适用于"同质"的用法,而对于那些"异质"形式则不太适用,至少是不完全适用(详后)。

关于"搞"的语义倾向,我们看到有两种相反的意见。一种意见认为它有贬义倾向,比如杨丽君(2002)通过对90个句子的考察就得出了这样的结论;另一种意见则认为现代汉语的"搞"总体上倾向于积极,如姚双云(2011)从2084个"搞"字句中随机抽取300例进行分析,得出的语义轮廓是:积极涵义搭配词44%,中性涵义搭配词23%,消极涵义搭配词33%。姚文另外还比较了5组具有明显语义倾向的"搞"的搭配词(如"乱搞——认真搞"),结果是表消极语义的只有295句,仅占总数的9%,表积极语义的多达2948句,占总数的91%。

我们认为,之所以会出现两种完全对立的意见,主要是因为统计对象范围选择与确定的差异,而二者有一个共同的问题,这就是无论90个句子还是300个句子,或者是5组对立性的搭配形式,调查的样本数显然都太少。然而,更重要的问题还不在此,我们要问的是,"搞"是否真的具有像"被"字句中的"被"主要表示"不幸、不如意"那样的语义倾向? 如果真的具有,那么是"与生俱来"的,还是组合关系赋予的? 我们的看法是,"搞"不仅在表义上大致是"无色透明"的,其实在语义倾向上基本也是如此:它本身并没有明显的语义或情感倾向性,整个组合形式在具体语境中表现出的某种倾向性是由与之共现的其他成分决定的。所以,我们应该重点关注和着重考察的不是"搞"的语义倾向性,而是它与不同语义倾向的词语组配共现的频率高低(姚双云的第一项调查大致就属于此类)以及相关的规律等。

3. 应当注意的两个问题

就已有的研究成果看,不同程度地存在着两个问题,并且在一定程度上影响了人们所作定量分析与定性分析的准确性及可靠性,所以我们觉得有加以强调的必要。

第一个问题是一定程度上混淆了"地方普通话"与普通话的界限。

李如龙(1988)指出,在普通话与方言之间有一种"过渡语",是普通话与方言的混合形式,是一种带有地方特征或色彩的普通话。现在人们一般称这样的混合语为"地方普通话"。王群生、王彩预(2001)归纳了它的三大特征,一是用普通话的声调,但一般有缺陷或失误;二是不同程度地显示地域方言读音;三是直接吸收地域方言词汇。

已有知识告诉我们,"搞"大致起于西南官话,至今在西南官话以及相邻的湘、赣等方言区的方言或地方普通话中用得依然非常多,此外在其他许多方言(如吴语、粤语)区也有程度不等的分布,比如有人说,"(安徽芜湖)这边的人用的频率最高的一个动词就是'搞',几乎所有的动作行为都可以用'搞'来表示"。(褚艳,2009)应当说,这种情况在其他一些有"搞"的地区也一定程度地存在。很显然,在普通话中,无论如何也不会"几乎所有的动作行为都可以用'搞'来表示",所以这样使用"搞"的只能是方言或地方普通话。一般的语言研究者基本不至于混淆方言与普通话的界限,但是对普通话和地方普通话,有时就缺乏区别意识,或者是区别不清(一个可能的原因是研究者本身就处于这样的方言区,用的也是这样的地方普通话)。这里要说的正是这个问题:就我们所见,有不少研究者忽略或一定程度上忽略了一些使用者以及某些具体用例的方言背景,把它们当成或完全等同于普通话的用例,从而人为地扩大了"搞"在普通话中的使用范围,由此而得出某些不够准确或者是有失偏颇的结论。

忽略作者或使用者方言背景的,如前引有人用《毛泽东选集》和《邓小平文选》中"搞"的使用情况来说明或证明现代汉语中此词使用数量之多、频率之高,毛泽东的情况有点特殊[①],我们这里只说邓小平。我们对《邓小平文选》进行全面检索,发现此书20万字的篇幅中,"搞"一共用了566次,频率为2.82%,可以说是非常之高(《毛泽东选集》第五卷的使用频率是1.14%)。邓小平是四川人,而四川属于西南官话区,如前所述是普通话"搞"的发源地,也是此词最为通行的地区之一。邓小平的口语四川方音浓重,显属比较偏于方言的地方普通话,而他的著作口语性也很强,有一些篇目本身就是谈话记录,所以《邓小平文选》中"搞"字用得多,一定程度上正是方言的反映,或者说就是使用地方普通话的表现。

为了与《邓小平文选》对比,我们还另选了两位来自其他方言区的老一辈革命家的文集进行考察:徐向前是山西五台人,《徐向前军事文选》约30万字,"搞"用了297次,频率为0.99%;是《邓小平文选》的三分之一强;周恩来是江苏淮安人,《周恩来选集》上下卷共约70万字,"搞"的用例数为180个,频率为0.26%,不到《邓小平文选》的十分之一。

再比如,前边也提到有人拿老舍与路遥作比较,以此证明"搞"

[①] 在以往的研究中,我们也注意到毛泽东虽然是湖南人,即来自通行"搞"的方言区,但是他建国前的著作中"搞"字用得并不多,甚至非常少,建国后才开始多用,因此一定程度上确实可以证明"搞"字使用由少到多的变化。至于其中的原因,主要是受时代及语言环境的影响,即"搞"在第一阶段刚出现,用得很少,所以他也基本不用,而随着此词使用的日益普及,毛泽东本人也开始较多地使用了。

字使用量的增加,这在一定程度上可能也有问题:老舍是北京人,北京话原本是不用"搞"的;路遥是陕西人,而陕西话中是有"搞"的。当然,这里边应该还有另外的原因:老舍的时代,"搞"的总体用量很少,所以他的作品中自然也不会多;到了路遥的时代,"搞"的使用量虽然已经不在最高点,但是总体上还是处于高位,所以他的作品中用得也比较多,这正好反映了时代特点(关于这个问题,我们将在下一小节讨论)。

忽略具体用例方言背景的如前引"搞鱼",其实说或写普通话的人恐怕一般不会用到这一组合形式。我们在北大 CCL 语料库中进行检索,只得到 4 个用例,大致都可以看出有方言背景,比如以下一例:

(1) 这数以千计来粤揾食的"老表",渔船一艘艘,飞钓一钩钩,搞鱼一篓篓,崽女一窦窦——直让渔政公安部门无奈又摇头。

按,例中的"飞钓一钩钩""崽女一窦窦"不消说都非普通话的常用形式,另外"老表"也是如此:此词分布于徐州、扬州、武汉、成都、柳州、丹阳、杭州、长沙、南昌等地,大致都是有"搞"的地区,它的意思各地不完全相同。[①]

混淆了"搞"的使用中地方普通话与普通话的界限,除了可能造成定量分析的偏差外,还有可能造成某些定性分析的失据或失实。比如,有人说目前"搞"字出现介词性用法的端倪,认为这体现了它由动词向介词虚化与演变的趋势(姚双云,2011),在所举的 4 个例子中,至少有 2 个可能有方言背景,即"搞水洗舱板"和"插秧

[①] 见李荣主编《现代汉语方言大词典》,江苏教育出版社,2002 年版。

搞绳子拉"。

我们以"搞水洗"和"搞绳子拉"为关键词在 CCL 语料库中检索，均无用例，而可以与这两个组合形式相替换的"打水洗（头/脸/脚/手/碗/衣/澡）"有 14 例（因为此例前句有"听见水响了一下"，所以"搞"应为"打/取"义），"用绳子拉"也有 8 例（此外，另两个例子分别是"四面墙搞木板装修"和"在交通要道搞水泥衬砌"，在当今的普通话中似乎也较少使用）。所以，如果说某一方言或某一地方普通话中有这样的虚化趋势，或许是可以接受的，但是仅根据上引几个"身份"可疑的用例，就认为普通话的"搞"也有这样的变化趋势，可信度显然不高。

第二个问题是一定程度上忽略了使用场合与范围等的差异。

我们在第一小节所提两个问题的后一个，以及所说的"此起彼伏"与此相关，而上述混淆地方普通话与普通话的使用界限也与此有关。具体情况我们将在下一节讨论，这里先要简单说明的是，正式交际中的传统用法与非正式交际中的新兴用法等在性质、来源、使用范围、表义功能以及语义倾向等方面都有一定区别，因此它们在一定程度上是异质而不是同质的，混淆了二者，就有可能掩盖上述各项区别。

二、内地的使用情况及其变化

如前所述，立足于今天进行观察，"搞"的使用呈"有涨有落、此起彼伏"格局，本节我们就围绕这一点，按前边提到的"正式交际"和"非正式交际"来分别讨论。

1. 正式交际中的使用情况及其变化

所谓"正式交际"并不是一个严格的学术概念，我们只是用它来指比较规范、正式的书面语和口语，而正式交际中的使用，也就是在这样的书面语和口语中的使用。一般研究者所讨论的,大致都是这样的用例。我们在下边的表述中,有时也称之为"传统"用法。

我们对内地"搞"传统用法的使用情况及其变化的讨论从上一节所提两个问题的前一个开始,即首先讨论"搞"的使用数量是不是一直都很多、有无发展变化的问题。

我们曾在自建的现代汉语史语料库(共分四阶段[①],每阶段各约180万字,各阶段均包含口语、文学、社科、科技和法律等五类文本)中进行检索统计,所得现代汉语各阶段"搞"的使用情况见下(刁晏斌,2004:306):

表八

阶　　段	用　例　数	频　　率
第一阶段	0	0
第二阶段	471	4.015
第三阶段	1119	7.173
第四阶段	226	1.322

为了对"搞"的使用情况有更清楚的了解和认识,我们又进行了另外一项调查:以《人民日报》每隔10年为一个点,再加上离现在最近的2011年,来对"搞"的使用情况进行定点调查,结果如下[②]:

[①] 截至2000年,四个阶段分别是:1919—1949,1949—1966,1966—1976,1978—2000。

[②] 我们进行的是全文检索,结果显示以篇为单位,而有时一篇之中"搞"不止一次使用。所以,本表的数字是含有"搞"字的文章数,而不是"搞"的准确用例数,实际的使用量应当比这里的数字略高一些。另外,因为不同年份的报纸版数不同,所以有的数字相近,但是频率却有较大差异。

表九

时　　间	使用情况	频　　率
1947	751	0.751
1957	1930	0.965
1967	1873	1.249
1977	2637	1.758
1987	2643	1.322
1997	2432	0.811
2007	1667	0.417
2011	2110	0.528

为了对近期"搞"的使用情况有更细致的了解,我们还进一步考察了2008年至2010年《人民日报》中"搞"的使用情况。2008、2009、2010年的数据分别是1570、2102、1691,即中间有起伏,而到了2011年,开始止跌回升。此外,我们还调查了《江南时报》近5年的使用情况,各年份的用例数如下:1253、536、539、419、554,基本走势与《人民日报》相当一致。

综合以上数据,可以勾画出一条完整的发展变化曲线:

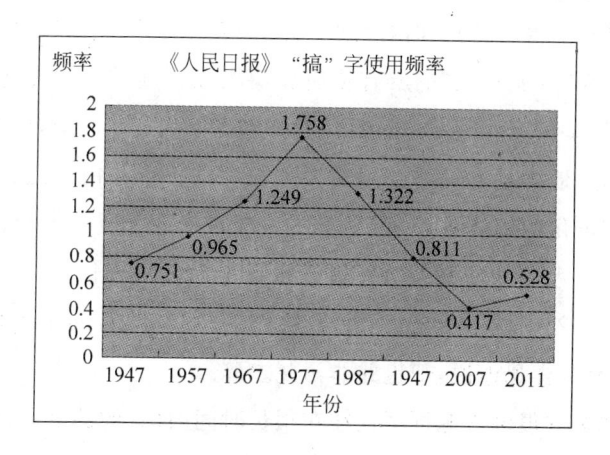

《人民日报》"搞"字使用频率

年份	频率
1947	0.751
1957	0.965
1967	1.249
1977	1.758
1987	1.322
1947	0.811
2007	0.417
2011	0.528

如果按我们的现代汉语史四阶段划分来看,第一阶段是一个"少"的时期;进入第二阶段以后,用例数开始明显增加,上引徐流所说"以雷霆万钧之势迅猛发展"就始于此期(顺便说一句,我们不太认同这种极富文学色彩的夸张性表述形式);第三阶段即"文革"时期到第四阶段开始之前,用量达到最大化;到第四阶段,开始明显减少,与前一阶段形成鲜明对比;到了离现在最近的2011年,它的使用数量又有小幅度的回升。以下就各个主要节点逐一说明。

关于第一阶段。我们所建的现代汉语史语料库第一阶段选取的是早期现代汉语(即"五四"时期到20世纪30年代)的语料,"搞"的用例数为0虽然并不能证明此时没有使用(目前已知叶圣陶作于20世纪20年代的中篇小说《倪焕之》中就有一些用例),但至少可以说明这一阶段确实用得不多(前引《毛泽东选集》等的使用情况都可以证明这一点),而《人民日报》则反映了第一阶段末期的使用情况,即已经在"早期"的基础上有了相当的发展。

进入第二阶段以后,"搞"的使用量开始明显增加,原因大致有二,一是此字本身的特点和内涵,二是当时的社会语用风尚和习惯。

"搞"本身的特点和内涵之一,是它所具有的"广谱"适用性,即具有作为"万能动词"的所有特质和功能:既可以作为"代动词"广泛使用,又可以作为"形式动词"发挥多方面的造句功能,因而可以最大程度地满足人们的交际需要。"搞"的特点和内涵之二,是它具有俚俗化的语体色彩,更易于被一般民众所接受。有台湾学者著文说,"大陆即使知识分子说话也动不动就'搞'什么,听起来颇为粗野"(刘新圆,2003),这话虽然很不"顺耳",另外多少也有些"过",但是客观地说,却也并非污蔑之辞。

其实有很多方源词语往往在很长时间内(有的甚至一直)都只

能作为俚俗词语使用,或者难以脱去俚俗色彩,而"搞"可以说正是这样一个方源词。

"搞"之所以在新中国成立后开始大受青睐,另外一个重要原因就是当时的社会语用风尚和习惯。前引姚德怀(2011)指出,内地语言"自解放后多从俗不从雅",也并非无根之谈。关于这一点,周殿生(2006)就海峡两岸的对比,有以下一段表述:"台湾国语在很大程度上继承和沿袭了'五四'以后白话文的某些特点,即使是口语也不乏斯文;而大陆的普通话则更多地表现为大白话和大众化,因此更为普通化。"

比如,就语体色彩而言,与"搞"之"俗"形成对立分布的是同为虚义动词的"做",而我们的调查显示,"做"在前两个阶段的变化,正好呈与"搞"相反的路径和走向(见前)。

简单地总结一下:解放以后,语言表达习惯及风格等都发生明显改变,其中非常重要的一个表现就是全面继承和大力推广延安时期所倡导的"通俗化""大众化"精神和取向,而来自方言的"搞"不仅具有能够最大限度满足更多人不同交际需要的"潜质",而且还正好具有与"延安精神"相一致的语体色彩,因而与当时整个社会总体的语言价值取向高度吻合。因此可以说,"搞"字适应了时代的需要,所以时代就选择了它。[1]

"搞"在第三阶段及稍后一段时间内的使用达到高潮。它在

---

[1] 这里只是简而言之,细致的讨论还要更多地结合此词的特点以及当时的社会语用实际。比如,当时社会总体的语言文字水平不高(这一点在同期《人民日报》连载的《语法修辞讲话》中多有强调),而"搞"因为具有"万能"性,所以非常适宜于"简单化"表达,这就是我们在下文将提到的在很大程度上是语言表达手段贫乏的一个"救济"措施。另外,下一个注释中的内容可能也从另外一个侧面揭示了"搞"之所以流行的部分原因。

"高峰时段"的用例,很多都具有非常浓烈的"革命/批判/斗争"色彩[①],而"搞"字句实际上也已经成为此期"标志性"的话语形式。以下是两个"文革"期间《人民日报》中的平常用例(刁晏斌,2011b:321):

(1) 红卫兵们立即在许多街道上散发和张贴大量传单,表示要不折不扣地执行党中央关于"文化大革命"的各项政策,把"文化大革命"搞深搞透搞彻底。(1966-9-6)

(2) 搞臭无政府主义,搞臭风头主义,搞臭小团体主义,搞臭个人主义,实现无产阶级革命派大联合。(1967-3-18)

这样的"时尚表达"在"文革"结束后还延续了一段时间,即在稍后全国范围的对"四人帮"的批判中更是以超出以往的高频被人们所使用(所以表九显示1977年"搞"的频率达到峰值),这样的用例如:

(3) "四人帮"为了篡党夺权的反革命需要,在创作上,大搞阴谋文艺;在理论上,极力制造混乱。(《人民日报》1977-12-31)

进入第四阶段,即改革开放以后,"革命/批判/斗争"模式的社会生活渐行渐远,而这正是"搞"使用量持续减少最重要的社会原因。除此之外,导致这一结果的可能还有以下几个语言本身及其使用方面的原因:

第一,"搞"自身的原因。大致包括两个方面,一是语体色彩粗

[①] 我们一直有一个想法,即与同类动词(如"进行、从事、加以、做、作"等)相比,"搞"独有一种直截了当、丝毫不加掩饰的"做为"义,这使得它更适合用于"直白"的表达,因而与"革命/批判/斗争"的思维模式与表达需求更为一致。这个问题比较复杂,也比较有趣,可以进一步研究。

俗不雅,二是语义表达模糊不清。前者已如前所说,所以不宜长期超范围、无限制地过度使用;后者如在所有的虚义动词(包括"进行、从事、做/作、搞、干、弄")中,无论从各种可能的组合形式来看,还是就某一个具体的组合实例来说,"搞"所承载的语义都是最为复杂的,如前所引一个"搞钱"就有"筹钱、抢劫、捞钱、创收、筹款、借钱、挣钱、融资"等意思(这应该还远不是全部),而这些有时即使在具体的语境中也难以准确"还原"。虽然这种巨大的模糊性有时不无益处,但是过犹不及,而此时就更容易显示出它消极的一面:一是可能会影响语言表达的具体性、准确性和精确性,二是在一定程度上已经成为语言表达手段贫乏的一个"救济"措施,也就是说,造成语言表达形式的过度单一,并且在一定程度上影响了它的丰富性和多样性。我们曾经总结了"文革"语言在语法方面的两大特点:总体干瘪、局部臃肿(刁晏斌,2011b:198—238),此期"搞"大量使用,实际上就等于用一个"搞"替代了很多不同的动词,压抑了语言表达对它们的需求,所以应该也是"干瘪"的一个表现。

第二,有选择的余地和较为合适的替代者。现代汉语有一个由同性质、同功能的虚义动词"进行、从事、做/作、搞、干、弄"等构成的同义词场,它们在表达上有相当部分的重叠。如果在这一组同义词中进行比较,可以看到,"进行、从事"与"搞"大致都是解放后开始流行的(刁晏斌,2006b:91—92),但是有音节以及语体色彩等的明显差异,所以难以互相取代;"搞"与"干、弄"等语体色彩一致,音节形式也一致,且大致都有方言背景,但是后两者的使用范围(流行区域、搭配对象等)有限,因此也难以取代前者。相对而言,"做"最有替代"搞"的条件:首先,二者的音节形式相同,使用范围也大致相同,所以能够自由变换的情况最为普遍;其次,语体色彩上有明显差异(但也并非完全、严格对立①),因此可以形成互补分布。前边对二者的消长变化情况已有简单说明,其实在现实的言语表达中我们可能也都有这方面的体验。比如,笔者以前经常听到前辈学者说自己是"搞现代汉语的",或者是"搞语法的",而现在更多的人(当然也包括笔者自己)会说"做现代汉语的"或者是"做语法的";其他再如"做贸易/销售/学问/项目/工程"等,也都在一定或相当程度上取代了"搞贸易/销售/学问/项目/工程"等(当然,某些地方普通话除外)。

第三,有现实的多方面需求。这一点可以从以下几个方面来说。其一,新时期语言使用一定程度上有"复旧"的趋向。刁晏斌(2001a:231)曾经把新时期以来的语言发展变化概括为"复旧"和"趋新"两大取向,一定程度上舍弃"搞"而取早期现代汉语旧有的其他常用形式(如前所述,主要是"做"),既符合复旧取向,同时也是它的表现之一。其二,内地语言使用和表达一段时间内(特别是改革开放之初)向台港澳靠拢的趋向非常明显,许多新形式、新用法的产生或大量使用均与此有关,前引台湾学者批评"搞",一个重要原因是此词在台湾很少使用且有感情色彩方面的严格限制(即基本只用于贬义,详后),而同义但感情色彩不同的"做"与"作"用得却比较多(港澳地区大致也是如此,见前)。所以,在这方面向台港澳靠拢,一定程度上就是舍"搞"而向"做"等的"回归"。其三,与前两点有关,我们还概括了当今语言表达的两大倾向:雅化与俗

---

① 与"搞"形成更严格语体色彩对立的是比"做"产生更早、更具文言色彩的"作",三者的语体色彩分别是俚俗、中性、典雅。有两个因素决定了"作"未能与"搞"形成此消彼长的互动性变化:一是语体色彩过于对立、跨度太大;二是"作"在现代汉语中的分布不广、使用范围有限。

化①,前者的表现是多用古语词、成语乃至于一些文言表达方式等,而后者则是有意使用口语、俗语等。二者都与"搞"在当今的消长变化有关:因为与"雅"的要求差距较大,所以"搞"在正式交际中逐渐萎缩;又因为与"俗"的色彩高度吻合,所以它又在非正式的交际中更加活跃(详后)。其四,如前所述,"搞"在"文革"时期用得很多,以至于甚至可以在一定程度上说已经成为"文革特征"或"文革记忆"的一个典型符号,并且实际上也成为某些境外学者对内地普通话某些负面评价的一个重要"证据"。除前边引用的话外,再看以下一段:"如'抓'、'搞'这两个语意粗鄙的动词,使用范围相当广泛,从抽象的权柄、劳动,到具体实物,都可一贯使用。如'抓生产'、'搞研究',我们看到流行新词在破坏传统语言甚至社会结构。"(亓婷婷,1989)

站在今天的立场和角度,不少人希望以至于需要在一定程度上"抹掉"这一记忆符号。

第四,语言发展的"轮回"。这一点以前似乎很少有人提及,其实,凡事物盛极则衰,这是大自然以及人类社会的普遍规律。纵观语言发展的历史,也未能跳脱这一规律的制约,比如许多形式和用法都经历了"简—繁—简"的发展变化过程,就是明证。就"搞"在正式交际场合使用中由盛而衰的变化来说,一定程度上也正是这样一个"轮回"。

以上四点密切相关,甚至根本就是结合在一起、共同起作用的。

到这里,似乎又有一个问题可能会提出来:既然有以上那么多

---

① 我们已经搜集了大量相关的事实材料,也进行了必要的梳理和相关的思考,但是还没有最终形成文字。

原因,"搞"的使用量并没有减到更少,而是维持了一个并不太低的水平,这是为什么?

这的确是一个问题,而且这一现象的存在也一定是有原因的,我们认为大致有以下几个:

第一,以上所说各点都是相对而不是绝对的,比如对"搞"语体色彩的认定,就会因人而异,由此自然会造成取舍的差异;另外,即使再强烈的语体色彩,在经过长时期的高频使用后,总会有一定程度的"磨损",特别是在一些常用的固定组合(详下)中,会表现得更为明显。

第二,在长期的使用中,已经形成一些固定的、甚至已经成词的组合形式。比如,《现代汉语词典》第5版收"搞定、搞鬼、搞活、搞笑",《现代汉语规范词典》另收"搞臭、搞法、搞头"。其他如"不搞、大搞、搞好、搞(不)清、搞乱、搞得、搞小动作、搞建设、搞多种经营"等,也都有相当的凝固性,使用频率自然也不低。比如,在《人民日报》2009年的2102个用例中,"搞活"有84例,"搞得"92例,"不搞"197例,"搞好"712例,四者共占整个用例数的51.6%。

这些凝固形式有的已经很难完全由其他形式取代,比如以下一例大致就是如此:

(4) 改善农村人居环境,搞好村庄规划和环境治理,加强村内道路、给排水和垃圾处理设施建设。(《人民日报》2009年12月16日)

第三,适于不同的表达需要。比如以下一例:

(5) 29日上午,温家宝来到临沭县郑山镇北沟头村朱文彩家,和她聊了起来。"我问你几个事。新农合都搞了吧?县医院能报多少?"(《人民日报》2009年10月31日)

按,像这种拉家常式的口语,"搞"可能是一个非常合适的选择,同义的形式虽有"实行"等,但是在这种场合下恐怕多少有点"说不出口"。

我们注意到,在上述凝固性用法之外,有相当一部分"搞"见于记录口语的句子中,比如《人民日报》2009年检索结果第一页的20个例子中,记录口语的就有8个。

最后,还有一个非常有意思、也非常有史的内涵的变化,就是"搞"的使用量开始"止跌回升",这又是为什么?关于这个问题,我们将在下一小节给出答案。

2. 非正式交际中的使用情况及其变化

如前所述,"搞"在正式交际中的使用是指在比较规范、正式的书面语和口语中的使用,那么这里自然就是指它在正式口语和书面语以外其他场合的使用,主要是虚拟的网络世界,以及在此基础上的部分扩展及于部分人的部分口语以至于书面语中。

如果说正式交际中使用的主要是传统形式的话,那么在非正式交际中则有一些不同:一是有一些非传统的形式和用法,二是即使是传统形式也有一定的发展变化。以下我们就这两个方面分别讨论。

非传统形式和用法大致有两个方面的表现,一是使用不见于以前的新组合形式,二是以此为基础产生的新词性和新用法(或者叫变性使用)。

不见于以前的新组合形式主要是指由台港澳地区"引进"了几个由"搞"参与构成的新词语,主要有"搞笑、搞定/掂、恶搞"。"搞笑"和"搞掂"来自香港粤语,前者泛指爱开玩笑或待人接物不严肃认真(见《香港粤语词典》),后者义同"搞定"(内地"掂"很不常用,因此由同义的"定"替换,所以"搞定"可以称为"内地版"的"搞掂"。

另《香港粤语词典》收"搞唔掂"一语)。"恶搞"本指蓄意破坏,现多指故意用调侃、滑稽、莫明其妙的方式将事情歪曲甚至颠覆,源自日语(见《全球华语词典》),此词的引进途径大概是由日语到台湾,再由台湾到内地。

这几个新词语都有非常高的使用频率,不仅单独出现,而且还有相当强的构词能力。

比如,我们 2012 年 4 月 16 日"百度一下""搞笑"和"搞定",找到相关结果各约 100 000 000 个,"搞掂"约 8 300 000 个,"恶搞"也有约 100 000 000 个。

以"搞笑"为例,它不仅大量单独使用,而且还用于构成很多新词语,我们所见有与单音节词组合的"搞笑版/类/吧/片/网/事/歌/图/哥/家/秀";与双音节词构成的"搞笑图片/贴图/图王/表情/文学/小说/视频/节目/电影/影片/韩剧/喜剧/彩铃/铃声/录音/音乐/作品/小品/频道/门户/网站/海报/演技/网名/短信/签名/游戏/公园/笑话/文章/故事/话语/广告/人物/动物/语录/语句/谜语/动画/卡通/日志/论坛/证件/动漫/漫画/糗事/素材/事情/事件/头像/穿越/博客/段子/社区/社会/配音/体育/天下/基地/创意/视屏/交通/玩具/对白/歌词/武侠/专题/资料/舞蹈/失误/娱乐";与三音节词组合的"搞笑大本营/动画片/电视剧/排行榜/小游戏/动植物/视频网/电影网/音乐网/动漫网/幽默网/模仿秀/二人转";与四音节形式组合的"搞笑原创录音/经典视频/娱乐平台/门户网站/网络证件/手机短信/动态图片/个性签名/微博段子";与五音节形式组合的"搞笑脑筋急转弯/俄罗斯方块";与字母词语组合的"搞笑 Flash/git/GIF 动画/QQ 表情",以及作为中心成分的"经典/人物/动物/漫画/另类/校园/精选搞笑"等。

"恶搞"大致也是如此,不仅有为数不少的组合形式,甚至还有

以此为基础形成的"搞恶"和"恶了个搞"等形式,后者见于一个网页标题,即:

恶了个搞的《西游日记》——有意思吧(按:这个"吧"不是语气词,是"酒吧"的"吧"的泛化用法,网络上常见)

在"搞笑"的大量用例中,有许多取"程度副词+搞笑"形式,如"最搞笑、超搞笑、很搞笑"等(我们在"百度"上检索,这三个组合形式的相关结果分别有 19 300 000、19 200 000、18 600 000 个),另外,"恶搞"经常也可以这样使用。

正是如此高频的使用促成了新的发展,这就是"搞"可以脱离"笑"等而独立表示原义,即"很搞笑=很搞"。当后者也成为常见形式时,"搞"的词性就发生了实质性的变化。有人认为这个"搞"是形容词性的,并且进行了专门的讨论,列举了诸如"太搞、很搞、真搞、蛮搞、特别搞、特搞、极其搞、十分搞、挺搞、非常搞、最搞、相当搞",以及"搞片、搞剧"等较多用例,在此基础上还指出以下两点:首先,这一形式使用范围广泛,不局限于娱乐影视领域,也涉及经济、政治、体育、生活休闲等方面;其次,与动词义的"搞"明显不同,一般用来形容某种超出常规、出人意料的人、事、物、行为等,有的直接可以用"搞笑""搞怪""恶搞"这类词语替代,一般用于娱乐影视领域,在其他领域使用时则带有一种调侃意味,表达对现实的不满和嘲讽,是一种委婉的指责,传达出有点鄙视、不相信的否定色彩。(张颖杰,2010)

以下再举一个实际的用例:《南方都市报》2008 年 2 月 27 日刊登一篇署名为张晓舟的文章,开头第一句话是"重庆就是一座很'搞'的城市",接下来的一句话是"这个暧昧的动词意味着'搞笑'和'恶搞'"。

这句话透露出两点信息：第一，"很搞"的"搞"大致义同"搞笑"或"恶搞"，当然也可能是兼二者而有之；第二，"很搞"的"搞"加了引号，说明了它的非常用性，亦即是出现不久的新形式、新用法。

我们看到的属于此类的还有"巨搞、超（级）搞"以及"搞趣、搞客、BT搞、酷搞、搞星、搞事"等。以下是一篇发表在"猫扑"上的网文标题：

没有"恶搞"，只有更"搞"

需要指出的是，上述非传统用法已经成功地部分"入侵"现实的言语交际，特别是在一部分人（比如年轻群体）的口语中比较多用，在书面语中也时能见到，而这大致就可以部分回答我们在前边提出的问题了：为什么"搞"在当下媒体中的用量有所增加，原因之一就是有上述新形式加入。比如，以下是我们就几个新词语在《人民日报》不同年份使用情况的调查：

	1987	1997	2007	2011
搞笑：	0	1	15	29
搞定：	0	2	14	34
恶搞：	0	0	38	29

上述调查结果显示，这几个组合形式大致都有从无到有，从少到多的发展。对此，我们还在人民网上作了范围更广的调查，从2008年4月1日到2012年4月20日，"搞笑、搞定、恶搞"的用例数分别是954、643、421。

以下看几个《人民日报》的实际用例：

（6）他的语言和表演很搞笑，这部戏在整体上都充满了幽

默感,台词突破战争类题材惯用的豪言壮语模式。(2009-7-9)

(7)只要手续完备,符合贷款条件,一笔贷款从申请到发放一般只需两三个工作日,快的当天就能搞定。(2009-2-2)

(8)但是此剧对此类剧情拿捏得当,纷争而不恶斗,戏谑而不恶搞。(2008-12-18)

在虚拟的网络世界,有大量的"搞"仍然属于在传统用法基础上的沿用或扩展性使用,另外也可能包括一部分方言形式或以之为基础的延伸性使用。

我们在"百度"上检索"搞"字,前几页中就有以下一些用例:

整人专家——搞死网

限时免费,APP每日限免——搞趣网

搞脑筋网站——开动脑筋想问题·大家一起搞脑筋

"胡搞虾搞"软件开发部

《你顶我搞》官方网站——千智桌游

怎么搞主页——百度知道

搞照片——博客大巴

搞什么网——什么酷就搞什么!

搞三搞四吧——音乐无限——FLASH音乐——FLASH动画——FLASH游戏

7搞8搞——会员主页——大众点评网

按,像"搞什么""怎么搞"虽然方言色彩较浓,但是在以前的正式交际中偶尔也会使用;第一个例子因为前边有"整人",所以基本可以确定后边的"搞"大致也是这样的意思,即仍属传统用法,它的不同之处主要表现在"搞死"与"网"组合成一个陌生化程度相当高的偏正词组,与此类似的再如"搞艺术画廊";"搞三搞四"以前普通话中似乎不见,而"7搞8搞"恐怕也不会见到,但是在一些方言中有"搞七搞八",如柳州和宁波,义为"搞这搞那"或"胡搞"(见《现代汉语方言大词典》),所以,如果把前者看作在后者基础上的类推仿拟或颠倒使用,大概还是可以接受的。

谈到仿拟,我们看到的还有"非诚勿搞、非诚互搞、周末有搞、搞上加搞"等。

除了上述这样"专名"式的使用外,下边再举两个文本中的用例,由此大致可见网友们对"搞"真的是喜闻乐用。

"中华论坛"2011年5月22日有一篇网文,标题为《有钱啊!美国一个都不敢搞的工程,中国竟同时开搞106个》,下边有这样一个跟帖:"原因很简单,美国人不搞,不是不敢搞,而是几十年前就已经搞了,中国搞,不是敢搞,是不搞不行,历史欠账不还,欠的账会越来越多。"

"爱卡汽车"2010年5月16日有一篇标题为《搞就搞吧,反正不要钱》,文中有以下一段:"个人浅见,欲从事一个行业,你必须对这个行业了解与熟悉,所谓欲搞之,必熟之,熟悉了,再搞,叫水到渠成,半推半就,不熟,乱搞,叫强人所难、霸王硬上弓。"

这样的大量使用,除了带来一些新的组合形式外,有时还会引起"搞"意思的变化,比如《中国经营报》2010年8月22日刊登一篇文章,标题为《网上营销 怎么"搞"?》,在"解题"部分,有以下一段文字:"在网络时代,'搞'字又被赋予了新的含义:某些人或事因为'编排'得好玩引起网民的兴趣,网民开始在网络上自动传播,这种传播可能给这些人或事造成或好或坏的影响。'搞'如今已经变成某些企业进行网络营销的重要传播工具。"

根据这段文字,大致就可以归纳出作者所说的新含义:为了造成某种影响而有意"编排"。

现在有一个问题:"搞"字为什么会在虚拟的网络世界如此流行?这个问题有必要结合更多的事项进行专门探究,这里我们仅结合前边的讨论初步提出几个可能比较重要的原因:第一,求新求变求异的表达取向;第二,追求通俗化甚至于某种程度上的粗俗化的倾向;第三,直白、丝毫不加掩饰的表达方式的影响。

上文中我们部分回答了"搞"在当下媒体中用量有所增加的原因,剩下的另外一部分原因,就是上述"搞"在网络世界的大量使用,一定程度上也必然会反作用于现实交际,从而造成正式交际中"搞"使用频率一定程度的提高。以下是《人民日报》的两个用例:

(9) 要通过学习,既搞明白我们"必须坚持什么"、为什么"必须坚持",又弄清楚"不能搞什么""为什么不能搞",从而不断增强坚定不移走中国特色社会主义道路的信心和决心。(2009-8-27)

(10) 志愿服务没有时间界限,志愿服务也不划分地域界限、行业界限,在社会各角落都可以渗透志愿服务,而且可以常年搞、处处搞。(2012-2-28)

不过,我们认为,"搞"的使用频率不会一直增长下去,更不可能重新回到"高峰阶段"的使用量。[①]

三、台港澳的使用情况及其变化

按"搞"字的使用情况,四地大致可以分为三个有明显差异的

[①] 本部分写于 2012 年初,在修改时,我们又对 2012 年全年《人民日报》中"搞"的使用情况进行了调查,本年度含"搞"的文章共有 1840 篇,与表九显示 2011 年的 2110 篇相比,已有一定程度的下降。

部分:内地、台湾和港澳。内地的情况已经谈过,以下主要结合与内地的对比来谈台湾与港澳的使用情况及其发展变化。

1. 台湾地区

我们对当今台港澳地区的书面通用语有这样一个基本认识:以早期现代汉语为"底本",即整体上基本保留20世纪20—40年代国语的基本词语、语法格局和风格特点,并由此而与已有很大变化的内地普通话形成了明显的区别和差异,关于这一点,我们在本书第一章已经有所讨论和说明。

"搞"的使用情况就是如此:如前所述,进入第二阶段以后,此词才开始"普及",但只及于大陆的范围,而在台湾则基本维持第一阶段的旧貌。比如,在大陆"搞"的使用已经开始由盛而衰的1984年,台湾正中书局增订出版的《正中形音义综合大字典》却连这个字都未收(世晓,1990)。也就是说,早期现代汉语中"搞"用得很少,而这一点相当程度上仍然保留在后来甚至直到今天的台湾地区国语书面语以及口语中,由此自然就与大陆普通话形成了明显的差异。

总体而言,大陆与台湾地区"搞"字使用情况的差异主要表现在以下几个方面。

一是使用频率的差异。我们对四地2011年1—7月份各约100万字的报纸语料进行统计,所得各地"搞"字的用例数及频率如下表所示[①]:

[①] 有一点需要说明:表十中内地"搞"的使用频率比表九《人民日报》的频率高出近1倍,除去前边所说该报实际用例数要多于统计数(即一篇之中可能多次使用)外,还有一个重要原因:表十考察的除《人民日报》外,还有《中国青年报》和《新京报》,后两者的使用量明显高于前者,这说明,越是高规范度的媒体中,"搞"的使用量越少。

表十

内　　地		台　　湾		香　　港		澳　　门	
用例数	频率	用例数	频率	用例数	频率	用例数	频率
110	1.02	31	0.29	87	0.79	48	0.47

上表显示,海峡两岸"搞"字的使用频率相差最大,这与我们9年前的调查结果基本一致(刁晏斌,2004:306)。造成两岸"搞"数量悬殊的原因有多种,下边二、三将要说明的就是其中的两个最主要方面。此外,"搞"在台湾的使用范围不广,它主要用于口语和文学作品的人物对话中。

二是分布(用法)的差异。大陆"搞"的用例多,其中包括一些比较复杂的形式,比如以下二例:

(1) 作为民盟盟员,我坚决拥护这个制度,不搞多党轮流执政。

(2) 我国也有人也提出要搞铸造空心涡轮叶片,但很多人认为这种技术受到美国严格封锁,中国想要做出来是异想天开,不可能完成。

按,台湾与"搞"经常共现的成分,一是补语,包括简单的补语(如"搞错/不懂/不清楚")和带"得"引出的补语(如"搞得生不如死/焦头烂额");二是以动词为中心的偏正词组(如"搞什么爱心感化");三是名词性宾语(如"搞奢侈税/伊斯兰债券")。此外,还有少量已经或基本词化的"搞笑、搞怪、搞事"等。像以上二例主谓词组和动宾词组宾语的用例未见使用。

三是感情色彩的差异。这是大陆与台湾"搞"字最大、最明显,也是最根本的差异。如前所述,大陆的"搞"字在感情色彩方面基本是"无色透明"的,所以能与各种情感倾向的词语搭配使用,而在台湾却主要与含贬义的词语搭配,或者是在具体的语境中表现出贬义。刁晏斌(2001a:119)曾以台湾作家席绢的小说《富家女》为例进行过分析:全书计 8 万字,共有 18 个"搞"的用例,即"搞不好(5 例)、搞什么鬼(2 例)、搞错、搞什么呀(2 例)、搞这种把戏、搞办公室恋情、搞不清楚、搞不懂、没什么搞头、搞明白、搞什么外遇、搞怪"。18 例中唯一不含贬义的是"搞明白",带有较强的习语性。

在表十的 31 个用例中,只有 3 例没有明显的贬义,仅占不到 10%。

有的用例,单从本句看不出明显的贬义,或者根本不含贬义,但是在更大的语境中,这样的意思就显露出来了,例如:

(3) 她痛心指出:"台湾全靠卖地换钱搞发展!"

(4) 我不是不能念博士班,但我绝对不适合走太"学术研究"的路,吊书袋、扯理论、搞思辨都不是我的兴趣跟能力所在。

按,例(3)前有"痛心",则"发展"显然不是理想期盼中的目标;例(4)因为前有"吊书袋、扯理论",也连带着使"搞思辨"具有了趋贬的含义或色彩。

如果说台湾"搞"的使用也有发展变化,那就是出现了与大陆完全相同的、不含贬义的、用于比较典型的书面语的少量用例。如前所说,这样的用例共有 3 个,以下全部列出:

(5) 只要有心,人人都能搞革命。

(6) 可我真的怕了,也认清了自己真的不是纯读书、搞理论的那种料。

(7) 要研究你的价值在哪里,强项在哪里,所以要有策略定位,搞清楚策略是什么就不会"乱枪打鸟"。

我们相信,随着海峡两岸交往的日益密切和相互了解的不断加深,类似体现发展变化的用例会越来越多。

2. 港澳地区

香港与澳门同处粤语区,两地的语言关系最为密切,这一点在"搞"的使用上也表现出来了。本小节我们主要讨论香港的使用情况,附带谈及澳门与香港大同下的小异。

香港"搞"字句与内地具有远比内地与台湾大得多的一致性,具体表现在以下两个方面:其一,不像台湾那样几乎都有明显的贬义色彩,香港 87 个用例中,不含贬义的有 39 个,约占总数的 44.8%;其二,数量上也与内地比较接近。关于后一点,其主要的造成原因大致有以下四个:

一是受粤语影响,这是港澳"搞"字句最具地方特色之处,也是与内地的最大差异所在。香港粤语中本有"搞"字,主要义项是含贬义的"弄",构成的词语如"搞屎棍、搞大、搞搞震、搞笑、搞唔定、搞乜鬼"等(均见《香港粤语词典》),另田小琳《香港社区词词典》收"搞事"一词,释义为"闹事"。

在香港的书面语言中,最具香港地区特色的部分被称为港式中文,而许多"搞"字句就以这种面目呈现,例如:

(8) 案发日他接到一名自称"细威"的男子电话,对方要求他介绍女友予他认识,"否则揾人搞你",男生担心遭"细威"报复,于是将前女友,即事主的电话告知对方。

(9) 悭番教材嘅钱,分分钟唔够冚课本嘅加幅,因减得加,真系盏搞。

(10) 为同学和家长做番件实事,总好过乱咁派钱搞到天怒人怨喇。

在全部87个用例中,这样的用例有25个,占总数的近29%。

例(10)中"搞到"带结果补语的形式也是港式中文的特色之一。"到"是粤语中经常使用的附于动词后引出结果补语的介词。我们所见"搞到+结果补语"形式共有10例,而内地虽有2例,但却都是作为趋向动词的(分别为"搞到投资"和"搞到国外去"),所以这也是由于受粤语影响而造成的两地差异。

二是"俗白"使用的例子较多。我们指的是"搞错、搞什么、搞掂、搞不掂、恶搞、搞笑、搞事、搞臭"这样的组合形式,它们有的与方言有关,有的无关,在87个用例中有11例,约占总数的12.6%。

如果说以上两点反映香港"搞"字句特点及其传统的话,那么以下两点主要就反映了它的发展变化。

三是直接引用内地用例。香港回归后,与内地的联系自然比过去也比台湾密切得多,媒体关于内地的报道越来越多,由此就使得相当数量的"搞"字句直接进入香港,像以下的用例就并非个别现象:

(11)全国人大常委会委员长吴邦国今天在人代会上作常委会工作报告时重申,从中国国情出发,中国不搞多党轮流执政,不搞指导思想多元化,不搞"三权鼎立"和两院制,不搞联邦制,不搞私有化。

四是在引用基础上的移用或仿用。比如内地"搞好+宾语"的用例有32个,台湾一例没有,而香港却有5例,大致就属于这种情况,此外再如以下一例:

(12)首任行政长官董建华上任之初,便尝试建立一个关爱社会,强调政府要有长远眼光,施政要有长期规划;他在最初几份施政报告内提出要搞创新产业;在房屋政策上,董先生强化八万五建屋目标,提出七成港人置业的"远景";此外,香港要大搞植树绿化、要解决隔代贫穷;可是在他第二届任期内,上述种种施政未为香港人受落。

虽然与香港同处粤语区,但是澳门报刊中却很少出现类似港式中文那样的形式,所以也就极少见到如上那样的港式中文"搞"字句,而这也是澳门"搞"字用量少于香港的一个重要原因。关于这一点,澳门学者黄翊(2007:164)有以下的说明:"在澳门,运用书面语言的人如果没有特殊的目的,总是希望尽可能避开粤方言的纠缠,写出脱离方言影响的纯净的书面语,以此显示自己受过正式教育,具有较高的文明程度的文化身份。"

除此之外,澳门那些比较"俗白"的用例也少于香港,这是"搞"总体数量少于香港的另一个原因。

澳门直接引进内地以及在此基础上仿用的情况更为普遍,这不仅使它与香港形成高度的一致,同时也与内地有更高的相似度,例如:

(13) 王光亚要求澳门全社会要树立强烈的机遇和忧患意识,形成搞建设、谋发展的共识。

(14) 日本经济财政大臣与谢野馨十四日说:"日本将不会与中国竞争 GDP 排名,我们搞经济不是为了争排名,而是为了使日本国民过上幸福的生活。"

(15) 从这次会晤看,治安警察局高层是有诚意与媒体搞好关系的。

就当前内地与港澳地区"搞"字的使用情况来看,大致呈相互靠拢的趋势:一方面,内地借用了港澳的非传统形式和用法,目前已经有了相当高的使用频率且有进一步扩大使用范围的趋势;另一方面,港澳地区也不断引进内地形式并在此基础上进一步类推拓展,并且这两种情况都会越来越普遍。所以,未来一段时间内,内地与港澳之间在"搞"使用上的一致性还会进一步增强。

第五章　有标记被动句的差异与融合

现代汉语被动句式有两大类,一类是无标记的,一类是有标记的,前者主要是所谓的"受事主语句",而后者中最为常见的,是"被"字句。

除了"被"字句外,目前四地都在使用的有标记被动句还有"遭"字句与"获"字句,本章分别对这三种句子进行讨论。

第一节　"被"字句

"被"字句是汉语中一种源远流长的句子形式,在四地的现代汉语中都比较常见,但是在具体的使用中却有一定的差异,因此有必要进行对比考察,在此基础上再作进一步的分析与讨论。

本节以四地近期报纸各约 100 万字的新闻报道为语料,对其中的"被"字句进行穷尽性的考察分析,主要就以下三个有较为明显差异的方面展开讨论:一是语义倾向,二是使用范围,三是句子结构本身。

一、语义倾向差异

"被"字句的语义倾向是人们一直十分关注的问题。王力(1943:88)较早地指出,"被动式所叙述,若对主语而言,是不如意或不企望的事,如受祸,受欺骗,受损害,或引起不利的结果等等。"后来,他又根据一些随机搜集的例子所得出的统计数字,再一次明确指出"被动式的作用基本上是表示不幸或者不愉快的事情(约占统计用例的90%)。"(王力,1980:430—434)这一观点基本为后来的学者们所接受,人们虽然指出由于受外来语言的影响等,后起的一些句子突破了这一传统的限制,但是就多数用例来说,"被"字句主要还是表示不如意以及不企望之类事情的(以下我们为了指称方便,把这一语义倾向简称为[一如意])。

关于"被"字句的语义倾向,有两个问题有进一步明确的必要:

1. [一如意]义的语义指向

在以前的相关表述中,不少人都认为[一如意]义只是指向主语的,如上引王力先生的话即是如此。其实,实际的情况可能还要复杂一些,据我们观察,除了指向主语即受事者以外,也有指向其他对象的。若干年前,笔者曾就近代汉语用例对这一问题进行过讨论,指出在"被"字句中,不幸或不如意意味的针对情况大致可以分为以下三种:一是针对受事者即句中主语,这种情况最为多见;二是针对叙述(说话)者或"叙述主人公"即作者,也就是站在他的立场上,句中叙述的事实是[一如意]的;三是针对出现于句中的其他对象。(刁晏斌,2001b:85—86)另外,有时叙述者与遭受者的立场是一致的,此时则不妨认为具有同时针对二者的双重指向。

以上几种情况基本也适用于现代汉语,在我们的语料中大致也都能看到相关用例。

第一种情况不烦举例,第二种用例也相当多,如:

(1)这样的逻辑,恐怕也正是警察奉命参与征地拆迁的逻辑,正是一些"跨省追捕"闹剧被制造的理由。

按,"闹剧被制造"是一般人所不愿意看到的,因此对他们来说,无疑是一种不如意、不企望的事情,而这也正是作者的立场,作者借用这样的句式表明了自己的态度。

这类句子中,叙述对象通常是具有[—生命]语义特征的事物类名词。类似的用例再如:

(2) 昨天上午 10 点,地铁 10 号线知春路站通往 13 号线的换乘通道内仍弥漫着焦煳味,连接换乘通道和乘车大厅的两部扶梯已被断电,乘客须从左侧扶梯步行至乘车大厅,另一部扶梯则被封闭。

第三种情况最为复杂,因为有很多在句子中出现甚至于未出现的成分,都有可能成为实际上的遭受者。以下就常见的形式举例说明:

(3) 饲养员抱起小豹,想让小狼也吃几口奶,但被打断吃奶的小豹显得十分不满,在饲养员手里不停挣扎,嗷嗷乱叫。

按,当一个"被"字式用作定语的时候(这种情况比较多见),"遭受"义往往指向它所修饰的中心语,此例即是如此。

(4) "接待门"之后被曝存在私费公报公车私用等行为
海门市审计局长停职接受调查

按,此例属于"蒙后省",所以"被曝存在私费公报公车私用等行为"的也就是后句的主语"海门市审计局长"。

(5) 遇事先推卸责任,似乎已成为许多政府官员的本能反应。无论是将事故责任推给老天爷,还是不允许记者拍照,这都是欲图遮盖真相、害怕真相被公开的一种表现。

按,此例中"害怕真相被公开"的是上文出现的"许多政府官员",因此"真相被公开"指向的也正是他们。

(6) 一名加油站工作人员称,"可能是被涨价搞疲了,以前涨得多,而且频繁,这次涨得少,有的人不在乎了。"

按,"被涨价搞疲了"的人,可能并未出现在句子中,如果硬要在句中找,那只能是最后一句的"有的人"。

双重指向的情况也并不罕见,比如以下一例:

(7) 昨天下午,一架澳门航空的客机在首都机场准备起飞时,右侧机翼底部出现漏油现象。刚刚被烧工作室的冯小刚导演恰巧是该次航班的乘客之一。

2. [一如意]义的表达和确定

"被"字句[一如意]的语义倾向主要是由句中的述语动词来直接承载和表达的,如"打、判刑、批评"等"坏词儿";其次是动词的附加成分,如"被判三年徒刑——被判无罪"、"被人尊重——被人不尊重"等。除此之外,整个句子往往也会起明确或确定作用,比较以下两组用例:

(8A) 此后黄某再次来到长安商场门前准备销赃,被恰巧从此经过的丁某认出来。在周围市民的帮助下,丁某当场将黄某控制住,随后赶到的民警将其带走。

(8B) 赢得比赛的感觉太美妙了,当然,还有走在路上被人认出来的感觉。

(9A) 我们虽然买了房,但户口还在老家,按照市里的划片,娃儿被分到一个很远的小学读书,走路得一个多小时。

(9B) 经过半年的艰苦学习后,他被分到了享誉全军的沈空某航空兵师。这让他兴奋不已。

以上内容并非本节主旨所在,我们作出相关说明,一是为以下的考察和分析提供较为清晰的背景知识,二是还想借此指出,虽然人们对这一句式的研究已经有近百年历史,[①]但是仍然有进一步拓展和加深的空间。

如前所述,"被"字句在四地都是比较常用的被动形式,以下是各地语料所显示的用例数以及使用频率。

表十一

地区 项目	总字数(万)	用例数	频率(‰)
内地	108	1435	1.3
台湾	106	749	0.7
香港	109	1503	1.4
澳门	102	819	0.8

上表显示,内地与香港"被"字句使用数量基本持平,而台湾与澳门也相差不多。至于为什么在语言使用的很多方面都有相当程度一致性的台、港、澳地区会在"被"字句的使用数量上有较大差异,在很大程度上与以下三个因素直接相关:

第一,我们所选用的香港语料,关于2011年3月日本大地震的报道远多于台湾与澳门;对2010年8月菲律宾前警员劫持香港旅游观光车事件的后续调查也有比较多的报道,而在另外两地,由于多少有些时过境迁,相关的内容极少见到;此外,港报还有大量刑事案件、各类事故等的报道,数量也远多于另外两地。上述几方面的内容,通常是最易于使用"被"字句的。所以,如果把上述因素

---

① 黎锦熙先生早在初版于1924年的《新著国语文法》中,就对"被"字句进行了一定程度的说明和讨论。

考虑进去,台港澳地区"被"字句使用数量的实际差别可能并没有上表所显示的那样明显和突出。

第二,由于历史原因,在台港澳三地中,香港地区受英语的影响最大,因此语言的"英化"也是最严重的,一些香港学者都曾就"被"字句的使用来说明这一点。比如,游达裕(2003:6)批评香港中文"很多地方都受恶劣欧化的影响",所列出的第一个表现就是"被动语态",举例如"这地方被称为天堂"(建议改为"这地方有天堂之称"或"大家把这地方叫作天堂")。

第三,台湾"被"字句用得少,一定程度上是因为其他同义句式用得更多。比如我们下一节的调查统计将显示,台湾"遭"字句与"被"字句的数量对比是1:3.82,而这一比例在香港是1:9.13,澳门是1:8.82。同样,这一点在一定程度上也可以解释内地"被"字句为什么用得多:"遭"字句与"被"字句的比例是1:39.09。

以下我们再来看四地"被"字句在语义倾向方面的差异。

表十二

项目地区	－如意 用例数	－如意 百分比	＋如意 用例数	＋如意 百分比	中性 用例数	中性 百分比
内地	1006	70.1	175	12.1	254	17.7
台湾	575	76.8	35	4.7	139	18.6
香港	1208	80.4	68	4.5	227	15.1
澳门	543	66.3	58	7.1	218	26.6

吕叔湘、朱德熙(1952:123)讨论过"被"字句应用中"相当严格的限制":"被"字底下一般要有宾语,引进主动者,这是形式上的限制;在意义上,被动式叙述的行为,对于主语(即被动者)大都是不愉快的。不过,书中也指出,在现代文章里"形式和意义上的限制

都已经打破",而造成原因则是"受了外国语的影响"。

上表反映的就是"限制都已经打破"后的状况。在语义倾向的分布上,四地基本也是大同小异。就同的方面来说,就是主要语义倾向仍然是[－如意],虽然与王力先生所统计的90％相比已经有一定程度的减少,但"主流"未变。

[－如意]语义倾向用例一定程度的减少,当然是因为[＋如意]以及无所谓如意与否的"中性"句的增加,而由此则体现了四地"被"字句差异的一面。

就[＋如意]用例来说,内地与台港澳地区差异明显,由此可以反映出二者社会生活的某些差异。内地这样的用例多,基本都与其社会生活有密切联系。比如,从2011年起,北京地区购车必须先以摇号形式获得资格,其他地区如经济适用房、廉租房等的购买和租住资格,往往也要通过摇号方式确定,于是"被摇中"就成了一个[＋如意]的表述形式。此外,社会生活以及人们在某些方面关注程度的提高,也使得某些[＋如意]形式有了较高的使用频率,从而使这类用例的数量进一步增加。比如,现在整个社会对天灾人祸(如地震、洪水、矿难、车祸等)的关注程度大大提高,相关报道频见报端,所以像"被解救、被救(出)"等都有了比较高的复现率。

其他用例也大都具有这样的"中国(内地)特色"。从所用的中心动词看,主要集中在以下几类:

一是"选任"类,如"选为、选中、选拔、提升、提拔、选聘、选举、推选、任命"等;

二是"采录"类,如"录取、录用、邀(请)、列入、列为、采纳"等;

三是"评称"类,如"评为、誉为、称为、尊称、奉为、传为"等;

四是其他类,多表示具体或抽象的"授予"义,如"肯定、重视、宣传、授予、表彰"等。

除社会生活的影响和决定外,台港澳地区[＋如意]的用例远少于内地还有一个重要原因,这就是三地基本只表示[＋如意]义的"获"字句(如"获列入首批国家级非物质文化遗产名录")用得较多,我们在第三节的统计将显示,这一句式在香港、澳门、台湾的使用频率分别约为内地的 7.3 倍、5.4 倍和 2.8 倍。

就"中性"用例来看,内地与港台地区相差无几,而澳门则高出一些,也在一定程度上反映了该地"被"字句使用的特色。我们选择了以下几个组合形式作为关键词,在内地、香港和澳门报纸语料中进行检索,所得结果如下:

	被喻为	被问到	被视为
澳门	5	11	4
内地	0	0	6
香港	5	9	6

相对于总用例数而言,以上三个组合形式澳门的使用比例最高,特别是"被喻为、被问到",在澳门与内地之间是有无之别,反映了二者之间较大的差异。其实,虽然香港与澳门语言运用的一致性最高,但是在这方面也有类似的有无之别,比如在澳门出现的"被贯彻执行、被落实推行"等,在香港就没有用例。

总的来说,澳门"被"字句中性语义倾向的用例较多,主要是因为以下一些中心动词使用得比较频繁:

认为、称为、看作、说成、定为、评为、列为、接受、理解、接纳、派往、传播、形容(为)、布置、要求。

二、使用范围的差异

在"被"字句的使用范围方面,台港澳三地有较强的一致性,由此就在一些方面形成了与内地较为明显的差异。

1. 由内地方面看

由内地一方来看,四地"被"字句的重要差异之一,是这一形式的使用范围在内地有新的拓展,这就是被许多研究者以"被××"相称的形式的大量产生和广泛使用。比如,于全友、史铭琦(2011)列出了 127 个能够出现在这一结构体中的各类词语,而这也就等于列出了 127 个不同的用例,可见其数量之多了;有人更是在 2009 年 8 月 10 日至 2009 年 9 月 10 日的网易新闻中,搜集到这样的结构形式 498 个(李强,2010),则更显其使用范围之广、频率之高。

以下是草根名博"三峡在线"(http://www.sxzx.net/)关于这一形式的一段描述:

> 被自杀是一种疑似于自杀的他杀。这种死法之所以以自杀而不是他杀命名,是因为这种死法表面看来都是自杀,之所以要在前面加上"被",是因为这种自杀鉴定结果很经不起推敲。三峡在线注意到:"被自杀",表示对一些非正常死亡案件的质疑。随后"被就业""被平均"等多种"被××"词语在网络上流行起来。于是,有人用"被时代"总结了:被代表、被捐款、被失踪、被自愿、被就业、被自杀、被开心、被小康等"被××"的荒谬现象。

关于这一形式,有以下两点应当强调:表义上,在沿袭[－如意]语义倾向的基础上,进一步强化其被动遭受的意味,以及传统"被"字句中没有或不明显的"被强迫、被愚弄、被做主"等附加意义(许艳平,2011),或者如有人所说,增加了[－自主][－自愿][＋嘲讽]的语义特征(王振来,2011);结构上,更像是一个"结构槽"或

"词语模",可添加的成分除传统的及物动词外,还有大量的不及物动词以及形容词和名词等,则是这一句式在形式上的最大发展与变化。

据笔者考察,似乎可以归入此类的最早用例见于台湾地区。台湾廖信忠所著《我们台湾这些年》(重庆出版社,2009 年版)书中有一句话是:

那几年的流行语是:"他被江南了……"

由此看来,最晚到 1984 年,台湾就有了与传统意义和用法不同、而与上引三峡在线介绍基本相同的拓展型"被"字句了。另外,沈怀兴(1995)曾经引用台湾作家龙应台刊于《文汇报》1993 年 10 月 31 日文章中的"在北京被吵架",似也离传统"被"字句更远而离此类更近。

然而,今天的台湾报纸上,在我们考察的范围内却难见这样的形式,而在内地的报纸中,则有以下一些用例:

(1) 为了与游客互动,杂技演员邀请一名看得投入、不断叫好的男子上台,请他盘腿坐在水缸中,切身感受下"杂技"的魅力。该男子钻入缸内坐好后,便被杂技演员连人带缸一起蹬在脚上,360 度"被旋转"。

如果说此例还与传统形式没有根本区别的话,那么以下几例就不一样了:

(2) 实际上,公务员同样是"被义工"了。如果没有白纸黑字的文件,很多机关干部可不会去上街维持交通秩序,这也是"被"了。

(3) 一旦这个领域的官商勾连可以如此这般无本万利,

那些原本可能清白一生的官员,是多么容易被诱惑、被染黑、被铁窗。

按,以上两例中,出现在"被××"中"××"位置上的"义工"和"铁窗"都是名词,正可与上边提到的"被江南"相比较。以下二例则分别用了通常不会用于一般"被"字句的述宾词组和形容词:

(4) 严查被上楼不能走过场。

(5) 地方政府高调宣传被评为"最具幸福感城市",当地群众却为"被幸福"起哄抱怨,这种创建活动影响了人民群众的正常生产生活,引起公众反感。

在我们考察的台湾报纸中,仅见以下一例:

(6) 由大公报与徐州市慈善总会联合主办的"中国·徐州四地慈善文化论坛",八日在江苏徐州举行,徐州市委书记曹新平表示,企业家首要是做到"诚信经营、依法纳税、善待员工、安全生产、保护环境"等五大责任,不能"被慈善",而慈善也不能仅是口号,须成为公民内在自觉行为。

很显然,这一例只是"引用"而非"创造"。

另外,以下一例的"被捐款"则与内地现在的用法形同而实异:

(7) 林右昌说,蔡英文并没有打算公布过去捐款明细,因为"这会对被捐款的对象造成困扰,不希望这样的事情发生"。

这里的"被捐款"显然系指接受捐款,而绝非在不情愿甚至不知情的情况下被动地捐出自己的钱。

在香港报纸中,我们只发现了以下两个用例:

(8) 在十二五规划制定过程中,香港有舆论称香港是"被规划"。

(9) 中国人从来只能"被代表",怎能反过来代表政府。

句中的"被××"都加上引号,表明了它的独特性以及非常用性,另外,我们还看到了例(8)的"扩展式":

(10) 在"环珠江口宜居湾区建设重点行动计划"中,香港涉嫌被内地规划。

我们考察的澳门报纸中,则完全没有见到这一形式的用例。

2. 由台港澳方面看

由台港澳一方来看,四地"被"字句使用范围的最重要差异,是上引吕、朱二人所说"形式和意义上的限制都已经打破"的用例数量远多于内地,其具体表现,就是在内地通常不用"被"字句表达的意思而在台港澳地区却可以、甚至于经常使用。

不过,我们最好把情况考虑得更周全、分析得更细致一些,比如以下二例:

(11) 而他在香港检查颂诗的尸体时,竟在腹腔内见到脑袋及其他器官被放在一起,而头颅内就塞满布碎,以固定头形。(香港)

(12) 至今仍未处理罚单的违规人士名单交至出入境部门,当事人有可能因此被延误出、入境时间。(澳门)

按,例(11)即出于前述的香港关于菲律宾人质事件的后续报道,仅就结构而言,句中的"被"完全可以不用(我们在内地报纸中就没有检索到"被放在"的用例),但是就表义来说,这个"被"却是有价值的,因为它明确以至于突出了站在作者(也是整个香港人)立场上的[一如意]意味。例(12)基本也是如此,只是突出的是当事人而不是叙述者的立场。

如果句子不具有上述表义倾向,那自然就另当别论了,而我们此处所指,主要就是这种情况:在[＋中性]甚至[＋如意]类的句子中用了"被"字,就像下边这样的例子:

(13) 甚么时候能够被深深唤起那股熟悉的印记?(台湾)

按,就整个华语地区的表达习惯来看,这句话恐怕都不能算是特别顺畅的,而如果去掉"被",情况就大不相同了。

此例多少有点"极端",而与此相类的不那么极端的例子却是相当多见的,如:

(14) 因此,商港改制公司,应该被定位为一种过渡性的安排,而应将商港公司的民营化,列为长期最终目标。(台湾)

(15) 一旦实验成功,研究人员希望新技术能被广泛使用。(台湾)

(16) 尽管塑料不能生物降解或者充当肥料,但它完全可以被回收利用。(香港)

(17) 除发掘出千年女尸的宋墓外,有两座明墓被专家推测墓主都是"四品"身份。(香港)

(18) 米德尔顿将于四月二十九日在位于英国首都伦敦的威斯敏斯特大教堂举行婚礼,而婚礼上的伴郎和伴娘二月十四日终被揭晓,分别由威廉的弟弟哈里王子和新娘的妹妹皮帕来担任。(澳门)

(19) 第一只野生孟加拉国白老虎于一九五一年在印度被发现并捕获,被取名为"莫罕"。(澳门)

相同的意思内地经常采用"无标记"形式。比如最后一例,对孟加拉虎而言,只能是"被取名",所以无论加不加"被",意思都是一样的。

上引吕叔湘、朱德熙所说"受了外国语的影响"者,一部分就是指这样的句子。关于这一点,有香港学者甚至从"语病"的角度作了以下的分析:"汉语被动句少于英语,一般只在一些不愉快的事件中使用,下边的即受其影响:'他被选为学生会主席'(注应改为'获/当选为')。此外,在被动句中,受事者如果是没有生命的事物,而又无须交代施动者,一般都不须使用'被'字,如'下午七时,八号风球被悬挂'。"(谢锡金等,2005:247—248)

台港澳地区"被"字句使用范围大于内地的另一个表现,是用于未然的情况更多一些(其中尤以香港为多)。本来,"被"字句是表示"遭受"的,而所谓遭受,通常都是已然的行为或事件,所以传统的"被"字句很少用于表示已然之外的其他时相。这一点,在今天的普通话中大致还是如此,而在台港澳地区,却有相当程度的突破。以下用例都属于此类:

(20)花莲区农业改良场表示,下周也会带着精选的兰花前往台北花卉博览会的争艳馆展出,让花莲县境内所培育出的蝴蝶兰之美被大家看见。(台湾)

(21)每一吋土地都应该被珍惜,每一个国民都要被善待。(台湾)

(22)温家宝在记者会上,虽然没有被问及有关问题,但就主动提出要作响应。(香港)

(23)根据《商品说明条例》,有关罪行最高可被判罚五十万元及监禁五年。(香港)

(24)一般的认知是,个别的文化或价值不应该被置于其它文化之上。(澳门)

(25)以上措施能否被落实推行,有赖市民主动向政府争

取,并作出配合。(澳门)

以上用例在内地大都可以(有时甚至是必须)去掉"被",当然也有的通常会另外措辞,如例(20)。

一般的研究者都认为,台港澳地区语言的"洋化"程度比内地高,其实主要就是受英语的影响更多、更大,上述两类用例则从一个小小的方面证明了这一点。因为港式中文受英语的影响最大,所以类似用例最多,如前所述,这也正是香港"被"字句用例数远多于台湾与澳门的重要原因之一。

三、句子本身的差异

四地"被"字句结构本身的差异主要表现在"被(O)V"中的"V"或"OV"上,以下就台港澳一方的表现择要进行讨论。

1. 较多使用光杆动词

在内地,使用光杆动词的"被V"形式并不少见,但它们多是一些有一定凝固性的组合(如"被偷、被抢、被杀、被捕、被抓"),或者是出于韵律等方面的考虑而采用的,就像以下的例子:

(1) 户外广告用语粗俗将被查

(2) 位于长沙县开元中路易初莲花购物商场一楼发生火灾,多人被困。

但是,如果"被"的后边出现介词宾语,即取"被OV"形式,一般就会避免使用光杆动词,比如一般不取"被水淹",而通常会用"被淹(没)""被水淹了"等。所以,像以下的用例就都不见于内地:

(3) 刘怡君接受采访时表示,她小时住屏东乡下,晚间骑脚踏车因照明不足,曾差点被车撞。(台湾)

(4) 林坤福表示,除邮差被狗咬伤以外,过去三年还有三

千多人次被狗追。(台湾)

(5) 如果邮差是被家犬咬,"中华邮政公司"会协助追究狗主责任,流浪狗则会通知当地主管机关处理。(台湾)

(6) 族人不太清楚桥是谁出钱盖、堤防谁要做之类的问题,只是很希望部落声音被政府听。(台湾)

香港也时能见到类似用例,但似乎不如台湾多,例如:

(7) 作者不仅要面对恶劣环境,而且很多时候性命更受到威胁,有一回在科索沃,作者被机关枪指,也不晓得惧怕!(香港)

(8) 东松岛市一间医院一楼被水淹,病人要退上三楼暂避。(香港)

在我们考察的澳门报纸中,未见类似用例。

2. 较多出现复杂的动词性词组

在台港澳地区,有不少"被"字句的谓语是比较复杂的动词性词组,例如:

(9) 黄丁木等人被依投票行贿罪起诉判刑,检方另对蔡豪提起当选无效之诉。(台湾)

(10) 她说,过去她在"立法院"曾被男立委拍桌骂说,"妳这个'查某人'"。(台湾)

(11) 姬摩丝出位不成,反被英国传媒图文并茂揶揄她吸烟导致皮肤差。(香港)

(12) 一名中学女生返家时i-Phone4手机露眼,被独行匪跟踪上楼在梯间扑头抢机,得手落楼逃去无踪。(香港)

(13) 她更说,尤其是大年初一,还被妈妈交代不能回娘家,最后只能和老公在影城看电影混时间。(澳门)

(14) 但这种制度早已被批评为等于是鼓励"票票不等值"及限制"国会人权"。(澳门)

在港澳地区,经常用"被指"引出表示指控内容的复杂成分,这也是很有"地方特色"的。例如:

(15) 今年一月底已服刑完毕的 Amina,被指在去年一月二十七日于跑马地司徒拔道驾车时,与一旅游巴迎头相撞,警方怀疑她酒后驾驶,要求她接受酒精呼气测试,她随即走开还当众掌掴一名男警员。(香港)

(16) 李从正表示,多年来的士服务常被居民和旅客指态度恶劣、拒载、拣客、兜路、不满乘客车程短、滥收车资和议价时有发生,现在甚至演变成载走乘客行李,实在有损澳门旅游城市形象。(澳门)

这样的句子,容量无疑更大、表义也更为丰富,但有时可能也会略嫌繁杂。

3. 古旧色彩相对浓厚

一直以来,几乎所有的研究者都把古旧色彩浓厚看作台港澳地区与内地语言风格主要的区别性特征之一,这一特征在许多方面都有充分表现,在历史悠久的"被"字句及其使用方面,自然也不会例外,并且还有不同的表现。

一是"被+句子"式较多。近代汉语中,这样的句子形式比较多,我们称之为"被字句Ⅱ",曾经专门讨论过,它的主要特点有二:一是通常以无主句的形式出现,且往往很难添加主语,二是"被"后的部分可以独立为一个主谓句。(刁晏斌,1996)这种句子是古旧色彩比较浓厚的形式,现在内地不常见,而在台湾香港则相对多一些,澳门虽少,但也能见到。例如:

(17) 一旦被大型金控银行大举增资收购高银股票,将使市府投资高银的美意尽失。(台湾)

(18) 首回合取得领先、唯一业余选手十八岁洪健尧昨天败给自己,被自己的急躁搅乱了击球节奏。(台湾)

(19) 现在被朋党"搞散"社民连,对此感到痛心。(香港)

(20) 因此,我希望两地相关部门应严格执行"合同要点",对违反规定的组团社作出适当的惩处,加强从源头做起,令低于成本价的旅行团不能组团来港,以免被一小撮害群之马弄得整个业界也蒙上不白之名。(香港)

(21) 然而,今日一些不够主动的传福音方法,间接忽略了一些弱势群体的需要,想"传福音"想过头了,久而久之可能已被数字掩盖了"关爱"之心。(澳门)

二是"被……所"式比较多。这是古代汉语"为……所"式的变体,所以也有比较浓厚的古旧色彩,内地不常见,而在台港澳地区则比较多见,例如:

(22) 社群的归属感消退,团结的意识被竞争所摧毁。(台湾)

(23) 近年来学术界喜欢探讨"塞车论",就是用前排车辆堵塞主要通道令后排车辆无法前行,比喻社会的阶级流动性被上层人士所堵塞。(香港)

(24) 内港曾是渔船停泊并作为进出口货运的门户,沿岸被许多老旧的码头所占据。(澳门)

(25) "女追男"的现象普遍被人们所接受。(澳门)

另外,主要是在香港地区,还有两种古旧色彩比较浓厚的形式,我们将在下一节举例说明。

四、余论

从总体来看,与其他许多语言现象一样,四地"被"字句的构成及使用情况也是有同有异、同中有异,而台港澳三地之间其实也是如此,只不过"同"的因素更多,而"异"的表现相对不那么明显和突出罢了。另外,无论着眼于共时平面还是历时平面,四地"被"字句在一定程度上也有融合的倾向及表现。

1. 内地与台港澳地区差异明显

上文我们基本都是围绕这一方面展开讨论的,由此来说明内地与台港澳"被"字句构成及使用的种种差异,其实能够证明这一点的还有不少其他类型的用例。比如,在港澳地区(特别是香港)用"及"连接多项谓语的例子比较多见。"及"本是文言连词,使用它当然能为句子增添一些古雅的色彩。例如:

(1) 身穿米白色上衣、西裤及白波鞋的疑犯,被锁上手铐及蒙上头套,由重案组探员押往云汉邨汉柏楼亲友寓所搜查。(香港)

(2) 腾讯早前被市场过分憧憬及追捧,令该股的市盈率目前达至30至40倍。(香港)

(3) 前晚行经青洲大马路期间遇上警方设置路障,并随即被截停及检控。(澳门)

内地也有多项谓语并列的用例,但是用"和"而不用"及",由此体现了不同的语体风格,例如:

(4) 网络音乐作品《爱情买卖》《浅爱》等被大量收听和下载,"旭日阳刚"组合、"西单女孩"也通过网络成为家喻户晓的明星。

除前述各项外,在台港澳地区还有不少不见或很少见于内地的"被"字句用例,由此也反映了二者之间的差异,以下再酌举几例:

(5) 但若不先考虑这些问题作为实际存在的史实,而先直面这些史实"被发掘""被得到记忆"的原因,我们实不可能回避这些史实背后所隐藏的、恰恰服务于当下的意识形态。(台湾)

(6) 就如布什亚所言"作为幻觉,只要不被公认是一种错误,其价值就如同实在的价值,而幻觉一旦被这样公认,它就不再是一种幻觉,这就是一种幻觉的概念,也只有它是一种幻觉"。(台湾)

(7) 但是,不少病人害怕被社会和身边的人标签,往往会拒绝接受精神科医生治疗,延误诊治,病情亦可能因延诊而恶化。(香港)

(8) 只是后来门多萨的电话一直被占线才断了谈判渠道,他对于门"突然"屠杀人质大感惊讶。(香港)

(9) 被问到菲国搜证水平低还是马虎,他笑言不会评论。(香港)

(10) 不过他在日记中写到,过程非常不顺利,几次在车上、写信都没能改变状况,甚至还被宋子文讨厌,让他后悔不已。(香港)

(11) "追求浮利的结果,是被浮利最终抛弃。"若澳门不再改进,大有可能如盛夫先生所言,最终被浮利所抛弃。(澳门)

(12) 因此,相关申请或不被考虑。(澳门)

2. 台港澳之间也有小异

按照社会语言学的言语社区理论,台湾、香港与澳门分别是全球华语社区的三个子社区,这一现实,必然会赋予各自语言某些特点(也可以反过来说,正因为有各自相异的特点,所以才得以划分为不同的言语子社区)。就"被"字句而言,基本也可以证明这一点。比如前边讨论过的"被+句子"形式,多见于港澳地区,而在台湾则极少见到;再比如融"被"字句与"将"字句为一体的"被……将"句在近代汉语中较为多见(刁晏斌,1989),而当今这一形式在香港用得也比较多,但是在台湾与澳门却极少见到。例如:

(13) 而在戏中文咏珊要被黄秋生及林利掌掴八次再将她埋在坑中。(香港)

(14) 杭州一名网民因在网上散播谣言,谎称日本核电站爆炸污染山东海域,前天被公安将他拘留10天,兼且罚款500元人民币。(香港)

另外,香港、澳门已经先后回归祖国,与内地的联系日益密切,这一点在语言及其运用中都有反映。具体到"被"字句及其使用,一是可能会直接引用一些内地的常用形式,二是在此基础上的类推使用,并由此而拉近了三地之间的距离,同时也造成了二地与台湾的某些差异。关于这一点,我们在下一小节举例说明。

3. 四地有一定程度的融合

差异以及在差异基础上的融合,应当是四地语言对比研究的两翼。相对来说,在以往的研究中,限于各方面的条件等,人们更加注重前者,而对后者则在一定程度上重视程度不够甚至有所忽略。其实,在全球华语社区这一大的框架下,各言语子社区之间的差异是客观的,而某些方面、某种程度的融合也是必然的,并且通常都是"多边"的而不是"单边"的。就"被"字句来说,基本也是如此,即四地在一定程度上有相互靠拢的趋势,其具体表现,就是出现了一些以前较少见于各自言语社区的形式及用法。

就融合的原因和过程来看,我们大致可以分为三个方面来看。

一是就"被"字句的总体发展来看。"被"字句在整个现代汉语阶段的发展,主要表现有二:其一,语义倾向的多元拓展,即由[-如意]到中性乃至于[+如意],由此而扩大了使用范围、提高了使用频率,并引发了一些其他方面的发展变化;其二,"被"后成分的复杂化,具体表现为可以充当"V"的词语种类更多、"V"的结构也可以更为复杂等。上述变化在四地都有明显表现,由此而增加了它们的一致性,并且成为相互融合一个方面的表现。

二是就内地一方看。比如以下类型用例的增加,就可以看作是向台港澳靠拢的表现:

(15)"5元车"被纳入体制内管理,实行正规出租车公司运作模式,这固然是好事。

(16)随后,一幅名为《当洪水袭来之际》的照片被发表,署名胡武功。

(17)此前被讨论多时的交通拥堵费问题,此次方案再度将其提上日程。

如前所述,以上例句中的"被"都可以不用,并且基本都是不用的,而用了"被",实际上就与台港澳地区趋于一致了。

三是就整个台港澳或其中的一地来看。比如前边讨论的"被××",我们在台湾报纸上看到"引用"的例子,而在香港则出现"仿造"的例子,由此都使得这一形式在内地以外的地区得以出现和使用,从而迈出了趋同的第一步。

再比如,石定栩等(2006:271)指出港式中文的被动句与标准中文有两点不同,其中第二点是"根据褒贬义(按:即上述[±如意]的语义倾向)再分为两个下位类型,而且分别使用不同的标记词。

表达贬义一般只用'遭',表达褒义(含中性义)的一般用'获'。"所以,我们在香港(包括澳门)语料中,见到很多"获"字句的用例,例如:

(18) 在骆家辉的祖家广东台山市,乡亲们对他获提名驻华大使甚感自豪,直言希望骆家辉上任后再度回乡,与族人一同祭祖。(香港)

但是,在表示相同意思的时候,现在似乎也开始越来越多地使用"被"字句,这应该有内地影响的因素。即如以下一例:

(19) 骆家辉对被提名驻华大使深表荣幸:"我将回到祖父、父亲、母亲及其家人的出生地,忠实、热情的为美国发声。"(香港)

与此相对应的是,我们在内地也看到一些以前极少见到的"获"字句用例:

(20) 百余户居民获装煤气探测器。

(21) 北方八省冬麦区浇灌面积超 60%　日增 900 万亩,10 天内大部可获浇灌。

不过,就目前的情况来看,这样的用例还主要见于标题,表明对内地而言,它还属于一种比较新的形式(详后)。

第二节　"遭"字句

有标记被动句中,除了"被"字句外,由所用标记词的不同,人们经常提到的还有"叫/让"字句、"给"字句等。其实,如果我们在历时和共时两个层面扩大视野,就会看到并且应当承认,还有使用其他标记词的被动句,其中重要的一种就是"遭"字句。

先就历时层面来看。

鞠彩萍(2007)曾经对应列出了许多与各种类型"被"字句完全相同的"遭"字句,以证明近代汉语中这一句式存在的真实性与可靠性,例如:

> 王闻生嗔,令杀诸狗。城中诸狗既遭杀害,因即逃窜出国去者。(《根本说一切有部毗奈耶破僧事》卷第十七)

> 陛下下苍黄西出,内官奔命东来,黎庶尽被杀伤,衣冠悉遭屠戮。(《旧唐书》卷一八二)

> 其媳妇来,不见其姑,问夫得知缘故,当衣饰赎姑,遭邻人盗去,其媳愤激自缢。(《型世言》第三十三回)

此外,田春来(2010)也列举了一些类似的例子,其中有"被"与"遭"共现以及对举的句子,最能证明二者的同一性:

> 般若寺遭焚,有人问曰:"既是般若,为甚么被火烧?"(《五灯会元》卷十三)

> 头陀石被莓苔裹,掷笔峰遭薜荔缠。(同上卷十七)

田氏的结论是"在中晚唐以后'遭'有发展成为一个较为成熟的被动标记的趋势"。

再看共时层面的情况。

鞠彩萍(2007)对近代汉语中"遭"作为被动标记的真实性毫不怀疑,但是当谈到其在现代汉语共时平面的使用情况时,却这样说道:"对于整个被动系统而言,人们既然有意选择了'被'作为标记词,同时也就限制了对其他被动标记的选择,这些被动标记的使用范围渐渐受到限制,最终被排挤出去,其作为被动标记的用法仅保留在某些方言里。"

按，鞠氏所说"遭"作为被动标记的用法保留在某些方言里，如她自己所列举成都话的"我遭他骂了一顿"，湘潭话的"遭人抢了"等。除此之外，宁夏固原话被动句则是只用"遭"表示的，如"他遭老师批评了一顿/他遭批评了一顿"。（黄伯荣等，1996：666）

共时层面除方言外，再就共同语来看。近代汉语的"遭"字句其实并未"最终被排挤出去"，它仍然存活于现代汉语书面通用语中，田春来（2010）就曾指出，"遭"在现代汉语普通话中还大量运用，他利用Google中文网站和北大现代汉语语料库检索到很多用例，并根据不同的搭配情况，分为遭V式（如"遭枪杀"）、遭NV式（如"遭黑客攻击"）、遭(N)VN式（如"遭人袭击头部"）、遭AV式（如"遭残忍枪杀"）等七种，而上述四种基本都可以无条件地替换为"被"字句，可以认为是典型的"遭"字句。

在台港澳地区，"遭"字句的使用频率更高，所以石定栩等（2006：271）把它列为港式中文被动句根据褒贬义所分出的两个下位类型之一。在台湾报纸上，"遭"字句的用例更为常见，澳门也比较多见。也就是说，如果我们把视野及于整个四地乃至于全球华语的范围（我们在新加坡的报纸上也看到不少这样的用例），就会看到，上述"遭"字句更是不仅存在于，而且在一定程度上可以说是活跃在台港澳地区的书面语中，并且由此而与内地的使用情况产生了一些差异。

本节拟对这一现象以及相关问题进行讨论。我们对考察和研究对象作以下严格的限定：语义关系和结构形式完全与"被"字句相同、基本只有用"被"还是用"遭"差异的句子形式。

一、统计数字及相关解释

我们对四地各100余万字的报纸语料进行穷尽性统计，得到了"遭"字句在各地的使用数量,作为参照,我们把上一节表十一所列的四地"被"字句数量对比一并列出,并且计算出二者的比例,详见下表。

表十三

地区 \ 项目	语料字数	"遭"字句	"被"字句	二者比例
内地	108万	37	1435	1:38.78
台湾	106万	196	749	1:3.82
香港	109万	165	1503	1:9.11
澳门	102万	93	819	1:8.81

上表显示,"遭"字句的使用内地最少,台湾最多,而港澳地区则处于二者之间偏多的一侧,比例接近,反映了两地语言及使用情况更具一致性的实际。

以下我们试图对上述数量差异进行解释与说明。

1. 为什么"遭"字句的数量总体上远少于"被"字句

从历史上看,"遭"字句的数量就远少于"被"字句(这其实也是研究古代汉语以及近代汉语被动句的人很少提及它的重要原因之一),而前者数量之所以少,原因之一是"遭"没有像"被"那样经过充分的发展。关于这一点,田春来(2010)说:"('遭'字句)在文献中的使用频率很低,不像被字句谓语动词带宾语、状语和补语的频率很高。所以综合来看,'遭'的词汇意义还有相当程度的保留,虚化程度不高,因而没有发展成为真正的介词。"

直到现代汉语中,"遭"仍然没有像"被"那样发展成为真正的介词,它依然虚实兼备,以下报道同一事件的用例可以很好地说明这一点:

(1A) 位于台北市松江路上的新凯汽车保养场,今天凌晨发生大火,1辆新台币百万元 VOLVO 全新展示车全毁,停放场内的10辆同厂牌车辆也<u>遭波及</u>。(台湾)

(1B) 国际富豪汽车产品经理阙杏如受访时说,停放厂内的11辆 VOLVO 车全部<u>遭到波及</u>,1辆价值119万元的 VOLVO"C30"全新展示车全毁。(台湾)

"遭"字句数量少的第二个原因,则是语言选择问题,如前引鞠彩萍(2007)所说,人们既然有意选择了"被"作为标记词,同时也就限制了对"遭"以及其他被动标记的选择,从而使它的使用范围渐渐受到限制,虽未彻底消失,但终究没能兴盛起来。

"遭"字句数量少的第三个原因,是它的表义及使用范围有限。就前一方面来说,它通常只用于表示重度[-如意];就后者来说,它基本只用于表示"已然"。现代汉语"被"字句则在这两个方面不断突破限制,从而占据了更大的生存空间。关于这一点,我们将在第三小节讨论。

2. 为什么内地"遭"字句数量远少于其他三地

很多研究台港澳地区语言状况的人都不同程度地谈到三地较多保留了古代词汇及语法成分,我们也曾就此展开过讨论(刁晏斌,1998b)。前引石定栩等(2006)说港式中文的"遭"是沿用了古汉语的标记词,正反映了这一实际。其实,台港澳地区不仅保留了大量古代语言成分,并且在总体上还是以早期现代汉语为基础的,所以大量保留了在那个时代比较常见的一些语言形式。关于这一点,汪惠迪(2007)说:"在改革开放前的大约30年间,境外华人社区基本上是各自沿着中文固有的轨迹发展的,因而在字、词、句的使用上显得十分传统。表现之一是,在大陆,50年代初就退出人们语用生活的词语,港澳台地区至今还在使用;在大陆,已经退出规范汉语甚至已被认为是病句的某些格式,港澳台地区也还在使用。"

相对于台港澳的书面汉语而言,内地的书面语经过几十年的独立发展,更加趋向于通俗化与口语化,正如韩敬体(2008)所说:"解放后,大陆语文教育提倡语体文,倡导言文一致,作品语言趋向口语化,不少文言词被语体词或短语所取代,书面语中传承的带文言色彩的词语大为减少,书信用语也语体化了。"由此,在语体风格上就与台港澳产生了较大的距离,趋向于用中性语体色彩的"被"而不是更具文言色彩的"遭"来表示被动,正是这一差距的表现之一。我们曾经在自建的现代汉语史语料库第一阶段子库(1919—1949年)约160万字的语料中进行检索,共检索到"被"字句1560个,"遭"字句78个,二者比例约为20:1,比表十三的比例高出将近一倍,可以在一定程度上证明这一点。

3. 为什么台湾"遭"字句用得最多

我们首先可以说的一点是,台湾"遭"字句用得最多,一定程度上是因为它的"被"字句用得最少(当然,二者是互为因果的),而最主要的原因,则是"台湾交际语言大量地使用古代汉语的词汇,使台湾的语言保留较为明显的文言文色彩。"(蒋有经,2006)

从1949年前的"国统区"到1949年以后的台湾,文言的基础如此深厚,比如"中央社"的电讯稿直到1949年迁到台湾之后,才由文言改为白话。(张博宇,1974:122)关于这一事实,郑良伟(1990a:126)说:"由于台湾语文教育太偏重文言(高中课本占75%),一般报刊上的现代中文,所掺用的文言成分,超过大陆的三倍。应用文、特别是官方公告及信件,就不止如此。"

这一点不仅与内地差异明显,就是与港澳地区相比也是比较突出的。也就是说,在台港澳三地中,以台湾保留古代语言成分为最多。比如在公文方面,柴俊星(2002)说:"香港和澳门,比起台湾来说,在保留文言文方面没有台湾那样明显。"田小琳(1997a)也说:"香港的中文公文一向书面语色彩较重,文言色彩重于内地的,轻于台湾省的。"

公文如此,其他的报刊等书面语言基本也是这样,而台湾"遭"字句远多于内地也多于港澳,正是其表现之一。

正因为如此,我们在台湾的报纸中看到了更多"遭"字句可以与"被"字句自由变换的例子。比如《台湾时报》2011年3月4日报道邮差被狗咬伤事件,多次使用"被狗咬",而在次日的报纸中,则又有以下的报道:

(2) 媒体昨天报导邮差遭狗咬事件层出不穷,但花莲市福建街一六三号民众刘秀山饲养的"熊熊",却每天会守在门口等待邮差来时"接信"。

二、"遭"字句的结构类型及其在四地的一般使用情况

上引田春来(2010)所列内地书面语中的"遭V"式、"遭NV"式、"遭(N)VN"式以及"遭AV"式等在四地均有用例,除此之外,在台港澳三地还有其他的类型,以下分别举例说明。

1. "遭V"式

这一形式在四地均比较多见,V可以是单音节动词,但更多的是双音节动词。以下举两个内地的用例:

(1) 当地消防部门说,全市80%以上地区先前遭淹,降雪可能使情况变得更糟。

(2) 罗伊在法庭内接受美联社记者电话采访时否认杜瓦利埃遭逮捕。

2. "遭 AV"式

这是 V 前加状语的形式,例如:

(3) 人民大学大二女生做裸模交学费,家中曾遭强拆。(内地)

(4) 无辜师徒惨遭滥权羁押,虽获冤狱,但至今他们仍受到违法税单缠身。(台湾)

(5) 今年预算案开先例大派钱,下届政府制定预算案时亦将遭重重掣肘。(香港)

(6) 吉福兹之前就警告,过度激烈的政治语言让她饱受暴力威胁,办公室也遭人无故破坏。(澳门)

单纯的"遭 AV"并不多见,比较多见的是 A 出现于以下几类在 V 前的形式。

3. "遭 N(A)V"式

此式内地不常用,而在台港澳地区则十分常见。N 通常是动作的发出者,有时也是动作的工具等。前者的用例如:

(7) 万科副总裁毛大庆遭记者围堵,华远集团总裁任志强借机脱身。(内地)

(8) 她说,由于要参加友人喜宴,于是昨天特意戴上项链后才出门,却没想到因此遭歹徒觊觎。(台湾)

(9) 但陈易至今未获偿,甚至遭美亚职员"冷漠对待",两人均感不满。(香港)

(10) 数名治安警员随后增援到场,终将各人制服,其间遭疑人粗言辱骂。(澳门)

后者的用例如:

(11) 警方进入屋内后,发现5名手足遭铁丝捆绑陈尸浴室,而刘志勤夫妻则是行踪成谜。(台湾)

(12) 她虽然有一边肺叶遭子弹重创,但另一边的肺叶受创轻微,而且又未有伤及神经系统。(香港)

4. "遭(N/A)VN"式

V后的N是一个宾语性成分,这样的用例在台港澳也比较多见。例如:

(13) 妻子遭丈夫生前债主讨账 庭上自称对欠债不知情 质疑债主出具的欠条。(内地)

(14) 遭假冒名义,议长脸书公布服务处人员名单与照片!(台湾)

(15) 他随即遭廉署控告四项串谋讹骗罪。(香港)

除这样结构比较简单的例子外,还有不少相对复杂的用例,似乎更能体现台港澳三地"遭"字句的特色。例如:

(16) 取缔路边停车格遭放置花盆、机车、杂物等违规行为,摊贩占用道路部分依道路交通管理处罚条例可处1200元罚款。(台湾)

(17) 在侯检察官违法搜索太极门当日,起诉书唯一所指的两账户,余额为61万余元,竟遭侯检察官不实捏造有32亿余元补习班学费。(台湾)

(18) 其中两名生还者陈国柱及易小玲,向美亚保险购买了旅游保险,但遭美亚保险以两人伤势不属于"永久伤残"为由,拒绝发放"恩恤赔偿"和"永久伤残"。(香港)

(19) 西九文娱艺术区发展计划亦遭公众激烈批评为向地产商输送利益。(香港)

(20) 去年底至本月初,先后有五名青少年在白鸽巢及筷子基一带游戏机中心消遣时,遭案中三名青少年以威吓手段,强抢共五部手提电话。(澳门)

5. "遭(N/A)VC"式

C是一个补语性的成分,通常是表示处所、结果、情状等,内地只有极个别用例,而港台地区则比较多见。例如:

(21) 因为网店店主侵权销售理财讲座的盗版视频,淘宝网遭版权方知钱(北京)理财顾问有限责任公司起诉到法院,被要求和店主停止侵权并赔偿。(内地)

(22) 最近,东门遭幼儿园所在小区业委会封死。(内地)

(23) 掌门人夫人连表示异议的机会都没有,股票即遭拍卖一空,造成难以回复的损失。(台湾)

(24) 死者的阿嬷听闻孙女遭大火活活烧死,一整个下午都呆坐在女婴尸体旁悲伤难过。(台湾)

(25) 亲卡扎菲部队则集中火力,狂攻反抗军西部据点米苏拉塔及辛坦,当中以米苏拉塔的战情最惨烈,有小孩遭政府军坦克炸至粉身碎骨。(香港)

(26) 埃及示威者 遭军人逐出广场 (香港)

澳门只有处所补语的用例,如:

(27) 一名内地商人疑于上月十九日因欠下"贵利数",遭禁锢在氹仔某酒店房间。(澳门)

6. "遭(N/A)V_1V_2"式

谓语中心部分是两项甚至于多项的连谓结构,内地不见这样的用例。连谓结构可以相对简单,即主要是由连用的单个动词或

简单的动词性词组构成;也有的比较复杂,由一个或多个复杂的词组或小句构成,有的甚至还不限于两项。先看几个简单的用例:

(28)……并遭便衣拦阻推挤,致本人与社长简文通教授受伤。(台湾)

(29)例如财政预算案遭议会拒绝通过、甚至否决,就会出现宪制危机。(香港)

(30)虽然相关部门已派员驻场提醒居民,但仍有居民乐极生悲,遭爆竹、烟花灼伤或烫伤。(澳门)

以下是比较复杂的用例,似乎在台湾更为多见一些:

(31)1名林姓包商(工程师)于台中市春水堂茶坊协商债务纠纷时,遭赖姓债主伙同林姓友人等5人,持枪押至汽车旅馆洗劫财物。(台湾)

(32)录像的公民记者遭新闻局请出警察制止,引发新闻局侵犯新闻自由争议。(台湾)

(33)梁姓台商结束大陆公司,遭人以到香港成立子公司(空壳公司),将公司结算款八百六十万元美元汇往香港空壳公司,再化整为零网络转账到私人账户。(台湾)

港澳也偶能见到这样的用例:

(34)两名青年行经将军澳体育馆对开,遭数名少年包围殴打,再抢去身上财物,他们俱受伤送院。(香港)

(35)经营绿色专线小巴公司的西贡区议员邱戊秀与多名公司前董事,遭小股东以公司名义入禀指控违反董事责任,挪用公司款项及损害公司利益,擅自增加酬金及应酬费,又指公司账目混乱,向邱戊秀等人索偿共约1300万元。(香港)

(36) 新口岸一押店昨日疑遭贼人用百合匙开启门外饰柜,偷走十二只共值一百五十万元的名表。(澳门)

(37) 上月三十日晚上九时许,十六岁男学生行经关闸广场与菜园路交界,同样遭两名男子以同一手法,带到市场街乐富新村某楼层梯间,抢走其一部价值四千二百元的手机后离去。(澳门)

三、"遭"字句与"被"字句的差异

"遭"字句与"被"字句同为被动句,二者自然是共性大于个性,所以有相当数量的"遭"字句可以自由变换成"被"字句,而后者基本也是如此。但是,作为两种不同的句子形式,它们之间的差异也是比较明显的,并且这种差异表现在不同的方面,各从一个侧面说明了二者使用数量悬殊的部分原因。

1. 语义特征差异

在语法研究中,语义特征通常被用来描写和解释词的内涵与分布特点,其实在我们看来,不仅词有语义特征,各级语言单位都可以作语义特征的分析,从而来说明某些比较对象之间的异同等。

就"遭"字句与"被"字句来说,二者的语义特征差异主要表现在以下两个方面:

其一,[-如意]与[±如意]。

上一节中,我们对"被"字句[-如意]的语义倾向进行了调查,结果显示四地大约有 70—80% 的"被"字句沿袭传统,有[-如意]的语义倾向,另外 20—30% 则表示[+如意]以及"中性"义,三者相加,基本可以说"被"字句在总体上具有[±如意]的语义特征,而由此也体现了这一句式在表义上的发展变化。从某种角度来说,"被"字句上述语义倾向的变化也可以归结为"被"表"遭受"这一初始义的淡化,而"遭"字虽然语法功能有所变化,但是它原本的"遭受"义却并未淡化,因此由它构成的被动句只用于表示[－如意],由此就形成了与"被"字句在语义倾向及语义特征上的差异。有许多"被"字句无法变换成"遭"字句,原因就在这里。比如以下二例:

(1) 浦利叶曾被法国费加洛报誉为明日的伟人;法国版的"世界名人录"则评誉他是法国最具代表性的小提琴家。(台湾)

(2) 被问到如何挑战4连霸,总教练黄万隆说还没想过这个问题。(台湾)

按,例(1)是[＋如意]的,例(2)是中性的,所以它们都不能变换成"遭"字句。

其二,[＋重度]与[±重度]。

这里的[±重度]指的是语义轻重的差异。所谓语义轻重的差异,是指都用于表示[－如意]的那一部分中,"遭"字句的语义特征都是[＋重度],即通常都用于表示受事者确实"遭受"了某一较为严重的损害或损失(客观如此或主观认为如此)。

大多数情况下,"遭"字句[＋重度]的语义特征是由"遭"后的动词或动词性结构表示的,如"遭抢、遭呛伤"等,另有少数则是由上下文决定或明确的,比如以下一例:

(3) 雾峰林家官保第遭注册　监委吁正视(台湾)

按,这是一篇报道的标题,单看标题,"遭注册"似乎够不上[＋重度],但是再看正文,这一意味还是比较明显的:

雾峰林家下厝管理委员会主任委员林正方陈情指,国定古迹雾峰林宅名称遭人登记商标注册,更意图将使用范围扩大到博物馆与展览场所,为避免破坏雾峰林家名誉、影响未来开放参观规划,相关主管机关应撤销该商标注册。

按,这里把"遭注册"上升到"破坏雾峰林家名誉、影响未来开放参观规划"的高度,其严重的"遭受"义就相当明显和突出了。

"被"字句的语义特征则是[±重度],即在语义上可重可轻,没有明显的要求或限制。所以,有一些[-如意][-重度]的"被"字句通常就不太能变换成"遭"字句。例如:

(4) 高雄产业主要以钢铁、石化、造船等高污染重工业产业为主轴,让国人对高雄的刻板印象都是污染,还被戏称为是文化沙漠,这对高雄人很不公平。(台湾)

按,"被戏称为是文化沙漠"自然是[-如意]的,下句"这对高雄人很不公平"也在说明这一点。但是,这毕竟只是一个"戏称",并不会造成什么实质性的损害,所以它是[-重度]的,因此句中的"被"就不大能用"遭"来替换。

这种情况比较多见,以下再举一例:

(5) 教堂的立面开了一个玫瑰窗,可惜从里面看却被阁楼的管风琴遮挡,未能欣赏此巨大圆窗的装饰。(香港)

2. 使用范围差异

传统"被"字句的发展变化,除前边提到的表义倾向扩大化外,还表现在另外一个方面,这就是它在时体方面的扩展,具体地说,就是由原本通常只用于已然,到可以部分地用于未然[①]。后一方面在一定程度上也与"遭"字句不同,由此就形成了二者使用范围

[①] 对于"被"字句这方面的发展变化,以前人们关注得不够,因此有专门考察、讨论的必要。

的差异。为了说明这一点,我们对台湾全部 749 个"被"字句及 196 个"遭"字句进行逐一分析,结果显示,"被"字句中有 119 例用于未然的事件,约占总用例数的 15.89%;而用于未然的"遭"字句却只有 3 个,仅占总数的约 1.53%,二者相差 10 倍。其实,这一差异并非难以理解:"遭"字句几乎都是表示"遭受不幸"的,既然"不幸"没有发生,自然也就不趋向于使用这一句式,而在此时,这一意思相对淡化的"被"字句经常就是一个不错的选择。

所以,下面的"被"字句一般不能变换为"遭"字句,主要原因就在这里:

(6) 联合国秘书长潘基文强烈谴责有关袭击事件,并警告说,肇事者将被追究责任。(台湾)

(7) 我们也须正告马政府,切莫被民粹绑架,也切莫屈服于一场奠基在谎言之上的行动。(台湾)

(8) 事实上,18% 根本从未被民进党政府取消,又何来"复活"之说?(台湾)

只有特别强调"遭受"义的时候,"遭"字句才可以用于未然,我们所见的 3 例基本都是如此:

(9) 为避免当前两岸现存之政治分歧问题模糊学术焦点,本案建议只要不遭矮化,且两岸对等,则似不必拘泥必须在论文中胪列国家名称,如以学术机构名加"城市名"似即可。(台湾)

(10) 黄伟哲认为议会扬言等话是否遭误导,他期许大家冷静思考。(台湾)

(11) 弟子无法接受道馆将遭违法查封拍卖,无馆可练功,因此聚集台北地院门前练功,击鼓鸣冤。(台湾)

3. 语体风格差异

被动标记词"被"和"遭"虽然都起于文言,但前者由于在后来的古白话以及今白话中都特别常用,所以"古旧"色彩逐渐磨损,由此就使得"被"字句在语体色彩上呈[＋中性]的特征;后者因为一直未能成为常用形式,所以"遭"的文言色彩和特征得以存留(所以前引石定栩等人称之为文言标记词)。因此,整个"遭"字句具有明显的[＋文言、书面]语体风格特征。

以下一例在一定程度上能够说明这一点:

(12) 年轻肉档东主,昨在开业仅三日的肉档内工作时,突遭一名独行金毛黑衣人从后一刀插入其臀部,复拔刀逃去,东主臀部血流如注,顾客吓至慌忙走避。(香港)

按,此例几乎称得上是"半文半白",其中"文"的部分,自然也包括"遭"以及它的单音节文言修饰语"突"。如果把"遭"换成"被",一方面文言色彩有所减弱,另一方面[＋中性]的"被"与[＋文言]的"突"的组合不太自然、协调。

以下两例基本也是如此:

(13) 如果台中市未进行相关的安全及消防检查,该夜店遭祝融为祸导致大量人命伤亡,这在逻辑上或许还说得过去。(台湾)

(14) 如果贸然动工,恐有遭拆除之虞,所以在五月卅日晶华酒店与太管处合意终止契约。(台湾)

按,两例中的"遭祝融为祸"与"恐有遭拆除之虞"的"遭"都不太适合用"被"替换。

我们所见,有不少"遭"与另一个文言单音节词组合成一个韵律词的例子,二者协调一致,共同构成一个文言色彩浓厚的表达形

式,并且也都不太能顺畅地变换成"被"字句。例如:

(15) 被告见状要求港铁人员拆走围板,惟遭拒绝。(香港)

(16) 社评认为,现任政府已陷弱势管治,下任政府亦遭影响。(香港)

与此相类的再如"亦遭婉拒、均遭拒绝、似遭破坏、再遭重挫、几遭灭族、突遭枪击、常遭掠夺、疑遭错杀、曾遭强拆、屡遭诟病、已遭囚禁"等。

此外,一些1+1的组合形式,如"遭拒、遭逮、遭窃、遭逐"等,同样也表现出比较浓厚的文言色彩。

另一方面,如果"被"字句比较口语化,即使是[-如意][+重度]的,通常也不大能转换成"遭"字句,例如:

(17) 江国庆就这样被国家机器给杀掉。(台湾)

(18) 他强力要求政府一定要贯彻、不能打折;一旦打折被看破手脚,人民对政府的信心就瓦解了。(台湾)

(19) 去年六月间,黄姓男子的女儿的自行车被偷。(台湾)

按,"被……给"带有比较强的口语性,"看破手脚"更是口语化的表达形式;"遭窃"的形式比较多见,但我们却没有看到"遭偷"的用例,这还是因为"偷"与"窃"的语体色彩不同,因此对"被"和"遭"的选择取向也就不同。

4. 复杂程度差异

笔者多年从事汉语发展演变研究,形成这样一个基本认识:一种语言形式(小到一个词,大至一个句子)的发展程度及所能达到的复杂程度,与它的使用频率成正比。近代汉语的例子如"把"字句,在持续的高频使用中逐渐添加了各种类型的受事者(即介词"把"的宾语)、各种类型的宾语以及补语等,一些修饰语的位置也相当灵活,甚至还产生了完全不表示"处置"的另类"把"字句(如"把只煮熟的鸭子飞了")(刁晏斌,2001b:72—73);当代的例子如被有些人称为"网络热词"的"被××"形式,在超高频的使用下,"××"部分迅速由动词(如最初的"被自杀")扩展到形容词(如"被和谐")、名词(如"被义工")以及某些词组(如"被上楼"),另外也由双音节及于多音节(如"被精神病、被自动撤诉"),此外,"被××"也由紧密结合到中间可以插入施事者(如"被学校就业")等。

从早期的古白话到当今的全球华语,"被"字句可以说一直常用不衰,这就给它的充分发展提供了巨大可能,并且实际上这一句式本身也确实有一个十分明显的由简单到复杂的发展过程。相对来说,"遭"字句的使用频率一直不高,甚至很低,因而也就不具备像"被"字句那样的发展基础和前提条件,所以它实际的发展程度以及所达到的复杂程度,就比较难与前者相提并论。

上节中我们比较详尽地分类列举了台港澳三地一些复杂的"被"字句用例,它们基本都难以变换成"遭"字句。本节中我们虽然也列了比较复杂的"遭(N/A)V_1 V_2"式一类,但无论在数量上还是复杂程度上,都与"被"字句有较大的差异。

第三节 "获"字句

在四地的现代汉语中,"被"字句中的"被"除了经常可以换成"遭"外,有时也可以用"获"来替换,替换后各部分之间的语义关系以及整个句子的意思也保持不变。在本章第一节中,我们就举了以下两个例子:

(1A) 在骆家辉的祖家广东台山市,乡亲们对他<u>被提名驻华大使</u>甚感自豪,直言希望骆家辉上任后再度回乡,与族人一同祭祖。(内地)

(1B) 骆家辉对<u>获提名驻华大使</u>深表荣幸:"我将回到祖父、父亲、母亲及其家人的出生地,忠实、热情的为美国发声。"(内地)

按,A 句也可以说成"获提名驻华大使",B 句即这一形式,并且它同样也可以变换成"被提名驻华大使"。

以下叙述同一件事情也是"被""获"并用,因而也可以互换:

(2A) 死因庭研讯接近尾声,门多萨的胞弟格雷戈里奥昨日终于能够出席研讯,成为首个就马尼拉人质事件视像作供的菲律宾证人,而他指当日到黎刹公园是希望劝服兄长投降,他因为正当值故带有警枪,并被缴械,但否认主动向门多萨提及<u>不被归还警枪</u>,声言谈判人员所以这样说,是马尼拉市长林雯洛在背后指使,要将拯救人质失败的责任推在他一人身上。(香港)

(2B) 他又指当兄长知道他<u>未获归还佩枪</u>后,耶夫拉就说他是共犯,可能是由于兄长听到耶夫拉的说话,故在愤怒下开枪警告。(香港)

在其他语境下,二者可以互换的例子还有很多,再如:

(3A) 地震中遇难的中国公民身份识别工作已有进展,他们主要根据牙齿资料及指纹等线索确定上述两人身份,预计将有更多遇难中国公民的身份会<u>被确认</u>。(香港)

(3B) 中国 GDP 超越日本成为世界第二,早在去年中旬已<u>获"确认"</u>,但当时因为尚未有全年数据,故仍作不得准。

(香港)

在内地,偶尔也能见到"被"与"获"可以互相替代的用例,除例(1)外,再如2011年2月17日,新华网发布一条消息,标题为《首都机场等三个中国机场获评为全球最佳机场》,而民航资源网次日在转载这一消息时,用的却是《首都机场等三个中国机场被评为全球最佳机场》。

这说明,人们在表达与"被"字句相同或基本相同意思的时候,还可以有另外一个选择,这就是使用"获"字句,而且实际上这在一定程度上还成了台港澳地区被动句及被动表达的重要特色之一。

"获(獲)"本义为猎得、猎捕,由此引申为"得到、取得",进一步虚化,则为"得以、能够"(以上释义均见《汉语大词典》),常与单音节动词共现。《汉语大词典》所收以此义为基础的"获V"词条有"获全(得以保全)、获免(得以避免)、获宥(得到赦免)、获准(得到准许)、获济(得到救助)"等,而《现代汉语词典》第6版也收了保有此义的"获救、获释、获许、获选、获准"等。

这样的组合形式大致有以下几个特点:

第一,V的对象(受事)均为"获"的主体,这一点与"被救""遭批"等完全一致;

第二,对受事者来说,事件的发生另有决定者,而他们基本只是被动的接受者,这一点也与"被救""遭批"等完全一致;

第三,对受事者来说,发生的事件符合他们的期望,因而是乐于接受的,这一点与"被救"相同,但是与"遭批"、"被打"等不一样。

古代汉语中,与上引例词及其特点一致的用例时能见到,例如:

(4) 今朕获奉宗庙,夙兴以求,夜寐以思。(汉武帝《贤良诏》)

(5) 愈自阳山移江陵法曹参军,获事河东公。(韩愈《河南府同官记》)①

如果稍微换个角度看,"得到、取得"其实也就是"接受",以下"获"与"受"同义连文的例子可以为证:

(6) 病夫凤以顽蠢。获受奖顾。预问南宗之旨。久陪上国之游。(宋·释道原《景德传灯录》)

在一些佛教典籍中,不乏"获V"的用例,比如北魏吉迦夜共昙曜所译的《杂宝藏经》中有一篇叫《乾陀卫国画师设食获报缘》;唐五代时《祖堂集》序文中也有"其纂成,所以群英散说周览于眼前,诸圣异言获瞻于卷内";宋释普济汇编的《五灯会元》中有"幸获亲近,乞师指示"。

以下再举两个V后带宾语的例子:

(7) 人天既获闻真谛。更有尖新事也无。(南宋·赜藏《古尊宿语录》)

(8) 住是窟中今已千载。适遇尊者。获闻戒法故来谢耳。(《景德传灯录》)

另外,如果上述"接受"是不情愿、不得已的,那么就只能是"遭受"了,《汉语大词典》收此引申义,所列书证如:

(9) 般旋之仪,见憎于裸踞之乡;绳墨之匠,获忌于曲木之肆。(晋·葛洪《抱朴子·广譬》)

---

① 这两个例子均引自《汉语大词典》。

按,此例"获忌"与"见憎"为对文,语义相类,另外也可以证明二者均为被动表述。

进入现代汉语阶段后,具有上述三个特点的"获V"句还偶能见到,显系古代形式的遗留,因而无一例外都具有非常浓厚的古雅色彩。例如:

(10) 除江淮汉水间刘邓兵团的主力因白崇禧集中兵力向大别山进发,未获休整,到二月底才抽出一部到淮河以北休整外,其余各兵团均在十二月至二月间作了休整。(《毛泽东选集》第一卷)

再如毛泽东在《评国民党对战争责任问题的几种答案》(收入《毛泽东选集》第一卷)一文中,引用了孙科"迁政府于广州"后于1949年2月7日发表演说中的一段:"追忆本党总理二十年以前以三民主义亲自遗交本党,冀其逐步得以实行。苟获实行,绝不致演至今日不可收拾之局面。"

在四地的现代汉语中,既然都存在着表被动的"获"字句,那么,这一形式的具体结构及使用情况如何,它与同样都在使用的兼表[±如意]以及中性义的"被"字句和专表[-如意]的"遭"字句有何异同? 以下我们拟就此以及其他相关问题展开讨论。

与上一节的"遭"字句一样,我们也有必要先对研究对象作一个较为严格的限定:语义关系和结构形式完全与"被"字句和"遭"字句相同的句子形式。

一、"获"字句的语义倾向

人们在研究"被"字句时经常提到它的"语义倾向",即它所具有的主要表示不幸、不如意遭遇的表义选择性。有人用"褒""贬"

以及"中性"来表示,而我们在本章中一律使用[±如意]以及[±中性]等表述形式。

与"被"字句同属被动句的"获"字句当然也有自己的语义倾向,并且表现得相当明显和突出,这就是都用于表示[＋如意、期望]与[＋中性、期望],以下我们分别讨论。

1. [＋如意、期望]

[＋如意]与[＋期望]是互为前提、互为因果的,即正因为是"如意"的,所以人们才"期望"获得或发生;同样,期望的东西通常都会带给人"如意"的感受。所以,在很多时候,我们看到这两个语义特征是结合在一起的,例如:

(1)("中华文化联谊会"访京团一行)今日启程赴京,其间将拜访国务院港澳办、中央统战部、全国文联及国家文化部,介绍该会创会宗旨与未来计划,冀获有关部门领导给予指导意见,未来更好发展。(澳门)

按,此例"获"前有"冀(希望)",这就凸显了[＋期望]的意味,而由下文的"未来更好发展"看,"有关部门给予指导意见"自然也是[＋如意]的。以下二例明显也是如此:

(2)报道以内地农历新年后东部地区与中部及西部地区争夺劳动力的"抢人大战"为例,说明东西部的差距扩大的趋势已获遏制。(香港)

(3)行程中拜访了内地著名高等学府南京大学,获该校国际合作与交流处副处长戴者华热情接待,并为学生讲解该校学生的就读情况。(澳门)

上述语义经常是指向叙述对象的,例如:

(4) 一九六九年黄清诰获高雄市体育会棒委会聘为常务委员,期间还获体育会任命为垒球委员会主任委员。(台湾)

按,我们的意思是,"获高雄市体育会棒委会聘为常务委员"等,对于叙述对象黄清诰来说,既是[＋如意]的,同时应该也是[＋期望]的。

如果叙述对象属于无生命物,因而不具有[＋如意、期望]这样的心理感受或反应,则此时上述语义通常是指向叙述者(即作者)的。例如:

(5) 香港获全球逾百万旅游人士投票支持,在旅游评论网站 TripAdvisor 公布"2011年最佳旅游目的地"中,获选为世界十大旅游胜地之一,也是唯一入选十大的亚洲城市。(澳门)

还有另外一种情况:[＋如意、期望]的语义同时指向叙述对象与叙述者,即二者对某一事件的态度、立场和感受等是一致的,这种情况也很常见。例如:

(6) 曾俊华不仅答应退税,而且所有年满十八岁的香港永久居民,都获派六千元进口袋。(香港)

即无论对香港永久居民还是文章作者来说,"获派六千元进口袋"都是[＋如意、期望]的。

有时整个"获"字句也能表示[－如意、期望]的意思,形式是在"获"前加否定副词,也就是说,是通过对[＋如意、期望]的否定来实现的。这样的例子相当常见,例如:

(7) 然而好景不长,王先生不久便发现客厅出现大片水迹,并向其他房间蔓延,他多次报修,至今未获解决。(内地)

(8) 正身在北京出席人大、政协两会会议的范徐丽泰称,立法会表决临时拨款属每年例行公事,但竟不获通过,令市民在惊愕之中感到不安。(香港)

(9) 二零零三年以来,"理工"已经多次报请修改《章程》而未获准。(澳门)

(10) 洋华工会和校方及"教育部"沟通未获积极响应,下周将协同立委召开记者会,对洋华的非法行径提出严正控诉。(台湾)

正因为是对[＋如意、期望]的否定,所以这类句子往往都在客观叙述的同时还兼有一种对某一主体来说是"应该但却没有"或"期望但却没有实现"的附加意思,这一点是一般"被"字句和"遭"字所不具有的。

2. [＋中性、期望]

有时,"获"字句的[＋如意]意味并不明显,而基本是中性或接近中性的(前引谈香港"获"字句使用的文字就提到它可以用于中性义),此时它的语义特征主要就是[＋中性、期望]。比如以下一例:

(11) 而门表明获复职便会投降时,萨尔瓦多却因未获上司指示而不敢答应,到决定使出"复职"这"撒手锏"时又已联络不上门。(香港)

按,此例中"获复职"[＋如意]意味明显,因而自然也是[＋期望]的,但后一句"获上司指示"的[＋如意]意思不明显,因而基本属于[＋中性]的,但是由紧跟着的"不敢答应"来看,则它肯定是[＋期望]的。以下二例基本也是如此:

(12) 至于其他疏导措施,必须兼顾返乡扫墓及出游车潮

需求审慎研议,高公局仍在研究中,相关措施获交通部核定后,会尽快对外公布。(台湾)

(13) 但此说法未获日本政府证实,日本媒体则指,有一名"死士"感染强烈辐射牺牲,另有逾20人受伤。(香港)

以上[＋如意、期望]与[＋中性、期望]两种语义倾向是选择关系,二者的确定因素主要是具体的语境。

3. 两种例外及其解释

在我们考察的语料中,偶尔能看到语义倾向为[－如意],因而也一定是[－期望]的例子,可以视为例外。例如:

(14) 纳撒尼尔去年获判5年监禁,因表示愿与联邦调查人员共揭父亲的犯案过程,纳撒尼尔获"缓刑优待"。(内地)

按,很显然,这里的两个"获"字句前一个是[－如意、期望]的,而后一个则是[＋如意、期望]的。以下一例也是如此:

(15) 直言有关失误不能饶恕,促当局加强对前线人员培训,并定期统计及公开"抄错牌"投诉或因出错而获撤销的告票数字,供公众查阅,发挥警惕及监察作用。(香港)

石定栩等(2006:271)也提到,在港式中文里有个别"获"字句是表示贬义的,如"学校因违反教育条例而获判罪的纪录"。

另一种例外的情况是只有一个[＋中性]的语义特征,例如:

(16) 死因庭昨天原定安排两名身在菲律宾的证人,以视像系统作供,但两人又在开庭前表示未获当局文件确认,不能作供。(香港)

按,对两名菲律宾证人来说,是否得到当局的文件确认,应该与[±如意、期望]无关,所以只是[＋中性]的。以下一例大致也是如此：

(17) 初级书记员负责执行其所属的科或辅助组的外勤工作，以及在有法官或检察官参与的听证及措施中提供协助，并在部门有需要时，执行获指派的属诉讼上的文书处理、卷宗编排及有关手续等工作。（澳门）

上述两种例外或许可以从以下两个方面加以解释：

第一，语言及其使用者都是非常复杂的，所以有例外是很正常的，相反，如果一条规律没有任何例外，那倒是很奇怪的事情。所以，虽然我们说"获"字句是表示[＋如意、期望]与[＋中性、期望]的，但出现个别[－如意]和只有[＋中性]义的例子，应该也是正常的。

第二，一般情况下，例外往往是可以解释的。就[－如意]的用例来说，大致就是如此。如前所述，"获"的本义为猎得、猎捕，由此引申为"得到、取得"（用于[＋期望]者），而如果得到的东西（具体或抽象）是"坏"的，即[－如意、期望]的，则义为"遭受、招致"。所以，《汉语大词典》既收属于前者的"获宥"，同时也收了属于后者的"获尤"（遭怨恨）。后者的用例再如：

(18) 燕以赵为障，虽怨赵，必不残赵，不必为备。一且示赵不敢抗燕，二且使赵获疑天子。（唐·杜牧《燕将录》）

因此，当今[－如意]的例子虽属例外，但却与人们思维的发展过程及规律相吻合，同时也是"于古有据"的。

既然处于与[＋如意、期望]相对立另一端的[－如意、期望]用例都是可以解释的，那么处于二者之间的[＋中性]义就更是不难理解了。

二、"获"字句的结构类型

我们在上一节列举了"遭"字句的六种结构类型,而这些形式绝大多数也是"获"字句所具有的,以下逐一举例说明。

1. "获 V"式

这是最简单的形式,用例不是特别多,其中的 V 通常是一个双音节动词。例如:

(1) 昨晚 9 点半,北京青鸟健身有限公司向会员和媒体发布消息,称青鸟问题已获解决,暂停营业的 5 家直营店将于今天中午 11 点恢复营业。(内地)

(2) 她称,数名曾拒绝该主管要求的员工都不获续约。(香港)

(3) 24 消防员就职优异生获奖励 (澳门)

(4) 过去烟捐补助经济困难者健保费,确实曾出现过补助漏洞,但后来设排富条款,情况已获改善。(台湾)

与双音节的 V 相配,"获"也往往与另一个单音节修饰语构成一个韵律词,再与 V 构成一个 2+2 的和谐音节组合形式。

2. "获 AV"式

这是 V 前加状语的形式,二者构成的状中结构多是一些有一定凝固性的四字格,例如:

(5) 脑卒中高危人群将获定期随访(内地)

(6) 3 月 10 日赌王偕全体家人晚上发联合声明,宣布分产风波获圆满解决。(香港)

(7) 访问团对该校的教学模式、学生学习情况等深感兴趣,时有发问,均获一一解答。(澳门)

(8) 洋华工会和校方及"教育部"沟通未获积极响应,下周将协同立委召开记者会,对洋华的非法行径提出严正控诉。(台湾)

这类用例不太多,比较多的是状语出现在下边几类结构中的用例。

3. "获 N(A)V"式

此式比较多见,N 都是(A)V 所表示动作行为的发出者,例如:

(9) 大学教授遥控指挥赌博被拘留 不服公安局处罚决定起诉未获法院支持 (内地)

(10) 本港一间美资保险公司的前雇员,声称在职期间被主管要求将某银行的信用卡客户个人资料留底,但此举未获该银行及客户本人同意。(香港)

(11) 中国澳门抗癌慈善会负责人梁活昌一行,日前拜会卫生局,获局长李展润、肿瘤科主任林志良等热情接待。(澳门)

(12) 昱程科技公司长期专注欧美市场,保暖纤维产品获美国特种部队指定采用,将以尖端纺织科技的产品力打开内地市场。(台湾)

4. "获(N/A)VN"式

此式 V 后的 N 是一个宾语性成分,内地较少,而台港澳地区则比较多见。例如:

(13) 黄健翔劳动争议案获赔 20 万 (内地)

(14) 当中更只有耶布拉获分配避弹衣。(香港)

(15) 明爱幼儿园于日前举行了慈善亲子年宵嘉年华,获

教青局及家长赞助部分经费礼物。(澳门)

(16) 太鲁阁向来是台湾及国外游客喜欢造访的景点,近获国际旅游美食评鉴"米其林指南"列为三颗星"不能错过景点"。(台湾)

当V是谓宾动词时,所带的宾语经常是比较复杂的,例如:

(17) 在本港,超级市场声称出售的日本牛奶和菠菜并非来自两县;而食物及卫生局强调会严紧把关,并获日本政府承诺所有受辐射污染的食物,都将不会流出市面。(香港)

(18) 台湾与印度尼西亚虽无邦交,但在驻印度尼西亚代表处联系下,已获印度尼西亚国搜中心、印度尼西亚军方及亚齐省长等表示将协助,配合设法掌握该船行踪、派遣机舰协助搜寻。(台湾)

已经词化的"获准"(如前所述,《现代汉语词典》已收此词)除偶尔单独使用外,基本都带一个谓词性的宾语(准确说是"准"宾语),并且经常还比较复杂,这在四地都能见到,例如:

(19) 97名获准离监过年探亲的服刑人员全部按时返回所在监狱,继续服刑。(内地)

(20) 承办检察官分析案情及证据后,认为有强烈迹象显示两宗案件的嫌犯,分别涉嫌触犯贩毒罪,故向法官建议并获准对两人采取羁押强制措施,实时送往路环监狱羁押候审。(澳门)

此外,有相当凝固性的"获颁"以及有一定凝固性的"获赠"与"获批"等也比较常用,以下各举一例:

(21) 一九九二年及一九九三年获颁由澳门东方葡萄牙

学会举办之"中葡文化交流"造型艺术比赛亚军。(澳门)

(22) 大家在庙会上还能免费获赠福字和春联。(内地)

(23) 数码广播早在 2008 年 10 月获批 AM 广播牌照。(香港)

5. "获(N/A)V_1V_2"式

即谓语中心部分是一个连谓结构,内地不见这样的用例。与"被"字句和"遭"字句相比,这里的连谓结构相对都比较简单,主要由连用的单个动词或简单的动词性词组构成。例如:

(24) 在的黎波里采访的外国记者,获刻意安排到医院殓房,利比亚当局展示 18 具尸体,指死者都是平民,死于联军空袭。(香港)

(25) 倘获有关方面安排进馆,将是荣誉与支持。(澳门)

(26) 某日,女儿偷窃被捕,幸好获同样经营水族馆生意的村田说情解围,村田像是从天而降的救星一般,成为他们全家的好友。(台湾)

有时也能看到复杂一些的用例,如:

(27) 民主党的何俊仁昨日说,已收到立法会民主党秘书处的通知,泛民未获抽中于本月 30 日提出议员议案。(香港)

(28) 红街市邮政分局原址将同期获当局修缮并活化为雅廉访图书馆,料第三季启用。(澳门)

另外,还有个别用"或"连接并列两项的用例:

(29) 因原有的假期"被取消",可获补休假或补钱。(澳门)

在这类句子中,"获邀"比较常见,"邀"后的 V_2 相对比较复杂一些。例如：

(30) 白巨成2001年11月最后一次亲身见招友全,他获邀到招位于半山的爱都大厦住所,商议购置该大厦十多个单位。(香港)

(31) 常获邀参加文创活动的"猫空间"负责人陈沛而说,倘熊猫馆腾出空间辟作文创展示区,绝不会"喧宾夺主",反而相得益彰。(澳门)

(32) 获邀参加大联盟春训的陈俊秀,最近两场比赛都是代打出战。(台湾)

"获邀"也有相当的凝固性,所以中间不能插入N,而如果"邀"换成双音节的"邀请",就没有这样的限制了,例如：

(33) 台湾今年第3度获世界卫生组织(WHO)邀请以观察员身分出席世界卫生大会(WHA)。(澳门)

与"遭"字句不同的是,我们基本未见"获(N/A)VC"式,即动词后带补语的用例,而这样的用例在"遭"字句中却比较常见,上一节中我们列举的有"股票即遭拍卖一空""有小孩遭政府军坦克炸至粉身碎骨"以及"埃及示威者遭军人逐出广场"等。对此,我们的认识是,"被"字句与"遭"字句都可以是,而且经常是"描述性"的,所以补语用得就比较多;而"获"字句通常是"陈述性"的,即只是较为客观地叙述或纪录一个事件,因此通常不用各种类型的补语。[①]

三、四地"获"字句的差异及融合

四地语言使用中的差异以及在差异基础上的融合,在"获"字

[①] 从这样一个角度给句子分类,然后探寻某些成分的有无、多少以及相关的规则和规律等,应该是一个很有意思的研究思路。

句中都有较为明显的表现。

1. 内地与台港澳地区的差异

在整个被动句的使用中,内地与台港澳地区有较为明显的差异,而就"获"字句来说,基本也是如此。二者之间的差异主要表现为用例数量悬殊,此外也有其他方面的表现,而这些差异的背后都有比较深刻的内在原因。

四地"获"字句数量差异见下表。

表十四

项目 地区	语料字数	用例数	每万字用例数
内地	108万	30	0.28
香港	109万	221	2.03
澳门	102万	153	1.5
台湾	106万	82	0.77

上表显示,香港、澳门和台湾"获"字句的用例数分别是内地的7.25倍、5.36倍和2.75倍。

内地"获"字句数量少的原因主要有以下两个。

其一,我们此前已经多次提到,而其他许多研究者也普遍认为,台港澳地区的书面语言较多地保留文言成分,因而更具文雅色彩,而内地则趋向于通俗化与口语化,由此形成了二者风格色彩的明显差异。本章第一节中,我们分析了台港澳地区"被"字句与内地的诸多差异,其中之一就是语体色彩方面的差异,即三地一定程度上采用了一些相对古雅的形式,比如"被……所"式就是其中之一,而我们在香港报纸中,还看到了"获……所"的用例:

(1) 当中赞助香港七人榄球赛嘅国泰航空亦实时响应,

更于今年嘅香港七人榄球赛事当中公开拍卖获《健力士世界大全》所证明嘅巨形榄球,以援助近期喺日本、中国云南及新西兰基督城遭受地震影响嘅灾民。

此外,如前所述的 1+1 与 2+2 音节结构形式也都有相当明显的古雅色彩。

也就是说,作为一个文言单音节词,"获"的风格色彩与台港澳地区的语言风格取向有相当的一致性,而与内地则有较大差异,所以前者趋向于使用"获"字句,而后者则较少使用。

其二,内地表[+如意]多用"被"字句。表十二显示,内地、澳门、台湾与香港"被"字句中[+如意]的用例所占比例分别是 12.1%、7.1%、4.7% 和 4.5%,也就是说,在表示[+如意]的时候,内地仍然趋向于使用"被"字句,而台港澳地区则在很大程度上趋向于用"获"字句来表示。其实,在这一现象的背后,仍然是受上一个原因的影响和制约:因为"被"字句基本是中性语体色彩的,而"获"字句则是书面语体色彩的。

除数量方面的差异外,内地与台港澳在"获"字句的使用上还有其他两点差异。

一是结构类型的差异。如前所述,"获(N/A)V_1V_2"式不见于内地,其他如"获(N/A)VN"式等,内地也只有极个别用例,这说明"获"字句在内地的发展不如台港澳三地充分。

二是使用范围的差异。内地的 30 个用例有 11 个见于标题,约占总数的 36.7%,而在台港澳地区,则主要用于正文。比如,台湾的全部 82 个用例只有 6 例是标题,仅占总数的 7.3%,港澳地区大致也是如此。这一事实说明,"获"字句在内地的使用也是不充分的,因为对于"新"的语言形式,人们通常趋向于首先在标题中使用,而只有当某一形式在正文中远多于标题的时候,它才真正成为一种充分使用、广为人们接受的形式。

2. 内地与台港澳地区的融合

我们曾经专门讨论过海峡两岸语言的融合及其表现(刁晏斌，2000b)，其实在整个四地都有这样的问题。就改革开放之初及此后的一段时间来看，融合主要表现为内地向台港澳地区的靠拢，比如学术界一度热议的"粤语北上"以及某些"新语法现象"的较多使用等，其实都是由差异趋于融合的表现和结果，而就目前内地为数不多的"获"字句用例来说，很大程度上也是如此。随着内地经济文化的不断发展和上述"引进"现象一定程度上的"饱和"，以及香港和澳门先后回归祖国和海峡两岸交往的日前增多，现在的融合则更多地表现为"多向互动"，即某种程度上的互相靠拢。①

《咬文嚼字》2000年第2期曾刊登《"获颁"，是获是颁？》一文，就《羊城晚报》1998年4月29日头版刊登新华社消息的标题《联合国粮农组织表彰中国国家主席对农业发展的贡献/江泽民获颁农民奖章》提出质疑，认为其中的"获颁"是不清楚、不恰当的表述，说这个"不伦不类的'获颁'不仅读起来生硬、拗口，而且意义表达不清楚"。作者的结论是，这一生造的形式是难以流行的。(林利藩，2000)

台港澳地区相当常见的"获颁"在内地之所以被认为"生造"，当然是因为它很少使用，所谓"少见多怪"，而这反映的应该是20世纪末的情形。我们在《人民日报》数据库中的检索情况证明了这一点。《人民日报》(含海外版、华东新闻、华南新闻)共有含"获颁"的新闻212条，第一条见于2000年11月14日，注明为"据新华社

---

① 四地语言的相互融合及不同阶段的具体表现及其特点等，是一个非常值得专门研究的课题。

香港11月23日电",标题为《周光召成思危分获香港两大学荣誉博士学位》,文章的第一段是:

> 香港城市大学第15届学位颁授典礼今天举行,共有5700多名毕业生获颁学衔。中国科协主席、著名物理学家周光召获颁荣誉理学博士学位。

第二条的出现时间是2001年5月9日,出自"海外传真·亚大非版",同日另有一例也出自"海外传真"的欧洲版;第四条的出现时间是2001年5月16日,文章的第一句是"据联合早报报道"。报道中国内地新闻的最早用例则见于2001年5月29日。以上事实大致可以说明以下两点:

第一,属于我们所讨论"获"字句的"获颁"在中国内地使用的时间并不长。

第二,最初的用例都有"海外或境外背景"。

时至今日,情况已经大不相同了。我们2011年10月30日在百度上搜索"获颁",一共得到4 500 000个结果,也就是说,就"获颁"这一形式的使用来说,基本已经实现了四地的通用化。

除了"获颁"外,我们还分别以"获评"与"获赠"为关键词在《人民日报》数据库中进行检索,也得出与前边相同的结论。含"获评"的新闻有238条,最早见于1998年1月24日,尾页的18条有7条用于标题;含"获赠"的新闻516条,第一条见于1994年8月3日,形式是"将有2000名同学获赠",而将近两年后的1996年7月12日的报纸上,才出现了"中国奥运健儿获赠《体育摄影画册》"这样完整形式(即带宾语)的标题。

由于"获"字句本身所具有的某些特点(比如"古雅"的语体色彩、陌生化的效果以及"专属"的[＋如意、期望]语义特征等),它在内地的可能发展趋势是,使用范围进一步扩大,用例不断增多,从而实现四地在这一句式上的进一步融合。

四、余论

四地"获"字句及其使用情况基本如上,以下再就两个相关问题略作申说。

1. "获"与"获得"的同与不同

在四地的现代汉语中,"获"的双音节对应词"获得"都有比较高的使用频率,我们在四地各 100 余万字的报纸语料中进行检索,台湾、内地、澳门、香港"获得"的用例数分别是 273 个、150 个、148 个和 131 个。在这些用例中,虽然主要是带名词性宾语者(约占总数的 80% 多,如"获得冠军、获得第一名"),但是也有一小部分可以替换"获"字句中的"获",比如以下一段报道就是二者并用:

(1) 临时拨款议案昨日终于<u>获通过</u>,令政府瘫痪危机解决,虽然议案<u>获通过</u>属意料中事,但昨日议会内仍然唇枪舌剑,……临时拨款议案上周三遭泛民"突袭"成功,全部投弃权票下历史性被否决,令社会哗然。政府迅速卷土重来,并获立法会主席豁免通知期,而建制派议员在北京两会结束后返港,结果议案昨日以 35 票赞成、12 票弃权及没有反对的情况下<u>获得通过</u>,政府顺利过关,能够出粮及继续发放综援金,令一众公务员及基层人士皆松一口气。(香港)

在港澳地区,甚至还有用与"获得"同义的"获到"的例子:

(2) 蒋巨峰所领导的四川省,三年前遭受地震巨灾,获到台湾人民以各种方法支持,故而他把此次访台也当作是"感恩之旅"。(澳门)

但是,我们并不认为"获得"也是一个被动标记词。作为与"获"有对应关系的现代汉语双音节词,它只是在一个狭小的范围内保留了文言词"获"的一种用法。实际上,二者的差异还是相当明显的。

一是性质与主要功能不同。"获"作为一个可以独立使用的词,其主要功能就是作为一个被动标记,就词性来说,基本是有虚(介)有实(动)、虚实兼备;而"获得"则是一个典型的体谓宾动词,既可以带体词性宾语,也可以带谓词性宾语,另外一点与"获"不同的是它还可以带"了、过"等动态助词(如"获得了/过冠军")。

二是使用条件不同,主要是音节上的限制。比如,"获批"不会改为"获得批";而如果前有单音节修饰语,通常也不趋向于采用"获得",例如:

(3A)澳门与广东省签订"粤澳合作框架协议"已获中央批准,有关协议的内容及其它细节工作仍在进行中,希望争取在下月签署。(澳门)

(3B)"人工种植人参进入食品"试点已经获得国家批准。这是中国首次允许人工种植人参可以进入食品。(澳门)

按,以上两例虽然也可以变换为"已获得中央批准"和"已经获国家批准",但相比之下,都不如原句所采用的形式顺畅自然。

三是语体风格不同。例如:

(4A)"行政院卫生署中央健康保险局"承保组专门委员洪清荣受访表示,过去烟捐补助经济困难者健保费,确实曾出现过补助漏洞,但后来设排富条款,情况已获改善。(台湾)

(4B)因此他希望乡公所在申请的同时,视乡预算的能力,一并将第五、六号空污设备也进行工程计划,让吉安乡空

污能获得改善。(台湾)

按,A 句的"已"和"获"均为文言词,二者合成一个语体风格统一的韵律词,再与"改善"形成 2+2 的和谐组合;B 句的"能"虽然文言中既已使用(如《论语》有"非曰能之,愿学焉"),但因为在现代汉语中是一个高频词,所以它的文言色彩早已"磨损"殆尽,现在只有白话色彩,因而"能获"不是一个和谐顺畅的组合形式,在此情况下,"能获得改善"差不多就是唯一的选择了。

以上二、三两个方面经常是结合在一起的,比如例(3)两句中"已"和"已经"就是集音节和语体色彩两种差别于一身的,以下一例也是如此:

(5) 这部事关国人福祉的法律,先后酝酿 17 年终于获得通过。(内地)

按,此例用了现代汉语双音节词"终于",基本就排除了"获通过"出现的可能;如果使用与之相对应的文言单音节词"终",同样也排除了使用"获得通过"的可能。

2. 关于被动句可能的发展方向

对于上引石定栩等(2006:271)所说港式中文与标准中文被动句的两点不同,我们持不完全相同的看法。据我们观察,即使在掺杂进很多粤语与英语成分的典型港式中文里,"被"字句也并不少见,而只是更多地用于表示[+中性]义;至于褒义与贬义分化,则基本属实。

我们看到的是以下一个既成事实:在使用标记词的被动句中,台港澳地区"被"字句、"遭"字句与"获"字句三足鼎立的局面已经初步形成。结合前两节的讨论和说明,就其主要的语义倾向来说,大致如下:

"被"字句:[±如意][±中性][±重度]

"遭"字句:[-如意][+重度]

"获"字句:[+如意]

虽然"被"字句目前仍然与另外两种形式纠缠不清、多有重叠,但是后两者之间的边界还是相当清楚的。将来的发展趋势,或许是"被"字句进一步趋向中性表达,因而不断"萎缩",而"获"字句与"遭"字句则进一步分担"被"字句的部分表义功能,从而不断发展,最终形成真正意义上的[+中性]、[+如意]、[-如意]均衡三分的格局。可以说,这样的发展已经初见端倪,而在内地却还很不明显。

就四地有标记被动句来说,是基本维持现有差异,从而保持各自言语社区的既有特色,还是在现有差异的基础上不断融合,从而取得更高的一致性,最终有待时间的检验和证明。

第六章 处置句的差异与融合

"处置句"即一般所说的"把"字句,而如果准确一点说,应该是"把/将"字句。本章中,我们不像一般研究者那样以"把"概"将",而是把它们分别作为两种不同的句式来考察和分析。不过,在需要合指的时候,我们还是采用"'把/将'字句"的形式。

第一节 "把"字句

"把"字句是现代汉语中一种非常有特色而又十分常用的句子形式,它一般有比较严格的使用条件,人们通常概括为以下几点:

一是动词的处置性;

二是"把"字宾语的确指性;

三是动词的复杂性;

四是动词的各种修饰语通常要放在"把"字结构的前边。(邢公畹,1994:352—353)

以上四条是针对普通话"把"字句实际情况所作的归纳,如果与台港澳地区的实际用例及其使用情况相比,却并不完全契合,所以这一句式在四地语言对比研究的视角和框架下,有一定的发掘空间,当然也有一定的意义和价值。

本节中,我们以上述四个条件为标准,把"把"字句粗略地分为两类:与上述标准完全符合的是标准句,否则就是非标准句。以下,将把这一分类用于四地这一句式的比较中。

一、数量对比及相关解释

内地与台港澳地区在"把"字句的使用频率上有相当明显的差异,具体情况见下表。

表十五

地区＼项目	语料字数	用 例 数	使 用 频 率
内地	108 万	729	6.75
台湾	106 万	350	3.30
香港	109 万	397	3.64
澳门	102 万	382	3.75

上表显示,内地"把"字句的使用频率分别是台湾的一倍多、港澳的近一倍。我们感兴趣的一个问题是,内地与台港澳地区为什么会有如此明显的差异?本小节中,试图就这个问题给出我们的答案。

造成上述差异的主要原因大致有以下三个:一是语体色彩的差异和选择性,二是方言的影响,三是有其他的替代形式。

先说第一点。要把这个问题说清楚,需要借助于以下两个常识:一是"把"字句具有中性的语体色彩,而"将"字句则具有书面语体色彩,前者比较"平白",而后者则相对"古雅";二是台港澳地区语言比内地普通话保留了更多古代、近代以及早期现代汉语的成分和因素,因而在总体上呈现出较为明显的"古旁"风格(刁晏斌,1998b)。把以上两个常识与我们所讨论的话题结合起来,基本就揭示出了台港澳地区在"把"字句与"将"字句中更趋向于选择后者（详后），并由此而使得前者使用频率较低的最主要原因。

再说第二点。台港澳三地分别处于闽语和粤语区，各自都不同程度地受到方言的影响，这已经成为人们的共识，而与此相关的讨论也相当常见（比如以下将要提到的港式中文）。上述两个方言中，"处置式"的主要形式都是"将"字句（黄伯荣等，1996：662—665），而这也不可能不对三地书面语言的选择产生一定的影响。比如，前边我们多次提到港式中文，即以标准中文为主体，带有部分文言色彩，并且深受粤语和英语的影响，在词汇系统、词义理解、结构组合、句式特点以及语言运用等方面跟标准中文有所不同，主要在香港地区普遍使用的汉语书面语，同时也是具有香港地区特色的汉语书面语（石定栩等，2006：6）。港式中文里就有很多"将"字句，例如：

（1）唔知系咪冇队友同佢玩，意大利国家队点兵又唔预佢，巴洛迪利无聊得滞，日前竟然喺曼城球会大楼一楼将支飞镖掟落楼，仲系瞄准一个青年军球员。

（2）以前书商为招揽生意，向学校提供各种"着数"，然后将呢笔隐性开支同自己嘅利润捆绑喺书价入面，要家长埋单。

按，这几乎等于"照录"方言原话了，虽然这样"显性"影响的用例不多，但是"隐性"的影响一定也是一种客观存在。

最后我们再说第三点。台港澳地区"把"字句用得比内地少，是因为它的替代形式比内地多。具体地说，就是有一些在内地通常要用"把"字句表达的意思，在台港澳地区却可以有更多的选择：既可以选择"把"字句，也可以选择"把"字句以外的其他形式。

1. 选择之一:"将"字句

这是台港澳三地比较经常性的选择之一,所以三地"将"字句使用频率比"把"字句高出一大截(相关的统计数据见下一节)。

三地趋向于以"将"代"把"这一事实是对上述两个原因的最好诠释:为了保持语体风格以及与母方言某种程度上的一致性,更趋向于选择比"把"字句古雅以及具有方言色彩的"将"字句,因而使得后者的使用频率远高于前者。

以下就具体事实来举例说明。先看两个台湾用例:

(3) 警消获报赶到现场抢救,从后座将林某抬出车外,此时他的颈部已断,无生命迹象,仍将他赶紧送医急救,还是回天乏术。

(4) 警方调查,蔡嫌平日行事低调,并将网站网域空间架设于美国,网站内各式光盘以 100 至 200 元不等价格,提供不特定人士订购,并利用宅配寄送及取款,规避警方查缉。

按,这是两个非常普通的用例,虽然其中的三个"将"都可以换成"把",但是换了以后语体风格显然不如原句那样协调一致,而这正是这里以至于更多的时候选择"将"字句而不是"把"字句的原因和理由。

如果我们再细致一点来分析,就会发现,其实台港澳地区更多地选择"将"而不是"把",很多时候是为了与句内其他成分协调一致。比如,三地文言词"其"和"之"用得比内地多,而与我们讨论对象相关的一个事实是,在港澳地区可以看到很多"将其"和"将之"的用例,但却没有见到"把其"和"把之",因为前者具有语体风格的一致性,而后者则不具有这种一致性。以下各举一例:

(5) 在一九三〇年代和一九四〇年代,苏联多次试图吞

并新疆地区,将其改为"东突厥斯坦苏维埃社会主义加盟共和国"。(香港)

(6)司警接报展开调查,前日当疑人经外港码头入境时将之拘捕归案。(澳门)

上引"把"字句使用条件的第三点,即动词的复杂性,人们通常更直接地表述为不能使用光杆动词①,而在台港澳地区,这一限制远没有内地严格,特别是"将"字句更是如此。比如,港澳地区报纸对各类刑事犯罪活动的报道比较多,因此经常用到"拘捕"一词,在我们的考察范围内,香港"将……拘捕"有 12 例,澳门有 4 例,而"把……拘捕"却在两地均无用例。其他诸如"捕获、逮捕"等,大致也是如此。以下一例最能说明这一点:

(7)一名中年文员诱骗 17 岁靓模拍裸照,事后不付报酬,又威胁要把裸照放上网及"贴通街",迫令少女外出见面,少女最终报警将他拘捕。(香港)

按,此例"把"字句与"将"字句并用,一个重要的原因还是追求句内各成分之间语体风格的协调一致。

2. 选择之二:其他句式

"把/将"字句的使用有时并非完全出于表义的需要,而是结构上的限制。有人就此指出,当句子的主语是施事者时,有七种情况,必须(或多)用这一句式,比如当谓语动词有两个宾语,一个是表示事物的名词,另一个表示经过动作后事物所在的处所时,如

---

① 不能使用光杆动词,很大程度上是出于对叙述"有界化"的考虑(比如不能说"把他打",但是"把他打了"却可以)。文言中的"有界"更多地依赖上下文来表示,而不是各种标记,所以各种光杆动词用得比较多。这个问题相当有意思,值得专门进行深入的探讨。这里我们要说的是,光杆动词与"将"字更具有语体风格上的一致性。

"他们把鸡蛋放在桌子上就走了",而"他们放鸡蛋在桌子上就走了"是错的;当动词本身包含有"成、为、作、做"或以它们为结果补语,且又有两个宾语时,如"他们决心把家乡建成现代化的新农村"。(刘月华等,2007:747—751)

以上各点,在普通话中的限制确实比较严格,然而在台港澳却不一定如此,甚至根本就没有这样的限制,而这也是造成后者"把"字句少于内地的重要原因之一。以下仅就上边举例提到的两点来比较说明。

香港《立报》2011 年 3 月 15 日有一篇文章,其中有一个小标题是"增拨 1.48 亿扩展计划至全港",下边的正文中既有与小标题一致的"政府将会增拨 1.48 亿元,以便扩展上述支持计划至全港十八区",同时也有"当局把服务扩大至全港,对他们来说是很大的挑战"的"把"字句,证明二者正为可变换形式。

在台港澳地区,述宾词组后边带介词结构的形式比较多见,而它们在内地则通常都要用"把/将"字句来表达,其中最为常见的是处所补语,这一形式在台湾最多,我们曾经专门讨论过(刁晏斌,2000b:166—167),例如:

(8) 为什么同样奉献二十年、三十年的青春在工作上,为什么军公教人员可以享受到安定稳妥、无后顾之忧的退休生活?

(9) 而他都已经花了两个月的时间在那上头了,却为了她而放弃之前所有的辛苦努力。

(10) 车辆定期保养可维持车辆燃油效率在应有的水平。

(11) 获时代杂志评选为全球最有影响力人物的祖克柏,在美国投资银行高盛注入巨额资金至脸书后,据传身价翻倍。

(12) 反观目前的升等制度,却"重研轻教",教师无法投注更多时间到学生身上。

类似用例港澳地区也时能见到,如:

(13) 使馆安排20辆旅游巴前往宫城、福岛、茨城及岩手县八个指定地点,接载中国公民到东京成田机场及新潟机场。(香港)

(14) 不过集团主席已重申,现时无计划迁移总部到香港。(香港)

(15) 目睹现时行业渐有市场,且澳门经济向好,睇好消费者愿意花钱在宠物上,便把心一横尝试创业。(澳门)

(16) 当机主提供账户后,骗子汇二十万支票到机主账户,让机主信以为真,骗子要求机主缴交四万元所得税,等机主支付税款后,骗子就把二十万支票撤走。(澳门)

(17) 熊猫馆毗邻路凼新城,往返仅需十分钟车程,有关部门若能完善交通配套,定可引人流至熊猫馆。(澳门)

上述有些形式也有人分析为连谓结构,但这并不能改变内地通常用"把/将"字句来表达的事实。

介词结构的另一种类型是引出对象补语,用例也比较多见,例如:

(18) 提供最直接的党务资源予本党提名之林岱桦同志。(台湾)

(19) 希望灾区以外的国民,切勿大量囤积食品和生活物资,以优先运送物资给不断恶化的灾区。(香港)

(20) 黄毓民声称,当初交错了棒给陶君行,是自己有眼无珠。(香港)

(21) 有望不久的将来开放圣若瑟修院教堂宝库予公众

参观。(澳门)

(22) 女子其后告知亲友,其中三人首先合共交付九千元介绍费予陈某后,着其等消息。(澳门)

(23) 部分事主觉不妥,要求退款并报警,有人疑见事败,退还其中六万元给事主。(澳门)

上边举例提到的第二点,即含"成"(也包括同义的"为")类词语而不用"把"字句的例子,在台湾相对多见,例如:

(24) 打造大台南成为科技兼具在地特色又有国际竞争力的城市。(台湾)

(25) 打造高雄为绿色智慧城市,高雄市长陈菊赴日招商。(台湾)

澳门书面语中,也能见到一些这样的用例,如:

(26) 当局经多番考虑,近期决定租用并活化这七幢旧建筑群成为沙梨头图书馆。(澳门)

(27) 调查发现,视中国为敌对国的受访者不到四分一。(澳门)

上边提到的七条中还包括双宾语,即当双宾语中的一个或两个比较长的时候,要用"把"字提前一个,而港澳也有不用"把"字句的,例如:

(28) 赠送每对新人价值5000元的礼品。(香港)

(29) 捐赠社会局及教育局十万元。(澳门)

按,此两例内地更为常见的可替代形式之一是"把价值5000元的礼品赠送(给)每对新人"和"把十万元捐赠(给)社会局及教育局"。

上引用例在早期现代汉语中都是比较普遍的现象(刁晏斌,2007b:192—194),而早期现代汉语是台港澳地区语言共同的"底本"(见第一章),所以它们与内地有这样的差异,是非常自然的事情。

二、句式自身的差异分析

和其他许多语言现象一样,内地与台港澳地区在"把"字句结构及使用方面也存在着较为明显的差异,其主要表现一是台港澳地区的非典型性"把"字句数量多于内地,二是内地"把"字句的复杂程度明显高于台港澳地区。

1. 使用非处置性动词

上引"把"字句使用四个条件的第一个就是动词的处置性,所以这是非典型性的重要表现之一。

"把"字句通常表示某人、某事作用于某对象,控制并致使该对象发生一定的结果变化,因此又叫"处置式",它的谓语动词通常都有比较强的动作性,这是"把"字句动词的主体,此外也还可以使用一些心理动词以及状态动词和形容词等(如"我把他恨死了""老王把眼睛瞎了""他把个妹妹死了"等),但是通常对其他成分以及整个语境有更大的依赖性(张斌等,2010:542—543),并且表达的意思往往也与一般句子有所不同,所以基本都不属于常用形式。

在台港澳"把"字句中,我们却可以看到不少由没有多少动作性的非自主动词充当谓语动词的例子,而相同的例子在内地却极少见到。比如以下这样的用例:

(1) 大阪府知事桥下彻特地访问了澳门赌场,并提出要把大阪成为"日本最大赌市"的想法。(澳门)

(2) 一些公众人物因为说错了话，事后为了"补镬"，而在语言上赖皮，把政治、评论等堕落成一阵语言迷雾。（澳门）

按，前一例在内地如果还用"把"字句来表示的话，大概就要补上一个中心动词，比如"把大阪建设成为日本最大赌市"；而后一句则恐怕难以用"把"字句表达，一般要表述为"使政治、评论等堕落成一阵语言迷雾"。

在香港，类似的用例也时能见到，如：

(3) 行政长官曾荫权表示，临时拨款议案遭否决，损及普罗大众利益，对此感到伤感，期望立法会议员勿把政治利益凌驾于公众利益之上。（香港）

(4) 之后他们作进一步讨论和分享，把这些创作和感想，配合马屎埔村的简单背景资料，组成一幅属于大家和农村的地图。（香港）

台湾这样的用例相对少一些，例如：

(5) 协助身心障碍者多学习一项技能，把职业训练的意义彰显出来。

由于动词的规定性，这类"把"字句与例(2)一样，表达的都是致使义，如"把职业训练的意义彰显出来"就是"使职业训练的意义彰显出来"，其他各例均可作如是观。

2. 使用光杆动词

此点与上引四条件的第三点相背，也是非典型性的重要表现之一。我们先来看以下两个用例：

(6) "石头是无情的众生。"你要盖一个房子，一块很大的石头，你要把它切割，把它分成小石头，一块大石头切成两块，

切成无数块,变成细砂,算不算杀生?"不算杀生!"(台湾)

(7) 章诒和在写这段的时候,那股传奇小说的味道便渗了出来:监狱大火,人人争相逃命,刘氏女在逃跑过程中听到有老妇呼救,她二话不说挟了对方便走;走不多一会,又有呼救声,她毫不犹豫地把对方背。(香港)

按,台湾媒体上有很多宣讲佛法的节目,报纸上也经常有这方面的内容,主讲者用的都是比较纯粹的口语,例(6)即为此类,光杆动词"切割"可以在如此平白的口语中出现,说明这样的形式在台湾有相当的使用基础和普遍性。例(7)使用了单音节动词,这种光杆动词的极端形式都可以使用,那么不那么极端的双音节光杆动词的经常使用,似乎也就不值得奇怪了。

事实上,台港澳三地"把"字句使用光杆动词的例子都比较多见,而在内地却只是个别的现象。以下就是这样的用例:

(8) 政府也应把民间力量引进。(台湾)

(9) 目前当务之急是必需先把第六号火化炉更新。(台湾)

(10) 二是从政党选拔局长人选,当选其资深领袖,由此可把政党挟持,使之支持施政。(香港)

(11) 窃贼从地方政府偷来挖掘机,把一道外墙摧毁。(香港)

(12) 据闻今年警方在游行路线上对主办者的建议,实行敌人支持的我们就反对的策略,把他们为了不妨碍交通和影响市民大众的游行路线更改。(澳门)

(13) 该局当下妥善把具特色和价值的沙梨头海边街七幢旧建筑物保留。(澳门)

3. 复杂的结构形式

这一点主要是就内地与台港澳的对比来说的：台港澳地区"把"字句大都结构简单且比较短小，而内地则有很多比较/相当复杂的用例，它们主要集中在各类领导讲话、工作方针和策略、规定和要求等"公务语言"中[①]，而其复杂性主要表现在以下几个方面。

一是句子的谓语比较复杂，通常由并列的几项构成，这也可以理解为多项并列的谓语共用一个"把"字结构。例如：

(14) 我们的领导干部一定要求真务实、埋头苦干，察实情、讲实话，鼓实劲、出实招，办实事、求实效，把全部精力用在推动经济社会又好又快发展上、用在保障和改善民生上、用在促进社会和谐稳定上。

按，此例三个以"用"为中心动词的并列谓语共用一个"把全部精力"，而以下一例则更是有五个并列的谓语：

(15) 温家宝指出，盈江地震灾区是边疆地区、少数民族地区，也是贫困地区，要把恢复重建同扶贫开发相结合，同扶持少数民族地区特别是人口较少民族地区发展相结合，同兴边富民工程相结合，同农村危房改造和抗震安居工程建设相结合，同加强基层建设相结合，通过扎实努力的工作，建设一个更加美好的新盈江。

二是"把"字复句乃至于句群比较常见，即一个复句或句群是

[①] "公务语言"并不是一个严格意义的学术概念，但它却是非常有内涵和特点的，此处只是它的诸多表现之一。这一类文本形式值得从总体到个体进行全面深入的研究。

由多个"把"字句构成的,以下各举一例:

(16)只要社会管理中多一点"微笑服务",用"好脸"把法讲清、把理讲明、把情讲到,人民群众自然口服心服,社会发展自然多一分和谐。

(17)要坚持保增长和调结构、增效益相统一,把保增长建立在提高质量、优化结构、增加效益、降低消耗、保护环境的基础之上,努力形成新的经济增长点和竞争优势。要坚持把改革开放作为保增长的强大动力,抓住时机、掌握节奏、把握力度,积极推进重点领域和关键环节改革,加快形成充满活力、富有效率、更加开放、有利于科学发展的体制机制,通过改革创新增强应对国际金融危机冲击能力、增强解决我国发展深层次矛盾和问题能力。要坚持把改善民生作为保增长的出发点和落脚点,注重把保增长、扩内需同改善民生紧密结合起来,急群众所急,解群众所难,进一步解决好人民最关心最直接最现实的利益问题,切实维护社会稳定。

三是各种附加成分复杂,主要是"把"的宾语以及句中的补语包含多项并列成分。例如:

(18)(天津市)把推进滨海新区管理体制、市委工委体制、市级行政管理体制、国有资产监督管理体制、金融体制、文化体制的改革创新,作为体制机制建设的重点。

以下一例可以说是二者兼备:

(19)自治区党委常委、乌鲁木齐市市委书记朱海仑说,一定要把"机关就是服务、领导就是服务、公务员就是服务员"的意识,贯穿到主动服务、创新服务、尽责服务、高效服务和廉洁服务中来。

四是以上三者某种程度的结合,例如:

(20) 要认真学习贯彻胡锦涛总书记在全国政协新年茶话会和党外人士迎春座谈会上的重要讲话精神,组织动员参加政协的各党派团体和各族各界人士把思想认识统一到中央对国内外经济形势的分析判断和决策部署上来,把各方面的积极性、主动性、创造性引导到推动科学发展、促进社会和谐上来,更好发挥人民政协协调关系、汇聚力量、建言献策、服务大局的重要作用,把人民政协事业不断推向前进。

三、余论

与一度曾经的热闹相比,如今的四地语言对比研究似乎冷落了一些,一个可能的原因是在一些人看来,已经"无话可说",因而难以为继了。然而,在我们看来,不少已有研究基本停留在相对简单的比较和说明层次,并且考察和涉及的范围也还有进一步扩大的空间,而要改变这一状况,除了拾遗补阙外,还必须寻找新的增长点。

本节大致就是后一方面的一个尝试。我们选择了一个语法研究中的"老节目",它在四地的民族共同语中都很普遍而又普通,所以似乎也就不太能引人注意了,而就我们所见,也确实少有关于这一句式的对比研究。

其实,从四地对比的角度来看,类似的"老节目"都包含很多有待发掘的新内容,就"把/将"字句来说,至少就有以下几个要点:

第一,各自的共时状况及相互的异同;

第二,各自的历时状况及彼此间的消长变化;

第三,同义句式的多少、与"把/将"字句的对应与不对应及其发展变化;

第四,上述差异基础上的融合及其表现。

以下我们仅就几个相关的具体问题略作申说。

1. 由"把"字句及其使用情况来看四地的现代汉语

这实际上是一个比较固定的视角,即对每一个具体的语言现象,我们都试图借一斑而窥全豹,不断地积累和建构我们对四地现代汉语相对全面、完整的认识。由"把"字句及其使用情况来看四地的现代汉语,我们有以下几个认识:

第一,就一些"传统"形式而言,四地之间基本都是大同小异。所谓大同,指的是句子的基本结构和语义特征完全一致;所谓小异,则主要包括以下几个方面:一是某些具体小类的有无、多少及其构成情况的歧异变化,二是某些小类以至于整个句式使用频率一定程度的消长变化。

第二,四地语言中,台港澳三地之间的关系更为密切,相似度更高,其造成原因大致有三:一是都以早期现代汉语为基础(也就是我们前边所说的共同"底本"),二是有大致相同的社会语用环境,三是相互间有非常密切的联系和交往。正因为如此,所以一些主要的差异都表现在内地与台港澳之间,这是一个相当普遍的现象。

第三,台港澳三地之间的语言关系也不是等距离的,因为三地毕竟分属于不同的言语社区,因而大同之下还会有小异,甚至是不小的差异。语言事实表明,同属粤语区并且已经先后回归祖国的港澳地区与台湾形成了有较多差异的两方。

2. 由"把"字句看四地的语言融合

我们对四地语言进行对比研究,始终紧扣两大主题:差异与融合。这两个方面在很多语言现象中都有反映,在"把"字句中大致也是如此。

四地"把"字句的差异点已经如上所说,而融合的情况主要发生在内地与港澳之间。

比如,内地"化"缀词用得比较多,这一点在"把"字句中也有反映,比如前边讨论过由多项并列谓语构成的句子,其中有一些就是由并列的"化"缀词充当的,例如:

(1)福建省制定整改落实方案立足于更好地履行职责、保障和促进科学发展,特别是明确整改落实责任,把解决问题、完善制度的工作目标化、具体化、责任化,逐项明确责任领导、承办部门,把任务分解细化,把责任落实到人。一些省区市把整改落实方案制成条款式和列表式,以便对照检查,使整改落实的思路和措施目标化、具体化、责任化。

按,此例大致可以说明以下两个问题:第一,"化"缀词的使用确实比较多,仅此一句就集中使用了七次,至于单独一个词做谓语的就更为常见了;第二,"化"缀词做谓语的"把"字句表示的是致使义,这一点可以通过例中的"互文"来证明。

香港与澳门先后回归祖国以后,口头以及书面语言受内地影响日益明显,在一定程度上与内地趋同的现象也越来越多,"把"字句中"化"缀词的使用就是一例。两地类似的用例现在都比较多见,以下各举一例:

(2)其实就是《基本法》规定的一个副产品,是把一些比较虚的东西实质化。(香港)

(3)康熙不会因为自己即使信了天主教就把中国天主教化。(澳门)

相比之下,台湾的口语和书面语受内地的影响就要小一些,所以同类用例似乎就不多,我们只见到以下一例,用的是不见于其他各地的"复合化缀词":

(4) 希望可以把丑陋、老旧的都市空间绿美化。

按,"绿美化"是"绿化美化"的简缩形式。

内地与港澳融合的另一个表现是"把+宾$_1$+形式动词+宾$_2$"的使用。有人把用"进行、加以"等充当主要动词,后面用一个名物化的动词充当宾语的"把"字句列为五四以后新兴的"把"字句(向熹,1995:524),其实这一形式真正的兴盛还是在新中国成立以后(刁晏斌,2006b:90),至今依然比较常见,比如以下使用"加以"的例子:

(5) 为正本清源,一些城市的主要报纸辟出专版,有的请专家一一破解各种谣言,有的则把这些谣言按内容、来源、传播渠道等归纳分类并加以分析,帮助群众判断识别。

在我们考察的台湾语料中,没有见到这样的用例,而在港澳则多次出现,以下各举一例:

(6) 日本最大银行之一三井住友亦宣布,把没有分行的"无人ATM"关闭掉,并把剩下自动柜员机的运作时间加以缩短,以节省电力,共渡时艰。(香港)

(7) 查实只要有关当局稍为跟进,把这条不合时宜的斑马线加以改动,问题就马上得到解决。(澳门)

3. 把四地语言差异纳入某一新的框架进行考察和表述

本节尝试对四地"把"字句进行新的分类,即根据其与本文开头所述四个使用条件的契合程度,分为典型句和非典型句,然后按照这一标准来进行归类、分析和表述。其实,我们还可以把工作做得更细致一些:比如引入"连续统"的观念,因为从最典型的句子到最不典型的句子,本身就是一个连续统,我们要找到更多的标准或依据,把每一个句子都较为准确地定位在某一点上,然后再进行四地之间的对比,就有可能把它们之间的差异反映得更准确、更精确一些。

类似的工作,我们在分析海峡两岸缩略词语时也进行过,即尝试从另外的角度,把缩略词语分为"造词的缩略"与"用语的缩略",然后指出两岸缩略词语的不同主要是类型上的差异,即台湾多为造词的缩略,而大陆则主要是用语的缩略(详本书第二章)。

这样做的好处主要有二:一是找到了一个新的分类标准和表述角度,二是一定程度上也丰富了现代汉语已有的知识系统,在某种程度上也可以说是一种创新。从研究的角度说,也可以把这新的分类或认识等用于现代汉语本体(即不是着眼于四地对比)的研究中。

第二节 "将"字句

在现代汉语语法研究中,"把"字句是一个十分常见的名目,而"将"字句却很少有人把它看作一种独立的句式,更遑论进行专门的研究了,个中原因并不复杂:人们通常只是简单地把后者看作前者的书面语替换形式,甚至于是它的附庸。

若干年前,笔者曾经讨论过近代汉语"把"字句的演变与发展(刁晏斌,2001b:33—74),简单地比较过它与"将"字句的差异,结论主要有相互关联的四点:产生的时代不同、使用频率不同、语体色彩不同、使用范围不同。

关于第一点,我们发现的最早"将"字句用例见于公元 3 世纪[①],而"把"字句则产生于初唐,二者相距约 400 年;关于第二点,我们则列表说明,因原件刊布不广,不易见到,所以转引于下。

表十六

时代	书名\类别	将字句	把字句	合计
唐代	《大唐新语》等十一书	23	1	24
	敦煌变文集	69	14	83
宋代	《朱子语类》前五十卷	213	134	347
	京本通俗小说	46	44	90
元代	金元散曲简编	77	112	189
	元人杂剧选	255	199	454
明代	水浒传	281	1255	1536
	大唐秦王词话	101	553	654
清代	《红楼梦》前八十回	514	594	1108
	儒林外史	164	764	928
现代	骆驼祥子	9	413	422

关于第四点,比如较为后起的中心动词空缺以及表示"不幸"义的句子,就基本只用"把"字句而不用"将"字句。例如:

(1)(行者)把那北海龙王唤来:"我把你这个带角的蚯蚓,有鳞的泥鳅!你怎么助道士冷龙护住锅底,教他显胜赢我。"(《西游记》四十六回)

(2)那日把棉花不见了两包。(《金瓶梅》六十七回)

[①] 这比一般的"唐初说"提早了近四百年,有学者称这是迄今为止发现的最早用例(见何亚南《汉语处置式探源》,《南京师大学报》2001 年第 5 期)。

我们的考察止于早期现代汉语,现在的问题是:当代汉语中,上述差异是否依然存在、有无新的变化?现在最没有疑问的应该是第三点,即二者有中性语体与书面语体的差异,这早已成为共识;而"频率"以及与之密切相关的"范围",或者是其他的什么问题,则有待进一步考察。

站在四地现代汉语对比研究的立场,这里边大致涉及以下三个问题:内地的状况,台港澳的状况,以及二者的异同。第一个问题我们将另文讨论,这里主要立足于后一个问题,考察、比较和分析台港澳三地"将"字句与内地的差异,附带论及三地之间的差异。

一、四地数量对比及相关说明

在四地,"把/将"字句均属于比较常用的句式,但是二者的使用频率有较为明显的差异,具体情况见下表。

表十七

地区\项目	语料字数	"将"字句	"把"字句	二者比例
内地	108万	638	733	0.87∶1
台湾	106万	598	352	1.70∶1
香港	109万	635	399	1.59∶1
澳门	102万	610	387	1.58∶1

以下我们就相关情况作一个解释和说明。

1. 关于内地的使用情况

本项调查所用语料为报纸新闻和时评等,属于比较典型的书面语,所以上述数字大致反映的是书面语中"将"字句与"把"字句的真实分布情况。

内地"将"字句与"把"字句频率相差不大,表明这两种形式在书面语中的使用比较均衡。

实际情况确实如此,二者的选择往往有一定的随意性和灵活性,例如:

> (3) 宣传教育工作中,要把正确的燃放方法、禁放时间、禁放点作为主要内容,将禁止燃放礼花弹、大二踢脚和酒后燃放作为宣传重点。

> (4) 李女士把被拆迁房屋腾空后交给宣武医院,同年4月21日,宣武医院将拆迁补偿款给付李女士。

按,以上二例都是两种形式并用,完全可以互相替换。像这样"把"字句和"将"字句的交替出现或许只是为了避免重复,而这样的例子并不鲜见。

当然,也有很多时候二者的选择是受到各种因素制约的,而这些自然都会在某种程度上影响到它们各自的使用频率。

比如,为了达到语体色彩的协调一致,如果一句话具有明显的口语性,或者是使用了有口语色彩的谓语动词等,那一般就不宜用"将"来替换"把"。例如:

> (5) 前年开了3小时大会,我出不来,可把我给渴死了。

> (6) 但事关吃饭,总不能把嘴吊起来,于是,就只能从牙缝里节约,让肚子受点委屈。

> (7) 由于少数人总是"板着个脸",习惯以"家长"自居,结果是事情还未处理,先在"面子"上和群众产生了距离,这就难免不把事情搞僵。

按,像例(5)这样用"把……给"来表示不幸、不如意遭遇的句子是典型的口语形式,通常只用"把"字句,而另外两例则是因为用到了口语风格的"吊起来"和"搞僵"而与"将"有一定程度的不协调,所以通常也只能选择"把"。

除此之外,也可能还有其他方面的原因,比如以下一例:

(8) 李少华表示,将把这些照片作为自己今年提案的一部分内容,呼吁相关部门加大交通执法力度。

按,此例"把"前因为有时间副词"将",为了避免出现"将将"这样的形式,所以"把"是唯一的选择。在我们考察的语料范围内,看到了不少这样"将把"的用例。

当然,也有相反的情况,即适宜用"将"而不是"把",例如:

(9) 政协委员杨春时把官员读博提到了"腐败"的高度,并向这一当下官场时髦发起挑战。他建议责成读博官员作出自查,将自己读博情况公示,如不符合读博条件或者学位资格有假者,必须限期退学或者交出毕业证书和学位证书。

为了求得语体风格的一致,"将"字句中比较多地采用光杆动词,而"把"字句对这一形式却几乎总是排斥的,所以此例前一个"把"可以由"将"替换,而后一个"将"却不大能用"把"代替。

总之,就内地的情况而言,书面语中"把/将"字句的选择和使用既有自由的一面,也有不自由的一面,就不自由一面来说,"将"字句的限制更多、更严一些,所以它的实际使用数量要少于"把"字句。[①]

2. 关于台港澳的使用情况

表十七显示,在台港澳三地的书面语言中,"将"字句的使用频

[①] 这样的考察和讨论虽然可能不在传统的研究范围内,但是非常有意思,并且由此可以更好地了解"把/将"字句的内在特点及使用范围和条件等,进而有助于形成对这一句式全面、完整的认识。

率有相当高的一致性,并且都与"把"字句有很大的差异,造成这一情况的原因,我们认为大致有以下几个:

第一,三地语言具有很高的一致性。关于这一点,前边已经多次说明(比如都以早期现代汉语为"底本"),这里不再赘述。

关于"将"字句在早期现代汉语中的使用情况,我们有一个简单的对比调查:利用我们自建的分为四阶段、每阶段各约160万字(包括文学、政论、科技等文体)的现代汉语史小型语料库进行统计,所得各阶段用例数是:

第一阶段(1919—1949年):555

第二阶段(1949—1966年):123

第三阶段(1966—1978年):215

第四阶段(1978—2005年):516

我们认为,当今台港澳地区"将"字句的使用频率与以上统计所反映的第一阶段情况是基本吻合的。

第二,语体风格的制约和规定。三地语言共同的表达风格是"尚古",前引姚德怀(2011)说,内地语言"自解放后多从俗不从雅",这话如果反过来说,自然就是与之相对的台港澳地区"从雅不从俗"了。"从雅"的表现,主要就是大量保留并趋向于经常使用一些古代、近代或早期现代汉语中的词汇、语法形式等。"将"字句无疑比"把"字句更有"古意",所以才更趋向于选择和使用它。

第三,方言的影响和制约。台港澳三地分别处于闽语和粤语区,各自都不同程度地受到所在地方言的影响甚至于制约,而闽粤两大方言中,处置式的主要形式都是"将"字句(见前),下文中我们将提到的"港式'将'字句"大致就可以说明这一事实。

二、内地与台港澳"将"字句的差异

内地与台港澳"将"字句的最主要差异表现在谓语动词上,以下我们从"意义"和"形式"两个方面入手,来对相关差异进行分析说明。

(一)由意义入手的划分

有人把"把/将"字句中"把/将"的语义特征分为"强处置义、弱致使义、弱动作义"和"强致使义、弱处置义、弱动作义"两类,二者的划分一是取决于"把/将"的宾语(是受事还是主事),二是取决于动词谓语(是否属于动作动词)。(张斌等,2010:539)

把以上的二分法用于"把/将"字句的谓语动词,则可以大致分为三类,其语义特征分别是[+强处置义、弱致使义]、[+强致使义、弱处置义]和[+弱致使义、弱处置义],而这一分类正可以用于描述内地与台港澳地区"将"字句最主要的差异。简单地说,内地"将"字句所用[+强处置义、弱致使义]谓语动词多,它们通常都有比较强的动作性,整个谓语部分一般比较短小简单,并且大都可以用"把"字句来替换;台港澳地区则是[+强致使义、弱处置义]动词多,另外也有一部分具有[+弱致使义、弱处置义],它们大多不属于动作动词,整个谓语结构也相对复杂一些,句子基本都可以用"使/让"字兼语句来替换。

以下我们立足于台港澳语言,主要由三地常用的[+强致使义、弱处置义]动词的语义分类入手,来对具体的差异情况进行分析和说明。

1. 位移类动词

这类动词表示"将"的宾语有空间位置的移动(包括具体和抽

象的),是最为常见的一类,例如:

(1) 主办单位嘉义大学及台湾嘉义大学校友总会,特别将棒球赛回到嘉农所在地嘉义开打,别具深厚意义。(台湾)

按,此例的"回到"就是一个典型的位移动词,句子表达的意思是"使/让棒球赛回到嘉农所在地嘉义开打"。以下各例均可作如是观。

(2) 现实上,民进党要想在 2012 年赢得执政权,几乎不可能将两岸关系的发展倒退至陈水扁执政时期的"一边一国"论述。(台湾)

(3) 这终究只是枝节问题,站在民众的角度设想,没有理由将投票日期接近。(台湾)

(4) 由行政安排、注资、找民间团体,再到提供服务,都需要详细研究,如何避免出错,要将金钱落到真正要协助的人士手中。(香港)

(5) 同时需将小区博彩远离民居,制止赌风在小区蔓延。(澳门)

此类中最为多见的是以"入"煞尾的动词,其中不少属于抽象的位移。例如:

(6) 本次参赛队伍的创作,巧妙的将客家语言及传统元素,融入舞蹈肢体动作并注入新意。(台湾)

(7) 力求将扶贫工作深入到民间最落后的角落。(台湾)

(8) 而救世军已获得日本政府的批准,使用禁止公众通过的道路将救世军的救灾人员及运载救世军救灾物资的车辆进入灾区。(香港)

(9) 卡扎菲上台后又严格控制塞努希运动,希望将其融入"革命委员会"。(香港)

(10) 这次交流会让他深入了解教会本地化的精神,就是将信仰的真理完全融入生活。(澳门)

(11) 应设法将庙宇文化融入生活,促进旅游事业发展。(澳门)

属于此类的内地用例在我们的考察范围内只有以下一例:

(12) 有家长和教育人士质疑,以考级方式推行古诗词诵读,是否将古典文化的传承陷入庸俗化和功利化陷阱?

2. 变化类动词

这也是台港澳地区"将"字句中常用的一类动词,先看澳门的两个例子:

(13) 更甚至让更多的国内外旅客将"葡京"成为澳门的代名词,可想而知澳博的知名度是多么的高。

(14) 可以将澳门观察报成为大众关心的报纸吗?

按,"成为"义为"变成"(见《现代汉语词典》),其所包含的"变化"义是不言而喻的,而以下几例因为包含"变",从而使得这一意思更为突出:

(15) ……并进入作业现场亲身感受如何将生菜农产品经由精密的加工处理程序,摇身一变成为日本麦当劳店内处处可见的生菜色拉杯及汉堡专用蔬菜的加值过程。(台湾)

(16) 特区保安局局长李少光昨日谴责示威者将游行演变成暴力冲突 (香港)

(17) 同时要制定长远计划,与周边区份连贯起来,推动

整个旧区活化,将澳门变成一个真正的观光旅游城市。(澳门)

(18) 电池带全天候接收阳光,利用能量转化器将太阳光能转变成"微波"或"激光"。(澳门)

这类句子中还多含"成"(语素或词),使得从无到有的变化义更加明确。再如:

(19) 我们自己要先将共识形成。(台湾)

更多的这类动词包含语素"化",变化义同样也是非常明显的。以下是不重复的用例:

(20) 也有九十岁的阿嬷将自己所擅长的"剪花"手艺,化作梦想行动,实现当老师的愿望。(台湾)

(21) 内容包括"舞动翱翔"利用各种彩绘及编发、染发技巧,将传统的十二生肖幻化成美丽的女神、威武的战士、可爱女郎与尊贵的国王。(台湾)

(22) 有16位入围的年轻设计师参与最后总决赛,希望在专业评判团面前倾力展示如何将创意化为现实。(香港)

(23) 然而,受制于土地及人力资源紧缺、市场空间狭小的客观条件,将创作转化为商品,须面对较大挑战。(澳门)

以下一例比较特殊:

(24) 活动一开始由最会带气氛的创音社表演,利用摇滚音乐将现场气氛high到最高点。(台湾)

按,英语 high 义为"高",此处"high 到最高点"大致意为"达到最高点",其实表达的也是由低到高的变化义,所以也可以归入此类。

3. 呈现类动词

这类动词主要表现某一主体的"出现"或"显示",甚至于"凸显",也比较多见,例如:

(25) 不但提供参观民众全新的感官飨宴,亦将台湾学术界优秀的花卉育种能力<u>绽放</u>在全世界眼前。(台湾)

按,此例"绽放"的"呈现"义是非常明显的,而以下各例大致也是如此:

(26) 两个原本假日需要帮助祖父母下田的姊妹童文君、童雅君,在一群老师、志工的协助下,拾起画笔跟着专业老师学画,以压克力颜料将乡村孩子内心身处的情感,<u>呈现</u>于画布上。(台湾)

(27) "台湾宝岛列车游花灯展"主题区门口前除了将全台首座蒸汽火车"腾云号"以民俗花灯方式<u>重现</u>之外,馆内也设置十二个模仿台铁的火车站。(台湾)

(28) 前几年,他不断写信求救,就是想将自己从众生中<u>凸显</u>出来,获得"有力之长者"的注意和关照。(香港)

(29) 可是港铁却将巨额袋袋平安,拒将这些盈余<u>反映</u>在票价上,回馈市民。(香港)

(30) 陈光标是江苏黄埔再生资源利用有限公司董事长,由于近年来在大陆积极行善,且乐于将自己的善行<u>曝光</u>。(澳门)

(31) 其次,清晰以何种形式将特色的文化风俗<u>体现</u>出来,让游客可以观看或者体验到。(澳门)

(32) 另一方面也可以将一些失传的东西"<u>复活</u>"。(澳门)

此外,还有与此相反的"消失"类动词,用例不多,附记于此:

(33) 只怕没能救活多少破碎家庭前,便已将企业<u>败亡殆尽</u>。(台湾)

(34) 但政府及早拆弹,将市民的不满大大<u>消弭</u>,游行人数大减。(香港)

4. "以为"类动词

表示"认为"或"当作"义的动词在台港澳地区也较多使用,而在内地却不太常用,这类动词的语义特征是[＋弱处置义、弱致使义]。例如:

(35) 不过,她却不小心出了糗,将在身后伴舞的王雪红,<u>以为</u>是执行长。(台湾)

按,此例意为"把王雪红当成了执行长"。

(36) 不少日本民众将这个节日<u>视为</u>春天的到来和新年度的开始。(台湾)

(37) 将脏话<u>误以为</u>是本土化。(台湾)

(38) 而巴林反对派则表示将外国部队<u>视作</u>"侵略者"。(香港)

(39) 可见美国虽将中国<u>视为</u>伙伴,但亦是对手。(香港)

(40) 请诸位读者不要简约化,将成绩不好<u>等同于</u>学科基础薄弱。(澳门)

以下的用例比较独特,只在港澳语料中见到:

(41) 奥巴马提名幕僚骆家辉接任,显然非将驻华大使一职<u>作</u>荣耀衔头,而是要藉骆家辉多所作为。(香港)

(42) 反而将台湾<u>为</u>"海外",就会不自觉地误入"两国论"

或"一中一台"陷阱。(澳门)

按,以上二例表示的都是"把……当作/认为"的意思。类似的用例我们在近代汉语中见过,如(刁晏斌,2001b:60):

(43)他而今便把孟子爱牛入井做主说,却不智。(《朱子语类·论语二》)

二者之间有直接的继承关系,还是这一形式与方言有关,有待进一步研究。

(二) 由形式入手的划分

内地与台港澳"将"字句的差异在上述动词语义特征差别的基础上,还表现在对某些有特殊构成形式和特点词语及结构等的使用上,它们大致包括以下几类。

1. "化"缀动词

这类动词基本也都有[＋变化]的语义特征。内地"把"字句中这种词用得比较多,"将"字句中却很少使用,而在台港澳地区却基本颠倒了过来,特别是在台湾。台湾的用例如:

(1)我深信要将课本的知识内化,成为学生带着走的能力,"动手做"绝对不可少。

(2)蔡淑惠对于市长赖清德一直透过媒体将议会"污名化",要求赖清德公开道歉。

(3)正式将人权两公约国内法化。

(4)用容积奖励的方式鼓励土地所有权人将闲置的土地空间绿美化。

(5)在主政以后,已将此一理念具体化为政策。

按,前三例代表了"化"缀词的三种音节形式,即双音节、三音节和四音节,其中以三音节最为多见;例(4)是"绿化美化"的合并型简缩,这一形式只在台湾见到,在我们考察的语料范围内多次出现;最后一例后边还有连带成分,因此结构更为复杂一些。

以下是港澳地区的用例:

(6) 卡扎菲上台后创立自己的"伊斯兰社会主义",将自己偶像化。(香港)

(7) 多个建制政党反轰泛民将预算案政治化,表明反对不信任动议。(香港)

(8) 将经济民生问题泛政治化(香港)

(9) 拱门两侧的壁龛中各有一个将法老形象欧式化的浮雕。(香港)

(10) 该会计划将以上活动扩大化,并增设流动展板和互动戏剧的项目。(澳门)

(11) 提高教学水平及达成共同价值观,将乡土节庆教育系统化。(澳门)

(12) 反对将任何人妖魔化。(澳门)

(13) 将影响最小化。(澳门)

与台湾略有差别的是,在港澳两地都出现了"化"缀词并列使用的例子,如:

(14) 将中俄"国家年"中的好项目机制化、常态化。(香港)

(15) 我们希望王主任今后能经常来澳门特区作工作考察,甚至将之制度化、定时化。(澳门)

2. 动词性固定词组

在台港澳地区,用动作性很弱的动词性固定词组做"将"字句谓语的用例比较常见,而在内地语料中却只有以下一个用例:

(16) 为了更好地将灾难<u>防患于未然</u>,出台气象灾害防御法势在必行。

以下是台港澳的用例:

(17)(儿福团体)认为不可将新闻自由<u>无限上纲</u>,享有新闻自由应先懂得尊重人权、保护儿童,并做到媒体自律。(台湾)

(18) 这次范会长与林会长更是将活动<u>发扬光大</u>,希望结合更多团体共襄盛举(台湾)

(19) 为了吸引观众,执行者还得不断"文化创新",将死刑犯<u>分门别类</u>,开发杀人的新招数,以创造"新鲜"的戏码。(台湾)

(20)(梁家骝)促请政府全面改革医管局,包括为医生制订标准工时,誓要将医管局<u>拨乱反正</u>。(香港)

(21) 案件虽然平息,但招友全一直将"置富事件"<u>耿耿于怀</u>。(香港)

(22) 他批评党内有人一再将技术问题<u>上纲上线</u>,并加以不实数据及粗暴言词,动辄抹黑所致。(香港)

(23) 粤澳物流业界日前在本澳举行研讨时都认同有必须将横琴新区的发展规划<u>转型升级</u>。(澳门)

(24) 之后,再集中巴氏与交响乐团的完美配合,以及巴氏歌艺一高再高的拿手绝活,完全将音乐会的现场感觉<u>跃然纸上</u>。(澳门)

3. 虚义动词+宾语

虚义动词也叫"形式动词",是汉语中非常有特点的一类动词,我们曾经把它分为"做"义类(包括"进行、从事、做/作、搞、干、弄")和"处置"义类(包括"加以、给以、给予、予以")两种。(刁晏斌,2004:32—39)

在内地,"把"字句中谓语是"虚义动词+宾语"的用例比较多(不过用"对"字句的更多,如"对这个问题进行/加以全面研究"),而"将"字句中却非常少,在我们的语料范围内只见到以下一个用"进行"的例子:

(25) 对现有幼儿园进行扩班、挖潜,将成人用房、专用机构用房进行改造,扩大收托能力。

台港澳三地都能见到的是"做/作+宾语"的用例,如:

(26) 或者是民众也可选择将乌龙、金宣、红乌龙、绿茶等做一次性的结合,一次便买回台东不同的特色茶叶。(台湾)

(27) 便无预警的将其财产土地权作禁止处分。(台湾)

(28) 除将优惠存款制度做了合情合理的改革外,还包括推出"八五制"。(台湾)

(29) 要将《议事规则》作全面修订几乎是"不可能的任务"。(香港)

(30) 由于竞投者递交标书可能有时间差,因而让人有机会将其它投标公司的情况作图利。(澳门)

"进行+宾语"的用例有三个,均见于澳门语料,即:

(31) 因此需要一定的平台将两者进行"配对"。

(32) 将风俗文化作为旅游资源进行开发,不仅可以带来旅游收入更加能够对传统风俗文化加以保护和传承。

（33）政府也交出全澳银行存款保险保费总和的相同金额，这些保费不必由存户付出，并且就将上述议案进行立法。

"处置"类虚义动词的用例也均见于澳门语料，例如：

（34）不断进行技术提升，尽量将各种可以表达意见的网络途径加以利用。

（35）本澳政府到民间举办不少宣传庆祝活动，希望将保护环境的讯息予以宣扬。

（36）传媒应该更多的从新闻角度将一些有违环保的行为的主体和行为予以披露，给予警示。

三、余论

四地"将"字句本身及其使用情况需要进一步理清，然而具体情况却比较复杂，其主要原因一是"将"字句与"把"字句的交织与纠缠，二是内地与台港澳之间以及台港澳三地之间的参互异同，以下就后一方面略加讨论和说明。

1. 内地与台港澳"将"字句语体色彩的程度差异

内地使用的"将"字句与台港澳地区相比，明显的差异除了集中表现在谓语动词外，还表现在语体风格色彩上，这就是虽然它也属于书面语句，因而具有书面语体色彩，但是从总体上来看，这一色彩却不如台港澳地区浓，而这也就是我们所说的程度差异。

台港澳"将"字句中，更多地配合使用一些文言词语，从而使得句子更具"文"的色彩，例如：

（1）业者表示因为原厂房整建，所以将面粉堆放至另一仓库。（台湾）

(2) 将部落亮点<u>形</u>诸剧本或绘本故事。(台湾)

(3) 新方案包括将考获专科资格<u>逾</u>5年的医生,晋升为副顾问医生。(香港)

(4) 消防员接报到场后,<u>迅</u>将火扑熄。(香港)

(5) 随后看见一名少年与一名女子走近电单车,于是上前<u>欲</u>将之截停。(澳门)

(6) 土地工务运输局副局长刘振沧等工程负责人日前落区听取居民、商户意见,<u>冀</u>将工程影响减<u>至</u>最低。(澳门)

例(5)"将"的宾语是文言代词"之",这一组合形式比较多见,我们对四地语料进行检索的结果是:内地1,台湾4,香港5,澳门36。所以,由这一组合形式数量的多少,基本也可以证明内地与台港澳地区"将"字句"文"的色彩程度之别。与此类似,我们还以文言副词"已"和"欲"与"将"的组合形式为关键词在四地语料中进行检索,所得结果如下:

已将:内地8,台湾14,香港18,澳门11

欲将:内地0,台湾2,香港1,澳门3

其实这一差异与前述内地与台港澳之间语体风格的"俗""雅"之别是直接相关的,也可以说正是这一差别的表现之一。

2. 台港澳三地"将"字句的差异

台港澳三地"将"字句除了具有较多的共性而与内地形成一系列较为明显的不同外,它们之间也有一些具体的差异,这其实也是再正常不过的了:三地分属于三个不同的言语社区,不同的内外条件和因素通常都会在一些语言现象中留下印迹。

港澳地区与台湾相比,一个较为明显的不同是"将"字句的连用要多得多,主要是构成复句,有时还有一句话中的套叠形式。

前者的用例如:

(7) 5汉先将货车司机及跟车拖下车制服,然后再将两人推上客货车捆绑双手,并以布袋蒙头,然后驱车离去,部份匪徒则将载有大批银条的货车骑劫而去。(香港)

(8) 有人声称,本来欲将所偷电话变卖,惟因接获来电指有人已报案,本打算将电话归还,但因少年与家人不在澳门,加上害怕,于是将贼赃交由女童保管。(澳门)

像这样三句并列的并不多见,但是两句并列的却相当常见。相比之下,后者更具特点,但是不太多,以下两地各举一例:

(9) 福岛核电厂受海啸破坏,没有电力提供,无法将海水注入反应堆将其冷却,导致热力过高,反应堆发生爆炸。(香港)

(10) 亦有画家亲自访问受灾同胞,将受灾同胞对澳门同胞的谢意、灾后重建的幸福感和对未来的期待,透过画家们将感激之情变成一幅一幅作品。(澳门)

虽然香港与澳门同属粤语区,交往最为密切,再加上先后回归祖国,所以语言上的一致程度最高,但即便如此,两地在"将"字句的使用上也还有差别,其最主要的表现之一就是香港有较多"港式'将'字句"用例。

我们指的是以方言形式出现的"将"字句。香港报纸习惯于直接引用人物对话,而如果说话者是用粤语,并且用到了"将"字,于是就出现了如下的用例:

(11) 羊毛出在羊身上,书商将成本同利润转嫁畀家长,课本售价随时不减反加,当局亦有佢哋符。

（12）今次危机的始作俑者财政司司长曾俊华,傍晚亦卸责指泛民"将政治摆喺市民利益上面"。

（13）到夜晚死亡人数不断增加,同埋见到海啸将啲两层嘅屋打走,觉得好恐怖。

（14）费格然发现呢类人好擅长将唔合理嘅嘢变得合理化。

澳门没有与所谓"港式中文"相类的"澳式中文",所以也就基本没有类似的用例。

第七章　几种标记句的差异与融合

"标记"是当今语法研究中的常用词,与之相同或相似的概念还有"标记语""话语标记(语)""语法标记"等,而与之相关的概念则有"有标记""无标记"等。冉永平(2002)认为,在言语交际中,话语标记语所起的作用就是通过多种方式调控话语和言语交际的互动性,他们不直接构成话语的命题内容,而且也不受句法结构的限制。承担话语标记功能的语言单位即标记语没有固定的来源,它们可以是词,也可以是短语甚至于小句。就词类而言,一部分连词和副词被认为是最容易演变为话语标记的。(方梅,2000)现代汉语中,被视为标记的成分很多,所以包含各种各样标记语的"有标记"句式(我们简单地称为"标记句")也很多,如本书所讨论的"被/遭/获"字句即属于此类(石定栩,2006b),此外像"把/将"字句等,自然也是标记句。

本章中,我们讨论三种最具台湾特色,能够体现四地明显差异,但同时也表现出一定融合倾向的标记句,即"有+VP"句、"(在+)VP+中"句,以及使用语气标记"而已"的"VP+而已"句。

第一节　"有+VP"句

汉语"有"以及由它构成的某些结构情况极其复杂,可以说,它是一个少有的实与虚、古与今、方言与通语、内地与台港澳纠结在一起,剪不断、理还乱的词汇—语法现象。

本节以四地作为标记成分使用的"有"以及由它构成的"有+VP"形式为考察对象,试图把它们在各地的使用情况及相互差异等理出一个头绪。

一、简单的背景知识

"有+V"形式早在先秦时期就已经出现,其中的 V 通常取单音节形式,用例如"春日载阳,有鸣仓庚"。(《豳风·七月》)古代的"有+V"有很多流传了下来,《汉语大词典》收有"有亡、有成、有同、有似、有行、有如、有若、有待、有染、有容、有得、有劳、有烦、有慢、有请、有赖、有关"等,而《现代汉语词典》也收了"有碍、有成、有待、有得、有关、有救、有赖、有劳、有请、有染、有如、有损"等。此外,《现代汉语词典》不收,但大都有古代汉语背景且现今仍在使用的还有"有失、有违、有获、有变、有加、有售、有辱"等。(刁晏斌、李艳艳,2010)

古代以降,近代汉语中偶尔也能见到这样的用例,如孙锡信(1992)所列举的"黑夜道场里你有来么?我有来"。(《朴通事》)现代汉语普通话中,也时能见到"各大药店均有销售""市场有售"之类的用例。

谈到"有+VP"形式,人们更多提到的是它的方言"出身"。就已有的报道来看,闽语、粤语、吴语和客家话等南方方言均有这一形式,有人认为这一现象之所以在南方方言中大面积存在,是因为它们都来源于南方方言的共同底层古越语。(陈叶红,2007a)

关于"有+VP"中"有"的表义功能,李如龙(1986)就闽南话的实际情况指出,它是用来肯定动作的发生或性状的存在的;郑敏惠(2010)则立足于整个闽方言,在沿用了李说后,又补充说它还"具有强调、聚焦、完句等语用功能";王森、王毅、姜丽(2006)认为是"表示确认"的,而陈前瑞、王继红(2010)则进一步说是"表示确认事件现实性的"。表示肯定或确认的,通常都是已然的情况,所以不少研究者说"有+VP"义同"VP+了",因而"有"是完成体的标记。(窦焕新,2006)

我们曾经着眼于现代汉语的共时平面,把主要由古代沿用下来的"有+V"式动词归纳为"词头+陈述性动素(有如)""动素+指称性动素(有售)"和"？+陈述性动素(有请)"等三种不同的构成模式,第三种的问号表示"有"的性质还不能确定。(刁晏斌、李艳艳,2010)本节在词与词的组合层面来讨论第一种和第三种形式,考察范围基本限定于一般研究者所认同的那些"有+VP"形式。

二、台湾的"有+VP"句及其使用情况

闽南话是台湾最主要的方言,台湾"有"字的使用深受闽南话"有—无"句的影响,由此就使得它的"有+VP"形式呈现出一系列特点,并与港澳以及内地形成较为明显的差异。

在闽方言的"有(无)+VP"形式中,"动词进入该句式后没有丧失动词性,还能再带状语、宾语、补语或体标记"(郑敏惠,2010),这一点基本也反映在台湾地区国语中:"几乎所有的动词结构都可以用在'有'后面"。(窦焕新,2006)据我们观察,情况基本如此,但是一般来说,VP通常比较简短,不会特别复杂。

在总共106万字的台湾报纸语料中,我们检索到53个"有+VP"用例,平均每万字用了0.5个,应当说,这个比例与其他同义形式相比并不高,甚至是比较低的。

台湾报纸中"有+VP"用得不多,主要是因为有其他同义形式

存在,比如《台湾时报》2011年3月4日有一篇报道,前边一段文字说:

(1A) 去年底县市合并,部分公务人员因县市政府新、旧服务单位申报公保退、加保作业,出现时间差关系,造成被纳入国民年金保险,并<u>收到国民年金缴款单</u>。

而在隔几行的下文,则说:

(1B) 公务员近日如<u>有收到国民年金缴款单</u>,可无须理会!

按,很显然,A句"收到"前加上"有",或者是B句去掉"有",都能够成立,并且基本意思没有任何变化。

前边提到,不少研究者认为"有+VP"义同"VP+了",我们使用南开大学郭昭军博士开发的语料检索分析系统,在过滤掉"罢了、不了、除了、错了、打了、到了、得了、公了、够了"等41个组合形式后,在上述106万字的语料中一共得到1695个带"了"的句子,其中绝大多数都属于"动词+了$_1$"。比如,在显示结果的第一页,共有24个带"了"的句子,其中就有19个"动词+了$_1$",占79%强。这些"VP+了"中,有一部分就可以变换成"有+VP"。比如以下二例:

(2A) 超过80%的苏丹南部选民参与了投票,北部的投票率则为50%左右。

(2B) 检察官并没有证据证明他有参与此事,只凭其自由心证。

更多的时候,当动词带了"过",即取"有+VP+过"形式时,"有"的使用与否也不影响意思的表达,因此二者也构成了可变换

的形式,例如:

(3A) 国税局……有想过太极门道馆对我们的意义吗?

(3B) 调查发现,62%受访教师因压力过大而想过转行。

(4A) 大家都知道肿瘤会扩散、变形或转移,但您有听过肿瘤还会趁人不备偷偷"落跑"吗?

(4B) 2007年这场危机爆发前就听过这批人说过类似的话,结果显示这批人错得离谱。

为了均衡考察台湾"有+VP"的使用情况,我们还作了另外一项调查,选取朱少麟《伤心咖啡店之歌》、蔡智恒《亦恕与珂雪》、古灵《生死相许无尽处》、金萱《爱上一个人》、凌玉《倾城之恋》、穹风《听风在唱歌》、王文华《倒数第2个女朋友》等现代都市生活小说共计87万字进行检索,得到84个用例,每万字的使用量接近1个,比报纸用例数高出近一倍。另外,小说(特别是人物对话)中可以与"有+VP"变换的"VP了"以及"VP过"都很少。这表明,这一形式的使用在书面语和口语中还是有较大差异的。

至于为什么会有上述差异,或许可以由以下对台湾地区的国语的分类来加以解释。仇志群、范登堡(1994)引用了台湾师大李振清的"国语三分"说:第一类为标准国语,即20世纪30年代以来的法定的官方语言,台湾已经很少有人使用这种国语,它有被"非标准国语"取代的趋势;第二类为"标准台湾国语",主要特征是不用卷舌音,词汇上有更多本地化色彩,它通行于台湾,已经成为实际的"标准国语",台湾的广播、电视等大众传媒用的都是这种语言;第三类为"次标准国语",它在语音上背离"标准国语"更远,带有更多、更明显的方言特点,比如语法上常用"有+动"句等。第三类目前已经越来越接近第二类,因而二者实际上已不容易划分清楚。我们考察的报纸语料基本反映第二类即"标准台湾国语"的实际,而小说人物对话则主要反映第三类即"次标准国语"。台湾报纸语料中较多出现"有+VP",反映了二、三类"国语"相互接近、靠拢的实际;小说中这一形式使用频率更高,则体现了第三类"国语"的特点及其与第二类的差异。

对比港澳以及内地"有+VP"的使用情况及其表现,台湾"有+VP"形式大致有以下几个比较独特之处。

1. 经常用于未然

李如龙(1986)指出,闽南话的"有—无"放在动词之前,可适用于"过去时、现在时、将来时",也不论动词是"进行体"还是"完成体",因为它们就是肯定或否定动作的发生或性状的存在的,同何时发生动作、动作是否完成并无关系。这一点在台湾"有+VP"中基本也能反映出来,而与其他地区有明显不同。例如:

(5) 如果有造成骨折或脱白需要手术治疗。

(6) 如果我点了以后,真的有缺什么的话,你叫我怎么找你?

(7) 我不会再随便喝酒,即使有喝也只是轻啜一口,绝不会多喝。

(8) 如果谢炳华有按照约定的时间路线的话,那他们现在应该在……三民书局!

按,以上各例因为用了"如果"以及"即使",所以它们的"虚拟"语气还是相当明显的,具有明显的非现实性。

2. 疑问句中比较常用

在内地,因为有"有没有—没有—有"的对立(见下),所以就目前的情况来看,"有+VP"主要用于肯定句,而在台湾书面语色彩较浓的报纸语料中,基本也是如此,但是在口语性比较突出的小说(主要是人物对话)中,却经常用于疑问句。郑良伟(1993:154)说,若在提问时,一定要用"有"字(按:包括"有没有＋VP"和"有＋VP")。在台湾小说的84个用例中,有30个是疑问句,占总数的35.7%强。疑问既包括有疑而问的一般问句,也包括无疑而问的反问句。前者的用例如:

(9)"你最近有去旧金山吗?"明宏问。

(10)她真的有睡得那么迷糊吗?

表示反问有时用无标记形式,有时则前加标记词"哪里""不是"等,以下各举一例:

(11)金融风暴放无薪假时,军公教人员有减薪吗?凭什么经济一好转他们就带头调涨薪资?

(12)他想六祖哪里有念《妙法莲华经》三千部,祂可能一部都没有念。

(13)她不是有打电话给你吗?

3. VP为形容词

闽南话中"有—无"都可以与形容词组配,影响所及,台湾地区国语中也不乏这样的用法,例如:

(14)上帝对女人是很残忍的。钟丽缇生了小孩后,身材真的是有差。

(15)妳有轻松过吗?

这样的用例中,经常先用程度副词"够"对形容词进行加强,然后再加"有"来确认或强调,而为了进一步突出其严重性或确定性,还经常在"有"前再加语气副词。这样的用例比较多见,例如:

(16) 因为"国税局"的行政处分,竟然可以凌驾"最高法院"的判决,实在是有够离谱,完全无视法律的存在!连他的辩护律师都不平的表示:"侯宽仁检察官实在有够凶!"

(17) 好不容易让我读到中文系的大四,现在拿两张英文考卷给我写,无异是叫我现场切腹,残忍,真的有够残忍。

4. 大量前加确认性修饰语

对于"有"的功能,前边已引学者所说,表示肯定或确认,甚至于"强调、聚焦"等,然而在实际的使用中,有时这一功能已经不太明显,比如以下的用例:

(18) 喔,王羲之……他最近好像有在诚品演讲。

(19) 休假两天,应该有出门好好玩一下吧。

按,以上两例中,由于分别使用了"好像"和"应该","有"的上述意思自然就不那么显豁、突出了。我们认为,当某些词语或形式长期以及较多使用之后,原有意义(理性意义及附加意义等)在一定程度上有所损耗或衰减是很正常的,就像有些"被"字句中的"被"已不表示"遭受",有时"最"要用"最最"替代,而"顶级"用多了之后又出现"最顶级"的形式一样。

正因为如此,我们看到了较多在"有"前附加表示确认或强调的语气副词等的用例,前边例(12)(13)即为此类,以下则是动词性"有+VP"的用例:

(20) 谢姓员工猝死事件,亲友质疑他是过劳死,劳委会北区劳动检查所近期针对此案调查,报告确定谢姓员工猝死案确实有超时工作。

(21) 本案法院显有踰越合法性审判范围,而进入环评委员会依法授权集合专业性的合目的性审查作成结论的范围,环保署将依此提出抗告。

（22）林姓学生在台中地方法院法庭上，向法官坦承确有骂人。

（23）杜方当然有跟别人见面，只是交往的程度而已。

此外，"都/即/便有＋VP"的用例都比较多见，在一定程度上也都有确认以至于强调意味，例如：

（24）当然学界一直以来，都有再与业界配合，实施相关的建教合作，如笔者所服务的学校内，便有经营实习旅馆。

（25）有一位56岁在金融界服务的男性主管，平时即有定期在作全身健康检查，没有抽烟的习惯、胆固醇及血糖都正常。

有时还采用表示强调的固定格式来凸显这一意味，如以下一例：

（26）让旅客感觉台湾的服务生，是有重视他们的需求的。

按，这里的"是……的"就有强调的意味，去掉它后，句子虽然可以成立，但是语意轻了不少。

5. 关于正反并列形式

台湾正反并列的"有没有＋VP"似乎并不常用，106万字的台湾报纸语料中只有16例，仅是"有＋VP"用例的三分之一。这一形式之所以少，一是闽南话没有这样的形式，二是传统的国语一般也不用，三是有可替换的同义形式。

就我们所见，台湾正反并列的形式主要有以下几种：

一种是"有"与"无"并列的"有无＋VP"，这是移用了闽南话的

问句形式,但后者通常取"有来无?有来无来?有来抑无?"等(李如龙,1986),因此可算是同中有异。例如:

(27)另实地检测发现某店家之面肠有添加过氧化氢,查核人员除要求商家先下架再抽检送验外,并追查上游业者<u>有无符合法令规定</u>。

(28)赵昌平上午受访时指出,他非常关切此事,正密切注意事件发展,并搜集资料,必要时会偕同洪昭男介入调查,了解政府<u>有无违法失职</u>。

另一种是前加"是否"的"是否有+VP",例如:

(29)至健康检查中心检查的受检者,有的是由心脏内科门诊医师转介而来、有的是要追踪已装支架的血管是否有再度阻塞。

(30)当时的她气都气疯了,哪里还记得自己是否有把他的电话号码塞进皮包中?

此外,还见到以下两种形式,用例均不多:一是用"有否+VP",另一种则保留闽南话"有来无来"格局,但用"没"替换了"无":

(31)或许听来刺耳,但不知民进党有否想过,执政的那八年,全台公务员都曾为其主掌的政府服务。

(32)小叶,你到底有睡没睡?

把以上情况简单总结一下,则有以下几点:

第一,相对而言,"有+VP"的口语色彩比较浓厚,它在口语中已经成为"主流"形式;

第二,通用书面语中,"有+VP"虽然已占有一席之地,但却只

是"支流","主流"仍然是汉语传统的"VP 了"以及"VP 过"等;

第三,台湾"有+VP"与闽方言的源形式有同有异,这非常符合现代汉语对方言形式"引进—改造—发展"的一般模式和规律。

三、港澳的"有+VP"及其使用情况

香港的书面通用语中,"有+VP"形式也时能见到,特别是在港式中文里,不仅数量多,而且还尽显粤语特色。石定栩、邵敬敏、朱志瑜(2006:279—282)对此曾有较为全面的讨论,认为这种用法的"有"是粤语特有的,表示动作已经完成或实现,换言之相当于标准中文的"了"。不过,他们也指出,"有"的语法意义更复杂,所以分布就比"了"更广,由此导致标准中文不能用"了"的地方,在香港有些却可以用"有"。

我们确实看到了一些这样的用例,比如:

(1) 而在一间大型日本超市,继续有出售日本生果蔬菜。

(2) 马房现阶段既处于攻势最凌厉时期,看来短期之内,头马将仍会陆续有来,乃不可忽视之一个马房。

(3) 夏文汐笑指陈伟霆有试过到"鸭店"了解情况。

按,"试过"在港式中文里是一个时间副词,义同"曾(经)"。

但是就多数一般的用例来说,香港的"有+VP"与台湾无甚区别,比如以下的句子:

(4) 其实,如果你一直有看荷里活电影,你早就见过突尼西亚。

(5) 太平洋多国如菲律宾,远至美国西岸多个地区、墨西哥及智利都有发出海啸警告,上月刚受地震侵袭的新西兰亦有发海啸警告。

在109万字的香港报纸语料中,共有179例"有+VP",平均每万字使用1.64次,是台湾的三倍多,情况也较台湾更为复杂,总体来说有两大特点,一是"古旧"色彩浓厚,二是粤语特色鲜明,而有时二者又是结合在一起的。

1. "古旧"色彩浓厚

这一点首先表现在较多使用汉语传统形式。前边我们提到,由古代汉语沿用下来、并且收入各种工具书的"有+V"类词为数不少,其中很多在香港报纸都有用例,有的还比较常见,而同样的形式在台湾以及内地却多限于某些固定组合(如"情况有变、有碍观瞻"等),用得并不多。例如:

(6)更由于谢卓飞迅即在伦敦恢复工作而政府交代有欠妥善,再度惹来政治争拗。

(7)把一幢幢半拉子楼房贴在市区,自由倒有了,可毕竟有碍市容,有失斯文,就像美丽的埃及艳后,漂亮的脸蛋上老糊着一块块膏药,你能说她倾国倾城吗?

(8)而且还指预算案大手"派糖"有违公共理财纪律。

(9)惟萨尔瓦多征询耶布拉意见后,有感做法违反指引,最终将该男子驱赶离开。

(10)黄毓民声称今次并非想针对任何人,但他却"翻旧帐"指"长毛"当初加入社民连时已经调整了自己的路线,质疑究竟是谁的路线有变。

(11)有鉴于日本发生大地震和海啸灾难造成史无前例的破坏……

(12)学术界过于重视专业而忽略生活,他觉得,是有悖于社会学的基本要求:社会实践。

古旧色彩浓厚的第二个表现是多带文言修饰语,其中最多见的是"皆"和"亦",其他如"略、屡、曾、均、时"等也时能见到,以下各举一例:

(13) 他称相信特首和中央皆有尽力,但家属及生还人质希望政府可以做更多。

(14) 全国人大常委会副秘书长乔晓阳以及港澳办主任王光亚等亦有出席。

(15) 深沪两市全日共成交 2922 亿元,较昨前天略有放大。

(16) 突然失常在闹市裸露,近月屡有发生。

(17) 这一状况是"与溶解的核燃料曾有接触的反应堆安全壳中的水通过一定途径直接外泄所致"。

上述四字格形式最具文言神韵,也有一些四音节以上的用例,如:

(18) 在昨日的保安事务委员会上,谢廷骏母亲及胞弟均有列席旁听。

(19) "张"虽在过程时有夹杂粗言秽语,不过语气平和,态度颇为客气。

我们调查的语料显示,香港"没有+VP"的形式并不常见,取而代之的是"未有+VP",这种"有"前加文言否定词的形式很有地方特色,在台湾地区国语中很少见。例如:

(20) 建制派也是输家,"护主"不力,未有发挥在议会中为政府保驾护航的作用。

(21) 警方表示,目前已有超过 21.5 万人被安排入住临时庇护中心,但他们未有收到重灾区宫城县的无家可归人数。

(22)而核泄漏重灾区福岛附近昨晨再发生有黎克特制6级强烈地震,幸未有发生海啸,而核电厂亦未有进一步损毁。

另外,还有一些已经或趋于凝固的形式,虽非文言所有,但也有比较浓重的书面语色彩。比如动词"指"在香港用得比较多,义为"指出、指责、指控"等,此词在带宾语使用时,有时前加"有",从而构成"有指+宾"的固定组合形式,用例相当多见,例如:

(23)对于早前有指伊朗煽动沙特阿拉伯人民示威,外长沙特坚决拒绝外来势力干预国家内政。

(24)由于Masa曾站在车门楼梯面向车外,外界有指子弹乃菲警从车外开枪,射穿车头玻璃击中Masa。

(25)有指皇室担忧示威潮令以什叶派回教徒为主的伊朗有机可乘。

与"有指"相类的还有"有说""有传""有见"等,也都有一定的凝固性,以下各举一例:

(26)有说广东提出了"幸福广东"口号,而重庆更以幸福指数来衡量政府施政成效。

(27)有传希拉克患上脑退化症,但他的妻子否认。

(28)而有见银行相继加息,发展商亦各出奇谋为买家提供二按及定息按揭计划。

2. 粤语特色鲜明

在这方面,最为突出的,是直接"照录"粤方言的"有+VP"句,例如:

(29)第一次震嗰(那)时,我有谂(想、考虑)过会唔(不)

会就喺(在)日本死。

(30) 偏偏就只字都冇(没有)提嗰球证(裁判)嗰场波(球)究竟有冇犯错。

(31) 有冇觉得林峯畀(被)人出卖？

(32) Wylie 笑说："师傅有赞我好 firm(结实)，由好身材变得更好。"

3. 粤语与古语的结合

粤语中大量保留古代汉语的形式和用法，这在正反并列的句子中就表现得相当明显和突出。上引"有冇＋VP"是粤语典型、传统的正反并列形式，在方言或方言色彩浓厚的句子中经常出现，除上边举过的例子外，再如：

(33) 灾民自己撤离，有冇搞错！

(34) 有冇得退？

"有冇＋VP"之外，粤方言中保留的正反并列形式还有"有无＋VP"，也常见于方言色彩浓厚的句子中，例如：

(35) 佢(他、她)有无赞好味？

(36) 妈咪有无好担心呀？

(37) 警方增援人手至近 100 人，游行人士揶揄说"有无跌枪？"

以"否"替代"无"的"有否＋VP"则多用于方言色彩相对较淡的一般语境下，是最常见的形式，例如：

(38) 那有否叫她们撤离香港到吉隆坡去？

(39) 在下午时候，探员押解疑犯返回大厦现场一带再调查，正了解疑犯有否涉及其他同类盗闸案。

(40) 媒体一再追问两人有否就"大选"交换意见。

此外,还有不少"是否有+VP"的用例:

(41) 警方事后翻看银行闭路电视录像带,调查是否有拍下疑匪容貌。

(42) 因为税制是常态的,不应订落日条款,且不应分地区、订门坎或是否有赚钱再课税。

以下一例两种形式并用:

(43) 陪审员认同问题所描述的事发经过,但有4条问题他们不确定,包括枪手门多萨在事发当日,是否有答应下午3时释放人质;马尼拉市长林雯洛等官员有否离开岗位前往吃饭,导致枪手开枪时无人在场指挥。

由于以上几种形式用得比较多,所以已经被普通话吸收了的"有没有+VP"反而用得很少,在109万字的香港报纸语料中仅有10例,比台湾还少。

上述正反并列的形式多用于疑问句,此外,表示疑问的还常用"可有+VP",也有比较浓厚的方言及古旧色彩:

(44) 问到男友可有捧场,她尴尬地表示男友未有看过,也不想大家追问有关其男友的问题。

(45) 那他又可有向女友备案?

(46) 问到师傅可有赞她身材好?

在102万字的澳门报纸语料里,"有+VP"共有114例,平均每万字使用1.1次多,频次介于台湾与香港之间。如果要试图对台港澳三地"有+VP"形式上述数量差异进行解释,可能首先应当考虑以下两个方面的因素:

其一,这一形式在闽语和粤语中的地位、作用及其分别对台湾与港澳地区书面通用语的影响程度。我们的意思是,如果地位较重要(表现为在同义形式中占有一定优势,在具体的使用中有较高甚至很高的频率等),则有可能对当地通用语有更大的影响,从而使之有更高的使用频率,反之可能频率就会低一些,用例数量自然也就会少一些。另一方面,如果从三地书面通用语一方来看,还有一个对方言形式的接受度以及融合度问题,这自然也会对引进的"有+VP"形式的地位有决定性作用和影响。在现有情况下,我们还无力做这一工作(这一工作最好由深谙闽语以及粤语的台港澳学者来做),但是至少可以说的一点是,这方面以及与此相关的研究还有很大的空间。

其二,方言以外,还有其他影响因素。在已有的研究中,不少人试图给出一个这方面的答案,比如石定栩、邵敬敏、朱志瑜(2006:282)说:"港式中文以'有'置于动词之前充当体标记,在语言类型学中并不罕见。其他语系的语言中也有类似的用法,如英语中的'have'和法语中的'avoir'在保留实词用法的同时,也已虚化成为表示体范畴的情态动词。"多数人把这一影响直接指向英语,如孙琴(2003)直截了当地说:"毫无疑问,港人的粤语可以直接从英语中吸取某些语言成分,造成语言各要素的变异。'有+VP'句式很可能就是在翻译过程中出现的一种句法变异形式。"因为难以拿出确实的证据,所以这里也只能用"很可能",而有人则更是用了"猜想"(包铭新,2001:22),因此都还不能特别令人信服。如果这一点能够充分证明的话,那倒可以在一定程度上解释台港澳三地"有+VP"上述数量的差异:香港书面通用语受英语的影响最大,所以用例最多;台湾地区国语与英语的关联度及受其影响的程度远没有香港高,所以这样的用例就少了很多;澳门的官方语言是萄语而非英语,所以当地书面通用语受英语的影响自然也小一些,但是因为地近香港,联系极为密切,加之英语也在澳门有一定程度的使用(三文四语),又同属于粤语区,语言一体化的程度很高,这样,"有+VP"在数量上"居中"也就不难理解了。

就具体的使用情况来看,澳门的"有+VP"与香港基本相同,我们只是没有看到"照录"粤语对话的例子,也没有见到"可有+VP"的用例。前一点可能与语言表达习惯有关(比如没有与港式中文相对等的"澳式中文"),而后一点既与语言表达习惯相关,或许也与我们所用的澳门报纸语料对人物对话反映得尚不充分有关。

四、内地的"有+VP"及其使用情况

1. 相关的发展与变化

在现代汉语语法研究中,要谈"有"就离不开它的否定形式"没有",以及由二者正反并列构成的"有没有"。

如果"有"是动词,则现代汉语呈以下三足鼎立的均衡分布:

肯定式:有+NP

否定式:没有+NP

疑问式:有没有+NP

作为非动词,使用历史最长、用得最为普遍的是"没(有)+VP",而与之相应的疑问形式"有没有+VP"则是一种"新兴问句",它20世纪初才出现,但是在整个前半叶的文献中都极为罕见,到20世纪末的近20年里才多了起来(石毓智,2000:133—148),并由此最终得到了人们的承认,比如范晓(1998:232)在讨论正反问句时,就列出了这一类型,而1998年出版的带有规范性质的《普通话水平测试大纲(修订本)》也把"你有没有吃过饭"列为合

乎规范的一种问话。①

至于非动词"没有"的肯定形式,虽然赵元任(1979:331)提到,从广州话(以及台湾闽南话)传入普通话的一个新用法是用"有"作为"没有"的肯定形式,并且在跟南方人接触多的人中间已经基本承认合法,但认为答话"有""还是刺耳"。至于表示肯定的"有"与动词组配的"有+VP"结构,有人认为只是一种"超常搭配"(范晓,1996:87),而直到不久以前,还有人认为是不符合普通话规范的,只是方言区的一种说法,将其"引进"普通话是不可取的。(陈绂,2004)

一般的研究者都很看重"有没有+VP"在普通话中的出现及其最终得到认可对"有+VP"的产生或引进所具有的意义和价值,兰碧仙(2009)指出,当普通话中"有没有+NP"、"有+NP""没有+NP""有没有+VP""没(有)+VP"都成为合乎语法规范的形式后,"有+VP"就成了唯一缺失的结构形式;刘丽春(2008)认为"有+VP"之所以"有进驻普通话的势头",是"有没有 VP"在普通话中立足后引起的连锁反应;而有人更是直接说"有没有"是方言"有"字句进入普通话的"先驱形式"。(陈叶红,2007b)

"有+VP"进入普通话的结果,就是使得与上述"有/没有/有没有+NP"相对应的"有/没有/有没有+VP"最终形成,从而实现了后者以及两者之间的"对称"。(王国栓、马庆株,2008)

关于普通话中"有+VP"的来源,就我们所见大致有以下三种意见。

第一种是"复活"说,比如王国栓、马庆株(2008)在谈过"有+VP"在古代和近代既有所见后说:"北京话口语中的'有+VP',实

---

① 吉林人民出版社,1998年版,第487页。

际不是什么新现象,它是历史上曾经消失了的结构在新时代条件下的'复活'"。

第二种是"引进"说,比如前引赵元任的话,就指出作为"没有"肯定形式的"有"是从广州话和台湾闽南话"传入"普通话的,类似的表述再如"对话中的'有+VP'句是近几年由港台传入大陆的方言句式"(孙琴,2003),而一般人在谈到这一现象时,也几乎都不同程度地指出,它是港台语言影响的产物,比如以下一篇文章的标题:《从粤方言影响看"有+VP"结构形成的认知过程》。(孙晶,2011)

第三种是"多源"说。汪化云、陈金仙(2006)说:"客观地说,由于大陆的改革开放,港台地区与内地的经济、文化联系日益加强,其方言肯定会对现代汉民族共同语产生影响。这是不能不承认的。但是,大陆的吴语区、闽语区、粤语区处在改革开放的前沿,是现阶段中国经济最活跃、发展最快的地区,在经济方面影响内地的同时,其方言不可能不对共同语产生影响,具有广东味儿的普通话在传媒中常常出现就是证明。事实上,大陆南方方言的'北上'也是许多人讨论过的话题。这也是不能不承认的。因此我们认为,既然港台地区和吴语区、闽语区、粤语区都存在'有+VP'句并且都可能对现代汉民族共同语产生影响,那么,在大陆一定范围内新出现的'有+VP'句,应该是大陆南方、东南方言和港台方言共同影响的产物,而不仅仅是来自港台方言。"

第三种说法是第二种的扩大,而如果再把第一种观点加进去,可能对这个问题的认识就比较全面了。

2. 目前"有+VP"的使用情况

笔者在20世纪末曾经讨论过台湾与大陆之间语言的差异与融合问题,就涉及台湾的"有+VP"形式(刁晏斌,2000b:138—

140),但是当时似乎还没有观察到内地的同一现象及其使用情况。在书面语中,这一现象应当是首先见于南方作家的作品,苟曲波(2010)对华中师范大学现代汉语语料库中近20位南方作家作品进行考察,共找到163例,而在北方作家的作品中却很少见到。

这一现象真正引起人们的关注,是它在某些特定场合以及人群口语中的较多出现,很多研究者对此都有表述,内容主要涉及出现的大致时间、主要的使用场合、语体及人群分布、使用度与认可度、语用色彩和价值等。以下酌引几段:

> 目前,主要在口语中,乙类"有+VP"句也已悄然萌生,正成为一种新生的表示肯定的动词谓语句。(王森、王毅、姜丽,2006)

> 近年来,在人们的口语、网上小说、电视节目的字幕,甚至一些电视节目主持人的语言中都出现了类似的句式。(王国栓、马庆株,2008)

> 20世纪90年代中期以来,现代汉语中进入"有+VP"句的动词或动词短语有泛化倾向。电视广播、报纸杂志和网络中出现了大量"昨天我有去图书馆/他有试过用左手吃饭"这类句子。(蔡瑱,2009)

> 用调查问卷来获得"我有+V+过"的说法在现今社会口语中的认可度。以华中师范大学本科生作为调查对象,设计调查问卷,发出55份,收到有效问卷51份。其中在个人回答习惯中用"我有+V+过"的有20份,占总数的40%,由此可以证明"有+V"是被认可的。(钟璇,2009)

> (这一形式)先从口语的使用开始,随着使用率的增多,逐步扩展到书面语中;在不同的群体中,语言变异的分布是不均匀的,女性对新形式的使用率往往高于男性;从年龄分布看,

年龄越小,对新形式的接受度越高,使用率也就越高。(王玲,2011)

这种语言表达风格给人一种很港台、很新潮的感觉。近几年,"有V"结构已经成为现代汉语中一种不容忽视的语言现象。(刘洁,2009)

以上主要说的是口语,那么,在当今的书面语中,"有+VP"句的使用情况如何?我们在108万字的内地报纸语料中,检索到26个"有+VP"用例,平均每万字使用0.24次,是台湾的一半,香港的不到六分之一,澳门的不到四分之一。在这26个用例中,多数是以前既已使用的,有的甚至难以判定VP到底是陈述性还是指称性的(因此也就无法判定"有"是否具有"标记"性质),所以与一般研究者经常举的"我有来""他有去"之类"典型"用例相比,多有"非典型"特征。为了显示这一点,我们先把这样的形式全部节略列出:

再有提高、略有下降(3例)、略有上升、略有增加、都有反应、已有改善、时有发生(2例)、也有发生、少有监管、需有节制、有失偏颇、有失透明、有欠审慎、大有帮助、有短缺、有改善、有互动、有担心、有悖于(2例)

除上述23例外,剩下的3个可能才是比较典型的用例:

(1)物资公司物业负责人称,曹毅开车将他们的工作人员撞倒后,双方才发生冲突,三名物业工作人员也有受伤。

(2)——你们拉沙子,上高速路口时候,过收费站的时候,收费站的人不问你们吗?

——他们有问啊,他们里头有内鬼,那肯定的。

(3)对此,黄平表示,机关幼儿园的事业单位体制,不是预算所能解决的问题,对于事业单位改制的问题,"以后应该会有解决的"。

例(3)可能有方言背景(句中说话的黄平是广东省人大财经委预算监督室主任),而前两例是否有方言背景则较难查考,例(1)的"物资公司"是北京的,后一例答话者则是河南省平顶山市人。

我们还调查了几部反映现代都市生活的小说,即六六的《双面胶》《王贵与安娜》《蜗居》以及慕容雪村的《天堂向左,深圳往右》和海岩的《五星饭店》,共计约64万字,仅发现6个比较典型的用例,并且都只用于人物对话。

把以上事实简单总结一下:在普通话口语中,"有＋VP"形式虽然已经比较多用了,但是一般还只限于某些年轻人群(笔者就从未用过这一形式),另外使用场合等可能也有一定限制,所以,它还远未达到像台湾那样的"普及"程度;就书面语来看,充其量只能算是刚刚"开始"。以上两个方面相加,我们总的看法是,对这一形式目前的使用情况,还不能过于"乐观"。

五、对进一步开展相关研究的思考

"有 VP"形式虽然已经引起许多人的关注,并且进行了一些相关研究,但是总体上说还有很大的提高空间,因而也还有进一步研究的必要,这一点,无论着眼于台港澳地区还是内地,抑或是着眼于四地的差异与融合,都是如此。以下我们就此略作申说。

1. 着眼于台港澳地区的研究

无论立足于整个台港澳地区还是三地中的某一地,"有＋VP"都还有进一步研究的必要以及进一步拓展的很大空间。如果主要立足于整个台港澳地区,可能应当首先集中在以下几个方面:

第一,"有+VP"形式与方言的关系。就已知的"有+VP"形式在方言中的使用和分布情况与它在台港澳地区的使用和分布情况来看,二者之间有同有异,甚至可能是异大于同。郑良伟(1990b)说,"'有 VP'和'有没有 VP'里的 VP 的内容,台湾官话虽然受了台湾话的影响,但是也相差很多",因此,"构成 VP 的各个词都牵涉到是否沿用这些新句法,是否放弃旧句法的问题"。也就是说,二者之间有一个复杂的取舍、分合问题,对此一是需要描写清楚,二是要进一步解释相关的原因和机制。

第二,"有+VP"形式与传统国语旧有同义形式的异同及各自的语法地位、表达作用和语用价值。在台港澳地区,"有+VP"只是能够表示同样意思的几种形式之一,并且还不是一种主要形式,也就是说,它只起一种补充作用,而不是"唱主角"。台湾的情况前边我们已经结合与"VP+了"的对比作过简要说明,而港澳地区基本也是如此。比如,关于"有+VP"的否定形式,虽然港澳地区"未有+VP"相对多见,但真正居于主导地位的仍然是与普通话一样常用的"没有+VP",我们在香港报纸中检索到 317 个用例,而"未有+VP"仅 11 例,二者比例为 28.8:1;在澳门这一比例是 232:11,或者说是 21.1:1。与此有所不同的是正反并列形式,香港报纸"有没有+VP"仅 10 例,而"有否+VP"则有 25 例,显示前者在数量上并不占优。

以上只是就共时平面来说的,如果再着眼于历时平面,各种形式之间肯定有竞争,有一个由不平衡到平衡的过程,而到目前为止,人们对此显然所知甚少。

第三,三地之间某些具体差异及其造成原因。比如与"有"相关的形式,在内地呈比较简单的对称分布(详后),而在台港澳地区则相对比较复杂与参差不齐。具体说来,在台湾地区大致是(各项

目的排列顺序大致按语料范围内使用频率的高低,下同):

  肯否并列:有没有+VP、有无+VP、是否有+VP、有否+VP、有VP没+VP

  否定:没有+VP

  疑问:哪有+VP(用于反问)

  肯定:有+VP

而港澳地区的分布则为:

  肯否并列:有否+VP、有没有+VP、有无+VP、是否有+VP、有冇+VP

  疑问:可有+VP

  否定:没有+VP、未有+VP、冇+VP、无+VP

  肯定:有+VP

  再比如,在香港小说中"有+VP"使用的似乎并不多,我们在78万字的语料中仅检索到33个用例,这与台湾同类小说87万字中84个用例相比低了不少,个中原因还不是特别清楚,但可能与以下因素有关:国语在台湾的普及程度高,是许多人真正的母语,而绝大多数香港人的母语则是粤语,因此有些作家用"标准中文"的写作实际上属于非母语写作,并且由此而可能在某种程度上受到前者的影响,从而造成两地之间对"有+VP"形式取舍和使用的差异。

  台港澳地区虽然语言关联度远比它们与内地的关联度高,但是毕竟分处于三个不同的言语社区,因此即使大同,也会有一些小异。所以,在这个问题上,还应当而且可以立足于三地中某一具体地区来进行一些观察和研究,具体可能有以下几个着力点:

  其一,对各自具体的使用情况(特别应当注意对口语和书面语

实现全覆盖,书面语中还应该注意不同语体的区分)进行精细的描写,从而形成完整的认识;

其二,"有 VP"形式与外语的关系(如香港),不能满足于"想当然尔",应当拿出切实可靠的证明;

其三,如前所述,不少研究者把普通话中"有没有 VP"看作"有 VP"产生的一个重要媒介,那么在另外三地呢?结合各方面的实际(如闽、粤方言中没有这一形式、它的现实使用频率也很低)看,情况肯定有所不同,但是各地具体如何,则需要进一步考察和分析。

2. 着眼于内地的研究

对于内地普通话而言,作为一种新兴的句子形式,"有+VP"可以说为当代汉语发展研究提供了一个脉络清晰的极好样本,对它的研究不仅有实际意义,更有理论价值,所以应当充分利用。

相对于台港澳来说,内地以"有"为中心的表达形式分布比较简单,甚至在一定程度上有"人工"的痕迹,即在普通话框架下有选择地引进或有目的地发展,从而达到表达手段和范围的严整对应以及对称分布,即存在以下一个清晰完整的发展链条:

否定:没有+VP→肯否并列:有没有+VP→肯定:有+VP

这无疑可以看作现代汉语向着严密化和精细化发展的一个重要表现。

然而,就目前的情况来说,如前所说,"有没有+VP"对"有+VP"的产生或引进至关重要,那么同样,它的存在及使用情况对后者的"存活"及后续发展也应该有直接的影响,所以了解这一点,对认识和理解后者当今的使用情况无疑有很大的帮助。在我们考察的 108 万字内地报纸语料中,"没有+VP"的用例有 354 个,VP 类型众多,结构也可以比较复杂;"有没有＋VP"却仅有 11 个(在 64 万字的小说语料中也只有 15 例),VP 结构也相当简单。这说明,相对于前者而言,后者还是一个覆盖面有限、发展也很不充分的形式。由此,我们就可以对上述发展链条作出相对精细一点的进一步描述:

没有＋VP(充分发展、普及)→有没有＋VP(未充分发展、远未普及)→有＋VP(刚露头)

也就是说,处于中间环节的"有没有＋VP"至少在目前还难以给"有＋VP"的发展一个坚实基础,以及强大的推动力量,因为它自己还是那么"弱小"。所以,后者处于目前的状况也就毫不奇怪了。

就具体的研究内容和方向而言,可以简单地概括为过去、现在和未来这三个方面。

所谓过去,即指这一形式的来源、产生(引进)过程及其外部动因和内在机制。在这方面,我们不应当止步或满足于就事论事式的简单类比、列举和说明,而应该有更多的定量查考和定性分析,同时还要有理论层面的考察和解释。另外,不仅要关注普通话与方言之间的关联,还要特别注意古今之间的联系与区别。

所谓现在,大致包括以下几个方面:一是"有＋VP"与原有同义形式的异同,以及旧有平衡初步打破以后新的实时状况及其发展;二是具体的使用情况,不仅要注意它的结构,更要注意它的语法特征、语用价值以及语体分布状况;三是这一形式与台港澳三地的差异以及融合。以上我们的相关考察和表述对此只能说是略有涉及,显然还既不深入也不全面。总之,在这方面还有很多工作可做。在上述内容的研究中,应当特别强调观察充分和描写充分。

所谓将来,就是还应当关注内地书面语中上述三分格局初步形成后的进一步发展情况,可以立足于现实的研究,适时地做出一些预测,并以此为线索进一步考察和分析它的实时动态和发展趋势。比如,"有+VP"形式是进一步发展,突破语体的限制,最终形成对书面语和口语的全覆盖,还是主要仍然限定在口语的范围内?它与原有的"VP+了/过"等当然会有竞争,那么竞争的结果会如何?另外,随着时间的推移,它的高陌生化、高新奇度等语用色彩也会渐渐"褪色",那么它还会一直"流行"下去吗?

第二节 "(在+)VP+中"句

四地现代汉语在表示动作行为正在进行的时候,既可以用"在+VP+中"形式,有时也可以用"VP+中"结构,我们统称之为"(在+)VP+中"。这是一个来源复杂、内涵丰富的结构体,本节拟在四地现代汉语差异与融合的背景下来进行初步的讨论。

早在1997年,香港的姚德怀先生发表过《"营业中"和"动词+中"的用法》一文,考察了各种工具书对"中"的解说,引用了吕叔湘主编《现代汉语八百词》对"动词+中"用法的归纳,即一是表动作行为的过程(如"讨论中发现了一些新问题"),二是表动作行为进行状态(如"战斗在进行中"),最后的结论为这一结构体是"在+动+中"的省略形式。此外,姚先生还提出可以从历史发展演变的角度来看这个问题(姚德怀,1997)。后来,张谊生(2002)讨论了"V中"的功能特征以及"中"的虚化历程,另外张先生还认为它是由方位词在隐喻机制的作用下从空间转向时间,再从附体扩展到附谓进一步虚化而成的,最终成为现当代汉语中颇具特色的非典型持续体标记。(张谊生,2007a)

针对姚德怀把"动+中"看作"在+动+中"省略形式的观点，我们曾提出不同意见，认为"营业中"这样的形式来自日语，并对此进行了初步的论证。(刁晏斌,1998c)

时至今日，笔者意识到这个问题远比当初所想要复杂得多，现在的基本观点是，如果能把上述"省略""演变"和"引进"等几种意见结合在一起，可能更准确、更全面一些。

戚晓杰(2008)认为，普通话中还存有一种表正在进行的方式，这就是"(在)+动词+中"结构。这一结构强调的是动作在时间上进行，动词所表示的动作行为都正在进行之中，它并不着重动作行为的持续不断，所以它不是持续体；"(在)+动词+中"也不表示动作后的状态在持续，所以它也不是存续体。

如前所说，从结构来分，"(在+)VP+中"包括两种形式，一种是"在+VP+中"，另一种是"VP+中"，从功能来看，以做谓语为主，做定语为辅。两种形式表达的意思完全相同，比如以下是刊于台湾《更生日报》2011年3月7日报道同一场火灾的两篇报道，都是转述同一个人的话，但是却分别使用了这两种不同的形式：

(1A) 至于2楼客人是否得知或利用2楼所设的缓降梯逃生，目前仍在调查中。

(1B) 至于2楼客人是否得知或利用2楼所设的缓降梯逃生，目前仍调查中。

以下两例中的"在研议中"和"研议中"虽然功能不同，但意思也是一样的：

(2A) 台北市教育局长康宗虎、桃园县教育局副局长吴林辉则表示，尚在研议中，但会以家长意见为重。

(2B) 研议中之作法为针对所有权人移转短期持有非自用住宅之房屋及其坐落基地、可供建筑之土地持有期间两年以内者,按销售价格课征。

就具体的分布情况来看,"(在+)VP+中"在四地的现代汉语中都有表现,由此体现了四地语言相同的一面;但是在不同的地区,它们的使用情况又有明显不同,这又反映了四地语言差异的一面。因此,要研究四地现代汉语的差异与融合,这一形式也不失为一个较好的观察窗口。简单地说,这一现象在四地处于不同的发展阶段,可以理出一条发展的线索,并进一步分析其造成原因,而这对于四地语言对比研究,对整个现代汉语发展演变的研究,无疑既有实际意义,同时也有理论价值。

一、台湾的使用情况

我们在106万字的台湾报纸语料中一共检索到75个"(在+)VP+中"用例,其中"在+VP+中"24例,"VP+中"51例,显示在书面语体中,后者有明显的优势。此外,我们还考察了约70万字的台湾小说,结果显示二者的比例是11∶22,同样也是后者占优。

以下我们对两种形式分别讨论。

(一)"在+VP+中"

就我们所见,这类用例一般都比较简单,其中最简的形式如:

(1)(此案)法院已在审理中。

(2)小叶的高烧持续不退,白血球数急遽增高,肾功能正在衰败中。

(3)·近年来,各级政府透过成立、捐赠财团法人,举办大型公关营销活动,例如正在进行中的台北"花博"等活动。

(4) 现阶段正在施工中之 A 区滞洪池已由经济部水利署补助工程经费及用地费,预计于八月底完工后能滞留大辽排水及其周边低洼区之水量,减缓该区淹水情形。

上引各例都取"时间副词+在+单个动词+中"的形式。以下一个使用固定词组的用例也可以归入此类:

(5) 而数据也显示大屯火山正在"蠢蠢欲动"中。

稍微复杂一点的,是在动词前边加上一个简单的修饰语,例如:

(6) 目前公共工程正在紧凑施工中。

(7) 但不论如何,民进党回应陈云林谈话内容,已说到了重点,就是台湾蓝绿政党的两岸路线正在快速靠拢中。

(8) 目前中国大陆境内沿线地区的公路建设正在积极进行中。

(9) 过度加工的食品,破坏了食物本身的毒素制衡,自以为很营养,其实大家都在慢性中毒中。

以下一句并列使用两个动词,也属于这种稍微复杂一点的用例:

(10) 东部地区虽然失去两波人潮所带来钱潮的机会,但人潮仍在积蓄展现中,只要努力以赴,应会抢到荣景的机会。

有时"时间副词+在+单个动词+中"还有另外一个表示时间的词,如下例中的"现在",也算是稍微复杂一点的用例:

(11) "Since1986 好聚年年"展览,是一部浓缩了台东在地剧场人的生命史、发展史及青春岁月奋斗史的影像展,从简单又直接的影像中,看见一群人坚持做一件单纯又热爱的事,持续做了二十五年,现在仍在进行中。

简单的述宾结构偶尔也可以出现在这一形式中,例如:

(12) 自由也一样,要不你在追求自由中,要不你就在失去自由中,你只能在这两种动态里怀想着可望不可即的自由,但是你得不到它。

按,"在追求自由中"和"在失去自由中"分别义为"正在追求自由"和"正在失去自由"。

真正复杂的用例,我们只看到以下一个:

(13) 环保局表示,为了让各类型的机车都可以换取电池,环保署也在努力整合让各家业者出产的电动机车电池能够统一规格中。

"努力整合让各家业者出产的电动机车电池能够统一规格"是一个相当复杂的连谓式,而此例正是把它套在了"在……中",从而构成一个复杂的表达形式。

在这类句子中,所用的时间副词只有"正、尚、仍(然)、还、已(经)"等几个,其中以"正"为最多(实际上它已经与"在"凝固成一个时间副词了);出现在句子中的动词,除以上用例外,还有"推进、审议、救济、审理、讨论、观察、核定、研究、增加、兴建、调查、发酵、淡化、扩大、消逝、接近、清醒、讲话",基本都属于持续性动词(马庆株,1981),其中用得最多的是"进行"。我们没有发现单音节动词的用例。

另外,有时人们以"当中"取代"中",不过这样的用例不多,我们在 106 万字的语料中只发现 5 例,如:

(14) 不过现阶段则是卡在经费问题,农业处正在积极寻求经费补助当中。

(15) 吴敦义表示,现在台菲还在谈判当中。

"中"可以被"当中"取代,这或许是前述张谊生把"中"定位为非典型体标记的一个很好佐证,关于这一点我们后边还要谈到。

(二)"VP+中"

"VP+中"的使用可以概括为两个方面,一是社会用语(主要是广告、招贴、告示等),二是正式媒体。就前者来说,数量比较可观,笔者早在1996年第一次去台湾时就看到了不少这样的用例,而近期再一次赴台考察,又记录了一些,甚至还看到诸如"特价中"这样的"扩展"形式。

至于后一方面的使用,如前所述,用例比较多,其结构也比"在+VP+中"复杂得多,我们按做谓语和做定语分别讨论。

1. 做谓语

最简的形式是"单个动词+中",多见于标题,一般正文中也用,例如:

(16) 兰溪村声:东北亚火药库兴建中

(17) 高检署召开会议后,各地检署都启动侦查行为,据他了解,台北、台南各有1件侦办中。

(18) 利比亚领导人格达费的儿子塞夫·格达费在伦敦政经学院的博士论文涉嫌抄袭,全案正调查中。

有时,"单个动词+中"前边还有其他动词性成分,即取"V_1+V_2+中"形式,这有两种情况,一种是"中"只与V_2发生关系,即只表V_2的持续而不表V_1的持续,比如以下一例:

第七章　几种标记句的差异与融合　379

　　（19）高市三民区鼎金后路,9日上午发生枪击案,黄姓被害人与人洽谈债务,一言不合,遭对方开枪射杀受伤,警方出监视器画面,已锁定一名主嫌追缉中。

按,此例的"主嫌"是"已锁定"的,而"追缉"则正在进行。同一篇报道中还用了另外一种表达方式,正可印证这一点:

　　（20）三民二分局于案发后调阅案发现场监视器画面,清查被害人交友关系等侦查作为,目前已锁定一名主嫌,积极查缉中。

这种情况比较常见,以下一例明显也是如此:

　　（21）案发后,两名嫌疑人立即驾车逃逸,现场证人袁等3名友人目睹上述案发经过,向警方报案并由警方通知消防局出动救护车,将受伤黄姓被害人送高雄荣民总医院急救中。

此句"送高雄荣民总医院"的动作已经完成,而"急救"则在持续中。

以下二例也为此类,其中的"在"与"中"均不属同一层次:

　　（22）陈姓妇人以高粱酒加酒精自焚,全身80%灼伤,目前仍在医院急救中。

　　（23）朱景鹏指出,所谓阶段性完成,是指已经"行政院"通过评估,目前法案正在"立法院"审议中。

有时虽然 V_1 前还有表持续的时间副词,但它也与 V_1 无关,而是与"V_2＋中"的跨层组合,例如:

　　（24）目前县农会已将共同品牌的名称订为"台湾台东好茶",并设计出了礼盒包装式样,只是此一式样只是初稿,目前正送往农委会审议中。

按,此例表达的意思是,初稿已送往农委会,目前正在审议中。

另一种情况是,"中"与 V_1 和 V_2 都有关系,即表示两个动作均在持续,这种情况也比较多见,例如:

(25) 起火原因正由地检署检察官施育杰率消防鉴识人员与警方调查厘清中。

(26) 全案由凤林警分局侦查队侦办处理中。

(27)(案件)正积极缜密调查侦办中。

(28) 本年第一期作截至 2 月下旬已插秧 10 万 3 千公顷,占预定种植面积 16 万公顷之 62%,现仍持续春耕插秧中。

以下一例取"$V_1+V_2+V_3+$中"形式,"中"表示三个动作均在持续:

(29) 两人除遭呛伤,脸部与四肢都有明显烧烫伤,经送往慈济医院急救后,情况已渐好转,目前仍留院观察治疗中。

动词之前,经常带一个修饰性状语,例(27)(28)即为此类,再如:

(30) 大陆网站盛传去年底曝光的歼 20 战机,已经在今天中午首度升空试飞,军方只表示"密切掌握中"。

(31)(原住民运动会)即将于 26 日至 28 日举行,目前正紧锣密鼓的筹划中。

(32) 蕃茄耐存放,现采蕃茄最新鲜,勿需马上冷藏,隔一两天吃甜度会增加,口感更好,现在销售量逐渐增加中。

(33) 警方正漏夜侦讯调查中。

以下一例的状语是一个较长的介词结构,因此显得比较复杂:

(34) 起火原因正由地检署检察官施育杰率消防鉴识人员与警方调查厘清中。

以下用例中的 VP 是述宾词组,这是比较独特的一类,不多见。例如:

(35) 台东县农会目前积极设计茶叶礼盒的包装中,因为这些礼盒未来将会网罗台东各茶区的经点茶款,并打出"台湾台东好茶"字样,营销茶叶之余,同时也在营销台东。

按,此例的"积极设计茶叶礼盒的包装"系述宾结构,它在整体上与"中"组合,然后再受"目前"的修饰,形成一个完整的谓语。以下一例更复杂一些:

(36) 高雄市水利局把位于典宝溪排水系统之冈山区白米里、刘厝里境内之 A 区滞洪池、B 区滞洪池列为今年度首要重大之治水工程,其中 B 区滞洪池着手办理都市计划变更作业及非都市计划土地兴办作业中。

按,此例"都市计划变更作业及非都市计划土地兴办作业"均为"着手办理"的宾语,因此这是一个完整的述宾结构,以一个整体与"中"组合,表示动作的持续。

以下一组用例均属被动句,分别采用了比较通行的三种形式,也是非常有特点的:

(37) 警方带回侦讯,发现萧嫌目前却涉嫌窃盗罪、诈欺罪、毒品罪等 3 案,被高雄地检署发布通缉中,全案依窃盗罪及毒品、诈欺、窃盗通缉犯移送高雄地检署侦办。

（38）经警方盘查，李姓男子因知道自己可能遭通缉在案中，便到处躲藏，过着居无定所、打零工的生活，利用此方式就有好几次逃过警方的追缉。

（39）（犯嫌）目前因窃盗案为基隆地检通缉中。

以上三例所用的被动标记分别是"被""遭"和"为"。

2. 做定语

"VP+中"做定语的例子也比较多见，在它与中心语之间，一定要有结构助词（主要是"的"，个别也有用"之"的）来连接，VP通常都比较简单，以单个的双音节动词为主。例如：

（40）世上万物都有一定的平衡点，而"爱"是生命之路，是希望的源头，拥有"阴阳智慧"则能化解转型中的世界。

按，"转型中的世界"也就是"正在转型的世界"，以下各例均应作如是观。

（41）整个企划室有十几个人，再加上筹备中的管理部，公司大约二十几人。

（42）执行中已具阶段性成果的政见有176项，占42%。

（43）摘一把野玲兰，让飞行中的蝴蝶翩然来访。

（44）她自动清理起台子上的咖啡壶，还抽空搂了搂咳嗽中的小叶。

（45）我抬起头来，看着思索中的纾雯。

以下是略为复杂一点的例子，主要是动词前加了一个修饰语：

（46）日本认为，由日本储备浓缩铀再提供给新兴国家，有助于全球推动中的核武不扩散。

（47）吉儿看了一眼专心飞车中的海安，到如今她还是不认识他。

像以下这样更加复杂一些的例子我们只见到1例:

(48) 赖清德为坚持民进党完全执政完全负责的理念,近日频频向被民进党除权申诉中的议员唐碧娥和无党籍议员曾秀娟等人招手。

按,此例中做定语的是一个被动式,前边我们举过同样的做谓语用例。

以上用例基本都表示动作正在进行或持续,有时动作的持续同时也可以看作相关状态的持续,此时如果说"VP+中"是介于二者之间,或者就是表示状态持续,大致也是可以接受的。例如:

(49) 它看一眼火堆旁静坐中的耶稣和马蒂,安心了,就又进入梦乡。

(50) 热恋中的情侣们也千万别放过这个大方表露爱意的甜蜜节日。

(51) 这不是交往中的男女才会有的情形吗?

(52) 飞机正在起飞,引起小幅度的震动,他解开腰间的安全带,伸手抱住昏迷中的倾城。

与前边的句子相比,这一组用例基本属于"非典型"的"VP+中",按张谊生的考察,它们大致是前一阶段的"VP+中"。不过,就我们所见,这样的用例不是太多。

下面简单讨论"在+VP+中"与"VP+中"的区别。

二者的区别大致有以下两点:

第一,"在+VP+中"的 VP 通常都比较简单,以单个的双音节词为主,而"VP+中"的 VP 却可以比较复杂,并且这样的用例

还比较多,所以那些简单的例子基本都能互相变换,而复杂的一般不能;

第二,"在+VP+中"做定语的少,而"VP+中"做定语的比较多见。

(三) "(在+)VP+中"与"在+VP"

现代汉语中,有一个与"在+VP+中"和"VP+中"完全同义的形式"在+VP",它比前两者更为常用。我们在 106 万字的台湾报纸语料中一共检索到 73 个"在+VP"用例,与前两者相加的数字(共 75 例)基本持平。

从使用的角度来看,"在+VP"与"(在+)VP+中"有一个大致的分工,由此在一定程度上形成互补分布,具体主要表现在以下几个方面。

1. 当 VP 是单音节动词时,只用"在+VP"

我们没有看到"(在+)VP+中"的 VP 是单音节动词的用例,而"在+VP"中却时能见到,例如:

(53) iPad2 更轻薄,感觉像在飘。

(54) 那些飞鸭在飞,我要把一只打下来。

(55) 当我拍照时,看到对方在笑,我也会跟着笑。

2. 当 VP 是述宾结构时,通常用"在+VP"

"在+VP"形式中,VP 是动宾结构的相当多见,而"(在+)VP+中"却极少。所以,前者几乎都不大能变换为后者,比如以下两例:

(56) 此作法方向正确,细节还在规划。

(57) 全球都在风行智能型手机,但在台东要买 iPhone

实在困难!

按,前一例可以变换为"还在规划中",而后一例不能变换为"全球都在风行智能型手机中"。以下各例基本也都如此:

(58) 封闭快一年的九曲洞东端,已在规画落石防护设施,如果顺利,全长一千二百多公尺的步道,年底前可全面开放。

(59) 但截至晚间六时止,检察官仍在厘清案情疑点,并指示警方再补强证据。

3. "(在+)VP+中"只表肯定

我们搜集到的所有"(在+)VP+中"用例都是表示肯定的,"在+VP"多数也表肯定,但是也可以用于疑问等,例如:

(60) 民生物资不是太贵就是太便宜,政府在作什么?

(61) 公视到底在吵什么?

(62) 两个节目一起播,听众搞不清在播什么。

4. "在+VP"可用于对话中

"(在+)VP+中"有非常浓厚的书面语色彩,所以口语中基本不用,而"在+VP"则具有中性语体色彩,所以也经常见于人物对话,例如:

(63) "得这个奖一点都不意外,因为我一直有在控制体重跟营养"。

(64) 蔡明堂笑说,自己在用智能型手机,小球员看到他的手机都说好喜欢。

(65) 主持人问徐若瑄走秀感想,她说:"好像在办婚礼"。

(66) 贾伯斯说:"你把它拿起来,感觉就像在飘。"

二、港澳的使用情况

1. 香港的情况

"(在+)VP+中"在香港不是常见形式,我们在 109 万字的香港报纸语料中仅检索到 28 例,其中"在+VP+中"23 个,多数做谓语,少数做定语;"VP+中"5 例,全部用做定语。另外,在 64 万字的小说语料中,两种形式仅各有 1 例,其中"VP+中"也是做定语。

"在+VP+中"的 VP 主要是双音节动词,即最简的形式,24 个用例中有 20 个都是如此,例如:

(1) 总领馆有关工作人员告诉记者,纽约警方称,死者身份核实工作还在进行中。

(2) 这样的对比并不全面,因为香港人均垃圾制造量持续上升,而台湾则在减少中。

(3) 数名曾拒绝该主管要求的员工都不获续约,但该组数名员工仍在职,故估计未经同意下保存资料的做法仍在继续中。

(4) 此课乃小休后重新打磨,体态结实落脚爽,火气在冒起中,有留意价值。

(5) 在许多沿岸地区,以往的住宅房屋几乎被海浪卷走或仍在焚烧中。

(6) 男朋友多,表示你仍然在选择中,只有一个男朋友,就表示你选定了。

以下是 4 个稍微复杂一点的用例,前 3 个动词前加了一个修饰语,后一例则是一个修饰语外加两个并列的动词:

(7) 至今已经确定9人死亡,8人正在紧急治疗中。

(8) 二十多岁事主凌晨两点多被家人发现烧炭自杀,实时报警送院,目前仍在深切治疗中。

(9) 不过,据英媒昨日报道称,有关工程正在顺利推进中。

(10) 我现在还在努力学习和修行中。

以下是全部3个做定语的用例:

(11) 而正在建设中的辽宁红沿河核电站则未受影响。

(12) 正在建设中的核电站12座,另有25座在筹建中。

(13) 现时全世界有四百三十八座正在运行中的核电厂,平均机龄是二十五年。

做定语的"VP+中"无论结构形式还是语义关系都与台湾用例完全相同,例如:

(14) 近期西亚及北非发生连串政权动荡,国务院总理温家宝被问到如何适应这个变化中的大环境时说,把中国与这些发生政治动荡的地方比较,是不正确的。

(15) 位于东京都墨田区、兴建中的东京天空树(Tokyo Sky Tree)有部分支架掉落,整体结构未受严重破坏。

(16) 有居留日本的中国留学生被困在摇晃中的大厦中,用iPhone上微博发布讯息:"地震被困在三十七楼,第一次觉得出不去,大概会死。"

(17) 她细意欣赏旋转中的自己:从眉梢、嘴角、粉颈,一直到自己的身段。

相对于台湾来说,香港"(在+)VP+中"的形式简单多了,用例也少了许多,这说明,它在香港并没有得到广泛接受和充分发展,属于"非主流"形式。

2. 澳门的情况

相对而言,这一形式在澳门的使用情况倒是略显复杂一些。在102万字的澳门报纸语料中,我们一共检索到38个用例,其中"在+VP+中"26个,"VP+中"12例。

就前者来说,与台湾没有区别,与香港稍微不同的是,VP带修饰语,或者是连谓结构的例子要多一些,例如:

(18) 建设发展办公室昨日组织本澳传媒前往正在施工中的港珠澳大桥珠澳口岸人工岛考察。

(19) 目前廉署尚在处理和跟进中。

(20) 因而蔡英文是否就是"第二个陈水扁",美国正在密切注视观察中。

(21) 月访问量达3500万人,同时拥有超过1000万的注册会员以及2500多万条的评论,并且数量还在不断增加中。

以下再考察"VP+中"的使用情况。

12个"VP+中",有4例做定语,形式与台湾、香港均有不同,以下全部列出:

(22) 目前兴建中及规划中的停车位数量能与车辆同步增长,将来有更多停车场后,会逐步减少路边泊位,鼓励车辆泊入停车场。

(23) 组织委员深入调研经济发展方式转变中的全局、关键问题。

(24) 有此情况并不出奇,否则工务局在巡查新厦装修中单位时,就不会发现不少户主在走廊等地点加建铁闸,或占用公共空间,在新建楼宇外加建花笼、占用天井位置等潜建状况了。

按,以上3例,第一个是两个并列的"VP+中"做定语,第二例VP是主谓结构,而第三例定中之间则没有用结构助词"的"。

剩下的8个例子,有3个是直接引用台湾的,即:

(25) 来台的时间与班机、申请手续,也洽商中。

(26) 媒体询问十四名台籍跨国诈骗嫌疑人遭菲律宾遣送中国大陆,吴敦义表示,全案已由陆委会等相关单位处理中。

(27) 据"中央社"台北四日电:政府研拟开征奢侈税,吴敦义今天表示,若顺利的话,期待下半年就能开始实施;至于是否溯及既往,由"财政部"综合各方因素考虑中。

按,以上三例均有诸如"据'中央社'台北四日电"之类的明显来源标记,所以它们的"外来"性质是十分明显的。

在上述形式的基础上,还有5个"非外来"的用例,即:

(28)《粤澳合作框架协议》已签署,因涵盖内容广泛,坊间近期热议中,冀各项计划得以落实。

(29) 相信澳门市民正是朝着这个方向发展中,在时机成熟下,才能更有力地争取各方面的权益。

(30) 目前初估有一百五十家左右的公立育乐场所及风景区加入,而且名单仍持续增加中。

(31) 法界人士指出,江国庆案目前正由军事法院再审中,若获平反,家属可声请冤狱赔偿。

(32) 目前,灾区群众生活安排、恢复重建等各项工作正紧张有序进行中。

简单地总结一下,澳门"(在+)VP+中"的使用情况,大致介于台湾与香港之间:比前者简单,比后者复杂。另外,还有一点也需要指出:以上考察的"VP+中"形式,均系正式书面媒体的用例,而在日常的社会用语中,情况与台湾基本相同,即在广告、招贴与告示中,这一形式也比较常用。

三、内地的使用情况

早在十几年前,笔者曾经考察过内地"动词+中"形式的使用情况,基本结论是除了"营业中"等作为"商业用语"(而非一般书面语)较为常见外,偶尔还会有个别复杂一些的例子见于各类商业广告中,如"地下名店街精华保留热卖中"。(刁晏斌,1998c)

十几年后,情况似乎并没有太大改变。在 108 万字的内地报纸语料中,共有 38 个"在+VP+中"用例,平均每万字用例数多于香港,略少于澳门,另有形同实不同的"VP+中"1 例。另外,在共计约 64 万字的小说中,仅见到 1 个"在+VP+中"用例,未见"VP+中"。以下举几个例子:

(1) 目前全市公车数量仍在统计中。
(2) 据了解,火灾导致起火房屋厕所被烧,火灾原因仍在调查中。
(3) 目前,该案正在审理中。
(4) 目前,当地有关部门的调查正在进行中。

内地"在+VP+中"的使用情况与台港澳差异明显,可以用两个词来概括:一个是"单调",另一个是"统一",具体表现在以下几个方面:

一是全部 39 个用例只用到"统计、审理、进行、调查、办理、处

理、制定、测绘"等 8 个动词,都是用于"公务"方面的;

二是动词的修饰语"品种"单一,39 个用例中有 15 个带了修饰语,其中 14 例是"进一步",另有一例是"紧张有序";

三是 39 个用例有 27 例取"正在＋VP＋中",另有"仍在" 7 例,"还在"2 例,剩下的 3 例只用"在";

四是有 25 例前加时间状语"目前"。

以上四点说明,"在＋VP＋中"形式在内地的发展是很不充分的。

我们所见形同实不同的"VP＋中"用例是：

(5) 油罐车行驶中起火。

按,此例的"行驶中"虽然形式上是"VP＋中",但是却没有多少陈述性,基本是表指称的,所以它才与以下二例的画线部分有可变换关系：

(6) 两人说,事发时,他们在远处听到了几声巨响,以为还是和过去一样,有货车在行驶中爆胎了。

(7) 校车在行驶过程中不能被超车,以保证学生的安全,而且校车的路权高于消防车、救护车等,如果遇险,首先需要对校车进行救援。

所以,此例不是本文所讨论的"VP＋中"形式,它是前引吕叔湘所说表动作行为过程的。

那么,内地的当代汉语中到底有没有真正的"VP＋中"？有人认为,这一结构"是一种近年在汉语中流行开来的表达模式",有很多动词后可以加上"中"表示动作行为正在进行,如"热卖中、上课中、阅读中、睡眠中、用餐中、恋爱中、工程进行中、登录中、读取中、待机中、拨号中、申请中、策划中、制作中"等。(戚晓杰,2008)

据我们的了解和认识,这一观点可能过于"乐观"了,因为在我们看来,如果"中"是"彻底"的进行或持续体标记,则"VP＋中"应当能够满足以下几个使用条件:

第一,在更大的组合中使用,特别是做谓语,而不是只能单独出现;

第二,在一般的表达中使用,而不是只限于某一狭小的范围;

第三,必须是完全表示陈述的,而像"恋爱中、工程进行中"等显然还有相当的指称性。

按以上三条标准,上边列出的例子绝大多数都难以看作真正的"VP＋中"形式。

符合上述三条的例子自然也有,但似乎还是有一定的限制。张谊生(2007b)曾经列举过报道同一事件的两个句子,大致就能说明这一点:

根据小芳家属提供的信息,这名男子姓王,身材偏瘦,操江西口音,而截至记者发稿,该行凶男子仍在逃逸之中。(《男子行凶女孩惨遭硫酸毁容 可能系前男友所为》,《青年报》2007.3.18)

今天清晨6时许,真光路清峪路附近,一名正在行走的年轻女子被前男友用硫酸浇泼,导致头部深度烧伤。截至发稿,受伤女子仍在医院作进一步观察,行凶男子在逃逸中。(《一瓶硫酸浇向前女友头部 行凶者逃逸中》,《新民晚报》2007.3.17)

按,同一动作行为,两个句子分别用了"仍在逃逸之中""在逃逸中"和"逃逸中"这样三种不同的形式,而最后一个用于标题,这是耐人寻味的。一般而言,在形式方面,标题语言有两个最重要的诉求：一是简约，二是新颖，所以，它往往是各种新语言现象的"发源地"和"试验场"，而我们在研究当代汉语的过程中，也看到了许多与此类似的标题、正文分别采用不同形式、并且暂时还难以用前者替换后者的例子，对标题中这样的形式，我们的定位是"初显"。

四、余论

以上简单描述了四地的"(在＋)VP＋中"及其使用情况，关于这一形式，其实还有进一步讨论的很大空间，比如它的来源及发展，和其他同义形式的异同及消长，以及这一形式本身所包含的两种结构之间的各种关系等。

以下再就几个相关问题作一简单的考察和说明。

1. 几种同义形式的消长关系

如前所述，现代汉语用"在"、"中"或二者并用来表示"进行"的结构形式共有三种，除本文讨论的两种外，另有"在＋VP"，其中以后者最为常见，并且与前两者有此消彼长的关系。比如，台湾的"(在＋)VP＋中"用例相对较多，所以"在＋VP"用得就相对少一些，前边我们的统计显示二者的数量基本持平。台湾以外的其他几个地区"(在＋)VP＋中"用得不多，而"在＋VP"则用得比较多。比如内地，我们以"正在"为关键词在全部108万字的内地报纸语料中进行检索，"正在＋VP＋中"仅有27例，而"正在＋VP"却有220例，二者比例为1∶8.15，后者的用例如：

（1）起火住户的阳台玻璃完全破碎，火苗正在往外蹿，冒出大量黑烟。

（2）据了解，目前卫生部正在和商务部等部门进行沟通，安排医疗救援队的出发时间。

（3）住户小王称，当时他正在睡觉，忽然闻到呛鼻的烟味。

(4) 衣着整洁的突击队员正在紧张有序地工作着。

由于各种条件的限制,这样的用例大都不能变换为"(在+)VP+中"。可以说,内地"在+VP+中"用例不多,是因为能够表示相同意思但形式比较简约,且不受各种条件限制的"在+VP"很常用,在二者的竞争中,前者目前显然还处于绝对的劣势。就"VP+中"来说,它虽然可能不比传统的"在+VP"复杂,但是就对于"进行"义的表达来说,"在"的凸显度和认可度显然远比"中"高,对于已经"占位"在先的"在+VP"和"在"来说,它们的地位显然不是"VP+中"和"中"能在短期内撼动的。

2. 关于"中"的性质

我们认为,应当根据"(在+)VP+中"所包含的两种结构,区分两个不完全相同的"中"。"在+VP+中"的"中",大致可以按张谊生(2002)所说,定位为"非典型持续体标记",不过它到底是表示"持续"还是"进行",抑或是兼表二者,还可以进一步讨论。

支持这一观点的,是在表达相同意思时,"中"有其他的表现形式,比如前边我们提到台湾有以"当中"取代"中"的用例,即为此类。与此相似的再如内地报纸中以下的可变换用例:

(5A) 案件正在进一步审理中。

(5B) 此案正在进一步审理之中。

(6A) 详细政策相关部门正在制定中。

(6B) 官员财产申报和公示制正在制定过程中。

这样的用例也显示,作为体标记的"中"的虚化过程并没有完全结束。

至于"VP+中"的"中",则应该是一个典型、完全的体标记,但是一定要限于那些"典型"的用例,即符合前边我们所说的三个条件。作为典型、完全体标记的"中",在句中不仅能够独立表示动作的"体",同时往往还兼有成句功能。这一点,随便把前举的一些用例拿来比较一下,就很清楚了,比如"东北亚火药库兴建中"。

3. 关于"VP＋中"的来源

关于这个问题,备选答案有两个,一是"在＋VP＋中"的省略,二是来自日语。

关于前一个答案,理由比较充分:首先,"在＋VP＋中"的"在"和"中"表义重复,在这种情况下去掉一个以求其简约,自然是一种正常的发展和选择,而前边提到的张谊生的几篇论文,大致也描述了这样一个发展过程;其次,我们可以找到二者之间的很多可变换用例。

关于后一个答案,理由也比较充分:在整个汉语世界,典型的"VP＋中"首先产生、并且一直多用于台湾,在台湾的发展也最为充分,然后才向其他地区辐射。众所周知,日本统治台湾50年,台湾地区的国语深受日语影响,而日语中有不少直接使用汉字形式的"VP＋中"用例(如"营业中、授业中"),它们首先进入台湾,然后再由台湾进入更广泛的地区,当然也是顺理成章的。

那么,还有一个问题:"VP＋中"的产生是一因一果,还是多因一果?我们趋向于后者,即认为这一形式首先在台湾产生并且发展较快的原因,一是汉语自身的可能性和现实性,二是受日语同一形式的影响。

第三节 "VP＋而已"句

"而已"在台湾的书面语以及口语交际中使用得非常广泛,因而是很能反映台湾语言特色的一个标记成分,本节我们主要以内地为参照,来全面比较此词在两地使用情况的差异。

一、两岸"而已"使用的差异

"而已"是现代汉语中非常普通的一个语气助词,在两岸的使用中有比较明显的差异,包含了相当丰富的信息,值得深入发掘。

关于此词的意义和用法,我们先看几部常用工具书的释义或相关说明。

吕叔湘主编《现代汉语八百词》(增订本,商务印书馆 2010 年版)说:

〔助〕用在陈述句末尾,有把事情往小里说的意味。常与"不过、无非、只、仅仅"等呼应。多用于书面,口语多用"罢了"。

闵龙华主编《现代汉语用法词典》(江苏少年儿童出版社 1994 年版)特别用〈书〉标明"而已"的书面语体性质,并且强调说"口语中用'罢了'"。

李忆民主编《现代汉语常用词用法词典》(北京语言大学出版社 1995 年版)也是以"罢了"释"而已",在举例说明之后,特别强调"不含'罢了'的意思不能用'而已'",并且举例说以下的句子中就多出了一个"而已":

* 他一看见小丽,非常高兴而已。

周相海、姚锡远主编《多功能现代汉语词典》(河南人民出版社 2001 年版)强调说,"此词只能用在陈述句中"。

把以上各家表述归纳总结一下,基本可以得出普通话"而已"表义及其使用的如下几个要点:

第一,与"罢了"是同义词,都是"往小里说",即是表示限止语

气的;

第二,属于或基本属于书面用语;

第三,通常要与"不过、只"等其他词语共现;

第四,只用于陈述句中。

以上四点,是对普通话中"而已"相当准确、全面的概括,但是却与台湾"而已"的用法及表现有较大的距离。简单地说,此词在台湾的使用,一定程度,甚至很大程度上并不存在以上四个方面的限制,由此就形成了两地此词使用的一系列差异。

这一差异首先表现在数量上。下表是两地"而已"使用数量统计对比。

表十八

台湾			大陆	
小说	用例数	191	用例数	14
	频率	2.19	频率	0.22
报纸	用例数	31	用例数	6
	频率	0.29	频率	0.06

上表值得特别注意的有以下两点:

第一,台湾"而已"的使用数量远多于大陆,其中小说用例是大陆的近10倍,报纸是大陆的近5倍,这当然不会是没有原因的,而最大的可能就是没有上述那些表义及使用上的限制,或者限制不像大陆那样严格。

第二,台湾口语性比较强的小说语言中(在我们考察的范围内,"而已"主要见于人物对话),"而已"的使用频率远高于更具书面语色彩的报纸,约为后者的7倍。这说明,上述普通话中"而已"的语体色彩可能并不反映台湾的实际。

在具体的使用中,如果着眼于台湾的用法,则两岸差异主要表现在以下几个方面。

1."配对词"及其使用情况

在这方面,两岸差异相当突出,就台湾一方来说,主要表现在一是可以与"而已"配对使用的词语多,二是它们的位置比较灵活。

普通话中,"而已"通常要与表示限止义的词或词组配对使用,即前边所说的"共现"。能够与"而已"共现的词语数量不多,在全部 20 个用例中,只出现了"只、只是、只有、只不过、不过是、最多也就"等几个,都是限定数量和范围的。台湾地区国语中,这类词语的数量远多于大陆,表义类型也不限于数量和范围,还可以限定时间和程度等(前者如"刚",后者如"点")。

就主要的部分来说,是直接使用表示低量的词语,这一点两岸是一致的,例如:

(1) 阿唯来的时候,没有疾言厉色,没有大发雷霆,他只是有点厌烦与不爽的看着我,问我车是谁骑的而已。

(2) 期中考的时间,郁芬比我们早,所以当她开始考试时,我才正要准备翻开课本而已。

如果需要进一步强调,则可以连用限定性词语,例如:

(3) 我就只疏忽这么一次而已,整件事会失败的责任也不在我,为什么要我顶下所有的罪?

(4) 一觉醒来后,发现时间还早,才刚过十二点而已。

例(3)"就只"二字去掉任何一个,句子依然成立,只是限止语气有所减弱,例(4)大致也是如此。

有时配对的共现词语取否定形式,例如:

(5) 同业相互竞争,利润比往年更微薄,怎么可以任意推定"毛利不止这些而已"。

按,"不止"本已凝固成词,但是在这样的使用中,它实际上重新升格为词组,至少我们在理解时要这样进行,即"毛利不/止这些而已"。类似形式在一些复句中比较多见,以下我们还要讨论。

也有不少用例是使用表示最大限度的词语,主要是"顶多",偶尔也有用"最多"的,例如:

(6) 方拓的爷爷是个七十多岁的老人,可看起来却顶多六十许而已。

(7) 不会吓死啦! 最多是昏倒而已。

此外,也有以上两类限止语相结合的句子,这也使得限止的意味更加浓厚,例如:

(8) 老实说他从未帮过女人拭泪,顶多只是送上一张面纸而已。

在所有台湾用例中,我们一共看到以下一些与"而已"共现的词语:

才、只、只是、只会、只有、只能、不过、只不过、不过是、刚、就、就是、最多是、稍微、仅、徒、还

普通话中,共现词语往往都与"而已"在一句之中配合使用,只出现在状语一个位置上,而在台湾,除状语外,它偶尔也可以出现在补语的位置上,例如:

(9) 他是心急了点而已,我不认为事情真有那么严重。

按,此例的"点"就是一个与"而已"共现的限止词。

有的时候,限制性词语会在状语和补语两个位置上同时出现,例如:

(10) 老师是不会骗我们,只是说话都喜欢夸张一点而已。

台湾"而已"用法与大陆不同的另一点是,共现词语(有时还伴有其他词语)后边用了逗号跟其他成分隔开,通过这样的停顿来达到一定程度的强调作用,例如:

(11) 车子在加油时,我从后照镜看了看自己的脸,表情还是一如往常,顶多,就是笑不出来而已。

(12) 这个可就是完完全全的实话了,只不过,那个中间人是个陷阱这件事他没敢说出来而已。

另外,在比较复杂的句子中,"而已"与共现成分之间经常隔着较多的其他成分,这一点也与大陆有明显的差异。例如:

(13) 郁芬点点头,她说她没有远大的抱负,如果有,大概就是走遍全台湾,到处去看看,去吃当地小吃而已。

(14) 这里再也没有重金属狂跟狗屎味的骚扰,顶多就是猫姊经常出现,无意识地一个人哼的五音不全的歌,在客厅里面走来走去,这样怪怪的感觉而已。

如果说这两例中"(就)是"后边的成分都是它的宾语,因而整个句子还是一个单句的话,那么以下就是用于复句的不同分句中了,并且这样的用例还比较多见,例如:

(15) 剩下的,可能只能当作家,或者干脆去混补习班,去出版社当个小编辑而已。

(16) 只有我偶尔打开车窗,点起一根香烟,而纡雯把音响的重复播放键按了一下,让杨乃文反复唱着这首歌而已。

2. 和其他语气标记共现

一般带词性标注的工具书都把"而已"标为助词,而按已有的助词分类,它显然只能划归语气助词,或者是归入语气词。在大陆所有的用例中,"而已"作为语气标记,都用于句末,这正反映了语气助词或语气词的一般特点。在台湾,"而已"后却经常另有语气标记,这也是两岸差异的一个重要表现。

比较多见的是另加"了"与"嘛"。前者有人称之为典型语气词(张斌,2010:247),大致属于"了$_1$+了$_2$"的"了$_3$",例如:

(17)同样吓了好大一跳的舒纯雁正想破口大骂方拓,没想到体育老师竟抢先跑过来出风头逞英雄,就差一匹白马而已了。

(18)我跷起二郎腿,在主管办公室里面,一副运筹帷幄之中的军师模样,就只差没有握把羽扇在手上、叼根烟斗在嘴上而已了。

"嘛"是基本语气词"吗"的派生形式(张斌,2010:247),它与"而已"共现的用例最多,如:

(19)我只不过是想帮他适应我们学校而已嘛!
(20)我想尽量教教他而已嘛!

此外还有不少使用其他语气词的句子,以下是不重复的用例:

(21)这个问题讨论过很多遍了,跟你讲过多少次,梦想不是嘴巴说说而已的。

(22)连……连王志杰的手都……都被你打断了,人家……人家只不过想……想揍你一拳而……而已啊!

(23)不,不要,我弟弟才十五岁而已呀!

(24) 说不定……说不定她今天本来就是要跟谢炳华出来约会,只是拿我们作借口而已喔!

(25) 只不过打个电话而已耶!

(26) 现在我的身体状况只有四、五十岁而已呢。

这些语气词多与感叹号配合使用,有比较明显的感叹意味。

此外,我们还看到一个后附疑问语气词的例子,这样,"而已"就用在疑问句中了:

(27) 哼!你那时候才几岁啊!十几出头而已吧?居然给我又喝酒又赌博,看样子也有嫖吧?

3. 不与配对词语共现

普通话中,可以不与限止性词语配对使用的,大概主要只有习语性的"如此而已""说说而已"等,而在一般的使用中,则如我们前边所归纳的:通常要与"不过、只"等其他词语共现。台湾基本(至少是在相当程度上)没有这样的限制,例如:

(28) 我的生活很简单,工作和放假而已。

(29) 希望她给我点看法,可是她却给我一阵狂笑而已。

(30) 我说也用不着在今晚穿吧,也不事先说好,害我一点打扮都没有,还穿着很平常的上衣而已。

(31) 军事用则较精准,精密度达几十公分误差而已;但为防被利用于犯案,民生用设备精密度较差。

(32) 今日房地产飙涨,主因在于需求高过供给而已。

以上用例中,"而已"虽然没有和其他表示限止意味的词语共现,但是本身仍可独立地表示这样的意思,所以这些句子也都还有比较明显的限止意味,比如例(28)是说只有"工作和放假",因此才是"很简单"的。

然而,从语言发展的角度来看,这样独立表义的用例非常值得重视,因为它可以成为"而已"词义发展的起点和第一步。我们的意思是,在传统的使用中,一方面由于自身的"语源"义,另一方面也由于共现成分的规定或强化,"而已"才有了如此明显的"限止"义,而一旦离开了共现成分的规定或强化,在初始阶段,它应该也可以独立地表示这样的意思,只是程度可能会有所降低,而如果在这种情况下用得多了,原有意义就有可能逐渐减弱乃至于部分或全部消失,并最终形成一个新的义项。

在台湾用例中,这一变化已经显现,这就是有一些句子虽然用了"而已",但是限止义已不明显,甚至于已经没有这样的意味了。例如:

(33) 我有些不好意思,"写得普通而已,不算好。"

(34) 必须说明一下,猫姊她不是一个喜欢瞎起哄的人,她只是很无聊,才会以帮我找工作为乐而已。

(35) 小说写得还好而已。

(36) 那还不是妳缠在他身边的借口而已,妳想骗谁啊?

小说之外,报纸上也不乏这样的用例,似乎可以看作这一变化已经产生,甚至是已经完成的进一步证据:

(37) 过去,一个场所能否吸烟,是在场者协商互动的结果,现在却是援引法条加以制裁或自保而已。

(38) 我们必须在这两极端之间找到平衡点,这平衡点,不是别的,乃是我们个体与社会能共同分享的理性而已。

4. 常用于复句之中

普通话中,"而已"的使用环境比较单纯,一般都用于比较简短

的陈述或判断性单句,例如:

(39) 我认为她只是比较任性而已,有一点喜怒无常。

(40) 然而,纵观姚安危房事件,从其发生、发展直至问题的处理,所谓民众利益不过是当地官员的一句口号而已。

而在台湾,"而已"却经常用于复句之中,有时句子较长,语义关系也比较复杂。前边我们从共现词语的角度已经举过例子,类似的用例再如:

(41) 这个客厅很小,陈设也简单,只有一张桌子,一台电视,两张单人沙发,还有一个小鞋柜而已。

(42) 我觉得很开心,能够陪着她做些好玩的事情,虽然不过就是在一条人车拥挤的路上,被几千只眼睛看着,一路背着一个小女生,这样走一段路而已。

(43) 如果我有一点点表情上的不对劲,那只是因为我真的,真的很在乎妳,不希望妳想太多,担心太多而已。

(44) 我对补习班的班导师工作并不排斥,反正不过就是点点名,发发讲义,擦擦黑板,骂骂学生这样而已。

比较独特的,是含"而已"的分句经常用于否定性的前一分句中,句子的否定义多由与之共现配对词语的否定形式承载。例如:

(45) 这辆东台湾第一部行动沐浴服务车所提供的不只是洗热水澡一项服务而已,而是兼具沐浴清洁、泡澡、伤口护理等"三合一"服务。

(46) 大学资管系主任张哲维教授在"2010年国际人权日——赋税人权高峰会"会中表示,税灾不仅是企业或艺人会碰到而已,连教育界也受震撼!

(47) 课堂上,不同于一般文科只进行文献数据探讨而没有实作课程,老师不仅仅只是课程讲述而已,还有实际的操作演练。

(48) 只不过,吕秀莲不会"妖鬼假小意(贪吃却装客气)"拔头筹宣布而已,且为扳回全民调的劣势,布局必须提前宣布。

5. 两岸差异的简单归纳与总结

"而已"一词在海峡两岸使用的差异首先表现在频率的不同,而造成这一不同的主要原因,有人归结为受闽南话的影响。(顾百里,1985:165)以下,我们比照上文根据各家释义总结的四点,逐一地来看两岸"而已"一词使用上的差异。

第一点,与"罢了"是同义词,都是"往小里说",即是表示限止语气的。台湾用例的基本情况也是如此,但是已有少量限止语气淡化,甚至于部分或全部消失的用例,由此既造成两岸此词共时平面的差异,并且随着这一用法在台湾的不断增多,还有可能进一步扩大这种差异。

我们做出这样的预测当然是有根据的,大致有以下四条:

其一,就语言发展的一般规律而言,一种形式使用频率的高低与它发生变化的可能性呈正相关:只有在高频使用的情况下,它才有更大更多的"走样"或"磨损"可能,反之可能性就很小。相对于普通话来说,台湾的"而已"相当活跃,有较高的使用频率,因此比大陆更具有这种发展变化的条件。

其二,台湾"而已"多用于口语,而口语比书面语更灵活,并且与后者处于不同的规范层次,属于语言中比较"易变"的部分,这些同样也为它的发展变化提供了更大的可能。

其三,词义(包括概念义和语法义)发展多以引申的方式实现,而最常见的引申模式就是通过缩小内涵的方式使得外延扩大,"而已"限止意味的部分消失,符合这一模式。

其四,这样的变化已经产生,也就是说,已经有了一个基础,而以后进一步的发展只是在这一基础上的不断扩展而已。

第二点,属于或基本属于书面用语。两岸"而已"的语体色彩差异相当明显:普通话中,它属于书面语词,而在台湾,它是中性词,甚至在相当程度上偏于口语词,多用于日常的口语交际。比如以下台湾小说中的两句对话,我们不大能够想象,在大陆会有人这样说普通话:

(49) 我仔细想了一下:"没有然后了,就只是这样而已。"

(50) 没事,只是想告诉你,你们这家餐厅的东西很好吃而已。

第三点,通常要与"不过、只"等其他词语共现。很显然,这又是有较大差异的一点。据我们初步统计,台湾用例中,不配对地单独使用情况约占整个用例数的20%左右,特别是在书面语色彩比较浓厚的报纸中,这样的用例似乎更多一些。其实,如果从历时的角度来看,这样的形式才是"而已"最初的用法,如"夫子之道,忠恕而已矣"(《论语·里仁》)。也就是说,普通话基本上只承继了"而已"后来的用法,而台湾则同时还保留了原本的形式(包括与其他语气词共现)。

第四点,只用于陈述句中。按一般的句类四分观(陈述、祈使、疑问、感叹),普通话的"而已"是四分天下有其一,而台湾则是四分天下有其三:除了主要用于陈述句外,还较多用于感叹句,偶尔用于疑问句,因此,它的使用范围比普通话大出许多。

把以上四点再简单归纳一下:海峡两岸"而已"的核心意义和

基本用法相同,但是使用频率有相当明显的高低之别,由此又使得台湾此词在语义内涵、语体色彩、搭配对象、使用范围等方面都与大陆有明显的差异。

二、对相关问题的思考

四地语言存在多方面的差异,以前的对比研究多是在比较宏观的视角下进行的:大而化之的是以整个语言系统为对象的考察,如"两岸语言的差异""台湾语言的特点"之类的名目;由此缩小一点,则是以某一要素为对象的研究,如两岸词语比较,两岸的语法差异,以及两岸语音的差异等;再小一点,也是最为多见的,是就某一类语言现象,如对两岸的同形词语、外来词语、缩略词语,以及重叠形式等展开讨论。虽然无论哪个层面或内容范围的研究总要涉及或落实到某一或某些微观、具体的语言现象(如一个一个具体的词),但是往往很难做到对每一个具体对象的三个"充分":观察充分、描写充分、解释充分,而离开了微观现象的三个充分,对其上位的中观以至于宏观现象的了解和把握,往往也是难以做到清晰、准确的。

如果说以前的相关研究主要是"以大统小"的话,那么本节实际上是换了一个角度:"以小观大",即由微观的语言单位——词入手,通过对它相对深入细致的考察分析,来了解和把握两岸语言的差异。虽然一个词所包括的相关信息可能有限,但是如果我们把很多这样的信息总合在一起,就有可能形成一个"全息"。

1. 四地语言微观对比研究的必要性和重要性

词是语言中最小的能够独立运用的表义单位,是词汇与语法的交汇处,要对四地语言的差异有真正全面的了解和认识,那些大的或比较大的方面当然要首先重视并且深入研究(其实我们认为在这方面做得还很不够,因而仍有很大的开掘空间,详下一章),而对于像词这样的微观单位,同样也不能忽视,甚至应当更加重视,具体理由可以由以下三个角度来看:

一是认识论的角度。人们常说"见微知著",只有见微才能知著,就四地语言对比研究来说,二者所有的差异,归根结底都是由微观语言单位(最主要的就是词)承载和表现的,因此,抓住了这些微观的"点",实际上在很大程度上就是抓住了问题的关键。

二是研究的角度。四地语言对比研究的主要目的是全面了解和掌握各自的差异,而差异既包括一些较为宏观的方面,更包括那些具体的细微之处。如果只在总体上或语言的某一个层面进行大而化之式的研究,往往就很难深入到那些最能反映一地语言特征的细微之处。我们对二十多年来两岸语言对比研究的主要成果进行了简单的梳理(详下一章),发现存在的一个很大不足就是不够深入,如果究其原因,很大程度上就是微观层面深入考察和细致分析的缺失。所以,如果说以前的研究基本是"抓大放小"的话,那么经过这么长时间,研究成果也初具规模之后,就应当适时调整研究策略,"大""小"并抓,以"小"见"大",甚至以"小"为主。

三是应用的角度。四地语言对比研究的应用目的是实现无障碍的交流,以及在此基础上的语言认知和认同。如果着眼于应用,微观研究的作用就更加凸显了。比如工具书的编纂,到目前为止,已有不少词语对照的工具书面世,但是往往都存在一些这样或那样的问题,包括近期出版的几部大型工具书也不例外,究其原因,仍然与微观研究积累不够或欠缺有关。

基于以上各点,我们认为,四地语言微观对比应当作为今后一段时间研究的重点内容之一,而它也有理由成为相关研究一个新的增长点,并且对整个研究将会起到一个巨大的拉动作用,促进其向全面、均衡、细致、深入的方向发展。

2. 为什么只有差异而没有融合

从较为宏观的层面来看,四地的许多语言现象都经历了一个由较明显的差异走向一定程度的融合这样一个过程,其一般表现就是原来只见于台港澳三地或某一地、两地的某些词汇、语法现象也逐渐见于内地(当然也有一些相反的情况,特别是近几年来),对此,我们曾经以"差异与融合"为题,对海峡两岸语言的融合情况进行过较为全面的讨论(刁晏斌,2000b)。但是,就我们掌握的材料来看,"而已"一词显然并没有经历这样一个过程,因而它实际上就代表了四地语言关系的另一种类型,即本小节标题所说的只有差异而没有融合。

我们说没有融合,大致基于以下两个方面的事实:一是当今口语中说标准或比较标准普通话的时候"而已"并没有明显增多,二是规范的书面文本中此词的使用频率同样也没有明显的变化。

对于前一点,前边给出的当代小说使用频率即可证明,另外我们还可以调动自己的言语经验和语感来验证;关于后一点,我们曾对《人民日报》进行过定点调查,具体做法是分别选择 1950、1960、1970、1980、1990、2000 这六个年份的报纸,统计一年中"而已"一词的用例数,所得结果分别是 1、217、76、176、124、134。

上边的数字显示,在内地,改革开放以来"而已"一词的使用频率还是比较稳定的,没有明显的变化。只是到了 2010 年,这一数字才有较大的增加,达到了 228 次,不过这应该属于正常的波动,与"融合"无关,因为把这个数字放在一年几千万字的报纸中,频率依然是相当低的。我们在前边已经提到过,当今的语言表达有一种"雅化"的取向(与之相对的还有另外一种取向即"俗化"),即趋向于使用一些古雅的形式,"而已"使用一定程度的增加,或许与此

有一定的关系,比如以下的用例:

(1) 生活中的邓博弘比实际年龄还要年轻和活跃——虽是深圳点石数码科技有限公司的总经理兼总导演,虽是中国动画行业有名的身价高牌气牛,甚至还有"富二代"之嫌,不过一介率性机警的书生而已。

按,此例因为用了"一介""率性"等,而"古意"较浓,以下一例也是如此:

(2) 他们的"怪",只是未陈陈相因,一味仿古而已。

那么到这里,我们就应该解释"而已"为什么是这种模式而不是另一种模式的原因了。我们认为,最主要的原因有以下两个。

第一,两岸语言表达习惯的差异。现代汉语表示限止的语气助词除"而已"外,还有一个"罢了",此词在台湾的使用频率也远比大陆高,报纸与小说用例与大陆数量之比分别是 8∶2 和 24∶11。这样,两岸之间就不仅是"而已"一个词的差异,而是整个表限止的语气助词频率高低、范围大小之别了。比如大陆报纸的一个例子:

(3) 记者调查发现,原来年审只不过是个幌子而已,12元的治安联防费才是实质。

按,此例去掉"而已",句意丝毫不受影响,并且实际上人们一般也不趋向于像这样用一个"而已"来煞句,所以更为常见的形式是不用。但是,台湾的情况就不同了,所以我们看到台湾很多使用"而已"的例子,在大陆通常不会这样用。上举用例中有不少属于此类,以下再举二例:

(4) 她吃东西时非常秀气,我几乎忘了牛排饭的滋味,只注意到她嘴唇上那不脱色的唇彩,还有她浓俏的睫毛而已。

(5) 猫咪昨晚才这样说过而已。

关于这一点，美国学者顾百里(1985:165)有这样一段话：

When I asked a Taiwanese friend why he liked to use éryǐ so much in speaking Mandarin, he explained that without it "the sentence would feel unfinished". ——我曾经问一位台湾朋友，为什么他说国语时喜欢用那么多"而已"，他解释说，如果没有它，一句话就觉得没说完。

由此可见，台湾"而已"的大量使用，除表达需要外，还有强烈的习惯因素。

第二，两岸语言风格的差异。前引姚德怀(2011)说，大陆语言"自解放后多从俗不从雅"，而学界也一致认为，台湾地区的国语有非常明显的"古旧色彩"(刁晏斌，1998b)，就是口语中，通常也比内地更常使用一些"文词儿"(这一点，很多台湾影视剧的人物对话就表现得比较明显，而与台湾同胞有过接触的人往往也会印象深刻)，有文言"血统"的"而已"自然就属于这一类。

3. 关于言语社区特征词

在当代社会语言学中，言语社区理论以及相关的研究是一个热点，现在人们趋向于把四地的现代汉语乃至于整个"全球华语"都纳入言语社区的框架下，把它们都看作不同的言语社区变体，由此必然带来认识角度、研究内容等的更新与拓展，同时也有助于相关研究的进一步深入(详第一章)。

在方言研究中，有人提出了常用词、核心词与特征词三分的概念，其中常用词反映词汇系统的基本面貌，核心词是基本词汇中最稳固的部分，反映方言的共性，并可与其他方言甚至语言比较，而特征词最具方言特征，反映方言的个性。(刘俐李等，2007:1)

我们认为,上述三分的观点也可以用于社区语言,从而建构起不同言语社区的词汇分类体系。在台湾言语社区中,"而已"应当属于最具特征、反映个性的特征词,它一方面有相当的稳定性,另一方面也不易被其他言语社区完全吸收。

在微观对比研究的视野和框架下,建立社区语言特征词的概念,至少在以下几个方面是不无益处的:

第一,有助于寻找和确定研究对象,即抓住一个最能反映某一社区语言基本特征的词,就获得了一个很好的微观研究对象,进而对它进行全面、深入、细致的考察和分析,得出一些新的认识;

第二,由特征词这一微观的角度切入,实际上就找到了一个观察该言语社区语言面貌及其使用状况的最佳窗口,这自然有助于从最基本的层面了解和认识它的最基本特征;

第三,有助于在不同言语社区之间进行横向的共时与历时对比研究。

其实,我们还不妨在社区语言特征词的基础上再向前推进一步:能够反映和代表某一言语社区语言特征和个性的现象,不只是词,还应该涵盖语言的各个要素及其单位,以及语言使用的各个层面。比如,我们是不是可以找到一些特征语素,是不是可以找到一些特征语法现象?答案应当是肯定的。所以,我们还可以而且应当提出"言语社区特征语言现象"的概念,这是一个相当有意思的问题,值得深入探讨。

第八章 小结及余论

本章中,我们先对本书内容作一小结,然后试图超脱具体的语言现象,从相对比较宏观的角度来对四地现代汉语对比研究进行一些思考和表述,同时这也可以算作对本项研究工作的一个总结。

第一节 本书内容小结

本书如前言中所说,所做的是跳跃性而非穷尽性的研究。除了基本是绪论性质的第一章外,在主体部分只涉及词汇和语法两个方面,选择依据是笔者有一定积累且最具差异与融合内涵的项目。词汇方面,选择了两个重要的类聚,即缩略词语和外来词语;语法方面,则再分为词法和句法,前者讨论了虚义动词,后者则包括被动句、处置句以及其他几种有标记的句子形式。

一、绪论部分小结

绪论部分即本书第一章"关于四地的现代汉语及其对比研究",这一部分中,我们主要讨论了四个问题。

第一个是台港澳三地语言与早期现代汉语的关系问题。提出这样一个问题,其实是有一定针对性的:目前关于华语或全球华语的定义中,通常会涉及它们的语言基础问题,在这方面,比较有代表性的是郭熙先生的系列研究。郭熙(2004b)把华语定义为"以普通话为标准的华人共同语"。后来,郭氏说把定义中的"标准"改为"核心"或许更合适,于是又有了第二个定义:"华语是以普通话为核心的华人共同语"。郭先生还引用了吴英成(2003)依据扩散的种类、华语在居留地的社会语言功能域、语言习得类型等因素,把全球华语划分为三大同心圈,即内圈、中圈与外圈的观点,认为这种划分是符合事实的,对于华语的研究也是非常有益的,并把内圈的华语称为"核心区华语"。(郭熙,2006a)到了2010年,郭先生又说,我们现在倾向于把"华语"定义为"以普通话为基础的华人共同语言。"(郭熙,2010)。从"标准"到"核心",再到"基础",反映了认识的不断深化和思考的渐趋成熟。

陆俭明(2005)提出了"大华语"的概念,并将其定义为"以普通话为基础、而在语音、词汇、语法上可以有一定的弹性、有一定的宽容度的汉民族共同语",用的也是"以普通话为基础"。

我们的观点和看法与此不同。我们认为,"华语"或"大华语"并非以普通话为基础,而是以早期的国语为基础。一个简单的理由是,我们今天所用的"以北京语音为标准音,以北方话为基础方言、以典范的现代白话文著作为语法规范"的"普通话"是一个后起的概念,在新中国成立后于1955年10月召开的全国文字改革会议和现代汉语规范问题学术会议期间才基本明确,而到了1956年2月6日,国务院发出关于推广普通话的指示以后,才开始广泛使用。(苏培成,2010:237—243)众所周知,随着国民党政府去台,新中国成立后朝鲜战争爆发,以及接下来冷战的持续,中国内地基本断绝了与国外很多国家和地区的交往与交流,在这种情况下,我们的普通话怎么可能向外"输出",成为从台湾到港澳、从东南亚到欧美地区华语的"基础"呢?

我们的一个重要认识基础是，四地现代汉语是全球华语的主体部分，而以内地为一方，以台港澳为另一方，二者之间又有一个关系问题，这种关系推而广之，也可以看作普通话与国语/华语的关系。通过这一部分的内容，我们想证明的是，华语的共同基础是早期的国语，而非今天的普通话即"标准汉语"，早期国语是全球华语的共同母体，各华语子社区的语言都是由这一共同的母体分化变迁而来的。这个问题比较重大，我们将在后续的研究中作进一步的论证。

第二个问题是台港澳三地语言的共性与个性，是接着前边提到的内地与三地语言关系所作进一步思考的结果。一方面，与内地普通话相比，三地语言有更多的共性特征；另一方面，由于分属于全球华语社区的三个子社区，所以三地语言之间也有一些比较明显的差异，而这也就是它们的个性特征。相对而言，一般的研究者对上述共性比较重视，许多研究都由此展开或以此为前提，而对于个性特征则注意得不够。这方面的研究应该成为今后的一个重要增长点。

第三个问题是全球华语视角下的台港澳语言。在这一部分，简单梳理了华语及华语社区概念的提出及其影响，初步提出了"全球华语学"的概念，但是没有展开进一步的论证和论述，相关的全面论证工作将是笔者下一步拟写的《全球华语研究》的主要内容之一。

绪论部分的第四项内容是对当前四地现代汉语对比研究进展情况的一个简单总结。相关研究的集中展开至今已有将近三十年的时间，我们可以而且应该作一点回顾和总结了。

总体而言，这方面的研究既有同于其他学术研究的一面，也有自己的独特之处。就前一方面来说，它也经历了从无到有、从少到多、从不完善到相对完善的发展过程,并且有了相当的积累,取得了不小的成就;就后一方面而言,它却比一般学术研究更多地受到"形势"和"政策"等的影响甚至于制约。比如,在港澳地区回归祖国之前及其后的一段时间,涉及两地语言及语文规划等的研究比较多,其后就相对少了一些;海峡两岸语言的对比研究则直接肇始于20世纪80年代后期台湾当局开放民众赴大陆探亲,而此后受台湾政权更迭及两岸关系变化的影响,又有不小的起伏。然而,无论如何,我们有一个坚定的信念:作为一个有相当丰富内涵的研究领域,特别是当把它纳入全球华语以及全球华语学的框架下,相关研究还有很大的拓展空间,今后不仅会持续发展,而且还会不断扩大研究领域、增加学术含量。

二、词汇部分小结

这部分共有两章内容,分别以两个重要的词汇类聚,即缩略词语和外来词语为讨论对象。我们之所以选择这两项内容,主要基于这样的考虑:本项研究以"差异与融合"为题,一定要选择最典型的项目作为"麻雀"来进行相对深入的剖析,而以上两个项目基本符合这一要求。缩略词语最能体现语言的经济和效率原则,而在一个比较长的时间内,处于不同社会生活条件及语言生态环境下的四地对此有不同的诉求及表现形式。总体而言,台港澳三地缩略形式的种类与数量、使用范围及频率高于内地,而内地也有自己的独特之处,这就是数字略语的大量使用。

外来词语是不同文化与文明相互接触和碰撞的结果,其数量多少及使用频率高低等主要取决于一个社会的对外开放程度及持续时间,而具体的种类及一些独特的发展变化,则更多地受制于社会文化及社会心理等。内地的外来词语与台港澳三地有明显的差异,因而极具对比研究的内涵。本章中,除了从总体和具体两个方面讨论了四地的外来词语外,还单立"自造外来形式词语"一节,相对于前者的"真",这一类虽然"假",但是却可以从一个侧面反映四地语言的不同面貌以及趋同的变化。在前两个方面,本章采取了与上一章不同的写法:分别进行台湾、香港、澳门与内地之间的对比,另外还有一部分专门讨论台港澳三地之间的同与不同,而这实际上又涉及另外一个重要问题:上述三地语言的共性特征与个性差异(详第一章第二节)。

在缩略词语的差异与融合一章中,我们首先给出了关于缩略词语的一个分类,即分为用语的缩略与造词的缩略,这相对于以往的研究而言,或许是一个进步,同时也便于分析和表述四地缩略词语的差异及其融合。就差异一方面来说,台港澳三地临时性组合的简缩以及三音节词语的简缩远多于内地,这些多为造词的简缩,主要是刻意求简的结果;内地的数字略语数量多、能产性强、使用频率高,背后也有比较强烈的社会动因和"传统"的影响。就融合一方面来看,内地已经吸收和引进了一些三地的造词缩略形式,而内地的数字略语却相对较少进入三地的社会用语中,这主要是因为社会制度与社会生活等的差异。

三、词法部分小结

本部分只有一章,讨论了虚义动词及其使用情况(包括发展变化)。无论是着眼于现代汉语史,还是着眼于四地语言的对比研究,虚义动词都是非常有内涵的一个动词小类,而其中最典型的就是"进行、做/作"和"搞",特别是被有的研究者称为"万能动词"的"搞"。

本章中对"搞"的讨论或许可以反映我们对四地现代汉语对比

研究的具体思路和学术追求,大致可以归纳为以下几点:

第一,以内地为立足点,尽可能对某一形式及其用法进行近乎穷尽性的、细颗粒度的描写与分析,以此作为与台港澳三地比较的基础;

第二,不仅着眼于共时,同时也着眼于历时,通过共时与历时这两个角度来考察四地的差异、融合及其发展变化;

第三,在充分描写的基础上,进行尽可能充分、全面的解释;

第四,在尽可能全面总结使用情况及其发展变化的基础上,试图进行将来可能的走向及进一步发展的预测。

四、句法部分小结

本部分内容稍多,分三章讨论了8种句子形式,包括最具现代汉语特点且有丰富四地对比内涵的有标记被动句(3种)和处置句(2种),以及其他3种在内地虽然发展不充分,但是却堪称台港澳地区(特别是台湾)标志性句子形式的"有+VP"句、"(在+)VP+中"句和"VP+而已"句。

有标记被动句包括三种,它们在台港澳地区目前已呈明显的表义分化:即表[＋如意]义的"获"字句,表[－如意]义的"遭"字句与表[＋中性]义的"被"字句,这种大致三分的被动表达局面与内地形成很大的差异。不过,近年来,在四地语言不断融合的进程中,内地也有了这样的分化趋势。

处置式中的"把"字句与"将"字句是具有不同语体特征的同义句式,四地语言在语体风格上存在较大差异,所以在这两种句式的选择及使用上就有明显的不同,其中也包括一些结构等方面的差异,由此也使之成为了解和认识四地语言异同的一个很好的窗口。

"有＋VP"句近年来引起人们持续的关注,大致起于对台湾地区国语的研究，不少论者认为它来自闽南话，并把它当作台湾的一种标志性语法现象，而一些研究者显然也夸大了它在内地的使用度和流通度。关于这一形式，站在内地普通话的立场上，有以下几点值得注意：

第一，普通话中引进这一句式，体现了语法的严密化与精密化发展，即补上了"有"使用中的缺环，从而实现了其与名词、动词共现时对正反疑问（有没有＋NP/VP）、否定（没有＋NP/VP）和肯定（有＋NP/VP）的全覆盖；

第二，"有＋VP"句其实并非闽南话所独有，在其他一些南方方言中也有，就内地而言，与其说这一形式来自台湾，不如说是"合力"所致，即有可能是多源的；

第三，就普通话目前的使用情况而言，"有＋VP"句还有相当明显的限制：一是语体的限制，即基本用于口语，二是使用者的限制，即主要使用人群是青少年。

"（在＋）VP＋中"句是一个来源复杂、内涵丰富的结构体，以台湾的使用情况最为复杂，特别是"VP＋中"形式最具台湾特色，由此不仅与内地拉开较大的距离，就是与港澳地区也有明显的差异。

"VP＋而已"句如果着眼于"而已"一词的使用，也可以放在词法部分，然而此词在台港澳三地特别是台湾使用更灵活、频率很高，语义也更"虚"，看作一个更纯粹的标记性成分可能更合适一些，所以我们放在本章讨论。

相对于其他各章节所考察与分析的现象而言，本节的思路与追求可能有所不同，主要体现在：

第一，着眼于一个词或一个语法标记，提出了四地语言对比研究的另一个思路或模式，即微观的对比研究，这与那些主要或基本

属于"大而化之"的研究相比,应该是更具体、更切实、更急需的;

第二,着眼于四地语言的融合,提出了"不融合(只有差异而没有或基本没有融合)"问题,针对融合与不融合、较易融合与不易融合现象及其制约因素,提出了"社区特征词"和"社区特征语言现象"的概念,相信这对于更好地了解四地语言的融合及其规律是有所助益的,同时也有一定的理论价值和实际意义。

第二节 四地语言对比研究存在的问题及思考

四地语言对比研究虽然已经取得很大进展(详本章第一节),但是也还存在一些问题,以下就其主要方面,结合我们的思考进行讨论和说明。

一、关于称名问题

上述四地中语言称名问题最多的,是台湾现行通用语,即一般所说的"国语"。然而,有的台湾学者不用"国语"而用"华语"(如陈淑娟,2006),有的用"台湾腔普通话"(如黄慧如,2009),以及诸如此类,不一而足。就我们所见,其他的称名还有"台湾国语、台湾化国语、台湾官话、台湾普通话、台湾话、台湾华语文、台湾腔、台湾书面语"等。这些称名有的不准确,比如"台湾腔"像是指口语而实际上指书面语;有的有歧义,比如"台湾话",有时也指所谓的"台语"即闽南话;而一个更为普遍的问题则是适用性差、流通面窄。香港语言的指称形式一定程度上也有这样的问题。

名称问题就已经比较复杂了,此外还有名、实关系问题:有时即使是同一个名称,大家的理解和表述可能并不相同,由此就造成了所指不相同的现象,而这就越发使问题复杂化了。除前边提到的"台湾话"外,再如黄坤尧(2000)与石定栩、邵敬敏、朱志瑜(2006:6)对港式中文的认识和表述就有相当大的差异。

称名复杂化,与研究者众多且来源复杂有直接关系,然而,作为一项严肃的学术研究,研究对象的名称应当尽可能统一。就相关研究来说,应当注意以下几个要点:

一是整个全球华语社区的一致性;

二是与其他语言及方言等的区别;

三是口头语言与书面语言的区别。

根据上述要点,我们希望最终能够统一为"地名+华语"和"地名+华文"形式,称为"香港华语""台湾华文"等,前者指口语,后者指书面语。

二、关于均衡性问题

这里主要是指研究对象的均衡。如本书第一章所述,虽然研究内容与初期相比有所丰富、拓展和加深,但是依然存在一些比较明显的不足。

一是不同言语社区之间的均衡问题。目前的状况是大陆与台湾对比研究最多,内地与香港次之,内地与澳门最少(一是澳门语言"本体"的研究少,二是与内地或其他地区之间的比较研究少)。虽然这种现象的存在有一定理由(比如澳门地小人少、与香港语言共性更大等),但是,澳门语言毕竟也有它的特点。澳门流通的是三文(中文、葡文、英文)四语(普通话、粤语、葡语、英语),情况相当复杂,它有着别样的历史发展道路,由此也形成了一些独特的文化及语言特点。比如"葡式中文",是受葡语影响,在用词、造句、行文等方面都好像是从葡文直接翻译来的中文作品(黄翊,2007),虽然特色明显,但是研究不多。

二是研究内容的均衡问题。最初的研究主要集中在词汇方面,此后涉及面虽然不断扩大,及于语音、文字、语法、修辞等,但是迄今为止仍然远未达到全面与均衡的境地,主要表现是尚未形成对各个方面的"全覆盖"。此外,还有一个很大的不均衡,这就是基本上只有共时而没有历时研究。

三、关于系统性问题

这个问题与上述的均衡性有关,但是并不相同,它大致包含两层意思,一是研究内容的系统性,二是知识体系的系统性。

讲求系统性,就应当按某一方面对象或内容的系统来进行全面的研究。比如词汇,它的系统性就表现在应当涵盖能够形成对其完整认识的所有方面:如词素与词的构成、词的结构形式、词义(包括理性义、语法义和色彩义)及其类聚(同义词、近义词、反义词等)及其发展演变,等等。总之,一般的词汇学概论之类的著作都会提供一个体系,而它所涉及的几乎所有内容,都可以用于四地语言对比研究,而这样的研究才是成体系的。当然,实现这样的要求可能会遇到一些困扰,因为按一般的认识,各华语社区的语言及其应用是"大同小异",这样在有些(甚至很多)"项目"上可能会因其相同或相近而无"话"可说,或者可说的"话"不多。

其实,作为语言的对比(或称比较)研究,目的应当有二:一是求异,一是求同,二者都有意义和价值。现在的情况是,我们基本还没有系统地对各地之间语言的所有方面都"摸"一遍,而通常只是选择一些比较显豁的差异点来进行集中讨论,这样做当然难以形成一个系统,并且还很可能连真正有哪些同与不同,也未必就真的清楚了。

四、关于理论性问题

何自然、吴东英(1999)曾就相关的研究指出:"未来的研究需要更系统地、更大量地收集语言资料,并对资料做语言类型、规限、共性、关系等重大问题的分析,努力与国外语言学的学术研究接轨,争取在世界语言学的理论和研究方法方面做出更大的贡献。"很显然,我们现在还远未做到这一点。

这里的理论性大致涉及两个层面,一是对已有理论的使用,二是进行理论创新,包括从研究中总结新理论,或者是对已有理论加以补充、完善。就目前的状况来看,虽然我们的研究在理论性方面已有明显进步,但是"重描写、轻解释"的传统研究观影响仍在(我们现有的解释主要是对语言之外社会因素的分析与说明,着眼于语言内部的阐释还很不够)。

就理论的使用来说,以下几个方面应当有更多的体现:

一是语言接触理论,由以往的不同语言之间的接触及于同一语言不同社区变体之间的接触;

二是语言对比(比较)理论,与上一点一样,这基本也是由不同语言之间而及于同一语言的不同变体之间;

三是语言发展理论,历史语言学中关于语言发展变化的基本原理不会过时,但是更应该关注当代的语言发展及变异理论;

四是语言规范理论,规范语言学的研究近年来有很大的进展,取得了不少新的认识,这些应当在研究中有所体现;

五是语言本体研究理论,特别应当注重对当今词汇、语法等研究中比较常用理论的借鉴和吸收。

就理论创新来说,除了对上述五个方面都有可能补充和完善外,还应当在以下两个方面更加有意识地思考、归纳和总结:

一是关于华语的系统理论,华语及全球华语的概念已经确立,相关的研究也已展开,所以也应该有配套的理论,特别是着眼于一个新的分支学科的理论,这就是"全球华语学"的建构;

二是语言预测及相关理论,"语言预测学"或"预测语言学"的概念早已提出,但是相关的具体研究和理论建树却不多,对于四地语言对比研究来说,预测应当是一个重要的方面和新的增长点,同时也可以而且应该由具体的研究实践抽绎出相关的理论来。

五、关于工具书编纂问题

在四地乃至整个全球华语的差异与融合研究中,工具书的研究编纂一如既往地仍然是一个重头戏,并且随着时间的推移,要求也会越来越高。时至今日,虽然在这方面已有巨大进步,但是仍有进一步提高的很大空间。

我们认为,关于工具书的编纂,大致应该在"分"和"总"这两个方面做出更大、更多的努力:分的方面,就是编纂更为全面、详尽的各地华语社区词语工具书;总的方面,则是编纂更大规模的全球华语词典,以收录更多的词语,获取更大的功效。除此之外,还有一个重要方面,这就是进一步寻找新的增长点,比如在品种上,除了词语词典外,还应该有用法词典、学习词典,或者是它们与前者的结合;在释义上,可以增加更为准确清晰的来源信息以及可能的发展演变过程信息等。这样的要求和努力,一定程度上可以看作寻求由应用型工具书向研究型工具书的转变。另外,一般的词语词典还可以进一步细化,比如编纂多地对照的外来词语词典、人名词典、地名词典等。

现在,作为《全球华语词典》续编的《全球华语大词典》已经列入国家十二五重点图书出版计划,而由两岸众多语文工作者参与、政府支持的《中华语文大辞典》的编纂工作也正在紧锣密鼓地进行,这些都是非常令人期待的。

六、关于语言规范问题

我们注意到,内地以外华语社区的一些研究者在讨论本地语言时,有时会涉及规范问题,此时往往要评议一些现象,指出它们"不规范"或属"语误"等。比如,香港曾有人收集当地中学各学科总数近一万九千道各类考试题目进行分析,结果发现了许多"语误",并进而分析了它们的产生原因。例如,在"方言语法影响"类下,就谈到粤语语法"有字句""比较句""双宾语句"等对教师拟题时造成一定的干扰;在"英语语法影响"类下,则说"教师在拟题时往往沿袭英语的一些语法,例如倒置因果复句,滥用介词结构和被动句式,把连串的定语加在中心语之前,这些都破坏了中文的行文习惯"。(谢锡金等,2005:4—5)再如,有人谈到"香港书面语还应该注意有两种情况是不够规范的",其中之一是中英混杂,并说"这是口头上粤语和英语夹杂着说的混合语的反映,是书面语的一种污染"。(田小琳,1997b:50)

这方面的问题当然可以而且应当讨论,但是以下两点也应该充分注意。

一是规范标准问题。上述语言评判当然有其标准和依据,而研究者们对此基本也都有所表述和说明,这就是"标准汉语",也就是内地现行的普通话。以内地的普通话为标准来评判港式中文等,这里边显然有一个错位。如前所述,陆俭明(2005)提出"大华语"的概念,定义为"以普通话为基础,而在语音、词汇、语法上可以有一定的弹性、有一定的宽容度的汉民族共同语。"这个定义本身可能还有可议之处(见前),但是对其中的"弹性"和"宽容度",相信没有人会有不同意见。简单地说,评议某地语言,只能以当地语言的规范为标准和依据,而不能完全以普通话为依归。

二是规范观问题。与以往相比,时至今日,人们的语言规范观已经有了很大进步,主要表现是由刚性观到柔性观,由静态观到动态观,由一元观到二元观,以及建立了层次观和服务观等。(刁晏斌、孙银新,2014:139—145)比如,按规范的动态观,语言是发展的,所以规范也要发展,这样就不能用一成不变的所谓规范来评判所有语言现象,特别是一些发展中的现象(或者如拉波夫所说的"进行中的变化");按规范的层次观,则可以认为华语社区与内地普通话并不处于同一规范层次,所以也不能按同一个标准来衡量和要求;而在"服务观"下,有人指出"交际值"(即某一语言形式交际到位程度的高低)是判断规范与否的重要依据(施春宏,2005:126),所以,评价港式中文等的某些现象是否规范,重要的一点要看它是否能够满足交际的需求,而不是与标准中文的异同。

第三节 怎样进行四地语言的对比研究

针对已经取得的成就,特别是存在的问题,时至今日,我们有必要反思一下:今后应该怎样进行四地现代汉语的对比研究。本节中,我们准备用"数字化"的表达方式,把相关的思考概括为四个视角、三个理念,以及"一、二、三"研究模式。

一、四个不同的研究视角

进行四地现代汉语的对比研究,可以有不同的侧重点、不同的取向,以及不同的模式,而这些大致可以概括为以下四个不同的视角。

1. 社会语言学的视角

社会语言学的核心内容,可以简单地表述为由语言看社会和由社会看语言,四地语言差异与融合的大量具体、鲜活事实,无疑为它提供了一个绝好的研究对象,而我们能够看到的一些研究,大致主要就是从这方面着眼,或者是作为着眼点之一。

社会语言学视角下的四地语言对比研究,大致有以下几个要点:

第一,语言变异是社会语言学研究的三条主线之一,它的目标不仅为了弄清楚语言的使用和社会语境之间的关系,而且也为了探明语言的演变历程。(祝畹瑾,2013:31)本项研究以"差异与融合"为总的内容表述,其实正与上述主线相合:差异是变异的结果,而融合依然是变异的具体表现。

第二,四地属于同一言语社区的不同子社区,因此社会语言学的言语社区理论及方法可以而且应该用于相关的研究,由此可以大大拓展我们的视野,并使相关研究成果具有更加丰富的理论内涵和理论贡献。

第三,四地语言的诸多差异,是民族共同语在不同的社会生活中经过不同的发展变化而最终形成的,而随着社会生活的变化,又开始由差异走向融合。也就是说,无论是差异还是融合,都是各自社会生活发展变化的结果。因此,在进行相关研究的时候,社会因素始终是一个最重要的关注点和参照点。

第四,如果说以上几点相对比较宏观,那么在相对微观的层面,社会语言学的一些具体观念和方法,也可以直接用于四地语言的对比研究中:前者如"进行中的变化观",后者如抽样调查以及配套的统计分析方法等。

总之,无论从宏观、中观还是微观的角度而言,四地语言对比研究都可以完全纳入社会语言学的研究范围中和框架下,并有理由成为其最有时代意义、最有社会价值和理论内涵的研究内容之一。

2. 现代汉语史的视角

现代汉语史的思想最早由笔者于 1992 年提出(刁晏斌,1992),其后不久就开始把这一思想用于两岸词汇的对比研究(如:刁晏斌,1994),而此后本人所有的相关研究,也都是在现代汉语史的视角下进行的,并且作为现代汉语史重要的研究内容之一。

现代汉语史即现代汉语近百年的发展演变历史。如果我们站在不同的角度,就有两种不同的"史",而二者相加,才算是一部完整的现代汉语史。

角度一是立足于内地普通话的现代汉语发展演变史,它的主要目标和任务是了解与认识我们所使用的普通话经过了怎样的发展变化而形成今天的样子,笔者的《现代汉语史》(福建人民出版社,2006 年版)就属于这样的史。

角度二是立足于最初的国语(即 20 世纪初逐步确立的当时的全民共同语,也就是我们所说的早期现代汉语),探求它的分化、变迁路径及过程。

关于这后一个史,我们曾经在 2009 年画过一幅线路图,给出了一个大致的描述,即:

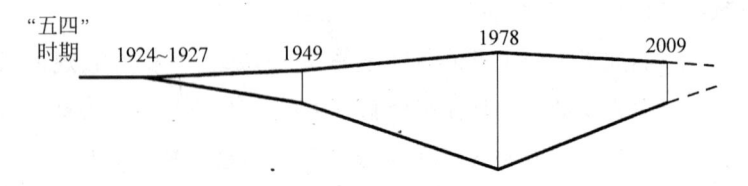

其中下边方向变化较大的线是内地普通话的发展轨迹,而另一条线则是与之相对的国语/华语(大致可以台湾地区国语为代

表)的发展轨迹,图中的几个时间是重要的发展节点。①

在现代汉语史的视角下,我们对四地语言及其对比研究有以下几点认识:

第一,由来源看,有一个明显的分化与变迁过程;

第二,当今的诸多差异是历时发展在共时平面的反映;

第三,着眼于史的历时研究,是一个亟待加强的方面;

第四,四地语言进一步的发展主要是由差异走向融合,但是也有一些不确定因素,由此也可能造成某种程度的放缓甚至于停滞(主要是台湾),另外,不同的言语社区与内地普通话的融合速度有快有慢,过程也可能不尽相同。

3. 本体研究的视角

即以台港澳三地某一或某些与内地有较为明显差异的现象为对象,借重于或侧重于使用一般本体研究的视角、理论、方法以及操作步骤等而进行研究。随着四地语言对比研究的不断深入,近年来这样的研究有增多的趋势。比如,长期从事语法本体研究的储泽祥教授,在把触角延及海峡两岸语言对比时,就把一些本体研究的思想与方法"迁移"到这一研究中来。储泽祥(2011)提出了"在多样性的基础上进行倾向性考察"的思想。所谓多样性,指的是形式与意义不一一对应的表现,即一种形式可能包含多种语义,而一种语义也可能联系多种形式;而倾向性则是动态的,指的是语法单位或语法现象表现出来的某种性质的多少、蕴含共性或使用频率的高低等体现出来的动态规律,它大致有三个基础,即基于认知、类型和统计的倾向性。储泽祥(2013)运用这一思想,对台湾

---

① 今年(2013年)我们获批一项国家社科基金重大项目"百年汉语发展演变数据平台建设与研究",其中的一个子课题就是"国语的分化与变迁研究"。我们将在今后的一段时间内,对这一条现代汉语史线索进行相对全面和深入的研究。

"透过"的动词和介词用法进行了多样性与倾向性的考察,并作出了趋同性分析,"以期把两岸词语异同比较研究引向深入"。

这样的研究不仅增加了理论内涵和思辨色彩,同时也提高了学术含量,代表了未来的一个重要发展方向。

4. 全球华语及全球华语学的视角

关于全球华语和全球华语学,前者我们在本书第一章中已有简单的讨论,后者也作为重要的学术概念而再一次提出。就后者来说,我们认为这一概念的提出有其合理性和必要性,当然它所代表的领域或学科也有很大的生存与发展空间。如前所述,关于这一部分内容,我们将做进一步的研究,并在适当的时候进行全面的阐述。

我们认为,在上述视野和框架下的相关研究,至少应当包含以下三方面的内容:一是对作为一个学术概念以及语言实体的华语的研究,二是华语社区下各个子社区语言(如台湾华语、香港华语、新加坡华语)共时及历时层面的研究,三是各子社区语言之间共性与差异、交流与融合的研究。上述每一个方面下,都包含更多具体的问题,而除语言本体外,还应该包括语言应用、语言教学等相关问题的研究。所以,从总体上看,这方面的研究不仅内涵巨大,而且前景广阔,对此我们充满期待。

此外,在全球华语的背景下,四地语言对比研究还能获得一个比较准确的定位,这无疑大大有助于相关研究进一步深入、可持续地进行和发展。

其实,着眼于全球华语及全球华语学的四地及多地语言对比研究,目前已经不只是一个学术观念,而是一种实际行动了。《云南师范大学学报》2012年第6期曾开辟一个"华语语法"专栏,主持人华中师大汪国胜教授说:"全球华语的词汇研究已经取得初步成果,语法问题的研究也应提上工作日程。"汪教授还介绍了专栏中刊登的两篇论文:"一篇是宏观的,提出华语语法研究的基本设想,包括总体框架、基本内容、研究思路和预期目标。一篇是微观的,具体描写了港式中文差比句的主要类型,并通过与通用中文的比较,揭示了港式中文差比句的主要特点,提供了一份华语语法研究的样本。"

在全球华语和全球华语学的视角下,我们有以下几点认识:

第一,四地语言对比不仅在很大程度上是全球华语研究的起点,同时也应该是它的核心内容;

第二,台港澳三地和其他海外华语子社区之间的联系密切,语言相似度更高,因此很多研究方法和结论可以推而广之,用于整个全球华语诸多语言现象的考察与分析、归纳和总结;

第三,在全球华语的视野中,可以建立和确定更多参照点与比较点,从而有助于对四地语言差异与融合的历史、现状及未来进行更全面、更细致、更深入的比较、分析及预测。

二、三个相关的研究理念

要进行好的研究,首先要有好的理念,就四地语言对比研究来说,以下三个理念是非常重要的,因为它们直接关系到研究质量的高低,以及该领域未来的发展与走向。

1. 建立两翼分布的格局

这是我们进行两岸语言对比研究的一个非常重要的理念。所谓"两翼分布的格局",即不仅要研究两岸语言的差异,还要研究它们的融合。前者多年来一直是人们关注和研究的重点,成果也最多,但是即使如此,也犹有所待,而这也就是为什么现在还不断有人进行研究,也不断有新成果问世的原因。至于两岸语言的融合,到目前为止,人们的关注程度还远远不够。

所谓融合,主要是指四地共同语的差异部分一定程度上缩小,一致部分一定程度上增加,以及与此相关的发展变化。我们认为,相关研究大致应该包括以下几个方面的内容:

第一,融合的具体事项。即在语音、词汇、语法以及表达方式等的哪一或哪些方面已经或基本实现由差异到融合的发展变化,或者是已经有了这样的苗头和表现,具体的状况如何。因为涉及四地,所以就有三个不同的立足点和观察角度:一是内地,二是台港澳三地,三是三地中的某一地(比如台湾)。比如,由第一个角度看,主要就是内地引进了哪些其他各地的形式或用法,或者是受了它们的哪些影响,从而实现了从无到有,从少到多,或者是从异到同,反过来也是一样。

第二,融合的方式、过程及其发展变化。改革开放之初,主要是内地向台港澳靠拢,吸收和引进了大量的新词新义新用法,以及一些表达方式,甚至于某些语音形式等;随着初期"引进饥渴症"的过去、可引进形式数量的减少,以及内地新语言现象来源的多渠道化(多源引进,以及自我创造),这种靠拢日趋减缓。20世纪末以及进入21世纪以来,随着四地政治关系、经济实力、交往程度等的变化,加之内地网络文化的普及以及网民人数的众多,融合的方式基本朝着双向互动、互相吸收的方向发展。表现在台港澳方面,一是有越来越多的内地特有形式通过媒体的转引直接进入它们的使用中(比如"三个代表、三通"),二是进入后一定程度上的模仿甚至类推使用(如"山寨、给力")。此外,也有越来越多的内地语言现象通过互联网直接进入台港澳地区。

第三,融合中的不平衡表现。无论在改革开放之初还是今天,总体而言,内地一方对台港澳三地语言现象的接受程度更高,或者说融合程度更高。具体表现一是来自三地的各种语言现象数量多,二是范围广(比如涉及语音、文字、词汇、语法以及表达方式等各个方面),三是融入程度高(很多现象与内地语言已经浑然一体),有些还在相当或者一定程度上取代了其原有的形式(如"关爱、理念、团队精神")。

就台港澳地区来说,一方面,我们应该看到,融合确实已经实实在在地发生了,这一点甚至有时可能连三地的人们自己都未必觉察或意识到,比如"幼儿园、中文、导弹、软件、通过"等,虽然远未能取代"幼稚园、国/华文、飞弹、软体、透过",但它们确确实实已经在使用了,甚至像我们专业常用的"现代汉语、世界汉语教学"等,也见于彼地学者的论著中;另一方面,总体而言,三地对内地普通话的融合程度还相对较低,比如在词汇方面,其具体表现主要是:其一,接受并已经有一定使用频率的形式并不太多;其二,有一些属于"非正常使用",比如用于开玩笑的场合(如"各位领导"),或者是讽刺性的使用(如"阶级敌人、两个凡是、吃大锅饭、无限上纲、靠边站")。①

第四,有较多的未融合或不融合现象。这是非常值得研究和总结的方面,本书在讨论两岸"而已"一词使用差异时就涉及这个问题。我们比照方言研究中分出一般词、特征词和核心词的三分法,对两岸的社区词也作了这样的区分,"而已"大致属于台湾言语社区的核心词,所以较难被内地的普通话接受,从而实现一定程度的融合(见第七章)。对于我们全面了解和认识四地语言而言,从某种意义上说,对未融合与不融合现象的研究,甚至比对差异现象

---

① 这方面的情况,我们曾经作过一些调查,并写成《台湾"国语"词汇与大陆普通话趋同现象调查》一文,待刊。

本身的研究更重要,当然难度也会更大。

2. 主要应着眼于语言应用的对比

虽然四地语言对比属于语言研究的范畴,因此后者的一般规范或做法基本也都适用于此,但是我们还应该清醒地意识到,由于性质、对象、目标等与传统的语言本体研究都有一定程度的差异,所以我们的研究视野、策略、重点以及主要考察和具体用力的方向等,也应该有一些不同。

四地语言的对比研究应该属于比较语言学的范畴,但是它又不属于不同民族语言或共同语与方言以及不同方言之间的比较,这就使它具有了某种特殊性。这种特殊性反映在研究项目的确定以及研究对象的取舍等问题上,就是应当立足于"应用",即以四地语言在应用方面的对比研究为主要目标[1],这里面大致有以下两方面的原因:

其一,从四地人民交际或交流的层面看。四地语言对比研究起于应用中存在的各种差异以及为了解这种差异进而便利交流与沟通,并且在很长时间内仍将以此为重要诉求,现在虽然还不宜过早地提出"化异为同",但是求同存异却是大家的共识,而了解差异更是大家一致努力的目标。

其二,即使从纯"研究"或"学术"层面来看,基本也是如此。四地语言是由最初的国语分化发展而来的,由于有共同的来源基础,再加上这些年来内地对三地的吸收,所以总体上就语言各方面的"类"来说,主要的差异并不表现在有无之别,而是表现在数量多少、频率高低、使用范围大小、使用条件差异等一些具体的方面,一

---

[1] 我们在 2000 年由江西教育出版社出版的专著《差异与融合》,副标题就是"海峡两岸语言应用对比"。

句话,主要的差异不是表现在静态的语言面貌中,而是反映在动态的使用中。所以,如果我们像进行一般"非对比"的语言本体研究(比如像我们一般所作的现代汉语词汇、语法等现象研究)那样,只作静态或相对静态的描写分析,而不考察所对比项目在动态使用中的差异,那我们就很难得出完整、可靠、有用的结论,也难以形成充分的认识(甚至在研究和写文章的时候可能会有"没什么可以研究、没什么可以写"的困惑)。比如,本书考察了四地的"遭"字句与"被"字句,以及"进行"一词使用的差异,主要都是应用中的差异,而不是这些句子或词本身的差异(当然本身的差异也有)。

再比如万能动词"搞",其最简单的对比结果应该是:

第一,四地使用频率有相当大的差异;

第二,四地使用范围有相当大的差异;

第三,四地感情色彩有相当大的差异;

第四,四地在一些新兴的组合形式(如"搞笑、搞定、很搞")及其使用上基本一致。

其中前三点反映了四地的差异,但是在这些差异之中也有一定程度的融合;第四点主要反映了四地之间的融合,但是在这种融合之中也有一定程度的差异。

3. 研究内容和方法等应与时俱进

屈指算来,就海峡两岸语言对比研究来说,已经持续近三十年了。记得1996年,当笔者第一次访问台湾,在台湾师范大学进行学术演讲时,台下的听众对某些词语在两岸的差异听得津津有味,有时甚至会哄堂大笑。那个时候,大家都怀着"猎奇"的心理,注意力几乎都集中在差异最直接、最明显、最突出的词汇方面,主要关心那些此有彼无、此无彼有、形同义不同、义同形不同的词语,研究目的就是面向实用,解决两岸交流之初的语言障碍问题。此后不久,笔者曾经写过一篇文章,在肯定相关研究成绩的同时,也指出一些不足,比如总体上不够深入、全面,个别结论的正确性和准确性还有可议之处等,认为研究范围应当从词汇扩大到语音、语法及表达方式等各个方面,并且提出了下一步研究中应当注意的几个问题:一是开展全面、深入、细致的研究,二是注意去伪存真,三是要重视对口语的研究。(刁晏斌,1998a)到了2000年,笔者的专著《差异与融合——海峡两岸语言应用对比》在上述几个方面大致都有一定的体现。

时至今日,四地语言对比研究已有很大进展,但是仍有进一步提高的很大空间(见前)。笔者时时用来自勉的一句格言是"与时俱进",认为它不仅适用于一个国家、一个民族,也适用于个人,另外同样也适用于学术研究。就四地语言对比来说,当然同样也应该在观念上和具体的研究中与时俱进,具体说来就是至少应当在以下几个方面有更多、更好的表现。

一是观念、认识方面。应该看到,时至今日,四地语言对比研究已由只是为了解决人民交往之初语言障碍问题的实用阶段,进入了全面的语言认知和文化理解阶段,对此我们应该有深入的理解和明确的认识,这有助于我们首先从宏观角度看待和把握研究对象,同时也有助于我们更好地进行相关的具体研究。

二是理论、方法方面。近二十年来,是语言科学取得全面进步的时期,我们引进或自创了许多新的理论和方法,甚至创立了一些新的分支学科,受此影响和拉动,很多方面的传统观念都有不同程度的更新甚至改变,同时人们也获得了观察语言及其应用等问题的更多视角,以及分析、解释和说明它们的更多路径与方法。所有这些,有很多都可以直接或间接地用于我们的研究,比如语言接触与扩散理论、混沌学理论、社会语言学的变异理论及言语社区理论等。

三是内容方面。这既包括研究对象,也包括研究本身。就前者来说,理想的目标是实现对语言及其使用所有方面的"全覆盖",具体说来,则主要有以下几点:

其一,语体的全覆盖,即不仅研究书面语,还应克服困难、花大气力研究口语;

其二,语域的全覆盖,即各领域、各方面的语言及其使用问题都应纳入研究范围。

另外,就研究本身来说,以前的研究内容主要是描写,相关的解释(特别是着眼于语言本身的解释)却明显不足,而当今语言研究的重要进步之一,就是由传统研究的重描写轻解释走向二者并重,这一点,同样应当在四地语言对比研究中有更多的体现。

四是手段方面。现在的语言研究基本都已进入语料库语言学阶段,以前那种主要基于研究者个人经验的"举例—说明—标签"模式已经落伍,甚至在某种程度上也已过时。目前,一些不同规模的语料库已经在四地语言对比研究中投入使用并且取得很好的效果,下一步的目标是建立更大规模、能够更为全面反映四地现代汉语真实历史、现状及实时发展的语料库。

五是队伍方面。以前,除了某些工具书的编纂和科技术语的协调与协作外,四地语言对比研究基本都是分散进行的,不仅四地学者之间的沟通、交流与协作很少,就是一地学者之间,大致也是如此。这种散兵游勇式的研究模式,其局限性是非常明显的。现在我们清醒地意识到,四地语言对比研究面临着上规模、上档次的现实需求,而由此进一步推而广之的全球华语研究也方兴未艾,这些不仅要求相关的研究者付出更多的努力,同时还应该整合队伍、发挥集团优势。我们高兴地看到,在一些大的项目上(比如大型工具书的编纂、国家级或省部级的重大项目),已经初步实现了相关国家、地区以及国内同行之间的合作,我们希望这种合作能够实现普遍化与常态化。

三、"一、二、三"研究模式

对于四地语言对比研究,我们有一个愿景,这里简要概括为"一、二、三"模式,就是一个背景、两个面向、三个结合。关于这个问题,我们曾经以海峡两岸为视点,作过简单的讨论(刁晏斌,2012),以下再作进一步的申说。

1. 一个背景

即把整个研究置于全球华语这一大背景下。现在,全球华语的观念已经被越来越多的学者接受,也有一些学者已经开始在这一视角下进行相关问题的研究。建立了这样一个背景,实际上也就获取了一个新的认识角度,由此就会带来研究内容的丰富化和多样化(详见第一章第三节)。

我们有一个基本的想法:就研究来说,可以由四地语言的对比研究,及于整个全球华语的全面对比研究。我们的民族共同语在台港澳三地的发展变化很大程度上也代表了内地以外其他言语社区的基本面貌,就我们考察过的很多语言项目而言,内地以外的其他言语社区之间往往有更高的相似度。基于这一认识,我们甚至在一定程度上不妨这样简单地说:把四地语言对比研究推而广之,就是全球华语的对比研究;如果把全球华语的对比研究缩小到一个局部,就是四地语言的对比研究;再缩小到某一个点上,则是对某一言语社区具体语言面貌的深入、细致研究。

另外,在全球华语的背景下,研究对象就不仅仅局限于各地的语言本身,还应当包括语言教学、语言规范与规划等众多相关方面的内容。

2. 两个面向

所谓两个面向,一是面向四地人民现实生活中的实际言语交际和沟通,二是面向四地或更多地方学者的华语研究,前者可以看作应用层面,后者则为研究层面。

就应用层面来说,仍然应该大力促使四地人民对彼此语言的进一步了解和认知,从而方便交流、拉近距离、增进认同。这方面的工作应该有两个着力点:一是面向应用的研究,二是研究成果的实用化和普及化。

我们将近三十年的四地语言对比研究,几乎都是着眼于应用的研究,但是到目前为止,还不能说是完备的,客观地讲,还存在不少问题(见前),所以还需不断努力。研究成果的实用化和普及化,主要实现为大众化的文化产品,如工具书、普及性的通俗读物及其衍生品等。

内地学者编纂出版的着眼于沟通的四地语文对照工具书,早期影响较大的如《大陆和台湾词语差别辞典》(邱质朴主编,南京大学出版社 1990 年版)、中国标准技术开发公司编《海峡两岸词语对释》(中国标准出版社 1992 年版),近年新出版的如《最新两岸用词差异对照手册》(徐红进编,台湾灵活文化事业有限公司 2009 年版)、《台湾与大陆常用汉字对照字典》(苏培成主编,商务印书馆 2010 年版)。在很多情况下,由于不分或分不清哪些是台湾词语哪些是香港或港澳词语,因而有些工具书只好不作区分,只能笼统地称之为港台或港澳台词语(见前)。

由台湾学者编纂出版的相关工具书,如星光出版社编辑部编《大陆惯用语》(星光出版社,1988 年版),黄沛荣、姚荣松、竺家宁、曾荣汾合编的《大陆用语检索手册》(台湾陆委会,1997 年版)等;

香港学者编纂的,如郑定欧的《香港粤语词典》(江苏教育出版社,1997年版)、田小琳的《香港社区词词典》(商务印书馆,2009年版)等。

普及性的通俗读物现在还不多,且主要集中在两岸之间,比如面向内地读者的《台北道地　地道北京》(杨渡主编,文化艺术出版社,2012年版),面向台湾读者的《两岸每日一词》(台湾中华语文知识库编,南方家园出版社,2012年版)等。

在研究层面,从面向现代汉语研究的角度而言,除继续进行以往模式或样态的研究外,还应当特别重视系统性、均衡性以及理论性等,力争在已有的基础上寻求突破,或者是有长足的发展。关于这方面,我们在本章第二节已有说明,这里从略。此外,在研究中还应当特别强调三个"结合",对此我们将在下边讨论。

3. 三个结合

这主要是着眼于上述研究层面而言的。

一是点与面的结合。以前的研究基本都只着眼于某一个或一些具体的"点",即针对那些四地之间差异比较明显的现象来展开讨论和分析,虽然其中不乏闪光之作,但是在总体上却只有"点"而没有"面",因此难以形成完整全面的认识。所谓"面",大致可以分为三个层次,在相对微观的层次是一个一个的"类"(如词的类、句子的类),在中观层次则是一个子系统(如语音、词汇、语法),而在宏观层次则是整个语言系统。我们的研究理念和思路是,四地语言属于不同的言语社区变体,各有自己的特点,一方面,在研究某一个局部问题时,首先要对那些总体上的特点有一定程度的了解和把握,这样才能更好地面对具体的语言现象;另一方面,还应当适时地、不断地用"点"上的局部性认识去补充、完善或矫正那些已有的整体性认识,从而使之更加正确、全面和完备。

二是事实与理论的结合。以往的研究多以事实发掘为主,理论上的观照和阐述明显不够,在模式上基本也没有跳出传统语言研究重描写轻解释的窠臼。事实与理论相结合,一是要以理论为武器,更好地发掘、分析和解释语言现象,二是在对事实的发掘、分析和解释中总结规律、提炼新的理论。与上述两点相对应,一是要在相关研究中对已有理论和方法更多地借鉴、使用,从而促进研究不断深入;二是进行理论创新,包括从研究中总结新理论,或者是对已有相关理论加以补充、完善。

三是共时与历时的结合。在当今的语言研究中,共时与历时相结合的观念早已深入人心,成为许多人共同的学术旨趣与追求,但是在四地语言对比研究中,却没有多少表现,人们所做的,几乎都属于共时平面的静态研究。其实,当今四地语言的诸多差异,是各自不同的历时发展过程在共时平面的表现,而二者之间的融合也都有一个或长或短的历时过程,并且往往还仍然处于这个过程之中。

这里所说的历时至少涉及以下两个方面:

一是三地语言的历时发展变化。以台湾的情况来说,前边提到台湾师范大学李振清先生对台湾地区国语所作的"标准国语——标准台湾国语——次标准国语"分类,很显然,这里边有一个历时发展的过程。如果着眼于整个华语,姚德怀(2007)指出,研究各华语地区语言现象的异同,"归根结底便是内地、台湾、香港以及各华语地区的汉语/华语近百年来的演变过程是怎样的,最终又怎样达到各地区当代华语的现况。"这无疑把相关的历时研究上升到更高的认识和学术层面。

另一个方面是四地差异及融合的历时变化。比如,与改革开放之初相比,今天四地语言在一定程度上的融合已经有目共睹,那么这是循着怎样的路径,经历了怎样的过程而实现的,其间有哪些内在机制和外部动因,有哪些规律性的东西,这些无疑都是非常值得探索的课题。

此外,所谓历时的观念或研究,除了包括从过去到现在之外,还应该由现在向未来延伸,而这就涉及语言预测的理论和实践了,在这方面,以四地语言关系的发展趋势与走向为对象的研究无疑也是大有可为的。

四地语言的分化与变迁、差异与融合的诸多事项及其背后隐藏的规律,可以说是上天对我们语言研究者的厚赐,而在当今的形势下,相关问题的全面、深入研究恰逢其时。我们希望相关的研究理念能够与时俱进地不断改进和更新,更期待上述愿景能够早日变成现实。

参考文献

包铭新 2001,《时尚话语》,上海:上海科技文献出版社。
布龙菲尔德 1980,《语言论》,袁家骅、赵世开、甘世福译,北京:商务印书馆。
蔡瑱 2009,上海高校学生"有＋VP"句使用情况调查分析,《语言教学与研究》第 6 期。
曹大为 2007,"族"的类词缀化使用分析,《山东社会科学》第 5 期。
曹铭宗 1993,《台湾国语》,台北:联经出版事业公司。
曹炜 2009,《现代汉语词汇研究》,广州:暨南大学出版社。
柴俊星 2002,四地公文语体、语汇的差异,《汉语学习》第 2 期。
常志伟 2008,"作"、"做"源流浅论,《伊犁师范学院学报》第 1 期。
陈绂 2004,略谈汉语同形词及对外汉语教学,《语言文字应用》第 2 期。
陈建民 1989,从语言接触看中国大陆的封闭性文化,《汉语学习》第 1 期。
陈启霞 2011,香港粤语与英语的混用现象及"两文三语"的语言政策,《临沧师范高等专科学校学报》第 2 期。
陈前瑞、王继红 2010,南方方言"有"字句的多功能性分析,《语言教学与研究》第 4 期。
陈文 2001,试论缩略语及其与原词语的关系,《广西师院学报》第 1 期。
陈淑娟 2006,语言选择:聚合与背离,《广西民族学院学报》第 2 期。
陈燕 2011,汉语音译词的表意模式研究,《湖北社会科学》第 3 期。
陈耀南 1994,歪风卑格·中英夹杂——鸡尾文体的检讨,程祥徽、黎运汉主编《语言风格论集》,南京:南京大学出版社。
陈叶红 2007a,副词性确认标记词"有"进入普通话的预测,《世纪桥》第 3 期。
陈叶红 2007b,从南方方言的形成看"有＋VP"结构的来源,《甘肃联合大学学报》第 4 期。
陈永莉 2006,形式动词后带宾语的多角度研究,《安徽教育学院学报》第

2期。

程祥徽 2005a,澳门社会的语言生活,程祥徽《中文变迁在澳门》,香港:三联书店(香港)有限公司。

程祥徽 2005b,港澳用字,程祥徽《中文变迁在澳门》,香港:三联书店(香港)有限公司。

程祥徽 2005c,澳门中文官方地位之顾往瞻前,程祥徽《中文变迁在澳门》,香港:三联书店(香港)有限公司。

程祥徽 2008,言分普粤　字分繁简,周荐、董琨主编《海峡两岸语言与语言生活研究》,香港:香港商务印书馆。

储泽祥 2011,在多样性基础上进行倾向性考察的语法研究思路,《华中师范大学学报》第 2 期。

储泽祥 2013,海峡两岸"透过"用法的多样性与倾向性考察,刁晏斌主编《两岸四地现代汉语对比研究新收获》,北京:语文出版社。

褚艳 2009,泛动词"整"、"搞"和"弄"小议,《语文学刊》第 8 期。

崔丽娟 2012,化妆品品牌译名的社会语言学分析,《美与时代》第 1 期。

戴红亮 2012,《台湾语言文字政策》,北京:九州出版社。

邓秀芬 2012,浅论粤方言中的外来词,《文学界》(理论版)第 3 期。

刁晏斌、李艳艳 2010,试论"有＋单音节动素"式动词,《语言教学与研究》第 1 期。

刁晏斌、孙银新 2014,《现代汉语基础理论与应用》,北京:北京师范大学出版社。

刁晏斌 1989,近代汉语"把""被"融合的两种句式,《大连教育学院院刊》第 2 期。

刁晏斌 1992,关于现代汉语发展演变研究的构想,(香港)《语文建设通讯》总第 36 期。

刁晏斌 1994,大陆台湾词语的差别及造成原因,《文史杂志》第 2 期。

刁晏斌 1995,《新时期大陆汉语的发展与变革》,台北:洪叶文化事业有限公司。

刁晏斌 1996,近代汉语"被＋施事＋谓语"式"被"字句,《青海师大学报》第 1 期。

刁晏斌 1998a,大陆台湾语言差异研究之我见,(台湾)《华文世界》总第 88 期。

刁晏斌 1998b,台湾语言的特点及其与大陆的差异,《中国语文》第 5 期。

刁晏斌 1998c,关于"动词＋中"用法的一点思考,(香港)《语文建设通讯》总第 55 期。

刁晏斌 2000a,论现代汉语史,《辽宁师范大学学报》第 6 期。

刁晏斌 2000b,《差异与融合——海峡两岸语言应用对比》,南昌:江西教育出版社。

刁晏斌 2001a,《新时期新语法现象研究》,北京:中国文联出版社。

刁晏斌 2001b,《近代汉语句法论稿》,大连:辽宁师范大学出版社。

刁晏斌 2004,《现代汉语虚义动词研究》,大连:辽宁师范大学出版社。

刁晏斌 2006a,《现代汉语史》,福州:福建人民出版社。

刁晏斌 2006b,《现代汉语史概论》,北京:北京大学出版社。

刁晏斌 2007a,从历时的角度看香港汉语书面语的语法特点,(香港)《语文建设通讯》总第 87 期。

刁晏斌 2007b,《初期现代汉语语法研究》(修订本),沈阳:辽海出版社。

刁晏斌 2008,当代汉语的效率诉求及其表现,《燕赵学术》秋之卷。

刁晏斌 2011a,港台汉语独特的简缩形式及其与大陆的差异,《华文教学与研究》第 1 期。

刁晏斌 2011b,《"文革"时期语言研究》,韩国:岭南大学出版社。

刁晏斌 2012,关于海峡两岸语言对比研究的思考,《语言文字报》1 月 4 日第 2 版。

刁晏斌 2013,从两个距离差异看两岸共同语的差异及其成因,《杭州师范大学学报》第 3 期。

丁俊苗 2009,基于缩略的词汇生成模式研究,《殷都学刊》第 1 期。

丁秀菊 2003,缩略语产生探析,《山东大学学报》第 6 期。

丁杨、王保田 2010,现代汉语中日源外来词的意义变异研究,《重庆交通大学学报(社科版)》第 2 期。

董欣胜、林天送 2005,台湾国语新词语一勺,《安徽广播电视大学学报》第 3 期。

窦焕新 2006,台湾普通话中的"有+动词"研究,《渤海大学学报》第 3 期。

范晓 1996,《三个平面的语法观》,北京:北京语言学院出版社。

范晓 1998,《汉语的句子类型》,南昌:书海出版社。

方梅 2000,自然口语中弱化连词的话语标记功能,《中国语文》第 5 期。

风笑天 2002,《社会语言学导论》,武汉:华中科技大学出版社。

傅满义 2006,"进行""感到"不一样,《咬文嚼字》第 11 期。

甘柏兹 1985,言语共同体,祝畹瑾《社会语言学译文集》,北京:北京大学出版社。
高燕2001,谈汉语中的本族外来词,《社会科学战线》第6期。
葛本仪2004,《现代汉语词汇学》(修订本),济南:山东人民出版社。
苟曲波2010,"有+VP"结构的三个平面考察,《新余高专学报》第3期。
顾设1989,缩略语规范三题,《语文建设》第4期。
顾百里1985,《国语在台湾之演变》(英文版),台北:台湾学生书局。
郭得霞2007,从"粉丝"到"扇子",《华北电力大学学报》(社科版)第2期。
郭熙2004a,《中国社会语言学》(增订本),杭州:浙江大学出版社。
郭熙2004b,论"华语",《暨南大学华文学院学报》第2期。
郭熙2006a,论华语研究,《语言文字应用》第5期。
郭熙2009b,华语规划论略,《语言文字应用》第3期。
郭熙2010,话说"华语"——答旧金山华文电视台"八方论坛"主持人史东问,《北华大学学报》第1期。
韩敬体2008,海峡两岸词语的歧异和减少歧异的设想,周荐、董琨主编《海峡两岸语言与语言生活研究》,香港:香港商务印书馆。
郝晓瑞2011,字母词现象对思维和文化的影响,《咸宁学院学报》第6期。
何自然、吴东英1999,内地与香港的语言变异和发展,《语言文字应用》第4期。
贺卫国2010,试论流行语中的"拼词",《河池学院学报》第6期。
贺文照2002,海峡两岸翻译的差异及其对策的思考,《英语研究》第1期。
侯昌硕2004,台湾国语的缩略语,《湛江师范学院学报》第5期。
胡斌2003,再说"作"和"做",《汉语学习》第5期。
胡守钧2002,维护汉语的纯洁性,《世纪》第1期。
黄彬瑶2011,汉语后缀"—门"的社会语言学分析,《重庆科技学院学报》(社会科学版)第13期。
黄伯荣等1996,《汉语方言语法类编》,青岛:青岛出版社。
黄慧如2009,台湾网络语域的语言现象,《现代语文》第8期。
黄坤尧2000,论港式中文,程祥徽、林佐瀚主编《语体与文体》,澳门语言学会、澳门写作学会。
黄瑞2011,现代汉语中的外来词和语码混合现象探析,《黄石理工学院学报》(人文社会科学版)第4期。
黄声义1984,关于动词"搞"的对话,《湖南城市学院学报》第2期。
黄翊2007,《澳门语言研究》,北京:商务印书馆。
黄翊2011,澳门"圆形地"街名调查,《中国语言生活状况报告:2011》,北京:

商务印书馆。

霍凯特 1986,《现代语言学教程》,叶蜚声、索振羽译,北京:北京大学出版社。

吉小霞 2010,对"加以/进行休息"一例的质疑,《柳州职业技术学院学报》第2期。

蒋昌平 1993,动词"搞"的含义及其用法。《河池师专学报》第2期。

蒋有经 2006,海峡两岸汉语词汇的差异及其原因,《集美大学学报》第3期。

鞠彩萍 2007,"遭"字句——兼论被动标记词的界定与优胜劣汰,《贵州大学学报》第1期。

柯移顺、毛树嵘 2007,"作"与"做"的"两个三角"分析,《三峡大学学报》第1期。

兰碧仙 2009,"有+VP"$_2$结构分析,《集美大学学报》第3期。

李家树 2010,香港语文面面观,《北京化工大学学报(社会科学版)》第3期。

李强 2010,"被××"格式的语言学分析,《阿坝师范高等专科学校学报》第4期。

李如龙 1986,闽南话的"有"和"无",《福建师范大学学报》第2期。

李如龙 1988,论方言和普通话之间的过渡语,《福建师范大学学报》第3期。

李如龙 2002,《论汉语词汇的衍生方式及其流变》,《河北师范大学学报》第5期。

李玄玉 2004,从"酒吧"到"跳舞吧",《阜阳师范学院学报》第2期。

李亚明 1998,港台复合缩略词语结构分析,《烟台师范学院学报》第1期。

李宇明 1999,词语模,邢福义主编《汉语语法特点面面观》,北京:北京语言文化大学出版社。

李振杰 1990,台湾词语管窥,《语言教学与研究》第1期。

连登岗 2009,论汉语文杂用外文与字母词,《中国文字研究》第一辑(总第十二辑)。

廖礼平 2005,谈当代我国新闻传媒中"E"字母词的使用,《徐州师范大学学报》第6期。

廖礼平 2006,谈当代我国新闻传媒中字母词的使用与规范,《盐城师范学院学报》第5期。

林利藩 2000,"获颁",是获是颁?,《咬文嚼字》第2期。

林木森 2006,汉语人名地名音译词的"义溢出"现象探析,《福建师范大学福清分校学报》第4期。

刘洁 2009,"有 V"新解,《现代语文》第9期。

刘丽春 2008,"有没有 VP"句法格式的发展历程及其对"有 VP"在普通话中地位的影响,《文教资料》10 月上旬刊。
刘俐李等 2007,《现代汉语方言核心词·特征词集》,南京:凤凰出版社。
刘连安、高钰 2011,海峡两岸外语地名汉字译写异同辨析,《中国科技术语》第 5 期。
刘巧云、李向农 2004,"大"字新用作量词,《语文学刊》第 2 期。
刘庆伟 2010,论"言语社区"的内涵及其合理性,《天中学刊》第 1 期。
刘叔新 1990,《汉语描写词汇学》,北京:商务印书馆。
刘甜 2012,基于社会语言学的"X 族"词语模语义建构分析,《中州大学学报》第 1 期。
刘新圆 2003,国语在台湾,(台湾)《教文》3 月 18 日。
刘涌泉 2002,关于汉语字母词的问题,《语言文字应用》第 1 期。
刘月华等 2007,《实用现代汉语语法(增订本)》,北京:商务印书馆。
刘云 2008,说 X 门,《汉语学报》第 4 期。
卢丹怀 2010,汉语中的字母词、音译词和混合语码,《外国语》第 5 期。
陆俭明 2005,《汉语走向世界与"大华语"概念》,陆俭明《作为第二语言的汉语本体研究》,北京:外语教学与研究出版社。
吕叔湘 1963,现代汉语单双音节问题初探,《中国语文》第 1 期。
吕叔湘 1983,《语文常谈》,北京:三联书店。
吕叔湘、朱德熙 1952,《语法修辞讲话》,北京:中国青年出版社。
罗建平 2009,"社区"探源,《华东理工大学学报》(社会科学版)第 2 期。
马庆株 1981,时量宾语和动词的类,《中国语文》第 2 期。
戚晓杰 2008,汉语"动词+中"结构历时发展研究,《汉字文化》第 3 期。
亓婷婷 1989,略论台湾地区流行新词与社会心理之关系,(台湾)《华文世界》总第 51—52 期。
钱芳 2012,"港味普通话"词语使用特征分析,《重庆文理学院学报》(社会科学版)第 2 期。
秦其良 2006,"做"与"作"病例浅析,《开封大学学报》第 1 期。
秦曰龙 2006,打"的"刷"卡"说"吧"——现代汉语外来构词词素例析,《现代语文》第 3 期。
仇志群、范登堡 1994,台湾语言现状的初步研究,《中国语文》第 4 期。
冉永平 2002,话语标记语 you know 的语用增量辨析,《解放军外国语学院学报》第 4 期。

邵朝阳 2008,《试论现代汉语规范化与认同性》,周荐、董琨主编《海峡两岸语言与语言生活研究》,香港:香港商务印书馆。
邵敬敏 2000,香港方言外来词比较研究,《语言文字应用》第 3 期。
沈怀兴 1995,从"被"的特殊用例说到汉语规范化,《河南师范大学学报》第 2 期。
沈怀兴 2000,"酷"义的泛化——兼谈语言规范化问题,(香港)《语文建设通讯》总第 62 期。
沈孟璎 1999,《现代汉语理论与应用》,南京:南京师范大学出版社。
施春宏 2005,《语言在交际中规范》,北京:中国经济出版社。
施仲谋 1994,华人社区学生语文应用能力调查,《语言教学与研究》第 1 期。
石定栩 2006a,《港式中文两面睇》,香港:星岛出版有限公司。
石定栩 2006b,关于"有标记"的歧解,《当代语言学》第 1 期。
石定栩、邵敬敏、朱志瑜 2006,《港式中文与标准中文的比较》,香港:香港教育图书公司。
石定栩、王冬梅 2006,香港汉语书面语的语法特点,《中国语文》第 2 期。
石定栩、朱志瑜 2005,英语对香港书面汉语词汇的影响——香港书面汉语和标准汉语中的同形异义词,《外国语》第 5 期。
石毓智 2000,《语法的认知语义基础》,南昌:江西教育出版社。
史有为 1999,语言社群类型与台湾的外来词,《语言文字应用》第 2 期。
世晓 1990,夏衍与"垮"和"搞",《浙江大学学报》第 2 期。
市川勘、小松岚 2008,《百年华语》,上海:上海教育出版社。
司徒允昌 2001,试论联合式合成词的构成,《上海师范大学学报》第 3 期。
宋翾翾 2010,"OUT 曼"的华丽变身:社会语言学中的语码混合现象分析,《科教导刊》第 6 期。
宋玉珂 1982,"进行"的语法作用,《语言教学与研究》第 1 期。
苏改联 2009,试析汉语字母商标词的英语化,《内蒙古民族大学学报》第 6 期。
苏金智 1995,海峡两岸同形异义词研究,《中国语文》第 2 期。
苏培成 2010,《当代中国的语文改革和语言规范》,北京:商务印书馆。
苏新春 2003,当代汉语外来单音语素的形成与提取,《中国语文》第 6 期。
孙晶 2011,从粤方言影响看"有+VP"结构形成的认知过程,《现代语文》第 2 期。
孙倩 2009,日本对台湾的语言同化及其影响,《青年文学家》第 23 期。

孙琴 2003,对话中的"有+VP"句,《南京师范大学文学院学报》,第 3 期。
孙锡信 1992,〈老乞大〉〈朴通事〉中的一些语法现象,胡竹安等《近代汉语研究》,北京:商务印书馆。
汤玫英 2011,字母词汉化面临的五大障碍,《语文学刊》第 4 期。
汤志祥 2001,《当代汉语词语的共时状况及其嬗变——90 年代中国大陆、香港、台湾汉语词语现状研究》,上海:复旦大学出版社。
唐钰明 1994,"高买"探源,《语文建设》第 1 期。
田春来 2010,表被动的"遭"的历时考察,《古汉语研究》第 1 期。
田小琳 1997a,再论香港地区的语言文字规范问题,田小琳《香港中文教学和普通话教学论集》,北京:人民教育出版社。
田小琳 1997b,现代汉语词汇的特点,田小琳《香港中文教学和普通话教学论集》,北京:人民教育出版社。
田小琳 2002,社区词与中文词汇规范之研究,《世界汉语教学》第 1 期。
田小琳 2004,香港社区词研究,《语言研究》第 5 期。
田小琳 2008,规范词语、社区词语、方言词语,周荐、董琨主编《海峡两岸语言与语言生活研究》,香港:香港商务印书馆。
汪化云、陈金仙 2006,也说"有+VP"句,《贵州教育学院学报》第 1 期。
汪惠迪 2007,"港式中文"中某些语法现象值得深入研究,(香港)《语文建设通讯》总第 87 期。
王艾录 2009,《复合词内部形式探索》,北京:中国言实出版社。
王国栓、马庆株 2008,普通话中走向对称的"有+VP+(了)"结构,《南开语言学刊》第 2 期。
王吉辉 2001,《现代汉语缩略词语研究》,天津:天津人民出版社。
王建军 2010,"失真"与"传真"——汉语外来词状况一瞥,《语文月刊》第 3 期。
王力 1943,《中国现代语法》,北京:商务印书馆。
王力 1980,《汉语史稿》,北京:中华书局。
王立 2000,汉语构词范式初探,《山西大学学报》第 2 期。
王玲 2011,句法结构的定量分析——以"有+VP"格式为例,《汉语学习》第 4 期。
王梦纯 2006,汉语中字母词使用现状的考察,《江西社会科学》第 9 期。
王群生、王彩预 2001,略论"带地方色彩的普通话",《荆州师范学院学报》第 6 期。

王森、王毅、姜丽 2006,"有没有/有/没有 VP"句,《中国语文》第1期。
王秀丽、刘书梅 2011,关于音译词的调查与研究——以《北京周报》为例,《兰州教育学院学报》第6期。
王焱、杨鸿冕 2011,不同时期汉语外来词特点与社会心理,《长春理工大学学报》第7期。
王振来 2011,"被××"的结构特点及语义研究,《辽宁师范大学学报》第1期。
魏岫明 1981,《国语演变之研究》,台北:台湾大学出版委员会。
吴翠芹 2005,缩略语及其与原词语的关系,《广西社会科学》第3期。
吴侃、刘志昱 2010,近年日语外来词对中文的影响,《日语学习与研究》第3期。
吴英成 2003,全球华语的崛起与挑战,《新加坡华文研究会新加坡华文教学论文三集》,新加坡:泛太平洋出版社。
武占坤、王勤 2009,《现代汉语词汇概要》,北京:外语教学与研究出版社。
向熹 1995,《简明汉语史》,北京:高等教育出版社。
谢米纳斯 1996,海峡两岸外来语比较研究,《赣南师范学院学报》第1期。
谢锡金等 2005,《跨学科语法研究与应用》,香港:香港大学出版社。
邢公畹 1994,《现代汉语教程》,天津:南开大学出版社。
徐大明 2004,言语社区理论,《中国社会语言学》第1期。
徐大明 2006,"华语"宣言书——评徐杰、王惠《现代华语概论》,《语言科学》第6期。
徐大明、陶红印、谢天蔚 1997,《当代社会语言学》,北京:中国社会科学出版社。
徐大明、王晓梅 2009,全球华语说略,《吉林大学学报》第2期。
徐丽华 1994,试论新缩略语,《浙江师大学报》第5期。
徐流 1996,从汉语史角度论"为"与"搞",《重庆师院学报》第3期。
徐时仪 2003,"搞"的释义探析,《上海师范大学学报》第4期。
许艳平 2011,另类"被××"的结构特征及语用功能,《中国石油大学学报(社会科学版)》第1期。
严奉强 1992,台湾国语词汇与大陆普通话词汇的比较,《暨南学报》第2期。
杨必胜 1998,台湾新闻的文言色彩与简缩词,《语文建设》第8期。
杨丽君 2002,动词"搞"在现代汉语中的语用考察,《语言文字应用》第2期。
杨晓黎 2006,关于"言语社区"构成基本要素的思考,《学术界》第5期。

杨一飞 2011,讨口彩与求诙谐——当代外来词使用中的新趋势,《理论界》第 2 期。
姚德怀 1997,"营业中"和"动词+中"的用法,(香港)《语文建设通讯》总第 54 期。
姚德怀 2007,各华语地区语言现象的异同值得研究,(香港)《语文建设通讯》总第 87 期。
姚德怀 2011,对《从"汉语拼音"和"中文拼音"所想到的》一文的回应,(香港)《语文建设通讯》总第 99 期。
姚荣松 1992,台湾现行外来语的问题,《师大学报》第 37 期。
姚双云 2011,"搞"的语义韵及其功能定位,《语言教学与研究》第 2 期。
游达裕 2003,《白话文要诀》,香港:汇智出版有限公司。
游汝杰 1992,台湾与大陆华语文书面语的差异,《语文建设》第 11 期。
於贤德、顾向欣 2000,海峡两岸词语差异的政治文化因素,《汕头大学学报》第 4 期。
于根元 2003,新词新语规范基本原则,《语言文字应用》第 1 期。
于辉 2008,汉语中英语借词的插音现象分析,《云南师范大学学报》(对外汉语教学与研究版)第 1 期。
于全友、史铭琦 2011,"被"族新语与社会文化心理通论,《文化学刊》第 4 期。
俞理明 2000,词语缩略的界定及其理论诠释,《四川大学学报》第 2 期。
俞理明 2005,《汉语缩略研究——缩略:语言符号的再符号化》,成都:巴蜀书社。
原新梅 2005,台湾的字母词语及其与大陆的差异,《河南大学学报》第 6 期。
翟颖华 2009,"将(把)X 进行到底"句式的功能拓展及流行原因探析,《湖北师范学院学报》第 3 期。
张斌等 2010,《现代汉语描写语法》,北京:商务印书馆。
张博宇 1974,《台湾地区国语运动史料》,台北:台湾商务印书馆。
张维耿 1988,不同华人社区词语差异浅论,《语言教学与研究》第 4 期。
张谊生 2002,《"V 中"功能特征及"中"的虚化历程》,《语法研究和探索》(十一),北京:商务印书馆。
张谊生 2007a,试论现代汉语非典型持续体标记"中"与"间",《语言研究》第 4 期。
张谊生 2007b,汉语非典型持续体标记"中"和"间"的形成和发展,《汉语学报》第 4 期。

张谊生 2009,网络新词"败"的形成与发展:汉语同形语素的感染生成及修辞解释,《福建师范大学学报》第2期。

张颖杰 2010,"搞"的形容词用法,《文教月刊》第9期上旬刊。

张志公 1997,《香港中文教学和普通话教学论集·序》,北京:人民教育出版社。

赵元任 1979,《汉语口语语法》,北京:商务印书馆。

郑锦全 1998,汉语方言亲疏关系的计量研究,《中国语文》第2期。

郑良伟 1990a,《演变中的台湾社会语文》,台北:自立晚报社出版部。

郑良伟 1990b,《词汇扩散理论在句法变化里的应用——兼谈台湾官话"有"字句的句法变化》,《语言教学与研究》第1期。

郑良伟 1993,《台、华语的接触与同义词的互动》,台湾:远流出版公司。

郑敏惠 2010,闽方言"有+VP"句式溯源,《赤峰学院学报》第10期。

郑阳寿 2001,语言缩略语和言语缩略语,《汉字文化》第2期。

郑泽芝 2010,《大规模真实文本汉语字母词语考察研究》,厦门:厦门大学出版社。

钟璇 2009,"有+V"的语里意义和存在原因,《现代语文》第7期。

周殿生 2006,谈两岸非通用词语,《新疆大学学报》第5期。

周荐 1996,拟外来词——文化交流中的怪胎,《语文建设》第1期。

周清海 2008,华语研究与华语教学,《暨南大学华文学院学报》第3期。

周质平 2004,台湾语文发展的歧路——是"母语化",还是"孤岛化"?,《读书》第2期。

周志远 1992,台湾国语词汇与现代汉语普通话词汇的对比及几个有关问题,《玉溪师专学报》第3期。

朱德熙 1985,现代书面汉语里的虚化动词和名动词,《北京大学学报》第5期。

朱德熙 1987,现代汉语语法研究的对象是什么?,《中国语文》第5期。

朱德熙 2003,《语法答问》,北京:商务印书馆。

竺家宁 1995,"两岸语文问题比较研究"计划简介,《语文建设》第11期。

祝畹瑾 2013,《新编社会语言学概论》,北京:北京大学出版社。

祝晓宏 2011,华语视角下"插"类词的语义变异、变化及传播,《语言文字应用》第2期。

宗守云 2007,《新词语的立体透视》,桂林:广西师范大学出版社。

邹嘉彦、游汝杰 2007a,《社会语言学教程》,台北:五南图书出版公司。

邹嘉彦、游汝杰 2007b,《21世纪华语新词语词典》编纂感言,《辞书研究》第6期。

后　　记

笔者的两岸四地现代汉语对比研究始于海峡两岸语言的对比研究，具体时间大致可以从1994年发表《大陆台湾词语的差别及造成原因》(《文史杂志》1994年第2期)一文算起，屈指算来，正好有20年的时间了。从那时开始，陆续写了一些文章，发表在海内外的学术刊物上，后来在2000年出版了一本专著《差异与融合——海峡两岸语言应用对比》，而本人的这一研究，随着该书的出版，也暂时画上了一个句号。

当我再一次把目光转向这一研究领域时，已经是进入21世纪10年以后的2010年了。此时，手头的各类科研项目基本都已完成，于是开始琢磨申报新的国家社科基金课题。在当年的课题指南中，有一个"两岸四地现代汉语语音、词汇、语法对比研究"，比较来比较去，这是唯一一个与我曾经做过的工作关联度最大、因而有较好基础和较多前期成果的研究方向，于是就决定在这个选题下设计确定了"两岸四地现代汉语差异与融合研究"这样一个题目。

令人高兴的是，申报的课题获批立项，这是继2005年的"现代汉语历时发展演变研究"后，本人获批的第二个国家社科基金项目。立项通知书上，课题名称中添加了一个"若干"，即"两岸四地若干现代汉语差异与融合研究"，后来我觉得这个题目似乎不太顺畅，就申请添加了一个"现象"，于是就有了现在的项目名称——两岸四地若干现代汉语差异与融合现象研究。

本人在这长达 10 年的"间歇期"中,主要做了以下几件事情:一是把该念的书都念完了,在南开大学拿到了一个博士学位,又到山东大学做了两年的博士后研究;二是致力于"现代汉语史"的事实梳理和理论建构,完成并出版了我称之为姊妹篇的《现代汉语史》与《现代汉语史概论》(前者也是 2005 年度国家社科基金项目"现代汉语历时发展演变研究"的结项成果);三是在现代汉语史的框架下,做了几个相对较大的专题研究,仅就成书并已出版的来说,计有《新时期新语法现象研究》《现代汉语虚义动词研究》《"文革"时期语言研究》《当代汉语词汇研究》等。

10 年的停歇,却也并未与海峡两岸或四地的语言对比研究绝缘:一是依然比较关注研究情况和进展,经常读一些相关的论著;二是自己的很多研究也都一定程度地与之有关联,比如研究新时期的新语法以及词汇现象,经常就要追溯到它们的港台背景或来源,在研究虚义动词时,也进行了两岸之间的对比考察,等等。打一个比方,海峡两岸及四地语言对比研究,虽然未必是笔者的初恋情人,但起码也是相恋已久、相知甚深的红颜知己,她虽然不曾占据本人内心的全部,但却总有一部分是属于她的。

正因为如此,当"重操旧业"后,无论是在学术感情还是内外条件上,都不需要有太大的跨越,基本可以直接上手,所以整个项目也就进展得比较顺利,而在这一过程中,除了即将出版的本书外,本人还有超出课题本身的更大收获。

2012 年秋,笔者在北京香山主持召开了首届两岸四地现代汉语对比研究学术研讨会,有五十余位全国各地的专家学者与会,会议的论文集《两岸四地现代汉语对比研究新收获》也已由久负盛誉的语文出版社于 2013 年 10 月出版。会上决定,今后以本人领导的北京师范大学现代汉语研究所与教育部语言文字应用研究所以及两岸语文词典大陆编委会为永久主办单位,把这个会议定期(每年一次)举办下去。第二届两岸四地现代汉语对比研究学术研讨会已于今年11月在泉州—厦门召开,第三届将于2014年暑期于山东烟台举行,当然还有以后的第四届、第五届……我们坚信,通过定期举办的学术会议,可以不断地聚集人气、扩大队伍、交流成果、提高档次,从而把这一研究真正做大做强,使之成为当代语言研究中最具活力、最有中国特色和时代色彩的部分之一。

就个人以及学界相关研究的发展过程来看,有一个非常清楚的线索和走向,即由海峡两岸民族共同语的对比研究及于四地的对比研究,而再进一步发展,就是对全球华语的全面研究。由此,我们可以构拟一个完整的学术发展路线图:海峡两岸语言→两岸四地语言→全球华语。很显然,这是一个与时俱进且由点到面、由浅入深的发展过程,循此以往,我们的道路将越走越宽,我们的研究将有更大的作为。

对本人而言,2013年是幸运的一年,也是个人学术生涯中非常重要的一年。是年夏天,本人供职的北京师范大学文学院与德国有260多年历史的德古意特出版社正式签署了"Globle Chinese"(《全球华语》)的出版合同。这是一份由本院主办,在德国出版,面向全球发行的纯学术性的中、英双语杂志,将于2015年正式出刊。刊物由本人担任中文主编,另外聘请英籍著名学者、英国伦敦大学的李嵬教授任英文主编。

本人把这本即将问世的杂志看作由两岸四地语言对比研究到全球华语研究跨越的一个标志性事件,相信我们的学术研究,也将由此而开始一段新的里程。

华语以及全球华语的研究近年来日益受到学术界的重视,无论国内还是国际，大致都是如此。随着中国国力的日益增强，以及汉语持续不断地走向世界，全球华语研究有非常广阔的前景，肯定会成为汉语语言学以及相关研究的一个重要增长点，对此本人充满信心，并且由此也对这本即将诞生的杂志充满信心。

2013年另一件非常幸运和重要的事情，是本人在国家社科基金重大项目招标中，投标"百年汉语发展演变数据平台建设与研究"课题获得成功，成为该项目的首席专家。对于本人已经从事了二十余年的现代汉语史以及四地语言对比研究来说，这既是一次充分的认可和肯定，同时也意味着一个崭新的开始。就后者来说，在这一课题下，以功能强大的数字平台为基础，我们的现代汉语史研究，将向扩大研究范围、提高学术档次、增强理论内涵的方向发展；我们的四地语言对比研究，则将在"国语的分化及其变迁"这一子课题的框架下，真正进入历时的范畴，去进行更具挑战性的研究。

本书能够在顶级的学术出版机构商务印书馆顺利出版，需要感谢的对象有很多：首先感谢国家哲学社会科学规划办公室，如果没有2010年的这个立项，可能也就没有了本人与这一领域的"再续前缘"，自然也就没有了本书；其次要感谢本人供职的北京师范大学文学院，本书的出版，得益于北京师范大学985工程文化遗产与文化发展哲学社会科学创新基地二期年度项目的资助。北京师范大学文学院不仅有灿烂辉煌的历史，更有蓬勃旺盛的学术活力，作为其中的一员，本人倍感自豪，同时也愿意为她的不断发展贡献自己的一分力量。

此外，还要感谢商务印书馆汉语出版中心主任余桂林先生，感谢责任编辑金艳艳女士，没有他们的努力，本书也难以顺利出版。博士生邹贞也为本书的编校做了很多工作，在此一并致谢。

如果说本书作者对读者诸君有什么期望的话,那就是希望朋友们能够在"全球华语"这个大背景下来阅读本书,并进行相关的思考,然后从中得到自己希望得到的东西。当然,这或许只是本人的一厢情愿,至于能否达到和实现,则由读者朋友自己决定和判定了。

作　者

2013 年岁末于北京

图书在版编目(CIP)数据

海峡两岸及港澳地区现代汉语差异与融合研究/刁晏斌著.—北京:商务印书馆,2015
ISBN 978-7-100-11107-2

Ⅰ.①海…　Ⅱ.①刁…　Ⅲ.①现代汉语—研究
Ⅳ.①H109.4

中国版本图书馆 CIP 数据核字(2015)第 047064 号

所有权利保留。
未经许可,不得以任何方式使用。

北京师范大学文学院现代汉语研究所国家社科基金项目成果书系

海峡两岸及港澳地区
现代汉语差异与融合研究
刁晏斌　著

商　务　印　书　馆　出　版
(北京王府井大街 36 号　邮政编码 100710)
商　务　印　书　馆　发　行
北京市艺辉印刷有限公司印刷
ISBN 978-7-100-11107-2

2015年6月第1版　　开本 850×1168　1/32
2015年6月北京第1次印刷　印张 14 $\frac{5}{8}$
定价:39.00元